翻轉學

翻轉學

翻轉學

翻轉學

A Modern Approach to Graham and Dodd Investing

價值投資
操作金律

葛拉漢與陶德預測景氣循環、評估企業價值、選對獲利股票的不敗法則

湯姆斯・奧 著　辛亞蓓 譯

THOMAS P. AU

目 錄 CONTENTS

好評推薦

「本書作者將價值投資的所有面向，包括資產、盈餘與股利的分析方式，帶領讀者做出正確評估。了解價值投資不是口號，而是一套永恆的投資哲學。」

—— Jenny Wang，JC 財經觀點版主

「從葛拉漢、陶德到巴菲特，價值投資的過去與未來都在這本書裡，本書教你如何穩中求勝，如何穩健致富。」

—— 華倫老師，價值投資存股達人

「市場上發生過什麼事？市場的前景如何？投資人都應該閱讀湯瑪斯·奧寫的《價值投資操作金律》。湯瑪斯為專業人士和散戶提供具備常識的藍圖，指引他們在變幻莫測的投資領域前行。這是我 23 年來讀過最棒的投資書。」

—— 斯科特·金斯利·絲薇芙特（Scott Kingsley Swift），
美林證券（Merrill Lynch）副總裁暨財務顧問

「我讀投資經典著作時，經常很期待讀到與當今世界比較相關的內容，例如資訊公司的報告、市場狀況、現代的商業文化，以及現代股票投資人依據眾多其他投資選擇而產生的期望。最後，我和許多投資人讀完湯瑪斯·奧寫的經典作品《價值投資操

作金律》都覺得很滿意。」

——馬爾克‧根斯坦（Marc H. Gerstein），

路透社的投資研究總監

「在容易取得低息資金、信貸門檻低的時代，湯瑪斯‧奧寫的《價值投資操作金律》提醒我們成功的投資需要依據守紀律的投資決策，才能看到長期執行精明策略的成果。本書適時深入分析價值投資法，是投資人在金融市場動盪時期必讀的好書。」

——大衛‧馬歇爾（David Marshall），

艾默生合夥（Emerson Partners）有限公司的總裁

「這是一本資訊豐富、淺顯易懂的書，為需要實踐深奧價值投資法的人提供全面的觀念架構。湯瑪斯‧奧是一位在價值投資界久經考驗的投資人，他說明價值投資原則可以應用在廣泛的投資議題，包括分析企業資產負債表的重要分項帳目、國際投資和動態資產配置。無論是回顧歷史先例或展望未來，他傳達的基本訊息是價值投資人有預測下一季損益報告書的長遠眼光。最重要的是，這本書列出許多他即時把價值投資法應用在建立成功的投資組合實例。實在是太出色了！」

——利蘭‧克拉布（Leland Crabbe），

瑞士信貸資產管理公司的投資組合經理

「由投資大師提出的投資安全邊際方法令人耳目一新。可悲的是，投資人已經在流動性泡沫市場上再度迷失了方向。我相信這本書會受到愈來愈多讀者肯定，因為現今的股市『羊群效應』

再度因為忽視價值投資觀點而遭殃。」

——理查·格林（Richard J. Greene），桑德資本管理公司

「湯瑪斯·奧更新葛拉漢和陶德提出的證券分析，是每一位認真的投資人都該了解的理論。隨著科技泡沫的破滅，投資人又回過頭來採取價值投資的有效原則。湯瑪斯為 21 世紀的價值投資法制定了強大的知識架構。」

——傑拉德·沃森（Gerard Watson），
桑坦德投資（Santander Investments）公司的執行董事

最符合現代股市的價值投資法

　　我在 1960 年代長大，從小就一直想知道著名的「狂飆」1920 年代是什麼樣子。據說，這是一個刺激又瘋狂的時代，大多數成年人都對這個時代懷有深情的回憶，就像是想起一位自己很喜歡的親朋好友。不過，到了十年尾聲時，這個時代卻讓人留下不好的感受，彷彿親朋好友還沒有享盡天年就慘死了。偉大的時代怎麼會有如此糟糕的下場呢？

　　對我來說，緊隨其後的「糟糕」1930 年代是遙遠的過去，但我認識的許多成年人都記憶猶新（不包括我的父母，因為他們是 1940 年代晚期的移民，沒有經歷過 1930 年代的美國經驗）。與 1920 年代相比，1930 年代是經濟困頓的時期，在美國夢展開的過程當中倒退了一步。

　　大多數對 1930 年代記憶深刻的人，大概都不太喜歡這十年吧。儘管政府的經濟政策愈來愈精明，這樣的時代還會歷史重演嗎？有些聰明人私下說 1930 年代的蕭條情形是 1920 年代舉措失當所造成的自然結果，不是政府的過錯，他們的說法正確嗎？

　　我在 1990 年代中期找到了一些答案。1920 年代，網際網路這種叫人興奮的新發展發揮了傳播的作用 —— 顯然是解決社會與經濟問題的靈丹妙藥，人們本來以為網際網路會把世界帶向「新時代」或「新典範」。衍生的結果卻令人眼花撩亂，這使我想起

以前讀到有關早期時代的資料。1990 年代中期，股市已經出現估價過高的跡象（見第 18 章），不過許多人認為股價在一段時間後很可能會上漲，而不是下跌。當然，這種情況也很可能變成像 1920 年代那樣以悲劇收場。歷史重演？只是巧合？

　　1995 年，我在瑞士日內瓦的一家書店翻閱書籍，這家書店是前任雇主設立的國際總部。我找到一本由美國作家威廉・史特勞斯（William Strauss）和尼爾・豪伊（Neil Howe）合著的平裝書，書名是《世代》（*Generations*）。

　　這本書是我在 1990 年代期間讀過最重要的書，作者對諸多事件都提出了令人信服的解釋。書中也提到「2020 年危機」的假設，原因是近代世界各地的老一輩都不肯或無法決心面對日益惡化的全球經濟與政治問題。這個難題留給了美國的嬰兒潮世代，他們在二戰期間或剛結束時出生。他們是美國前總統富蘭克林・德拉諾・羅斯福（Franklin Delano Roosevelt）形容的現代版「世代相傳的命運」世代（或史特勞斯和豪伊形容的「傳教士」）。

　　「X 世代」在近期被稱為「新一代的迷失者」。而在千禧世代很快就會變成「二戰」世代翻版，他們是執行嬰兒潮世代指令的理想人選，卻不太適合在晚年指揮自己的孩子。在這種情況下，這些人基本上會重複相似世代的生命週期，因此也可能產生類似的結果。與較早的時期相比，可以發現一些令人擔憂的相似之處。

　　1991 年，最後以勝利收場的波斯灣戰爭（和蘇聯解體）很像 1917 當年美國以強者之姿加入第一次世界大戰，幾乎毫髮無傷地凱旋而歸。這兩場勝利使美國在這些時代成為世界上唯一的政治與經濟超級大國。大概十年期間，世界就像美國的囊中物，後

來美國在政治和經濟方面無法再為所欲為（如同 2003 年的情況，當時世界上有很多國家都明確反對美國入侵伊拉克）。

同時，1990 年代晚期，長期資本管理公司（Long-Term Capital Management, LTCM）瀕臨破產，前景黯淡，而俄羅斯、韓國、印尼和其他開發中國家的危機也使 LTCM 產生巨大虧損，這就像德國在 1920 年代中期發生的經濟崩潰，影響到了歐洲其他國家。不過，美國的股市和經濟狀況在 1990 年代和 1920 年代都處在康莊大道上，也許是因為世界上的其他國家陷入金融災難，使得美國安穩堅牢，沒有受到波及。

史特勞斯和豪伊提到歷史上的長期危機（二戰、南北戰爭和美國獨立戰爭）早在十多年前就牽涉到經濟因素，例如 1930 年代的全球經濟大蕭條引起 1940 年代早期的二戰；南方經濟在 1840 年代晚期開始落後，導致了 1860 年代早期的南北戰爭；英國在 1760 年代中期頒布的稅收法令引發 1776 年的美國獨立戰爭。

這些不祥事件的十年前反而有長期成就，你可以想想看 1920 年代的「美麗新世界」、美國在 1836 年和 1848 年期間逐步併吞德克薩斯州、加利福尼亞州與俄勒岡州，以及 1750 年代大獲成功的英法北美戰爭。

可見 2020 年（或早些時候）的長期危機根源很可能是經濟發展情形，就如同本書指出的情況，而且很可能會在當前的這十年發生。這些負擔似乎順理成章的接在 1990 年代後頭，恰如接在 1920 年代之後的情況。「時代的跡象」包括的社會現象有一夜致富的青年富豪、國內電視台播映的虛構「實境」節目。

更重要的是，這些時期的特徵包括大眾盲目又天真地相信金融市場、沒有節制的工業與經濟投機買賣、貪婪的執行長，以及

近期才為了商業利益而終止信託責任的華爾街。

班傑明・葛拉漢（Benjamin Graham）和大衛・陶德（David Dodd）這兩位投資人在 1934 年出版的《證券分析》（*Security Analysis*）把投資拉回到現實面。這本書也是試著為現代社會付出貢獻。或許他們最顯著的貢獻是劃清投資與投機之間的界限，不過他們針對 1930 年代的蕭條市場提出應對辦法，為他們的時代設定了準則，即使在現代也象徵著一大難題。他們的投資研究方法在某些時期更有成效，比方說在 1930 年代和 1970 年代等經濟困頓的時期最有效果，在 1960 年代和 1990 年代等繁榮時期的效果最差，而在 1950 年代和 1980 年代等經濟尚可時期的效果相當不錯。

如果歷史告誡我們，我們即將踏入現代版的 1930 年代，那麼重拾這套早期最有成效的研究方法便是明智之舉。當然，我們應該重新調整這套方法並持續更新，效果會和當年不相上下。

在長達 20 年的投資生涯中，許多人多多少少都間接地對我的職涯發展有貢獻，讓我受惠良多。我要感謝的人太多了，難以一一道盡。以下列舉一些付出不少心力的相關人士，按照年紀從大到小排序或依照世代的輩分排序。

我寫這本書的靈感來自兒時的保母克拉拉・韋伯・洛倫茲（Clara Weber Lorenz），她在 1896 年出生，正好介在 1894 年和 1897 年之間── 班傑明・葛拉漢和大衛・陶德的出生年分。她屬於我所熟悉的「迷失世代」，不僅把自己對經濟大蕭條的鮮活記憶傳給我的家人，也不曾懷疑往後還會出現另一個大蕭條時期── 假使不是出現在她的有生之年，那麼就一定是出現在我的有

生之年。

　　我7歲時，她陪我玩一種我稱為「不景氣時期的大富翁」遊戲，從中教導我價值投資法的實質精神，而非字面意義。遊戲玩法是玩家不可以抵押財產，也無法在走到「免費停車」格子的時候獲得任何好處（這是官方比賽的規則，並不適用於一般玩家）。在這種「高息資金」的條件限制下，價值投資法的標的是鐵路和公用事業，它們能立刻帶來可觀的收入流，卻沒有進一步的資金增幅。

　　洛倫茲堅信「高昂」的濱海大道（Boardwalk）遊樂園比「低廉」的波羅的海大道（Baltic Avenue）更划算，她提出的充分理由是：濱海大道遊樂園的售價是還沒有改建過的物業租金的8倍，而波羅的海的售價則是15倍。

　　我第一位要感謝的是我的父親董・奧（Tung Au），他屬於二戰世代。他幫我潤飾了這本書的稿子，使內文的表達更有力，也讓等式和表格顯得更有意義。他還盡力把章節分成幾個部分、製作大部分的圖表，彷彿創作了一首投資之歌。他上次和我合著的書是《資本投資決策的工程經濟分析》（*Engineering Economic Analysis for Capital Investment Decisions*），可是他不願意掛名。我的母親是小兒科醫生，他們兩人都明智地決定雇用洛倫茲。

　　已故的艾倫・亞克曼（Alan Ackerman）是 Fahnestock & Co. 的顧問，他是「沉默世代」的典型代表。我一直都很重視他給我的建議和鼓勵，即便我有時候無法遵循。我要感謝的下一個人是南希・哈文斯（Nancy Havens-Hasty），她是哈文斯顧問（Havens Advisory）公司的創辦人。她的出生年分處在沉默世代和嬰兒潮世代兩代人轉換的分界，也是鼓勵我從事證券分析和投

資組合管理職業的人生導師。如果沒有她，我就不會寫出這本書。

我在價值線投資研究公司（Value Line）服務的多年歲月，也對這本書有莫大的幫助。書中引用了公司的許多報告（不能直接複製原版的報告）。公司裡的一些人，包括以前的同事和主管也值得一提，例如：在嬰兒潮世代出生的丹尼爾·杜安（Daniel J. Duane）教了我很多關於石油產業和自然資源的知識，我在第7章引用了他撰寫的埃克森（Exxon）報告，而他提攜的後進威廉·希金斯（William E. Higgins）則在〈美國類星體石油〉（American Quasar Petroleum）報告中寫下一些本書第5章引用的重要句子，當時我在公司裡還是個新手分析師。

另外，馬爾克·根斯坦（Marc Gerstein）幫助我塑造許多關於現金流和資產負債表的觀點。馬克（Marc）律師也曾經跟我說明第5章「破產與重整的訴訟程序」段落中提到的一些法律問題。他還把我介紹給他以前的共事夥伴——威立（Wiley）出版社的編輯帕梅拉·凡·吉森（Pamela van Giessen）。

我在債券領域的經驗不多，幸好我認識一些專家，包括在康乃狄克州哈特福市的信諾公司（Cigna Corporation）服務的「X世代」安德魯·弗朗格洛（Andrew Frongello），以及在賓夕法尼亞州匹茲堡市的艾默生合夥（Emerson Partners）有限公司服務的大衛·馬歇爾（David Marshall）。安德魯耐心地說明債券相關的計算公式，而大衛的強項是主權債務。這兩個人都是務實的行動派，我從他們的身上看到迷失世代洛倫茲的影子——不但有清晰的願景，也很有反諷式幽默感。

PART 1

基本概念

第 1 章

緒論

　　1929 年 10 月是美國投資界的重大轉折點。經過將近十年的牛市之後，道瓊指數達到最高 381.17 點。接著，這個數值開始持續急遽下跌，在 1932 年跌到令人震驚的 41.22，使得許多投資人破產。最後，道瓊指數回升到 200 點的低點，這是當時的「正常」水準。投資人想知道股市是否震盪難料，還是能判定「合理」市值，並從中獲利？

　　1934 年，班傑明・葛拉漢和大衛・陶德這兩位投資人開始釐清這個殘局。1920 年代晚期面臨的問題是低息資金、低利率信貸和衍生的經濟繁榮時期，使股市這項投資工具變成了投機工具（這種情況在 1960 年代中期和 1990 年代晚期皆再度發生）。

　　在大多數情況下，股價與其公司的潛在價值沒有關聯。在 1930 年代早期、1970 年代早期及我們推算的 2000 年代中期，異常的急遽波動都經過市場修正，才恢復了股價與潛在價值之間的關聯。縱使在 1930 年代的經濟大蕭條時期，只要人們回顧過去並仔細分析，就可以找到評估股票的合理依據。

　　葛拉漢和陶德是早期從交易人思維轉變為企業家思維的投資人。在股市崩盤的嚴峻考驗之下，他們提出一些現今依然適用的問題：相較於投機者，明智的商人在什麼情況下，投資一家公司

後仍覺得撿到便宜呢？進場價格要多少才能保證回本，還能獲利？精明的投資人能否審慎做出安全投資？

　　假設投資人估計一家企業的內在價值（intrinsic value）是100美元，而股價是95美元，那麼投資就不划算了。對企業價值的估價只是單純的估值，說不定那家企業只值90美元。不過，假設股價是50美元，顯然值得下手。理性的商人對一家公司的估價很可能相差5％至10％，差距不太可能達到50％。50美元的價格和100美元的估值之間的差距有很大的安全邊際。

　　股市有兩種風險：價格風險和品質風險。價格風險，代表用過高價格買進優良企業。品質風險則指買到不良企業，更慘的情況是公司破產了，可能使股東血本無歸。品質風險更高，跌幅更大，但價格風險比較常見，不過從長遠來看，價格風險反而造成更多損失。只有少數公司會發生破產的情況，而其中遇到財務困境的公司多半在重新整頓之後都能安然度過難關。幾乎每家公司不時都會受到價格風險的影響，尤其是那些經營得很成功、投資人非常看好的公司。

　　萬一你逢高進場，然後股價不幸下跌，你的投資可能會在短期內虧損30％至50％。這就是為什麼價格風險更危險大，即便違約風險是很嚴重的問題。假如債權人得到的面值不到1美元，股東最後可能一毛也拿不到（雖然在實務上，很少有股東在公司破產情況下血本無歸，因為在公司整頓的過程中，為了確保股東繼續配合，通常還是會給股東好處）。

　　另一方面，葛拉漢和陶德都認為，如果以夠低的價格買進破產公司股票，而且購買的量夠大時，法律會對公司進行有利的補償，那麼這些公司就有機會創造利潤了。這些投資人持有的破產

基金或清算基金確實在名義上不如一般基金，即使風險調控後也比不上一般投資標的。

經典的價值投資法是以低價買進品質一般或在一般水準之上的公司股票。如果股票在歷史估價範圍的低價做交易，那麼下行風險*就會比在其他情況下做交易的風險還低，也會出現很大的股價上漲空間。本書接下來會探討葛拉漢和陶德運用哪些判斷工具來確定價值，然後說明現代從業人員採用的新方法。

葛拉漢和陶德挑選證券的準則 [1]

葛拉漢和陶德對投資標的提出嚴格的準則，由於 1930 年代股市重挫，他們發現許多證券都符合這些準則。

第一項條件是股價低於每股淨資產價值或帳面價值。假設帳面價值是對資產價值的最低估值（之後列出其他驗證方法），那麼投資人購買低於帳面價值的股票就會獲利。

如果公司還能符合某些流動性條件，那就更好了。葛拉漢和陶德發現一些市值低於公司流動資產的公司（市值 = 股價 × 流通在外股數）。流動資產的例子包括現金、應收帳款和存貨，不包含應付帳款、短期負債（即營運資金）。在公司償債能力良好的情況下，營運資金的金額會高於股票的市值與長期負債，也就是現今所說的**企業價值**。買進這種公司股票的投資人實際上不需

---

* 未來的股價走勢有可能低於分析師或投資人預期的目標價格風險。

要為這家持續經營的公司付出什麼代價。考慮到當時的經濟大蕭條環境，這項條件相當合理。

此外，這種公司必須有獲利能力。大多數現代分析師做決策的根據是利潤成長率，但其實利潤成長率不太重要，原因是利潤往往在經濟大蕭條期間下降。不過，獲利能力至少能確保資金增加。因此，這種公司理應是經得起考驗的搖錢樹，即使在艱困時期也能創造利潤，而不是只能在順境中生存的溫室花朵。

股利問題同樣值得一提。假如股利是由收益支付，那麼定期給付股利就能保證獲利，而由資金構成的本金也能不斷增加。假設股利高於收益，股利分配的形式則偏向投入資本的回報，而不是收益的回報。不過，至少投資人可以有信心地取回本金再加一點報酬。

葛拉漢和陶德要求現金殖利率（股利 ÷ 股價）至少是 AAA 級債券＊殖利率的 3 分之 2。這項條件能確保股票具有與債券競爭的特性——這種能帶來收入的工具與合理的準則相符。由於債券比股票可靠，投資人必須確保總報酬率、股利加上資本利得，最終會高於債券報酬。在股利成長的條件下，如果現金殖利率一開始是債券殖利率的 3 分之 2，那麼現金殖利率最後會高過固定收

＊ 標準普爾公司把債券的評級定為四等十二級：AAA、AA、A、BBB、BB、B、CCC、CC、C、DDD、DD、D。AAA 是信用最高級別，表示無風險，信譽最高，償債能力極強，不受經濟形勢任何影響；AA 是表示高級，最少風險，有很強的償債能力；A 表示中上級，較少風險，支付能力較強，在經濟環境變動時，易受不利因素影響；BBB 表示中級，有風險，有足夠的還本付息能力，但缺乏可靠的保證，其安全性容易受不確定因素影響，這也是在正常情況下投資者所能接受的最低信用度等級。

益流，也會帶來資本利得。

　　或者，收益率必須是 AAA 級債券殖利率的 2 倍。收益率（每股收益與股價的比率）是過時的術語，卻是大家更常用的本益比（P/E）倒數。這項條件代表符合資格的股票本益比不能超過 r，r 是指 AAA 級公司債的殖利率，以小數表示。假設 AAA 級債券殖利率是 5％，那麼本益比不能超過 1/（2×0.05）或 10。假設 AAA 級債券殖利率是 10％，本益比則不能超過 1/（2×0.10）或 5。這種關係必須適用在彌補收益下降的風險。

　　從 1930 年代開始，能實踐這種投資形式的經濟條件不多。幾乎沒有股票能符合葛拉漢和陶德提出的所有條件。不過很有趣的是，某些股票達到一些條件。畢竟，投資人找到符合 A、B 或 C 條件的股票，比期望找到同時符合 A、B 和 C 條件的股票還要容易。本書新版的價值投資法，就是為了應用在現代經濟條件的需求。

　　舉例來說，如果我們可以根據帳面價值（或其他資產價值的衡量標準）來買進可靠的公司股票，也許會忽略公司分紅很少或不分紅。那不如我們直接以公司現有資產的百分比，判斷能不能快速累積可觀的收益和股利，或者使公司變成潛在的搶手收購對象。這不代表一定要發生競價收購的情況。只不過有可能被收購的這個事實，往往足以推高股價，尤其是當收購熱潮在市面上反覆發生的時候。

　　但假如還在發展中的公司要給付大額的現金股利，我們也許會忽略資金匱乏的問題，因為公司以前可能是以股票股利的形式支付資金。反之，我們可以先確認有牢靠的股利，接著確認有沒有穩健成長的良好前景。再次強調，我們要檢驗的是，股票和債

券這兩種獲利工具之間的差異，不只是現階段，也要考量到未來的長期時間。假使股票（按現行價格計算）在 5 年之後因為股利增加而變成更優質的獲利工具，那麼股票比債券更有可能漲價，也會因此帶來資本利得和更高的收入。

　　假設一家公司的股價很高──帳面價值或資產價值的 2 倍、3 倍或更多倍，而且分紅很少或不分紅，因此以股利的層面來看，這支股票太貴。不過，在其他情況下，股票從收益的角度來看也可以很便宜，條件是資產報酬率夠高。當然，我們需要檢驗這種高收益股票的品質，並審視公司的策略、過去的表現，以及公司如何在業界占有一席之地。我們的充分理由是必須考量到收益成長。另一方面，我們會特別注意一家好公司可能的競爭對手，並且希望能證實這家公司多年來都有能力保護好特許經銷權。

　　高本益比通常代表投資人預期一支股票會大幅上漲，不過葛拉漢和陶德很懷疑這種預期的結果。話雖如此，我們有時候需要考量到這些因素：股票是否會因為銷售表現、現金流等其他指標，或快速的收益成長而變得相對便宜？我們可能也會很想知道計算出來的「經濟收益」是否比財務報表中的會計收益高出很多。畢竟，槓桿收購（LBO）高手會以按現金流計算的「私有市場價值」來代表商業價值。

　　我們應該理智地針對確信的事實提出有力證據，不該把重點放在根據估算、經驗或專業知識推測出來的資料。我們起碼能在日常生活中確知一家公司的股價，也能根據近期的公告得知現金殖利率，然後期望這個數值接下來能至少維持不變。假設會計制度方面很健全，我們也能得知近期資產負債表上的資產和負債（通常是最後一季），以及上一季、去年與過去幾年的歷史收益。

當然，隨著當季繼續進行，有些資訊會漸漸過時，至少在下一份資產負債表發布之前是如此。

我們要盡量避免過度依賴對未來的預測。雖然預測未來是必要的，但我們更應該著重在持續監控，而不是用來評估股價。我們對收益的估算只是單純的估值，應當考量到過去的收益表現或銷售表現、現金流等相關可變因素。過去表現穩定且一致的收益趨勢，比不規律波動的收益趨勢更值得關注。此外，投資人不應該全然相信這種觀點：長時間的下跌趨勢之後一定會出現急遽上漲的局面。這讓人想起布魯克林道奇隊（the Brooklyn Dodgers）的座右銘：「明年再來吧。」

話說回來，投資人有必要抱持著謹慎的樂觀態度。一般而言，在 5 年的週期當中，許多公司平均會有 2 年表現出色、2 年表現普通和 1 年表現不佳。

短期內一旦表現不佳（結果股價下跌），悲觀的預言災難者就很容易把當前的狀況推斷成未來的趨勢。如果有可靠的依據讓投資人相信當前的情況很反常，那麼他們就可以合理地相信局面最終會回到原先的長期發展趨勢或走勢。因此，學會區分一條偶爾出現坑洞的康莊大道和一條從頭到尾都坑坑巴巴的道路，便是很重要的投資課題。

更新版現代價值投資法

我們就不說開場白了，直接來探討從價值投資法出現以來，金融領域發生的種種變化，並說明在應用葛拉漢和陶德提出的原

則時需要修正哪些部分。書中介紹的許多合乎現代的實例都能說明現代投資的做法，並指出當代案例和過去案例在做法方面有什麼相似之處。

如今，投資人愈來愈重視損益表，反而不太重視葛拉漢和陶德當年看重的資產負債表，其中的原因是財務狀況揭露的性質產生變化。早期的財務報告通常是資產負債表，但只有簡要的損益彙總，沒有完整的損益表。至於有關財務狀況變動的現代年度報告，當年還沒問世。因此，葛拉漢和陶德必須根據他們獲得的資訊來做出早期的投資決策，這些資訊的來源主要是資產負債表。

相較之下，現代的投資人真是幸運。現在的損益表項目多半都有標註，再加上管理高層也會針對經營狀況開會討論。此外，財務狀況變動的報告，能讓投資人了解管理高層如何運用賺到的錢、是否持續給付股利、收購、資本支出或其他計畫，另外也能顯示支出計畫是由內部提供資金，還是公司為了擴張而舉債。

損益表的內容變得更豐富了，詳細的分析項目包括銷售額、現金流、營業收入及其他收益類別，提供了更多可以讓投資人檢驗的項目。不過，沒有任何方法能一體適用。就連葛拉漢也承認自己的做法在牛市後期出現缺點，比如 1960 年代晚期至 1970 年代初期，以及 1990 年代晚期。在這種情況下，他明知不可取，還是放寬了自己的評估標準，只為了在 1976 年辭世之前順應當時的形勢。一般人都不喜歡改變自己習慣的原則，寧願在低門檻市場中找到許多已經證實很穩健的準則。

另一個因素是經濟與社會性質的變化。葛拉漢和陶德第一次寫書時，當時的社會仍然仰賴實體的傳統產業。如今，我們處在資訊發達的社會。新發展的事物建立在無形資產的基礎上，例如

人類和電腦擁有的知識。這些資產的流動性比以前更容易移動了，即便不那麼可靠，也同樣真實地存在。不過，無形資產不太可能列為帳簿中的財務項目。

以宏觀的角度來看，經濟的管理水準提升了。這並不代表不會再出現景氣循環和衰退期，不過衰退期確實會變得比葛拉漢和陶德當年更短暫、更沒影響力。照理說，這種情況的條件是有合理的股價淨值比，而本益比也會隨之提高。

此外，隨著現代會計學的發展，尤其是會計分析，投資人更容易忽略收益和資產價值的會計定義，反而深入地探究經濟實質。譬如，對公司來說，為了減稅目的而隱瞞收益，可能和看得見的利潤一樣有價值。問題是這種額外的價值是否、何時以及如何在市場上反映出來呢？

一般投資人有時比葛拉漢和陶德更嚴格，比方說更喜歡一流的資產負債表，或者起碼要是搬得上檯面的資產負債表。除了銀行、公用事業等本身具有槓桿作用的公司，只要資產負債率占總資本（負債加上股東權益）的比例超過 30％，一般投資人就會認為比率過高。事實上，20％ 比較令人放心，但這是我們以資產價值的角度來分別看待 20％ 及 30％ 的結果。

即使資產負債表差強人意，還是可以幫助投資人避開一些眼前的麻煩，不過無法預防未來可能發生的意外衝擊。因此，我們都希望獲得優良資產負債表所帶來的額外安全邊際。如果公司採取全部或幾乎全部股權融資的方式，那麼商業資產就會出現波動，但這也可以確保公司在非常不利的條件下，依然能保留至少一部分的資產。不過，這家負債累累的公司可能會面臨投資虧損的問題。

不得不說，這些規則和檢驗只是一種引導方式，不能代表良好的判斷力。投資大師華倫・巴菲特（Warren Buffett）突破了制式規則、讓直覺融入理性思維之後，他才開始充分發揮自己的潛能。但這些規則是專門為一般欠缺專業的投資人所設計，目的不僅是為了防患未然，也是為了達到成功的投資效果。葛拉漢說得很貼切：「務必記住守則一：不要賠錢，也要記得守則二：永遠不要忘記守則一。」

價值投資法的條件

不像葛拉漢和陶德，我不建議保守型或積極型投資人採用不同的估價標準。我給不同類型投資人的建議著重在可以納入投資組合的證券品質。例如，我建議保守型投資人不要買過去收益紀錄不到 10 年的公司股票，也不要買過去 5 年有虧損紀錄的股票。不過，如果積極型投資人相信虧損情況是暫時的，而且局勢很可能反彈，那麼他們可以出手買股。

就此來看，拿該公司與同產業的其他公司相比很重要。儘管不同公司面對特定危機具有不同的反應，如果投資人發現公司存在的問題在整個產業都很常見，而不是某家公司特有的問題，令人比較心安。接著，投資人應該要挑選在產業整頓後能夠發光發熱的公司。這個難題很適合依靠葛拉漢和陶德的方法來解決。

在這種情況下，投資人應當買產業中最優質公司的股票，因為這種公司能夠堅持到最後，也能夠優先從其他公司的失敗中搶下市占率。但假如產業裡有許多公司都在蓬勃發展，可是投資人

想要投資的公司有股票下跌的問題，那麼這家公司可能就不是理想的投資目標，因為問題是出在公司本身，而不是整個產業。話雖如此，出現新上任的董事長或其他掌權者需要替換時，可能就有例外了。

同理，保守型投資人也應當堅守那些不只在現階段分紅，也在過去持續分紅了至少 10 年的標的。如果股利是由收益支付，投資人至少可以獲得本期的報酬，更何況「一鳥在手，勝過二鳥在林。」

此外，股利構成股價基礎的形式，猶如高息票率構成債券的基礎。積極型投資人不妨考慮買近期才開始給付股利的公司股票，而且如果股票符合葛拉漢和陶德的其他標準，甚至可以考慮買沒有收益的證券。其中一個原因是某些優質證券由成立不久的公司發行，另一個原因是發展快速的公司可能會希望保留一些用於擴張的現金，不過前提是投報率好過投資人對多數公司的期望值。投資人看到公司不給付股利，總比看到公司需要借錢來分紅給股東還要好吧。

保守型投資人希望買的是營運資金「淨值」（net），或最好是「清償價值」（net-net）營運資金與長期負債的股票，因為他們更著重資產價值。他們希望能保護已知的資產價值，而不是追求未知的收益前景。另一方面，積極型投資人不太需要擔心投資方面的營運資金、「流動」資產或帳面價值。他們反而應該注意資產的高報酬，這些報酬通常來自投報率較高的固定資產或有形資產。有時候，這類公司甚至可能缺乏營運資金。

還有一些條件與公司和證券的性質有關。例如，公司要有一定的規模才能承受經濟上的波折和未知數。投資人可以在這方面

要求高一些。在現今這個時代，有數百家公司的銷售額、資產和（或）市值都達到 10 億美元以上。這個曾經出現過的神奇數字，如今不再像過去那麼有威望了。就整體經濟而言，100 萬美元的個人資產淨值與幾十年前相比不再那麼有價值。

事實上，利潤高達 10 億美元以上的公司多不勝數。有鑒於此，適合保守型投資人的投資標的應該要包括占 10 億美元的一大部分銷售額和（或）資產，比如說至少 5 億美元以上。積極型投資人可以把這個數字降到 1 億至 2 億美元，但不能低於此範圍。

淨利或許是更有效的衡量標準。對保守型投資人而言，他們可能會投資最近 1 年至少有 2,500 萬美元淨收入，或者最近 5 年的淨收入平均值能達到這個標準的公司。儘管這個方法不是十全十美，但至少可以確保公司在面對經濟的不確定因素時維持下去。同理，積極型投資人可以把這個條件降低到 500 萬至 1,000 萬美元。不過，有正常獲利能力卻低於這個水準的公司，就不是理想的投資標的，只能算是投機買賣。

公司也需要有詳盡的企業歷史沿革，以便投資人判斷公司的前景。公司至少要經歷過重大的經濟衰退期（2001 年），並展現出公司有辦法應對艱困時期的能力。保守型投資人對經營 20 至 25 年的公司股票更有好感。經營多年的企業大概經歷過兩至三次經濟衰退期、幾次股票市場週期，以及本書第 20 章提到 30 至 40 年的長期循環中一部分。此外，大多數公司都需要一段時間來建立資產基礎，以及為存貨和其他營運資金要素建立追蹤紀錄，才能迎合葛拉漢和陶德這類投資人的偏好。

對保守型投資人而言，一些基本的公司資歷是必備的。一個 12 歲或 15 歲的聰明孩子，智力可能不會輸給一個精明的成年人。

在極少數的情況下，這個孩子會去上大學課程，或參與一些遠遠超出一般同齡孩子從事的活動範圍。但這個孩子不能違反喝酒、開車或投票的法律規定，即便一個資質比較平庸、年紀比他大幾歲的人可以做這些事情。

施加這些法律限制具有充分的理由，畢竟在這些事情方面，這個孩子還沒有足夠的人生經歷可以參考。他也沒有能力做一些專屬成年人知識範圍的事，直到他經歷了某些生理轉變，通常發生在十幾歲或在青少年時期的早期階段之前。同樣地，以保守型投資人的立場來看，一家只有幾年歷史紀錄的公司，無論多麼出色都不夠「成熟」。

一旦公司成立超過 50 年後，比一般公司多出來的經商資歷其實沒什麼加分作用。與在二戰結束之後剛成立的公司相比，在1930 年代經濟大蕭條期間或之前成立的公司也許有一些優勢。但在 19 世紀（少數案例是 18 世紀）成立的公司，與在 20 世紀成立的公司表現不相上下。其實，過長的歷史紀錄反而可能適得其反。

事物變遷的速度在人類歷史上變得更快了，在 19 世紀扎根的公司可能在面臨 21 世紀時處於劣勢。如果追本溯源，歐文銀行（Irving Bank）和富利波士頓（FleetBoston）銀行等比較新的銀行，其實歷史背景可追溯至兩百多年前的創辦時間，大約是美國獨立戰爭時期，後來才被其他銀行收購，絕非偶然。

除了公司資歷，公司的股票理應有交易歷史紀錄。即使考慮到股票市場週期通常比經濟週期短，交易歷史應當長達 2 年至 3 年以上。這讓投資人能夠了解這支股票在繁榮時期和蕭條時期的走勢，並建立出價格的上下限範圍。

　　我建議投資人不要認購新股，即首次公開募股（Initial Public Offerings, IPO）。這些新股由大型投資機構管理，通常是為了大型機構投資人等重要大戶的利益著想，不過偶爾也對富有的散戶有好處，例如企業執行長。這些新股的定價目標是賣出或「轉移」，也就是說定價低於一定的標準，好讓這些大戶可以出售或「轉賣」給一般散戶。新股剛上市時，一般散戶也許會試著把握剛上市的漲幅，但等到下單後，股價可能已經調回「正常」，甚至無以為繼的價位。

　　最後關乎一些投資條件與流動性或可交易性。投資人挑選的股票最好都是在主要的證券交易所上市，例如紐約證券交易所、美國證券交易所。不過，有些規模很大、流動性很高的知名企業，例如微軟、英特爾，都在店頭市場（又稱場外市場，OTC）進行交易──也就是近年來成為重要電子證券交易市場的那斯達克證券交易所（NASDAQ）。

　　其他在店頭市場交易的股票（在交易頁面上只顯示「其他店頭市場股票」的小型股）交易並不頻繁。投資人不能確保以最佳價格購買或出售這支股票，因為市場上的買賣價差過大，通常是 0.25％甚至更高。我也建議投資人遠離地區型交易所，尤其是像斯波坎交易所、溫哥華交易所，因為這些市場有很多操弄與炒作，許多股票並不可靠，可說是陷阱滿坑。

巴菲特的成功事蹟 [2]

　　葛拉漢和陶德這套方法的最佳實踐者，也許就是巴菲特，即

便巴菲特沒有完全遵循他們的方法。他曾經是葛拉漢的學生，但他的投資方法最後蛻變成「購買價格合理的成長股」，而不是以資產為依據的做法。

巴菲特早年以價值投資法獲得成果。他以低於帳面價值的價格買下紡織企業波克夏・海瑟威（Berkshire Hathaway，以下簡稱波克夏）的控制股權。雖然紡織業不景氣，公司的營運資金被用來購買其他公司的股票，而不是用來再投資紡織業。因此，波克夏變成了完全不同類型的實體媒介 —— 投資企業。

1970 年代初期，巴菲特買進《華盛頓郵報》的股票。這家利潤率達二位數的公司，當時的股價只有公司銷售額的 2 倍。本益比也很低，大概只有 7％至 9％。後來，這家公司擁有的廣播電台、報紙和其他零件達到總資產價值 4 億美元。然而，公司的市值只達到 8,000 萬美元至 1 億美元。換句話說，收購價值的折扣不是 50％，而是 75％至 80％。當時的市場很低迷，呈現出葛拉漢和陶德所描繪的理想投資環境。

雖然《華盛頓郵報》給付的股利不多，卻做了另一件事 —— 買回庫藏股。考慮到總資產價值被低估，這是明智之舉（如果這些錢是作為股利發放，那麼股東不得不為了獲得同樣的收益再投資同一支股票）。儘管報刊業本身就具有吸引力，《華盛頓郵報》的表現還是比《紐約時報》和其他報刊業股票更勝一籌。與此同時，巴菲特列入董事會席位，也成了董事長凱瑟琳・葛蘭姆（Katherine Graham）的親信。因此，他得以阻止《華盛頓郵報》犯下天大的錯誤 —— 透過槓桿為高價媒體資產超額支付。雖然公司已經實施庫藏股，依然維持著穩健的資產負債表。

另一個葛拉漢和陶德型的投資是蓋可（GEICO）保險公司。

蓋可沒有清償能力時，巴菲特透過所羅門兄弟銀行（Salomon Brothers）以低廉的價格注入 2,500 萬美元的資金，幫助蓋可脫離財務危機。這是葛拉漢和陶德式的救援行動，而非典型的套利。重點在於持有，而非靠清算來獲利（波克夏最後在 1996 年收購了蓋可的所有股權）。雖然注入資金解決了股價下跌的問題，但還是存在著股價上下波動的問題。

1980 年代中期，蓋可的股票從估價偏低漲回合理價格時，關鍵時刻出現了──巴菲特此時決定，寧可用合理的價格買進優質公司，也不願用便宜價格買一般公司。除了前述的那些公司，他賣掉了波克夏大部分的現有資產，以便協助好朋友湯姆‧墨菲（Tom Murphy）的大都會通訊公司（Capital Cities）收購美國廣播公司（ABC）。而把菲特是以合理價買下大都會通訊公司，而非低估的價格。

這項投資的重點在於，墨菲藉著削減美國廣播公司成本來實現收益成長的能力。由於收購價格高昂，大都會通訊公司在買下美國廣播公司後，維持了好幾年的高槓桿比率，不過墨菲經由出售資產、削減成本，以及利用現金流償還債務，成功降低了槓桿比率。

在這十年的後期，巴菲特以高於帳面價值的價格大量持有可口可樂股票。身為葛拉漢和陶德教過最優秀的學生，巴菲特有能力大膽冒險，創造了超過 20％的總報酬率。相較之下，其他依循葛拉漢和陶德做法的專業投資人所獲得的收益稍低，大概少了幾個百分點。

市場的不確定性

在此提醒：雖然本書的主題是投資，但別忘了所有投資都具有投機的性質。投資的目標不是為了避免投機，而是為了在機會有利的時候進場。賭場和市場之間的差別是賠率。在賭場上，賭場是勝券在握的一方，而且賭博遊戲會被人操縱，對玩家不利。股市對投資人比較有利，因為投資人通常有利可圖，即便不是每次都能獲利。就這一點來看，股市比較像是農業或其他行業，不能和賭場相提並論。

舉個例子：假設在一場同等機會的賭注中，你和賭場裡的賭桌管理員決定好1到6的任一個數字。你擲骰子之後，如果骰子上的數字大於事先約定的那個數字，你就贏了；如果小於約定的數字，你就輸了；兩個數字相同則是和局。假如你們之前講好的是1到3任一個數字，你就應該要賭賭看。在這種情況下，有6分之3獲勝、6分之2失敗和6分之1和局的機率，所以你在這場賭局中有3比2的優勢。如果約定的數字是4以上，你就不應該下注，因為這麼做很可能對你不利。

如果我們把遊戲規則改一下：假設賭桌管理員隨機說出的數字主要是3和4，偶爾有2和5，很少喊到1和6，而且投資人可以選擇要賭哪一輪。你應該會拒絕數字高的回合，比較願意選擇數字是3的回合，並且急著賭數字是2的回合，更不用說數字是1的回合了。但即使在對你比較有利的情況下，你也不可能贏得所有賭注。不過，如果你合理地計算機率之後，你會發現應該在對自己有利時下注。

這就很像你在股市會遇到的狀況。葛拉漢呼籲投資人想像一

下自己和一位名叫「市場先生」的夥伴做生意。市場先生每天都會為各種證券報價，投資人可以決定買進或賣出（或不交易）。市場先生的脾氣陰晴不定，他在不同日子的報價千差萬別。即使考慮到公司的基本價值會隨著時間而變動，公司的「價格與價值之間的關係」一定會時好時壞。投資人可以選擇有利價格來進行「賭」一把。

也可以用撲克牌來比喻，有一句名言是：「坐在牌桌前時，如果你搞不清楚誰是傻子，你就是那個傻子。」有太多業餘投資人在高點進場，正值「高手」的拋售時機。這個過程叫作「分配」，股票是由大型投資機構分配給一般散戶，而散戶是最後的買家。一旦發生虧損，散戶可說是首當其衝的受害者。我們應該要像個經驗豐富的老手一樣懂得何時該放棄下注，避免被龐大利益但機會渺茫的騙局所吸引。

儘管葛拉漢和陶德都不是最優秀的投資常勝軍，他們經常在收盤時獲利了結，因為他們懂得如何避開重大虧損。懂得避險就是行家！

第 2 章

投資評估與策略

　　大家今天投資時，是為了明天賺更多錢。可以靠創業或投資
自己的事業，也可以把錢存到銀行等金融機構。以股票或債務證
券的形式，流入公家機關和私人機構，其中債務是指機構發行的
債券或其他貸款工具，之後會贖回。一般投資人可以選購買公
債、公司的債券和股票等金融工具。投資人持有許多股票和債券
的組合則稱為投資組合。

　　資本投資主要指公司透過券商等管道向大眾出售股票或債
券，然後把資金投入到購置廠房和設備等企業計畫。金融投資是
指個人透過券商買進公司的股票或債券。這種交易嚴格來說不算
是經濟學定義的投資，原因是沒有創造資本資產，不過這些交易
能促進實際投資的過程，畢竟投資人預付資金給公司是為了換取
債券或股票，希望能把證券轉售給其他人，所以他們能藉此交易
如願以償。

　　在本章中，我會說明有關投資的基本概念，也會介紹用來計
算投資報酬的數學，接著回來談在當今金融環境下，價值投資原
則該如何調整。雖然本書的焦點是股票，我還是會多花點時間解
說債券，因為認識債券的風險與報酬特性能幫助你更了解股票的
特性。葛拉漢曾說：「愈像做生意，投資愈可靠。」關於葛拉漢

的這句評論，我會這麼說：「愈像買債券，投資愈可靠。」

金融工具的傳統計算方法 [1]

　　本節介紹一些投資計算基礎的簡單概念。不需要擔心怎麼運用計算公式，因為你可以從現成的複利計算表運用這些公式得出數字，或直接使用商用軟體（例如 Lotus 1-2-3 或其他電子試算表軟體）來計算。我列出一些公式是為了解釋基本概念背後的基本原理。適當的金融工具能用來說明每種概念和計算方法的用途。

　　投資人最常使用的衡量指標之一是投資的終值（FV）。假設你每隔一段時間（通常是 1 年）投資 1,000 美元，固定報酬率約為 r。1 年、2 年、3 年以上之後，你會有多少錢呢？如果利息只按本金支付（因為投資人領走利息），那麼每期結束時獲得的收益就稱作「**單利**」。

　　但如果利息在每一期結束時沒有取回，而是再投資，那麼原先的投資額就會以複利計算利息，持續累計到指定的期限。原先的 1,000 美元投資額在指定期限結束時的價值就稱作終值。在單利投資的情況下，任一期限的終值和與原先的投資額相同，可是在複利投資的情況下，在指定期限因複利效應而增加的金額才是終值。

　　一般來說，債券的投資在固定期間（每期通常為 6 個月）能產生穩定的單利，並在指定期限結束時償還本金。因此，每隔一段時間購買指定利率為 r 的 1,000 美元債券，會產生每期 1,000 美元 × r 的利息。如果每半年 r 等於 2.5％（一年 5％），那麼

每半年支付一次的利息就是 1,000 美元 × 0.025。投資債券，無法將利息再投資到原先的債券，如果要將利息再投資，通常得使用其他投資工具。

放在定期存款單（CD）的錢會在投資的期間產生複利效應。以 1,000 美元的最初投資額為例，定期存款單的價值（稅前）在 1 年後是 1,000 美元 × $(1+r)$，在 2 年後是 1,000 美元 × $(1+r) \times (1+r)$ 或 1,000 美元 × $(1+r)^2$，在 3 年後是 1,000 美元 × $(1+r)^3$，因此在 n 年後是 1,000 美元 × $(1+r)^n$，這裡的 r 是指年利率（APR）。需要注意的是，利息不只來自本金，也來自利息。以 5% 年利率計算，在 1 年、2 年和 3 年後，帳戶結餘（四捨五入）分別是 1,050 美元、1,102 美元和 1,153 美元。

評估投資時，經常運用到的概念是現值（PV），也就是終值的倒數。在已知未來價值是多少的情況下，要得出現在的價值就需要先知道終值是多少。例如，一年後到期的國庫券是 1,000 美元，現值是 1,000 美元 / $(1+r)$。如果 r 是 5%，現值的算法就是 $1000 \div 1.05$，得出約 954 美元。

如果在每期 t 結束時支付（C_t 代表每期 t 的現金流，t 等於 1、2、……、n），這些款項的現值按貼現率 r（每期）計算就是 $C_1 / (1+r) + C_2 / (1+r)^2 + \cdots + C_n / (1+r)^n$。有種特殊情況是所有 C_t（t 等於 1、2、……、n）相當於常數 A 時，稱為均勻級數。屋主定期償還的抵押貸款就是典型的例子。

一般情況下，屋主借一大筆錢，並承諾在 15 年或 30 年內以固定金額分期償還（通常是每月一期）。房貸還款包括利息費用及指定期間的本金。每期的還款有部分是支付本金，另一部分是支付利息。隨著時間過去，貸款的利息部分會減少，而分期償還

本金的部分會逐漸增加。

　　不過，如果固定在每期 t 開始時支付（C_t 代表每期 t 的現金流，t 等於 1、2、……、n），這些款項的終值按複利的利率 r（每期）計算就是 $C_1 \times (1 + r) + C_2 \times (1 + r)^2 + \cdots + C_n \times (1 + r)^n$。有種特殊情況是所有 C_t（t 等於 1、2、……、n）相當於常數 A 時，也稱為均勻級數。這種均勻級數的典型例子包括公司試著建立償債基金，以取代未來的資本，而做法是在幾個期間存入固定的金額，直到需要償債時為止。

　　永恆不變的均勻級數稱作「**永續**」（perpetuity）。事實上，英國政府發行了能夠永久支付固定利率的投資工具，稱為永續債券（consol）或金邊債券（gilt）。這類投資工具的價格（或現值）算法是 A/r（無窮級數的代數總和），A 是指定期支付的票息價值，r 是指每期的市場利率。隨著價格的調整而修正票面利率和市場利率之間的差異，永續債券的定價在任何特定時間都準確地反映出市場利率。

　　考慮到通貨膨脹，證券可能是一種實用的工具，其中的票息和假定的固定通貨膨脹率息息相關。我們需要確定這項投資工具的價格時，可以把所有相關因素都列入考量。金融工具不勝枚舉，我只引用了少數工具來闡明基本概念，不深入探討這些計算投資價格或借貸價格的冗長公式。

評估投資項目

　　一家公司的價值不只取決於擁有的現金流，也取決於現金流

的配置方式。高報酬項目的資本投資能促使公司價值和股價快速上漲。如果公司的投資都不夠優質，管理高層可能得面臨艱難的抉擇。他們可以決定將資本返還給股東，或選擇停滯不前，進行對公司沒實質幫助的投資。除非他們有強烈的動機處理股價，否則管理高層通常會選擇這種沒有吸引力的方案。

　　現金流分析是比較新的方法，在葛拉漢和陶德的時代還不夠完善，但這項估價工具在近期愈來愈普及。現金流不是盈餘，卻是使企業在短期內運作的關鍵，也能夠衡量企業為了利用新商機而重新配置資產的靈活度。

　　衡量投資計畫的一大難處是預測品質，在第 6 章會討論。考慮到穩定的投資現金流，這裡只探討評估的執行方法。評估投資計畫的幾種傳統方法，包括淨現值（NPV）法、內部報酬率（IRR）法、還本期（PBP）法。

　　在淨現值法的條件下，投資的預期現金流依照特定的貼現率折價，這種貼現率有時也稱為臨界點報酬率（hurdle rate，又稱門檻報酬率）。如果現金流的淨現值大於或等於零，這項投資能讓人欣然接受。淨現值小於零，該投資則不可接受。提高貼現率能降低淨現值，而降低貼現率則有反效果。這種方法的主要問題在於，企業高層必須指定能代表公司資本開支（cost of capital）的貼現率。

　　貼現率的規範理應是管理高層的當務之急。管理高層有時會對自己決定的貼現率感到不安，原因是他們急著推動投資計畫時，設定了不切實際的低貼現率。他們應該要極力避免這種弄巧成拙的做法。巴菲特曾提到，管理高層可以偶爾適當地設定高貼現率，同時傳達出渴望投資的意願，這樣就能鼓勵中階主管提出

高得離譜的現金流預測，進而達到臨界點報酬率。

　　雖然內部報酬率法沒有前述的問題，卻有其他問題：假設投報率為未知數，我們可以從特定現金流的淨現值計算出答案。這種方法不考慮投資項目之外的資本成本（因此稱作內部報酬率）。第一個難題與技術面有關：短期現金流改變方向超過一次（時而往內流、時而往外流）。在這種情況下，不明的內部報酬率可能算出不只一個數值。另一個相關的難題是內部報酬率法的假設不切實際，無論現金流變動了多少次，短期現金流皆以與內部報酬率相同的比率再進行投資。

　　還本期法只是一種衡量收回投資成本所需時間的粗略方法。此方法有許多缺點：第一是忽略了還本期之後的現金流；其次是無論現金流的時間點，在到期之前都不考慮現金流；第三是不估算投資項目的報酬率。前述是淨現值法和內部報酬率法使用現金流折現法會產生的問題，而還本期法的好處在於重視投資的早期回收，能大幅降低暴露的風險，這在經濟和政治都不穩時格外重要。在報酬豐厚且於投資末期回收的前提下，誠如美國幽默作家威爾·羅傑斯（Will Rogers）指出，資本返還比資本報酬更重要。

財務報表概述

　　公司的年度報告包含了財務報表，而財報的內容包括資產負債表、損益表、財務狀況變動表和審計報告。資產負債表概括了公司的財務狀況，並在期末（通常是年底）列出資產價值和負債。損益表詳細列出了期間內（通常是 1 年）的收入和費用，並提供

期間的經營概況資料。財務狀況變動表則列出資金的來源和用途。而審計報告是專業會計師針對公司財報所做的獨立評估。

潛在投資人最關心的公司財務狀況是流動性、償付能力和獲利能力。流動性是指企業有足夠現金還債的能力。償付能力是指，根據企業的債務與資產之間的比率，而換算出的長期償債能力。獲利能力是指企業創造利潤的能力。經理、貸款機構和投資人都會密切關注這些狀況，以確保公司能持續經營，也能產生投資報酬。

股票的一股代表公司的權益比例。確切的比例取決於投資人擁有的股數與公司的流通在外股數。例如，100 股只有 1,000 股的 10％權益，但 100 股只有 100 萬股的萬分之一（1%的 1%）權益。

按照慣例，一些簡單的金融術語，諸如價格、收益、股利和帳面價值，都是指對應每股的數字，不是指適用整體公司的金額。市值、淨利、分紅和淨值等術語是指在公司中的不同價值，都會列在企業的財報中。

總價值除以總股數，可以算出每股價值。如果要檢查答案是否正確，可以確認公司的市值（整間公司的價值）是否等於報價（每股）乘以股數。公司的淨利算法是收益（每股）乘以股數。分紅總額的算法是股利（每股）乘以總股數。企業的淨值算法是帳面價值（每股）乘以總股數。

整間公司的價值會隨著報價的變動跟著改變。散戶對股價和持有的股票價值更感興趣，而公司的潛在收購者在出價之前需要知道公司的總市值。

評估上市公司

　　我認為葛拉漢和陶德的評估程序就像三腳凳，這三支腳分別代表資產、收益和股利。收益的重要性沒有比其他兩者大，其中一個原因是與收益相關的不確定性，遠大於資產、股利等已知數量的不確定性，但主要原因是收益能決定其他兩者的價值。這就是為什麼經營結果一敗塗地會令人擔憂，資產價值也會因此受損。如果公司有龐大債務，以負債和股權之間關係呈現的財政優勢也會減弱。最後，令人失望的盈利結果會減少股利的發放。

　　對新手投資人而言，衡量公司淨現值的最佳指標是收益流。未來的收益流只能靠推測，但能從財務報表中找到過去的收益流，可分為兩部分：以股利形式分配給股東的收益部分，以及公司保留並且再投資到投資項目的收益部分。

　　理論上，評估公司價值的理想方式是估算不同現金流的淨現值，但如果散戶不了解公司未來的計畫，也不熟悉公司在商業模式，那麼他們可能會覺得評估很困難。大多數的投資人都是根據已知的績效指標來計算，這些指標包括近期公布的資產和收益，及其與目前股價之間的關係。

　　股東權益表概括了近期收益的處置。只要將表中的年初股東權益加上當年收益，再減掉當年的支出（例如發放現金股利、買回股票），就能得出年底的股東權益。雖然股東權益表很像其他財報的簡易版，卻是非常實用的文件。圖表 2-1 是亞什蘭集團（Ashland Inc.）的綜合股東權益表。

　　資產報酬率（ROA）可以用來評估公司的報酬，算法是淨利除以所有資產的總和，包括流動資產和固定資產。資產報酬率代

圖表 2-1　股東權益表範例

（百萬）	普通股	實收資本	留存收益	累計的其他綜合損失	總額
亞什蘭集團與附屬公司 綜合股東權益表					
1999 年 10 月 1 日的結餘	$72	$464	$1,710	$-46	$2,200
綜合收入總額 *			70	-26	44
股利					
每股 1.10 美元的現金股利			-78		-78
阿契煤業（Arch Coal）股票分割			-123		-123
已發行的普通股					
股票激勵計畫		8			8
收購其他公司		3			3
買回普通股	-2	-87			-89
2000 年 9 月 30 日的結餘	70	388	1,579	-72	1,965
綜合收入總額 *			417	-54	363
每股 1.10 美元的現金股利			-76		-76
已發行的普通股					
股票激勵計畫	1	22			23
買回普通股	-2	-47			-49
2001 年 9 月 30 日的結餘	69	363	1,920	-126	2,226
綜合收入總額 *			117	-68	49
每股 1.10 美元的現金股利			-76		-76
已發行的普通股					
股票激勵計畫		16			16
買回普通股	-1	-41			-42
2002 年 9 月 30 日的結餘	$68	$338	$1,961	$-194	$2,173

* 以下是淨收入和綜合收入總額的對照。

（百萬）	2002 年	2001 年	2000 年		
淨收入	$117	$417	$70		
最低退休金負債調整	-144	-57	2		
相關稅收優惠（費用）	56	22	-1		
未變現收益（損失）	19	-21	-37		
相關稅收優惠	1	2	10		
綜合收入總額	$49	$363	$44		

2002 年 9 月 30 日，累計的其他綜合損失為 1 億 9,400 萬美元（稅後），包括未變現淨虧損 6,300 萬美元和最低最低退休金負債 1 億 3,100 萬美元。

資料來源：亞什蘭集團授權轉載，2002 年度報告。

請參考綜合財務報表的附註。

表，資產負債表中所有權益和負債之總和的獲利能力，其中負債包括流動負債和長期負債，但其缺點是無法區分不同種類的資產對該比率的影響。

資本報酬率（ROC）是常用來評估公司獲利能力的當代工具，算法是淨利除以資本。在該條件下，資本指的是，長期負債與公司投資股權的總和，但不包括淨流動資產（因此也不包括短期負債）。分母是公司的長期資金金額，而分子是由淨利總和加上稅後利息得出的數字。該比率是衡量潛在獲利能力的指標。

最後，股權投資人最感興趣的衡量指標是股東權益報酬率（ROE）。此比率的算法是淨利除以股東權益。資本報酬率和股東權益報酬率之間的巨大差異，資本報酬率和股東權益報酬率之間的巨大差異，顯示出負債是能帶來高報酬和高成長率的主因。

有些與股權、收益和股利相關的重要概念值得一提，因此我在此簡要說明：B 代表股東權益的帳面價值，D 代表支付的股利，E 代表淨收入。股東權益報酬率以 E/B 表示。股利分配的收益百分比稱為「股利發放率」，以 D/E 表示。如果股利發放率乘以股東權益報酬率，就會得出「股利分配率」（股利除以帳面價值，以 D/B 表示），那麼公式就是（D/E）×（E/B）= D/B。公司保留的收益百分比是（E − D）/E 或 1 − D/E。留存收益百分比乘以股東權益報酬率，會得出「收益再投資率」（收益和股利之差與淨值為正相關）或俗稱「收益留存率」，公式是（1 − D/E）×（E/B）=（E − D）/B。

需要注意的是，收益再投資率和股價（以 P 表示）是兩個獨立的數值。也要注意股利發放率和留存收益率相加必須達到100%，也就是 D/E +（1 − D/E = 1 或 100%。股利分配率和收

益再投資率相加就是「股東權益報酬率」，即 D/B ＋（E － D）
/ B ＝ E/B。

舉個例子，公司的帳面價值是 10 美元，如果公司產生 1 美
元收益，並支付 60 美分的股利，相關比率的計算方式如下：

股東權益報酬率：E/B ＝ 1 美元 ÷10 美元 ＝ 10％
股利發放率：D/E ＝ 0.60 美元 ÷1.00 美元 ＝ 0.60 ＝ 60％
股利分配率：D/B ＝ 0.60 美元 ÷10 美元 ＝ 0.06 ＝ 6％
留存收益率：1 － D/E ＝ 1 － 0.60 ＝ 0.40 ＝ 40％
收益再投資率：（E － D）/B ＝ E/B － D/B ＝ 10％－ 6％＝ 4％

注意：股利發放率和留存收益率的總和是 60％＋ 40％ ＝
100％

價值投資法與成長投資法

現在來談談價值投資法和成長投資法之間的差異。首先，可
以用股票和債券來做比喻。在資本市場時代早期（19 世紀末和
20 世紀初），股票被視為債券的替代品。也就是說，持有股票的
主要目的是為了股利收入，其次是為了參與新上市公司的成長，
這樣能使資本價值至少跟上通貨膨脹，並且有希望適度超越通
膨。巴菲特等經驗豐富的投資人都把股票當作是種獨特的債券。
葛拉漢和陶德肯定會認同。

　　債券的吸引力取決於約定利率（即票面利率）和市場利率的差異。例如，一年期債券以 8％ 的票面利率發行，本金為 1,000 美元則會產生 80 美元的利息並在年底支付。假設市場利率突然降到 7％，此時債券的利率相對於目前的利率非常有吸引力，投資人會願意多花 1,000 美元買債券。

　　更確切地說，他們願意以 1,009 美元（＝ 1,080 ÷ 1.07）買債券。分數的分子是本金加上利息，分母是 1 加上市場利率（以小數表示）。1,009 美元的新市值和原本 1,000 美元本金之間的正數差稱為「溢價」。同理，如果市場利率突然上升到 9％，原先的 8％ 票面利率就失去了競爭力，而債券價值在市場恢復平衡之前會降到 991 美元（＝ 1,080 ÷ 1.09）。991 美元的新市值和原本 1,000 美元本金之間的負數差稱為「折價」。

　　同樣地，一支股票通常以高於或低於帳面價值的價格出售，這取決於股東權益報酬率和投資人期望的股票報酬率之間的差異。投資人期望的股票報酬率取決於當時的債券利率，再加上其他風險因素，以彌補股票的風險比債券更大的事實。股價（P）與帳面價值（B）之間的比率稱為市帳率（P/B），是衡量股價是便宜或昂貴的一大有效指標，也和另一種更常見的衡量指標形成對比──股價與每股收益的比率（P/E）。

　　為了說明這一點，先假設股票的帳面價值為 10 美元，然後以股價 15 美元、10 美元和 6 美元分別計算市帳率，算法如下：

P ＝ 15，P/B：15 ÷ 10 ＝ 1.5，高於帳面價值。

P ＝ 10，P/B：10 ÷ 10 ＝ 1.0，與帳面價值相等。

P ＝ 6，P/B ＝ 0.6，低於帳面價值。

不過，現金殖利率（股利除以股價，以 D/P 表示）取決於股利（D）和股價（P）。我們先假設現金殖利率是 60％，然後以股價 15 美元、10 美元和 6 美元分別計算現金殖利率，算法如下：

P ＝ 15，D/P：0.60÷15 ＝ 0.04 ＝ 4％。

P ＝ 10，D/P：0.60÷10 ＝ 0.06 ＝ 6％。

P ＝ 6，D/P：0.60÷6 ＝ 0.10 ＝ 10％。

股價等於帳面價值（P ＝ B）時，現金殖利率就等於股利分配率（D/P ＝ D/B）。股價低於帳面價值（P ＜ B）時，現金殖利率會高於股利分配率（D/P ＞ D/B）。股價高於帳面價值（P ＞ B）時，現金殖利率就低於股利分配率（D/P ＜ D/B）。這些條件和這個事實有相似之處：目前的債券殖利率比票面利率低或高，取決於債券是以高於或低於面值的價格出售（與股票的帳面價值相似）。

收益再投資率在理論上有重要的意義，因為能反映出公司成長的速度。照理說，只要公司保留所有的收益，帳面價值每年都會按股東權益報酬率的速度成長。但實際情況並非如此，因為許多公司以股利的形式支付部分收益。股票的年度總報酬是資本利得與現金殖利率的總和。基於前述的理論關係，總報酬的算法是（E － D）/ B ＋ D/P，前者是收益再投資率，後者是現金殖利率。就股票支付股利而言，股票就像債券，只是差別在於再投資的資本，這部分不是以股利的形式支付。股票的潛在年度總報酬是資本利得率加上現金殖利率，理論上就是收益再投資率加上現金殖利率。

　　為什麼股價會比帳面價值高呢？其實這很常見，公司的股東權益報酬率通常高於投資人期望的股票報酬率。20世紀的物理和社會科學領域不斷創新，智慧資本*取代有形資產的結果使得相對少量資本能夠獲得超額報酬（因此忽略了以資產負債表上的物質資本進行保護的這種做法，在經濟繁榮時期漸漸盛行）。即便如此，智慧資本需要與有形資產有交互作用，才能產生利潤。這個過程可以藉由股東權益報酬率來衡量。例如，微軟的股東權益報酬率超過20%，代表在華盛頓雷德蒙德市總部服務的電腦程式設計師比大多數美國企業更有生產力。也可以把資產報酬率當作衡量指標，不過股東對股東權益報酬率更感興趣。

　　雖然價值投資法在1990年代的大部分時期並不出色，原因不是這種投資方式已經不合時宜。投資人需要了解，最近的10年是不同尋常的時期，這種情況在一般人的一生中大概會出現一到兩次。第一個因素通常被忽略了，那就是美國在1991年於波斯灣戰爭獲勝和蘇聯解體之後享有的短暫政治霸權。

　　類似的事件還有美國在第一次世界大戰（1918年）之後成為唯一的新生超級大國，當時其他主要大國都已經精疲力竭，影響力也跟著減弱。不過，波斯灣戰爭因素在2001年9月11日消失殆盡，當時發生針對資本主義堡壘的恐怖襲擊事件，提醒了美國人（以及世界上的其他國家），美國的政治力量不是包羅萬象，而資本主義也無法穩定地遍及整個世界。

　　影響1990年代的第二個因素是引進令人興奮的新技術。新

---

* 　能夠提升公司競爭優勢或者創造超越公司帳面價值的無形資產。

技術固然重要，但這些技術對獲利能力的貢獻通常被高估了。這點在 2001 年獲得證實，當時捷迪訊光電（JDS Uniphase）等公司將前幾年的收益和帳面價值減記了數十億美元，但不切實際。若扣除這些未變現的資本利得，美國企業在 2001 年創造的利潤沒有比 1995 年來得高。6 年來的利潤成長都一筆勾銷。問題並非這些技術不存在，而是技術影響力的速度被高估了。

投資人對開發新技術的公司現值預期過高，因為他們相信這些公司能在 2 年、3 年內改造世界，而不是預估 20 年、30 年。投資人重新計算新技術的經濟效益，結果成效不佳時，股價只剩下「走低」一途了。

所以，價值投資人和成長投資人有什麼區別呢？成長投資人希望取得成長率最高的公司股票，每年至少成長 15％，最好能超過 20％。他們願意為這種成長率多付市帳率溢價（或較高的本益比）。這種股票的特點是有很高或快速成長的股東權益報酬率。投資人很有信心能夠鑑別成長股，以及避開收益不佳的公司股票。假設他們真的辦得到（很少人能做到），那麼股價就不成問題了，因為公司的成長終究能跟上目前的股價。在這種罕見的情況下，原則上可以說是「不論價格，絕對成長」。

反之，價值投資人不太相信成長率，因為不可能所有公司都在一般水準之上。他們反而希望找到獲利能力普通的公司，然後用低價購買這些公司的股票來獲利。如果價格有吸引力，價值投資人甚至可以接受經濟效益低於一般水準的公司股票。換句話說，假如股票夠便宜，而且股利發放率夠高，即使是股東權益報酬率較低的公司也很誘人。

價值投資法與成長投資法的差異見仁見智。不言而喻，成長

投資人相信收益會平穩地上升，也相信價格會在認知的中央值附近相對狹窄的範圍內波動。在這個前提下，最好的辦法就是，隨時跟上當前的熱門產業，乘勢致富。這樣一來，要計算遙遠未來的淨現值便輕而易舉，即使成長率的預估有差錯也不會影響到未來的目標股價。

價值投資人認為收益的成長沒有條理，不會穩定進展，而且能反映在股價的波動。價值投資人能夠自在地等待合理或便宜的價格，他們相信可以觀察得到價格的波動，不像未來的收益成長只能依靠猜測。要說有什麼區別的話，存疑的價值投資人認為在最壞的情況下，有可能因為公司時來運轉而出現驚喜，或者有另一家公司試著取得廉價資產，只為了提升公司的低報酬率，因此提出公開收購的「解決辦法」。

從歷史的角度來看，股市的漲跌和經濟週期有關。要事先準確預測漲跌發生的時間是很難辦到的事。成長投資人可以在短時間內乘勢而上，不過很難抓到退場的完美時機，也很難跟上退場的潮流並穩賺不賠。根據統計資料，股市終究會退到平均值，也因此消除了短期的波動。葛拉漢說的沒錯：「從短期來看，市場就像投票機，但從長期來看，市場就像磅秤。」

至於成長股和價值股的相對優勢，有許多研究都在不同時期指出成長股的資本增值速度平均每年超越價值股 1.5 個百分點，不如多數人想像得多，而價值股的股利平均高出 3 個百分點。因此，價值股每年提供的總報酬比成長股高出 1.5 個百分點。不幸的是，太多投資人忽視股利對總報酬產生的作用。

大多數投資人把投資股票當作儲蓄方法，目的是買新房子、為子女準備教育基金，或者預備自己的退休基金。他們不應該聽

從小道消息，然後在類似摸彩的氛圍中賭錢。他們就好像不知道什麼時候該放手的賭徒，最後也很少賭贏。這就是為什麼對長期投資的人而言，價值投資法是比較穩健的方法，尤其是在除了比較繁榮的 1990 年代、1960 年代和 1920 年代之外的其他時期。

身為人類很難不對千載難逢的機會產生投機衝動。如果你有足夠的資金，短期內動用不到這筆錢，你不妨把小部分的財富投資到一些有風險但快速成長的股票。約翰·柏格（John Bogle）是精明的價值投資人，也是領航投資（Vanguard）基金的創辦人和前執行長，他表示具有投機性質的投資不應該超過財富的 5％。此外，你應該要了解成長股的風險性質，並且定期調整你的投資組合，降低一些獲利，以求達到 5％的限制標準。這種合理的建議對投資人很有幫助。

PART 2

固定收益評估

第 3 章

固定收益的基本原則

　　根據最常見的價格波動衡量方法，債券通常比股票更可靠，因為債券在到期日時有「還款保證」。不過，保證的效力取決於債券的發行人。即便如此，在 1930 年代被股市崩盤嚇到的投資人，紛紛轉而投資債券。1930 年代晚期的投資口號可以說是「債券是最可靠的投資標的。」

　　冒著偏離普通股投資主題的風險，我想從債券的評估開始談。一方面是因為債券是重要的投資工具，另一方面是因為普通股的投資標準在許多層面都和債券相似。我認為，許多投資人都低估了債券和股票有值得參考的共同之處，而葛拉漢和陶德都沒有忽視這個事實。

　　此外，投資人可以藉由買進更可靠的固定收益證券來了解投資動態，尤其是美國財政部等政府單位發行的證券。不過，這些證券本身也有顯著的風險。其實，缺乏經驗的投資人會發現這些證券的風險高得嚇人，因為它們會受到一些股市經濟變數影響。

　　利率上下波動的事實，足以使貨幣投資產生高風險，即使是投資美國短期國庫券這種沒有收益變動性或違約風險的可靠工具，也是如此。投資人當下就要決定買還是不買，因為隔天的報酬率不一定相同。但如果你確信隔天的報酬率會更高，你當然會

等到隔天再投資。話說回來，報酬率也可能變更低。假如這兩天的報酬率都維持不變，你就白白等候一天的時間了（這裡不考慮與頻繁買賣相關的管理成本和交易成本）。

　　本章探討只與利率波動相關風險的投資工具，而不涉及投資人可能拿不回本金的信用風險。這些證券的發行者包括美國政府、商業銀行，多少都有政府擔保。美國的國庫證券是公認風險極低的金融工具，因為有美國政府的高信譽作擔保。除非發生不太可能出現的政治崩潰事件，不然投資人一定能取得投資面值的報酬。比較可能出現的風險是高通貨膨脹率損害投資的實質價值，不過在本章的最後才會談論此問題。

美國的國庫證券 [1]

　　風險極低的美國國庫證券是固定收益的基礎，能用來衡量其他投資工具的風險。國庫證券有三種類型：期限為 1 年以下的短期國庫券、期限為 2 年至 5 年的票據、期限為 5 年至 10 年（以前是 30 年）的債券。短期國庫券的面額為 1,000 美元，而票據和債券的發行面額為 10,000 美元以上。

　　短期國庫券按面值折價出售——到期時會給付 1,000 美元本金，只是以稍低的價格出售，比如九百多美元（這點對稅收很重要，因為在到期日或轉售之前，利息不需要納稅）。短期國庫券的計算是以結算報價 100（速記為 100%）為單位，再用 1,000 美元的最終價值乘以這個百分比來得出購買價格。因此，如果短期國庫券的報價為 97，這代表購買價格是 970 美元或最終價值 1,000

美元的 97%。短期國庫券是短期投資的工具，可以說是公認的現金等價物。

假設 1,000 美元的短期國庫券期限為 1 年，年利率是 r，報價 Q（即 1,000 美元最終價值的報價比例）的算式為 $Q = 100 \div (1 + r)$，因此 $r = 100 \div (Q - 1)$，以小數表示。假設年利率 r 為 5%，報價的算法就是 $Q = 100 \div 1.05 = 95.24$。這個結果代表 1,000 美元最終價值的 95.24%，即 952.40 美元。假設短期國庫券的報價 Q 是 97，年利率的算法就是 $r = 100 \div 97 - 1 = 0.0309$ 或 3.90%。

國庫票據和國庫債券都是定期給付利息，並且在到期日償還本金。其年利率稱作「票面利率」，來由是以前的投資人會把債券上的息票剪下來，在到期日當天或之後帶到債券發行處兌付當期利息（在電子交易時代，大部分的投資人不再實際持有債券，「息票」的術語現在被用來比喻相關交易）。國庫票據和國庫債券的計算是以結算報價 100（速記為 100%）為單位，乘以面值後能得出購買價格的百分比。因此，如果國庫票據或國庫債券的報價為 100，這代表購買價格是 10,000 美元，即面值 10,000 美元的 100%。

利息通常是每半年支付一次，所以每張息票實際上只代表一年利息的一半。正因為如此，假設債券的票面利率為 r，期限為 n 年，我們為了計算債券的現值，通常會把債券的期限當作 $2n$ 個半年，而半年的利率為 $r \div 2$。以此類推，利率 8%、期限 5 年的債券相當於 10 個半年且每半年利率 4% 的投資工具。

在本書中，債券的票面利率是指年利率，而票息是指每半年支付一次的利息。不過，為了計算方便，我們用債券的面值

而非報價來計算。此外，面值為 P 的債券會固定在每個期間 1、2、……、$2n$ 結束時給付利息 c，並且在期間 $2n$ 支付本金 P。每段期間的利率為 $r \div 2$，可以使用常見的利率表、電腦軟體或小型計算機算出債券的現值。

　　由於市場利率時不時產生變化，債券的價值也會跟著改變。假設利率 8%、期限 5 年的債券每半年有利率 4%，總共為期 10 個半年，如果市場利率維持 8%，你就會取得息票的市場報酬率再加上到期後的本金。換句話說，10,000 美元債券的現值就是 10,000 美元。不過，萬一你買了債券之後，市場利率立即下降到 6% 而且在接下來的 5 年都保持 6%，那麼現值就會上升。同理，假如市場利率上升到 10%，現值就會下降。圖表 3-1 列出了這些情況下的債券實際現值。

　　息票債券可以在到期日之前出售。所以，如果債券還沒到期就出售，能夠收回本金嗎？假設市場利率高於票面利率，你就無法收回本金。按面值 100% 出售的債券稱為「**平價**」。面值與較低售價之間的差額稱為「**折價**」。較高售價與面值之間的差額稱為「**溢價**」。

　　債券發行時，售價非常接近面值，因為預定的票面利率很接近市場利率。但隨著時間過去，市場利率可能會有劇烈的變化，對特定的債券發行產生顯著的溢價或折價。票息是債券發行年分的衍生結果，例如 1970 年代處在高利率時期，因此當年的債券有很高的票面利率。1990 年代早期的市場利率較低，導致當年的票面利率較低。因此，1970 年代發行的債券在贖回之前可能有溢價的作用。

　　債券的報酬是由殖利率衡量，一般以基本點表示。1 個基本

圖表 3-1　利率 8%、期限 5 年的債券現值

1. 市場利率不變（每半年利率 4%）				
期間	現金總額	折現	現值	時間加權現值
1	400	0.9615	384.60	384.6
2	400	0.9246	369.84	739.68
3	400	0.8890	355.60	1,066.80
4	400	0.8548	341.92	1,367.68
5	400	0.8219	382.76	1,643.80
6	400	0.7903	316.12	1,896.72
7	400	0.7599	303.96	2,127.72
8	400	0.7307	292.28	2,338.24
9	400	0.7026	281.04	2,529.36
10	10,400	0.6756	7,026.24	70,062.40
總額			10,000.36	84,357.00

2. 市場利率變化為每半年 3%或 5%				
		每半年 3%的市場利率		每半年 5%的市場利率	
期間	現金總額	現值	折現	現值	折現
1	400	0.9709	388.36	0.9524	380.96
2	400	0.9426	377.94	0.9070	362.80
3	400	0.9151	366.04	0.8638	345.52
4	400	0.8885	355.40	0.8227	329.08
5	400	0.8626	345.04	0.7835	313.40
6	400	0.8375	335.00	0.7462	298.48
7	400	0.8131	325.24	0.7107	284.28
8	400	0.7894	315.76	0.6768	270.72
9	400	0.7664	306.56	0.6446	257.84
10	10,400	0.7441	7,738.64	0.6139	6,384.56
總額			10,853.08		9,227.64

點相當於 1 個百分點的 1%。例如，2% 的殖利率等於 200 個基本點。只有當債券依照面值出售時，票息才能準確地衡量殖利率。如果債券以溢價或折價出售，更準確的衡量標準是當期殖利率，即票息除以債券價格。如果債券以折價出售，當期殖利率會高於票面利率，因為分母小於 100。

當期殖利率的計算還不夠，因為還必須在**攤銷** *的過程中考慮溢價或折價的影響。只要有債券的到期日、到期值、票息和當期價格，投資人就可以算出實際利率或到期殖利率。這裡不做這些計算，但你可以運用電腦或小型計算機計算。債券以溢價出售時，攤銷系數是負數，到期殖利率會低於當期殖利率。債券以折價出售時，攤銷系數是正數，到期殖利率會高於當期殖利率。身為投資人，你希望價格高還是低呢？如果你是賣家，你自然會希望價格高一些。如果你是買家，你會希望價格愈低愈好。

截至 2001 年，美國財政部發行 30 年到期、每半年支付利息的息票債券。不過，有些投資公司會「分割」債券的利息，並且以非常低廉的價格出售，直到 30 年後才償還本金。以利率 8%、面值 10,000 美元的 30 年期息票債券為例，分割債券（strip bond）買家在 30 年後只會收到 10,000 美元，不會收到票息。如果市場利率也是每年 8%，投資人能接受多少價格呢？只要算出 30 年後應支付的 10,000 美元現值，就能算出。我的計算結果是 994 美元。

---

* 攤銷（Amortization），意指藉由支付部分本金、提撥專款至償債基金、將資產逐步提列折舊或無形固定資產，將其成本轉為費用，使用這些方式來逐漸減少財務責任。

分割債券也可以在到期日之前出售。市場利率隨著時間改變時，分割債券也像一般息票債券會受到價格波動的影響。可以針對不同時期的不同市場利率推算出分割債券的現值。有了這些資訊之後，投資人就能夠判斷買或賣的利弊了。

說到底，債券投資人的目標是追求總報酬的最高值。任何息票都是債券價格愈低，殖利率愈高。換句話說，如果債券價格是因為利率波動才產生波動，你會希望在利率比較高的時機買進。因此，債券的資本利得有利也有弊。一方面，資本價值增加了，但另一方面，資金以較低的報酬率做投資。對於投資人手中的新資金而言，這個條件太過苛刻。

投資債券的條件包括在指定日期支付一定金額。與股票不同的是，債券不需要透過出售來兌現最終價值。因此，你可以從到期日和利率逆向推算，盡可能求出便宜的債券購買價格。你要提出合理的問題：「我可以用多便宜的價格入手？」而不是質疑：「價格會上漲嗎？」價值投資人也會把同樣的原則應用到股票。

麥考雷存續期間

1938 年，加拿大經濟學家弗雷德里克・麥考雷（Frederick Macaulay）提出一個概念，用來評估從債券收回現金流總額的現值加權平均時間。假設息票債券的面值為 P，每期支付票息 c，並在 n 期結束時支付本金 P。每期 t 的息票現值相當於 c 乘以對應 t 的折現系數（t 等於 1、2、……、n）。這些現值的總和等於所有 PV_t 的總和，t 為 1 到 n。時間加權現值的公式是 $t \times PV_t$（t

為 1 到 n）。因此，時間加權現值的總和公式是 $t \times PV_t$ 的總和（t 為 1 到 n）。時間加權現值的總和除以現值的總和，就可以得出加權平均時間 T，即麥考雷存續期間（Macaulay duration），這項衡量指標是以創始人名字命名。公式如圖表 3-2 所示。

圖表 3-2　麥考雷存續期間

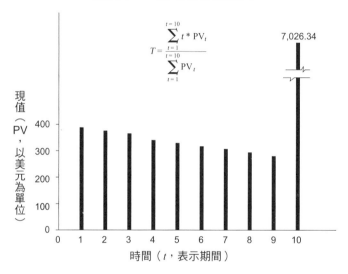

$$T = \frac{\sum_{t=1}^{t=10} t * PV_t}{\sum_{t=1}^{t=10} PV_t}$$

舉個例子，利率 8%、期限 5 年的息票債券面額是 10,000 美元，由 10 個半年期間、每期利率 4% 所組成。圖表 3-2 列出了計算麥考雷存續期間公式中的各項數值（每半年的利率是 4%）。這張息票債券的麥考雷存續期間算法是 t ＝ 84,357÷10,000 ＝ 8.4357 期。由於這個例子的存續期間條件是 10 個半年，以年計算則是 8.4357÷2 ＝ 4.21785 年。

圖表 3-3 針對 6% 利率的 5 年期債券和 10% 利率的五年期

圖表 3-3 利率 6%和利率 10%的 5 年期債券現值

1. 年利率 6%的債券（每期利率 3%）				
期間	現金總額	折現	現值	時間加權現值
1	300	0.9709	291.27	291.27
2	300	0.9426	282.78	565.56
3	300	0.9151	274.53	823.59
4	300	0.8885	206.55	1,066.20
5	300	0.8626	258.78	1,293.90
6	300	0.8375	251.25	1,507.50
7	300	0.8131	243.93	1,707.51
8	300	0.7894	236.82	1,894.56
9	300	0.7664	229.92	2,069.28
10	10,300	0.7441	7,664.23	76,642.30
總額			10,000.05	87,861.67

麥考雷存續期間 $T = 87,861 \div 10,000 = 8.7861$ 期。

2. 年利率 10%的債券（每期利率 5%）				
期間	現金總額	折現	現值	時間加權現值
1	500	0.9524	976.20	976.20
2	500	0.9070	453.50	907.00
3	500	0.8638	431.90	1,295.70
4	500	0.8227	411.35	1,645.40
5	500	0.7835	391.75	1,958.75
6	500	0.7462	373.10	2,238.60
7	500	0.7107	355.35	2,487.45
8	500	0.6768	338.40	2,707.20
9	500	0.6446	322.30	2,900.70
10	10,500	0.6139	6,445.95	64,459.50
總額			9,999.80	81,076.50

麥考雷存續期間 $T = 81,076 \div 10,000 = 8.1076$ 期。

息票債券進行類似的計算。這些債券的麥考雷存續期間分別為 8.7861 期和 8.1067 期。按年計算的對應期限分別為 4.39305 年和 4.05335 年。從這些例子可以看出，在其他條件相同的情況下，利率愈高，存續期間愈短，投資人也愈快收回現金流中金額現值。從某種意義上說，麥考雷存續期間衡量的是債券的風險，因為債券現金流中的金額現值愈早被收回，債券就愈可靠。

在零息票債券的特殊情況下，票息均為 0，所有中間期的現值相加也是 0。因此，時間加權現值的總和等於現值的總和乘以期限，其實就相當於到期時償還的現值，而麥考雷存續期間正好等於到期時間。如果在到期之前有一次票息，票息的時間加權現值就會低於本金的時間加權現值，兩者的加權平均值會拉低存續期間。如果付過很多次票息，債券的存續期間會比到期時間更短。

假設利率產生 x% 的變化，債券價值變化的近似值算法就是麥考雷存續期間乘以 x%。由於存續期間長的債券比存續期間短的債券更容易受到利率變化的影響，30 年期、麥考雷存續期間為 30 期的零息票債券在利率調升或調降 1% 的情況下，會上漲或下跌將近 30%。

債券的風險與報酬特性，可以概括為五大基本原則：

1. 價格上升時，殖利率下降，反之亦然，因為可以預先知道債券的到期日和終值。
2. 假設到期時間相同，高票息債券的麥考雷存續期間會比低票息債券的存續期間還短。
3. 債券的麥考雷存續期間絕對不會比到期時間還要長，除非是零息票債券的特殊情況才會比較長。

4. 在其他條件相同的情況下，期限較長的債券比期限較短的債券有更長的麥考雷存續期間。

5. 存續期間長的債券比存續期間短的債券，更容易受到利率變化的影響。

通貨膨脹的影響 [2]

美國的國庫債券有政府的高信譽作擔保，能防止面值受到損失，但不一定能保護實質價值。即使投資人可以藉著持有債券至到期日的方式，避免市場利率波動造成的影響，也無法完全避免波及到實質價值的市場影響力。除了供需法則，通貨膨脹也是能夠影響投資結果的主要因素，尤其是存續期間長的債券。

在考慮通膨效果之前，先談談通膨逐漸影響市場利率的機制。假設 r 是不包含通貨膨脹的「實質」利率，而 j 是包含通貨膨脹（或通貨緊縮）的利率，通常稱為「名目利率」（nominal interest rate）。假設 k 是平均價格變動率（通常影響因素是通貨膨脹，但也可能是通貨緊縮，此時 k 變為負值）。

運用傳統測量方法估算金融投資工具時，如債券的現值，會使用折現系數 $(1 + j)$ 來反映通膨。此系數可以換算成 $(1 + r) \times (1 + k)$，其中包含不同的要素能說明實質利率和通膨率。假設 $(1 + j) = (1 + r) \times (1 + k)$，我們會發現 $j = r + k + r \times k$，以及 $r = (j - k) \div (1 + k)$。

一般而言，r 和 j（以小數表示）都是小於 1，可以把叉乘 $r \times k$ 代入 j 的等式，並且在 r 的等式消除分母中的 k，不會產生

離譜的捨入誤差。然後，關於 k 的 r 與 j 關係很接近 $j = r + k$ 和 $r = j - k$。也就是說，名目利率很接近實質利率加上平均通膨率的結果。

說到債券投資，前述等式中的 r 稱為票面利率，代表債券發行後不包含通膨利率，而 j 代表在指定時間的實質利率。當然，債券的供需關係也會影響利率的面值和實質價值。因此，市場利率包括了通膨和借貸供需這兩方面的影響。

在 1970 年代期間，國庫債券的殖利率從不到 5% 激增到超過 15%，反映出通膨率隨之上升。美國的太平盛世期間，並沒有經歷過這樣的過程。結果，那些在 1960 年代以低於 5% 票面利率發行的債券，在 1970 年代時通膨率超過票面利率，使實質報酬率為負值，因此債券價值大幅下滑，以恢復到實質利率為正值的水準。

在 1970 年代、1960 年代，甚至 1950 年代，購買低票息國庫債券的投資人都承受過空前的資本損失。票面利率上升主要是通貨膨脹率上升的結果，因此持有債券至到期日的投資人會發現，價格水準的變化大大削弱了債券的本金價值。

1990 年代晚期，美國財政部發行了一種對抗通膨的投資工具——抗通膨債券（TIPS）。在 2000 年代初期的市場條件下，這種證券的定價保證超過 3% 的實質利率。這種投資工具多半遭到忽視，原因是當時的通膨率大約低於 2%，而長期債券的票面利率有時超過 6%。因此，這種投資工具的實質利率超過了 4%，或者高於抗通膨債券的實質利率。許多發展中國家都有發行適合當地的抗通膨債券。

抗通膨債券依照面值發行，但本金價值會依據消費者物價

指數（CPI）而上升。因此，根據消費者物價指數，以面值價格
100 發行的債券經過幾年後可能會有 110 的本金價值。利息由固
定價值的票息來表示，因此隨著時間過去，債券的當期殖利率下
降幅度會相當於本金增值的百分比。報價是按增加後的本金價值
百分比計算，而非原來的本金價值。因此，在本金為 110 的條件
下，報價為 99 表示價格為 0.99 × 110，或者接近 109。

　　如果出現通貨緊縮，本金價值可能會下降。如果消費者物
價指數下降 1%，按面值價格發行的債券可能只有 99 的本金價
值。抗通膨債券推出後的短期內沒有發生過這種情況，但美國聯
邦準備理事會（Fed，簡稱聯準會）主席艾倫·葛林斯潘（Alan
Greenspan）似乎很擔心 2003 年初期的通貨緊縮。

　　實質利率一方面依據名目利率而變化，另一方面依據通膨率
而變化。名目利率改變的風險可以透過固定利率的長期投資來避
免。而藉由抗通膨債券來避開通貨膨脹的風險則更加困難。對稱
職的專業經濟學家而言，推測通膨率，甚至推測通膨率的變化都
很耗費精力。如果投資人欠缺投資技巧，把資金投資到抗通膨債
券也許比投資到以名目利率報價的傳統債券更可靠，因為不需要
臆測。

　　對抗通膨不是理想的方式（除了延後課稅帳戶，例如個人退
休帳戶），因為利息收入需要納稅，本金的增加與通膨率也有關
聯（例如零息票債券）。如果出現嚴重的通貨緊縮，導致本金價
值下降，那麼對抗通貨緊縮便是理想的辦法，因為本金的下降會
帶來稅收優惠。通膨指數型債券可以說是退休基金和其他退休方
案的首選投資工具，因為在任何情況下都盡可能地將收益極大
化，並且保本。

管理與國庫債券相關的風險

既然投資國庫債券涉及到通膨風險及其他風險,該如何管理這些風險呢?此疑問所隱含的其他問題需要我們認真思考。

市場利率的變化,對於未來很久才會收到的本金和目前收到的票息產生反作用。市場利率上升時,本金的價值會下降,但票息會變得更有價值,因為票息可以在高利率的條件下再進行投資。市場利率下降時,遠期的本金價值會上升,但票息的價值會下降。

許多投資人在交易之前,都想知道債券的價格。如果你是賣家,當然希望價格高一些,這樣你才能從中獲利。如果你是買家,會希望價格愈低愈好,原因有兩點:第一點與稅收有關。假如以折扣價買債券,在到期或出售時獲得的資本利得,其稅率比票息等一般收入來源還要低。第二點與通膨有關。如果把通膨因素列入考量,債券到期時的本金價值可能會比購買時的本金價值還低。

例如,你需要以 90 美元的價格購買債券,以便在債券按面值到期時獲得相同的「實質」價值(隨通膨調整)。折價債券的不利之處在於,你的息票殖利率和當期殖利率都比平價債券或溢價債券的殖利率還低,因為差額以資本利得的形式出現。但這只是讓你了解現實狀況,應該要把部分的票息再拿去投資(按面值出售的債券),這麼做是為了彌補通膨。真的不該讓自己的利息損失再投資的機會。

溢價債券的好處是你可以獲得豐厚的利率,缺點是一旦你持有債券至到期日(通常期限較短),你就得承受資本損失。讓這

個問題更複雜的是，溢價債券沒有抗通膨的作用。因此，當期殖利率太高，反而會鼓勵投資人過度積極投資，而不是將利潤拿去彌補通膨的影響和本金價值的損失。如果投資人持有這些債券至到期前市場利率上升，他們就得承受所謂的機會損失──錯過了以更高利率投資的機會。

另一種情況涉及再投資風險，也就是未來的市場利率會比票面利率低。例如，市場利率在 1980 年代初期創歷史新高，卻在這十年和進入 1990 年代時下降了。在這段期間，債券的票息不得不以愈來愈低的報酬率進行再投資。

幸虧有個解決辦法：投資分割債券。分割債券的票息和本金各自獨立，因此沒有票息可供投資，也沒有再投資的問題。大多數的經紀商都有推出流動收益期權票據（LYON）和國庫券投資成長票據（TIGR）等國庫分割債券。同時，利息會按貼現率逐漸增加，直至到期為止。投資人應該注意到，這些債券已經累積但沒有支付的利息是按年度計稅（除了延後課稅帳戶，例如個人退休帳戶）。

為了管理市場利率波動帶來的風險，投資人可以運用兩種方式使債券投資組合多樣化。最顯著的方式就是購買不同發行者的證券。不過，向同一個發行者（例如美國財政部）購買在不同時間到期的債券，也是使資產多樣化的重要方法。這種投資策略稱為「債券梯」（laddering）。你可以買 1 年、2 年、3 年、4 年、5 年或更長期限的債券，投入的金額大致相等。這樣一來，你的部分債券投資組合就會分別在每年陸續到期，並能以不同的利率再進行投資，就能避免把所有錢都放在市場的高點或低點了。

債券（包括國庫債券）的另一個風險是稅收。美國的證券不

需要繳納州稅與地方稅，但聯邦稅卻有很大的影響。為了應付這個問題，美國財政部還發行了零息票債券（zero-coupon bond）。在到期之前，零息票債券的票息會自動按照預定的利率再進行投資。因此，投資人能夠延遲繳納零息票債券的票息稅款，直至到期日。

1980 年代初期，政府為了鼓勵民眾儲蓄，推出了一種特殊商品：EE 儲蓄債券。美國財政部透過商業銀行以低於面值 50% 的價格出售 EE 儲蓄債券。所謂第一個期限，是指購買價格的應計價值加上浮動利率的利息，在未來某個不確定的時間達到面值。此時，投資人不需要繳罰金就可以收回面值，也可以按報價利率將這筆錢再進行投資，直到所謂的最終到期日為止，即債券的指定期限，例如 20 年後。

EE 儲蓄債券通常採用浮動利率，比相同期限的美國國庫證券利率還低，但 EE 儲蓄債券有彌補這個缺點的其他優勢：

1. 投資人可以根據既定利率（不是市場利率）增加的價值，隨時將債券賣回給美國政府。因此，沒有本金風險，因為利率是已知的。
2. 投資人可以選擇像其他分割債券那樣每年為利息納稅，或者延遲至債券到期或售出時納稅。
3. 如果另一種 E 系列（Series E）債券以更高的利率發行，利率較低的債券持有人可以將其兌換為利率較高的債券，一分錢一分貨，因此能取得更高的利率。

因此，E 系列債券結合了適度的高殖利率、保本、可靠信貸

和延後課稅的特性。

基於前述提到的所有考量因素（以及還沒談到的要因），使債券報酬更完善是一件很困難的事，即使是老練的專業投資人也很難辦到。其中涉及到交易投資組合，或者對投資組合進行配置，即使是投資有「還款保證」的國庫證券也可能發生虧損。對專業投資人而言，當他們試著為下一次的投資重新配置時，帳面損失就會變成實際損失。

另一方面，業餘投資人應該要努力從債券投資中獲得尚可接受的成果，而不是追求最佳報酬。也就是說，業餘投資人不該為了獲得總報酬的最大值而不斷調整投資組合。反之，更合適的投資目標是管理好「新資金」，主要目的是能夠像保險公司那樣擁有穩定的現金流。

換句話說，業餘投資人應該在「新資金」入手時盡力獲得最大報酬，同時持有「舊資金」至到期日（並且始終保持投資組合的高穩定度）。利率波動造成的短暫帳面損失不該被視為損失，因為這些帳面損失會以更高的殖利率（因其價值低於公允價格）來補償。最終，目標是隨著時間獲得報酬來彌補通膨，並且按實際價值適度增加利潤。

其他高度擔保的固定收益型投資工具

地方政府債券通常被視為政府債券，因為是由州政府、地方政府或其他政府機構發行。與美國政府發行的債券很類似的是，地方政府債券也是由市政當局的稅務機關擔保。但有兩個不同之

處。首先，城市的稅基比國家的稅基更小，也比較不穩定。人們進出城市管轄範圍的可能性比進出美國國境的可能性更大。再者，與聯邦政府不同的是，市政當局無法藉由印鈔票來脫離財務危機。國家發行的債券也是如此。

有兩種地方政府債券：一種是一般責任債券（GO），由市政當局的稅務機關擔保。另一種是收益債券，這種債券與特定投資項目（有時是官方名稱或其他名稱）的收入有關，而且實際上是該投資項目融資的一種形式。在大多數情況下，一般責任債券比較可靠，因為有較大的收益（稅收）。但大型機構投資者可能偏好與特定投資項目相關的收益債券。

現今的地方政府債券比巴菲特在 1970 年致信投資人時還不可靠，他當時寫道：「我無法想像紐約市不付帳單。」[3] 結果，他做出評估後不久，包括紐約市在內的許多城市都瀕臨無法履約付息的情況。其次，聯邦政府在 1979 年通過了一項法律，允許市政當局不履行債務（而不是提高稅收來支付債務）。第三，有些官方機構出現中斷付款或暫時違約的情形，例如華盛頓電力供應服務公司（Washington Power Supply Service；該公司的債券有時在違約之前稱作「WPSS」，違約之後則稱作「Whoops」）。

順帶一提，巴菲特以折扣價買這些債券，賺了一大筆錢。最後，出現了一些市政破產和違約的案例，例如在加利福尼亞州的橘郡，財務主管羅伯特・西特倫（Robert Citron）出現異常行為，導致衍生性金融商品合約損失了數百萬美元。

較為保守的投資人通常偏好地方政府債券。根據美國憲法，地方政府債券免繳聯邦稅。許多司法管轄區的債券都是「三重免稅」，意思是如果投資人住在這些司法管轄區，這些債券還可以

免除州稅和地方稅。真正的優勢在於避稅。債券報酬的衡量標準是「應稅等值收入」，也就是稅前收入應該將稅額列入計算，使計算結果與免稅收入相等。

例如，如果投資人的稅率為 33%，包括聯邦稅、州稅和地方稅，而地方政府債券的殖利率為 6%，那麼應稅等值收入的殖利率就應該要是 9%。這 9% 的殖利率，按 33% 的稅率計算，結果會是 6% 的稅後收益，而 3% 的差額代表稅收補貼。不過，這種債務款項很容易受到稅率變化影響，而稅率變化又會改變稅收補貼。此外，地方政府債券也具有信用風險和利率風險。

有許多政府相關機構與美國財政部有關聯，其中最著名的是政府國民抵押協會（簡稱 Ginnie Mae）。還有一些政府特許成立的機構，他們發行的股票也由私人股東擁有。而這些機構包括房利美（Fannie Mae）和房地美（Freddie Mac）。以前，這類的機構還包括學生貸款行銷協會（Sallie Mae），但是這家機構已經完全私有化了。這些機構稱作「政府贊助企業」（GSE）。

與政府國民抵押協會不同的是，政府贊助企業的債券對違約沒有法律擔保，不過一般人很難想像美國政府會因為投資計畫相關的經濟與政治衍生後果而違約。因此，這些債券的殖利率比國庫債券高出大約 100 個基本點，可見這些債券相當可靠，即便不如美國的國庫債券來得可靠。有個重大風險與政治有關，那就是投資計畫（例如補貼住宅）可能會終止。在這種情況下，現有的債券持有人會在該計畫逐步結束時得到償付，但不允許新的投資人在此時加入。

另外需要注意的是，雖然這些機構受到美國政府贊助而得到庇護，機構的本質是商務企業，因此其目標是盡量提高利潤，而

不是盡力降低風險。事實上，當中某些機構和私營企業有競爭關係，為了取得競爭優勢而利用與政府的隸屬關係。例如，某家政府贊助的企業在這個新世紀使用的槓桿比率，和久負盛名的國際避險基金長期資本管理公司（Long-Term Capital Management）在1998年使用的槓桿比率差不多。

背後的根本原因是，政府擔保的資產由政府債券融資，但與「政府」債券類似的債券（許多案例是外國主權實體的債券）導致了避險基金告終。就像紐約等市政府在1970年代發生的情況一樣，也許政府不會「徹底」破產，但債券持有人很可能焦慮不安。

本節會談論到銀行存款，因為現在可以把銀行存款當成政府擔保的證券。但情況不總是如此。在經濟大蕭條之前，儲戶放在破產銀行裡的所有存款可能隨時化為烏有。結果，在1930年代早期，出現的嚴重恐慌現象是擠兌——人們對銀行失去信心後，提出所有錢，使得銀行無法正常運作。在這種情況下，銀行沒有足夠的錢能用來支應最後一群儲戶。連鎖反應的結果使企業在急需借貸時求助無門。在當時的嚴峻經濟形勢下，破產的企業數量遠遠超過合理的數字。

美國聯邦存款保險公司（FDIC）的成立宗旨就是為了防止這種情況再度發生。目前，每位儲戶在FDIC的成員銀行都有高達10萬美元的擔保額度。這10萬美元適用每位儲戶，而不是每個帳戶。

因此，一對有共同帳戶的已婚夫妻有高達20萬美元的擔保額度，但在支票帳戶和儲蓄帳戶各有75,000美元的個人頂多只有10萬美元的擔保額度，即便這些帳戶的總額是15萬美元（銀

行支付出去的保險是經營的成本）。這個準備金能保障「小型」
儲戶。大型機構投資者則能把存款分散到不同銀行，使帳戶裡的
錢控制在接近或低於 10 萬美元的擔保金額。但就一般人的用途
而言，放在銀行的存款很「安全」。

銀行提供的多種儲蓄方案能滿足不同財務需求。

第一種儲蓄方案是「支票帳戶」，也可以稱為「活期存款帳
戶」。這種帳戶通常不支付利息，因為儲戶可以隨時提款（一般
是透過支票）。可轉讓支付命令（NOW）帳戶是另一種支票帳
戶，這個按日計息的帳戶也提供開立支票的特權。缺點是利率比
較低，以及限制最低資金餘額，這些錢本來可以放到其他殖利率
較高的帳戶。例如，儲戶決定把 10,000 美元放到每年殖利率為 2%
（即 200 美元）的可轉讓支付命令帳戶，或者開設一個平均餘額
2,500 美元、零利率的支票帳戶，其餘的 7,500 美元則放到殖利
率為 4%（即 300 美元）的儲蓄帳戶。大多數投資人（除了那些
薪水超過 2,500 美元、每個月支票帳戶都有大筆支出的人）都採
用後者的方式。

第二種儲蓄方案是「儲蓄帳戶」，也可以稱為「定期存款帳
戶」。這種帳戶的存期為 90 天，每隔 90 天會設定一次利率。理
論上，銀行還可以要求儲戶在提款前 90 天發出通知，即便在實
務上很少出現這種情況。基於理論上的 90 天期限，儲蓄帳戶的
利率比可轉讓支付命令帳戶的利率高，當然也超過一般支票帳戶
的零利率。從實際的角度來看，定期存款的缺點是比較不方便，
儲戶必須親自到銀行的自動櫃員機或找銀行出納員提錢，無法直
接開立支票。

對於 6 個月以上的長期限、1,000 美元以上的大額資金，銀

行會提供定期存款單，讓錢在指定的時間內停留，例如 5 年，同時也固定整個期間內的既定利率。因此，定期存款單的利率通常比一般的定期存款更高。缺點是提早解約取款需要繳解約金。一般而言，銀行會將這些資金再投資到期限大致相同的國庫債券或拿去貸放。對提前取款者的懲罰是為了補償銀行因提前清算投資而產生的成本，或者彌補期限不相配的後果。與債券或大多數其他固定收益工具不同的是，定期存款單不可轉讓。

第 4 章

企業的固定收益

公司債是公司發行的債券。與美國國庫證券不同的是，公司債具有無法償還的信用風險，因為這些公司必須為了支付利息和本金而營運獲利，不單單是發行債券。這種風險的範圍包括微乎其微到事關重大的程度。埃克森美孚或嬌生（Johnson & Johnson）的債券比多數公司還可靠。IBM 也曾經屬於這種公司級別，但在喪失電腦業的龍頭地位之後，債券的等級大不如前。

評估公司債（以及股票）的方法要先從分析發行公司的財務報表著手。如果債券不是由美國政府或其他主權獨立政府擔保，而是由公司的信譽作擔保，方析方式則必須和分析公司股權一樣。關鍵的區別在於，債券比任何形式的股權都能優先償還。但債券的償還優先權通常比銀行債務低，尤其是在債券發行時已經存在的銀行債務。因此，債券通常在公司資本結構中並不是最具有償還優先權。

財務報表上的資訊 [1]

公司財報有許多有用的資訊。我會先把焦點放在與債券持有

人相關的項目，再針對其他項目進一步解釋。

能夠評估公司財務狀況的文件是資產負債表，因為資產負債表能表達公司的資產和負債之間的平衡。根據慣例，資產負債表有標準格式，報表的左邊列出資產，而右邊列出負債和股東權益。有時也有其他格式，但不太常見。資產負債表通常顯示最近一年的資訊，而年度報告中的上一年資料是為了對照。

資產和負債在資產負債表上，依照流動性由高至低排序。在左邊資產欄位的上方是流動資產，例如現金或其他可以快速轉換為現金的項目，例如有價證券、應收帳款和存貨。非流動資產包括工廠、房地產和設備等固定資產，以及專利、商標和商譽等無形資產。

資產負債表右邊的上方也是呈現同樣的結構。負債是為了獲得資產而產生的債務，主要有應付帳款、短期債務、應付工資或稅款等流動負債，這些都必須在幾天或幾週內償還，無論如何都不能超過1年。這一欄的中間是長期債務及其他可以在1年以上的期間償還的長期負債，包括銀行貸款和債券。股東權益是用資產和負債之間的差額來表示，而這個差額取決於投資人，也是能夠平衡資產負債表中的抵減項目。如果負債大於資產，股東權益可能為負值，這通常是公司陷入困境的跡象。

債券持有人可以參考的另一份文件是損益表，因為損益表能說明公司的盈利情況。典型的損益表會先列出銷售或收入，接著是幾種費用；第6章會進一步解釋這些費用。這些項目的下方有一條結算線是債券投資人最感興趣的息稅前利潤（EBIT），這條線的重點是利息可以從所得稅中扣除，所以如果利息費用等於或超過息稅前利潤，就不需要納稅。從息稅前利潤扣除利息費用之

後才評估稅額，剩下的就是淨利。

評估債券可靠性

潛在債務投資人最關心公司的財務方面是流動性、償付能力和獲利能力。股票投資人也有類似的顧慮，但他們關注的順序往往相反 —— 獲利能力、償付能力和流動性。

流動性可以從流動資產與流動負債的關係來確定。這兩者的差額能衡量流動性，稱作「營運資金」。不過，這個衡量標準往往有誤導性。例如，一家流動資產為 20 萬美元、流動負債為 10 萬美元的公司和另一家流動資產為 110 萬美元、流動負債為 100 萬美元的公司擁有相同的營運資金（即 10 萬美元），但從百分比來看，顯然前者的流動性較高。

比營運資金更有效的流動性衡量指標是流動比率（Current ratio），定義是流動資產與流動負債的比率。從上一個例子可以得知，第一家公司的流動比率是 2，而第二家公司的流動比率是 1.1。一般情況下，流動比率應該是 2 以上，只要遠低於這個數字，公司很可能無法有足夠的現金來償還短期債務，因為流動資產中的一些存貨和應收帳款無法迅速轉換成現金。更嚴格的評估方法是速動比率（Quick ratio），這是由現金、有價證券和應收帳款等速動資產和流動負債之間的比值得出的比率。

只要流動資產大於流動負債，營運資金（流動資產減掉流動負債）就是正數。如果這個數字是負數，通常表示公司有流動性問題。精簡的資產負債表上方會顯示淨營運資金（葛拉漢和陶德

稱為「**淨營運資金**」），左側是固定資產，而右側是負債和股東權益。葛拉漢和陶德還會計算另一個量，即流動資產減掉所有負債，他們稱為「**清償價值營運資金**」（簡稱清償價值）。他們進行債務或股權方面的投資時，會期望這個數字是正數。

債券可靠性的三大衡量標準：（1）負債與總資本的比率；（2）利息保障倍數；（3）總資本的稅前報酬。綜觀來說，這些衡量標準對任何債券發行的可靠性都有全面的描述，尤其是當中如果有補充產業和公司相關的具體資訊。

償付能力可以用兩種不同的方式來衡量。第一種方法是負債與總資本的比率，這只是根據負債與股東權益的關係來評估資產負債表的方法。總資本通常是股東權益加上長期債務的總和，並不包括營運資金。第二種方法是利息保障倍數，即息稅前利潤與利息支付的比率，這是評估公司付息能力的指標。

在葛拉漢和陶德的時代，負債與股東權益的比率（或負債權益比）是衡量債務融資或槓桿的標準。更現代的槓桿衡量方法是負債占總資本的百分比（負債加上股東權益）。其實這些是對同一件事的兩種不同表達方式。例如，葛拉漢和陶德會說公司的負債權益比不應該超過 1 比 1。用現代的說法來詮釋這個概念，則是負債和股東權益之間的關係不應該超過 50%，或者負債不應該超過總資本的 50%。事實上，大家都會考慮把 50% 當作可以接受的負債的最高限度（除了銀行、公用事業等基本的槓桿操作）。負債與總資本的比率愈低，債券就愈可靠。

利息保障倍數是息稅前利潤與利息支付的比率。由於利息費用可以從所得稅扣除，利息保障倍數的比率愈高，利息支付就愈可靠。計算時不計入股票項目的收入（透過對其他公司的部分控

管而獲得的收益）或者其他非現金收入項目。利息保障倍數不只
要考慮到目前的情況，也要考慮到可合理預見的經濟前景，無論
未來是走下坡還是走上坡。

整體說來，3 倍的利息保障倍數差強人意，4 倍至 5 倍算是
普普通通，投資人不該對不到 6 倍至 7 倍的利息保障倍數感到心
滿意足。即使在公司持續成長的階段，只有 2 倍的利息保障倍數
也不夠，因為沒有容許出差錯的餘地。許多公司都處在這般窘迫
的財務困境。有些公司的財務狀況失控之後淪為「墮落天使」[*]，
有些公司則是在創立初期或大舉擴張時做出導致這般窘境的決
定。巴菲特表示第二種情況比第一種情況更危險，原因在於管理
高層的決策太過任性，而不在於經濟波折。有時這種情況稱作
「道德風險」。

最糟糕的情況是利息保障倍數連 1 倍都不到，因為公司的經
營出現虧損。鮑德溫聯合（Baldwin United）保險公司在 1982 年
晚期以 5 倍的公告營收出售，這顯然是採用葛拉漢和陶德的明智
投資方法。但當時在價值線投資研究公司報告的資本結構部分
（不包含利息）有個重要的註釋表明這家保險公司有營業虧損。
公告營收來自保險產品的銷售，該公司認為這些產品能提供稅收
優惠，後來卻無法提供。

價值線投資研究公司有位年輕分析師傑佛瑞‧維尼克（Jeff
Vinik），他沒有遵循公司等級制度的指引，後來做了更有意思的
事。他在一份書面報告中針對鮑德溫聯合保險公司股票提出半開

---

* 原本投資級評等高的債券降級成高收益債。

玩笑的反對意見。這份報告的統計數據列在圖表 4-1。當這家公司因為不實際的「收益」不能用來償還債務，公司就破產了。

總資本稅前報酬率（PROTC）涉及損益表和資產負債表的金額。這是息稅前利潤與總資本的比率，能夠衡量公司的資本報酬率或獲利能力。顧名思義，利息可以從稅收中扣除（股票投資人對稅後獲利能力的評估更感興趣，因為他們的權益來自償付債務和稅後剩下的部分）。

基於債務的優先權，這個比率的重要性沒有比其他兩種衡量債券可靠性（即債務與總資本加利息保障倍數的比率）的指標還要大。如果負債低於總資本的 30%，而且利息保障倍數不錯，那麼股東會因為公司的低獲利能力而受蒙蔽。即便如此，整體的獲利能力很低可能是債權人需要注意的警告信號，因為這表示他們的投資不像其他管道那麼可靠。總資本稅前報酬率低，代表借貸能力非常有限。

債券評等

債券由標準普爾（S&P）、穆迪（Moody's）或惠譽（Fitch）等評級機構分級。有些幾乎沒有欠款風險的高評等債券得到標準普爾認可的 AAA 級，相當於穆迪認可的 AAA 級。目前只有少數公司屬於高評等的類別，包括埃克森美孚、嬌生、輝瑞（Pfizer）及巴菲特的公司波克夏，還有幾家名不副實的企業。

除了最嚴重的週期性衝擊，例如另一場經濟大蕭條或更糟糕的情況，這些企業在一般情況下不會受到其他衝擊的影響。稍有

圖表 4-1　鮑德溫聯合保險公司在 1980 年至 1983 年的統計摘要

年度	1980	1981	1982 E	1983E
每股銷售額	47.63	124.94	**169.9**	**154.75**
每股「現金流」	2.97	4.4	**8.5**	**8.55**
每股盈餘	2.36	3.48	**5.45**	**7.00**
每股股利	0.68	0.8	**0.84**	**0.85**
每股帳面價值	12.61	15.32	**21.35**	**28.90**
股票（百萬）	19.73	19.95	**20.5**	**21.00**
股價（年度最低點）	12.9	18.4	20.3	
市值（百萬）	255	367	**416**	
本益比	7.9	6.5	**5.9**	
市帳率	1.0	1.2	**1.0**	
現金殖利率	3.60%	3.55	2.80%	
銷售額（百萬）	939.6	2,492.1	**3,500**	**3,250**
折舊（百萬）	7.7	10.3	**13.5**	**15**
淨利（百萬）	53.7	79.3	**120**	**165**
所得稅率	NMF	NMF	**NMF**	**NMF**
總資產（百萬）	2,591	4,957	**9,900**	**18,500**
長期債務（百萬）	140.5	303.1	**550**	**600**
股東權益（百萬）	275	325.7	**550**	**775**
資本報酬率	14.70%	15.80%	**16.50%**	**15.00%**
股東權益報酬率	19.50%	24.40%	**22.00%**	**21.50%**
再投資率	13.80%	19.00%	**18.30%**	**17.80%**
股利分配率	5.70%	5.40%	**3.70%**	**3.70%**
留存收益率	71%	78%	**83%**	**83%**
股利發放率	29%	22%	**17%**	**17%**

加粗的數字是價值線投資研究公司的估算值或從中得出的數字。

截至 1982 年 9 月 30 日的資本結構
總負債：16 億 3,140 萬
長期債務：5 億 3,020 萬

（不包含利息）　　　　　　　　　　　　　　　　　　（資本的 57%）

特別股　　　　　　　　　　　　　　　　　　　　（資本的 2%）
普通股　　　　　　　　　　　　　　　　　　　　（資本的 41%）

資料來源：價值線出版公司（Value Line Publishing Inc.）；作者提供計算結果。
資本結構部分加底線的字是作者提供的資料。

信用風險的債券被評定為第二高的 AA 級。這兩種最高等級的證券有時候稱作「金邊債券」，也很適合非常保守的投資人，就像只有少數投資人願意購買的債券。這些債券的殖利率只比國庫債券高一些，就 AAA 級的債券而言，通常高出的殖利率部分不到 1%，至於 AA 級的債券則是比 1 個百分點高一些。

中等品質的債券稱為「投資級評等」（investment grade），具有一點投機性質，卻很適合絕大多數的投資人。這種債券包括低風險的 A 級債券，主要是帶有適度投機特性的投資工具。下一個較低的評等是 BBB 級，這種投資工具帶有顯著但並非主要的投機特性，屬於中風險。等級低於投資級評等的債券是公認的高度投機性投資工具，通常是指垃圾債券。

許多投資機構被強制禁止投資任何等級低於 BBB 級的債券，因此這些債券的流動性比評等較高的債券還低。垃圾債券中最高等級的是 BB 級，這種投資工具代表可贖回的投機特性，有時會有「優良垃圾」（quality junk）的矛盾比喻。評等為 B 級的債券具有高度的投機性，這種債券缺乏財務保障，但是沒有迫在眉睫的違約風險。比 B 級更低的評等包括 CCC 級、CC 級和 C 級，這些債券具有不同程度的違約風險。

垃圾債券的正式名稱是「高收益債」。BB 級債券的殖利率通常比同等期限的國庫債券高出至少 3 至 5 個百分點（套用金融界的行話來說就是 300 至 500 個基本點），而評等較低的債券殖利率有時比國庫債券高出 10 個以上百分點。垃圾債券的主要風險是信用風險，不是利率風險。如果這些債券實際上會在利率上升時降低一些風險，那麼這些變化是由於商業條件改善而提升了垃圾債券的品質。就這點來看，垃圾債券更像股票，反而比較不

像債券。垃圾債券的殖利率通常在較高的一位數至較低的二位數之間。

如果投資人以大幅低於面值的價格買垃圾債券，預期報酬率就相當於 15% 以下的股票報酬率。不過，假如公司的財務狀況好轉，債券的價值就會因為公司有更良好的支付能力而上升。原因是到期殖利率會下降，反映出債券的違約風險降低，而債券將以溢價或折價出售。

比率分析通常是算出債券評等的一大關鍵，即便評級機構有時會考量到其他因素，例如產業性質或管理品質。評級機構使用的比率包括負債與總資本的比率、利息保障倍數、總資本稅前報酬率〔以安隆（Enron）為例，也許評級機構太過重視公布的數字和產業性質，疏忽了低劣的管理品質，結果安隆利用各種手段做假帳〕。評級機構針對每個評等類別的三大可靠性標準，所列出的評等模型如圖表 4-2 所示。

要說有什麼區別的話，事實上，債券的可靠性比股票更加顯著，因為債券只支付固定利率。股票投資人買一些投機性股票，或許能因為其中一支股票的可觀收益而脫離困境，彌補其他股票的損失，但債券投資人只要遇到一次違約情形，就很容易遭受龐大損失，因為其他債券只支付固定的投資報酬，無法彌補難以捉摸的投資損失。因此，若說到以面值左右的價格買債券，投資人務必採取「零容忍」的態度來看待信用損失。

葛拉漢和陶德建議保守投資人不要買利息保障倍數低於 3 倍的債券，而要買信用評等是 BBB 級以上的債券。我建議一般投資人提高標準，只買評等是 A 級以上的債券，這些債券的利息保障倍數是 4 倍至 5 倍，而且債務與總資本的比率不超過 25% 至

圖表 4-2　債券評等模型

指標／評等	AAA	AA	A	BBB	BB	B	CCC 以下
利息保障倍數（X）	>15 X	5–15 X	4–5 X	2–3 X	1–2 X	0–1 X	負數
負債／總資本	<15%	15%–25%	25%–35%	35%–45%	45%–55%	55%–65%	>65%
稅前報酬率	>30%	15%–30%	12%–15%	10%–12%	8%–10%	0%–8%	<0%

35%。

　　基本上，如果公司在虧損，投資人不該把資產看成是債務擔保品。公司虧本通常代表資產不符合宣稱價值。可能會出現的例外是流動營運資金資產，諸如有價證券、應收帳款。放貸者在存貨方面務必更加謹慎，要對相關項目的最終流動性有特定的產業知識，而不是只看得懂資產負債表。這才算是真正理解資產負債表的關鍵。

　　投資人在判斷公司處理債務問題時，需要提出的問題是為什麼公司要發行有擔保的次級債，而不是從銀行借無擔保的優先債？商品的公開說明書應當載明理由。投資人最希望知道的是公司打算增加營運資金，也許是透過減少短期債務（和優先債），並按固定利率延長整體債務負擔的到期期限。在這種情況下，債務本身的問題會讓債券的優先權高過其他大多數債務，同時改善流動性的現狀。此外，投資人要多留意大規模擴張或收購的債務問題，除非投資人對資金的具體用途感到很滿意。

　　投資人還需要注意的是，債券持有人和股東的利益絕非相

同，在某些情況下甚至是對立的。股東往往比較在意潛在收益的
多寡；債券持有人的報酬只限於利息，再加上以低於本金的價格
購買債券所帶來的收益，因此債券持有人更關心這些收益的可能
性，以及是否能安全收回本金。他們對不同形式的收益成長自然
有不同的感受。假如公司以最有利的方式（提高公司的主要產品
定價）成長，債券持有人和股東的利益則是一致的。這通常反映
在更穩健的現金流，無疑對兩種不同類型的投資人都有好處。

　　不過在多數情況下，公司的成長是經由資本支出或公司收購
計畫而實現，這些計畫犧牲了債券持有人的利益，反而使股東受
益。除了少數例外，在資本支出或收購計畫之後，負債資本比會
上升，而利息保障倍數和稅前報酬率會下降。股東能得到好處，
也會遇到壞處（前者較常見），他們通常會對這樣的結果感到欣
慰。債券持有人卻不一樣，他們經常需要負擔費用（公司發行新
的債券），並且承擔擴增帶來的所有風險，卻無法分享到報酬。

　　在 1990 年代和 21 世紀初期，債券持有人往往忽略了這個事
實，並且根據收益成長來評估發行者的信譽。這種做法看起來能
夠奏效，純粹是因為債券的發行主要是為了資助期望極高的成長
方案，但債券的可靠性取決於這些方案的成敗。

　　其實，債券持有人不應該讓自己陷入這樣的境地。根據當時
可能的獲利能力，以及預期的收益成長，新發行的債券只有在發
行時具有足夠的可靠性才值得入手。與股票不同的是，債券面臨
不確定的未來種種變化時，品質不容易受到影響。如果目前的利
息和股權保障倍數不足，未來也不能保證足夠。

　　從實際的角度來看，大多數管理高層都偏好投資股票，在
1990 年代的「股票文化」尤為明顯。少數公司偏好投資債券，

卻沒有一家公司對股票和債券的持有數量保持均等。固定收益投資人篩選這類投資工具的發行方時，應當注意這個事實。

買折價債券[2]

　　說到債券，葛拉漢和陶德的立場通常很保守，他們認為買債券（和股票）應當是為了鞏固收入和資產，而不是為了獲得資本利得。在這種情況下，他們會顛覆一般的保守原則，呼籲投資人只買品質最高的債券，除非其他債券有望獲得可觀的資本利得和收入。

　　事實上，絕大多數債券即使在遇到困難時都能償還本金，但在這種情形下因為較無擔保的狀況，往往會導致債券價格大幅低於面值。考慮到這個事實，葛拉漢和陶德會提醒投資人等到有折價之後再出手，折價幅度大概是 30% 至 70%。依照這樣的水準，即使是以當期殖利率衡量，債券也變得很吸引投資人（假設票面利率為 7%，折價後價格為 70 美元，則當期殖利率為 10%）。

　　但預期獲得巨額資本利得只是額外的甜頭。原因在於，雖然 70 美元的價格代表適度的違約風險（而套利通常發生在 40 至 60 美元之間），對中風險的債券而言，30% 以上的折價幅度很可能是適當補償。但如果是高風險的債券，例如世界通訊這般糟糕的垃圾債券，30% 的折價是不夠的。不過，這 30% 確實適用於一些品質較高的垃圾債券，以及許多被評級機構評定為 BBB 級的債券。

　　除了實務操作，投資人應該經常思考的問題是：是否應該以

溢價買公司債？假如可以在到期時獲得相當的殖利率，是否只該投資折價債券？一般投資人偏好折價債券，而不是溢價債券。其中一個原因是，折價的攤銷至少能抗通膨，也代表強制儲蓄的形式。當然，代價是更低的票面利率與當期殖利率。

投資人偏好折價債券的另一個原因是，原本發行的債券本身結構。雖然債券在利率相當低的期間發行有機會出現大幅的折價，但是比較可能的原因是發行方的信用在這段期間惡化，而債券的價格下跌反映了這個事實。這種問題稱作「墮落天使」。但按高殖利率以溢價出售的債券很可能出現這種情況，因為這種債券在發行時是一種信譽很差的垃圾證券，後來變成信譽良好的債券，即便只是短暫的改變。

假設到期殖利率差不多（這是衡量報酬的方式），投資人的首選是折價的「墮落天使」，其次才是信譽優良的新發行債券。在本質上，「墮落天使」曾經屬於投資級評等。如巴菲特指出，這種債券的營運管理有機會讓公司恢復投資級評等的水準。不過，債券品質低劣大概能說明公司有管理腐敗的問題（除非管理高層在這段期間有人事變動），這個事實在經濟繁榮的期間很可能遭到忽視。

如果投資人買了大幅下跌的債券，並因此買到具有股票特性的投資工具，折扣價往往能提醒他們這個事實。至於以接近面值的價格出售高收益證券的投資人，則不太會遇到這種情況，他們可能會低估追求高收益的風險，結果發現高收益是不切實際的。

另一個問題是，優先權高於債券的銀行債務金額。良好的債券契約會嚴格限制優先權高於債券的銀行債務或其他債務金額。有一種糟糕的情況是，債券發行者藉著累積優先權更高的債務

（通常是銀行債務）來降低債券的優先權，這樣一來債券就幾乎變成了股票，卻只有股票的一小部分優勢。

第三個值得關注的問題是，歷史帳面價值和當期市場價值的股票金額。這就像股票持有人看到資產負債表的右上方時，希望債務的金額愈小愈好，而債務持有人看到下方時，則希望有大量的次級債。從某種意義上說，這兩種目的相輔相成。債務持有人希望有大量的次級債來鞏固優先求償權，而股票持有人則希望債務的金額有限，以便「留得青山在，依舊有柴燒」。不管經濟形勢如何變遷，股票持有人不願看到未來的資本利得契機因公司「早夭」而熄滅。

公司規模是相當重要的保障指標。公司的銷售額理應是債務總額的幾倍。1984 年，出現了一個令人震驚的案例：美國類星體石油公司的長期債務超過 1 億美元，年銷售額只有 4,000 萬美元左右。可以參考價值線出版公司列出的表，如圖表 4-3 所示。公司不可能根據過去和可合理預見的收益來償還債務（公司有大量未開發的租賃土地，在租約到期之前沒有產生收益，但是這些土地可以當作債務擔保）。

諷刺的是，對散戶甚至是許多專業人士而言，垃圾債券並不是最不可靠的債券。更確切地說，中評等的債券才最不可靠，也就是屬於 A 級的評等較低債券、所有 BBB 級債券及屬於 BB 級的評等較高債券，這些債券的違約風險極高。AA 級評等以上是公認的高度可靠債券，很適合作為保守的投資工具。評等低的債券是公認的垃圾債券。許多中評等債券的問題在於，位在中間的範圍很可能變得忽高忽低。

就一般債券而言，要有一定程度的投機性但又不過度投機是

圖表 4-3　美國類星體石油公司於 1982 年至 1984 年的統計摘要

年度	1982	1983	1984E	1985E
每股銷售額	2.76	2.00	**1.70**	**0.90**
每股「現金流」	1.12	0.58	**0.20**	**0.15**
每股盈餘	0.08	-0.57	**-0.60**	**-0.20**
每股股利	0.00	0.00	**0.00**	**0.00**
每股帳面價值	3.01	1.37	**0.75**	**0.75**
股票（百萬）	19.19	19.25	**19.50**	**40.00**
股價（年度最低點）	5.00	5.90	**1.90**	**1.10**
市值（百萬）	96.0	113.6	**37.1**	**44.0**
本益比	NMF	NMF	**NMF**	**NMF**
市帳率	1.7	4.3	**2.5**	**1.5**
現金殖利率（百萬）	0.00%	0%	**0.00%**	**0%**
銷售額（百萬）	53.0	38.5	**34.0**	**36.0**
折舊（百萬）	20.0	16.2	**15.0**	**14.0**
淨利（百萬）	1.5	-7.0	**-11.5**	**-8.0**
營運資金（百萬）	-19.8	0.2	**-5.0**	**0.0**
長期債務（百萬）	121.0	122.9	**105.0**	**95.0**
股東權益（百萬）	57.7	25.3	**15.0**	**7.0**
資本報酬率	6.80%	NMF	**NMF**	**NMF**
股東權益報酬率	2.70%	NMF	**NMF**	**NMF**
再投資率	2.70%	NMF	**NMF**	**NMF**
股利分配率	0.00%	0.00%	**0.00%**	**0.00%**
留存收益率	100.00%	NMF	**NMF**	**NMF**
股利發放率	0%	0%	**0%**	**0%**

截至 1984 年 9 月 30 日的資本結構
總負債：10 億 2,660 萬
長期債務：1 億 1,500 萬

<u>（不包含利息）</u>　　　　　　　　　　　　　　　（資本的 90%）

普通股　　　　　　　　　　　　　　　　　　（資本的 10%）

資料來源：價值線出版公司；作者提供計算結果。

加粗的數字是價值線投資研究公司的估算值或從中得出的數字。

加底線的字是作者提供的資料。

不太可能的。只有精明的專業投資人才能判斷債券的走勢。其他投資人很可能被這種債券的優點所蒙蔽。現今，當事件（例如安隆破產）的發生速度經常比評級機構的反應還快時，更是如此。

不過投資人需要注意的是，殖利率高的債券對一般投資人不利的地方是潛在資本損失，這抵消了潛在的收益，因此這種債券比較像股票，反而比較不像高評等債券。與股票一樣，對發行者、產業部門或經濟部門而言，分散投資風險才是慣例。

例如，殖利率高的電信債券投資組合很難保證有足夠的可靠性，就如同電信股票的投資組合不能使股票投資人較有保障。如果沒有其他原因，只是因為固定收益型投資工具「走運」的機率較小，那麼和劣質股票相比，一般散戶可能更不願意投資殖利率高的債券。因此，最慎重的辦法就是買殖利率高的債券基金。

另一種惹人厭的投機性垃圾債券是實物支付債券。這些債券的利息會不斷增加，而不是定期支付。在這種情況下，公司在未來的短期內其實無法支付利息，就好像公司告知投資人：「相信我們，等公司的經濟狀況改善、等公司的成本削減計畫生效，或是等我們把競爭對手趕出市場之後，你遲早會拿到所有的錢，包含本金和利息。」正如紅皇后（Red Queen）在仙境中對愛麗絲說的話：「昨天有果醬，明天有果醬，但今天沒有果醬。」愛麗絲機靈地答道：「總會等到『今天有果醬』的那一天呀。」

其他固定收益型投資工具

大多數的固定收益工具多多少少參雜著債券和股票的性質。

理論上，這些投資工具的風險和報酬介在債券和股票之間的中等程度，但實際上，投資人需要小心不要兩頭吃虧。

可轉換債券是一種按固定匯率轉換為公司普通股的債券。假設 1,000 美元的債券可以轉換為 25 股的股票，轉換價格就是每股 40 美元。轉換價格高於可轉換債券發行時的股價（例如，可轉換債券出售時，股價也許是 35 美元左右）。事實上，這種債券通常以高於標的股票價值的價格出售（即股價乘以債券轉換的股數）。以這個例子來看，1,000 美元的債券價值遠遠高過標的股票的價值（35×25 = 875）。如果股價上升到 40 美元，債券的售價就會超過 1,000 美元。

產生這種關係的原因是，可轉換債券支付的利率高於股票的現金殖利率。假設可轉換債券的利率是 4%，而標的股票的現金殖利率是 2%，可見債券有 2% 的收益優勢。所謂的損益兩平時間（breakeven time）是指在股利保持不變的情況下，收益優勢必須持續幾年才能攤銷投資人為債券支付的溢價。實際的損益兩平時間通常比理論的定義時間長。普通股的股利增加，也會因此削弱收益優勢，並延長等待時間，才能實現損益兩平。

只要收益的溢價持續存在，可轉換債券的溢價漲跌速度就會比普通股更慢，因此風險變低。如果這種關係因公司無法支付利息（或股利）而瓦解，可以形容這種債券「破產了」。當股票（和債券）的價格很高時，債券比股票多出的收益優勢就消失了，而且債券的風險幾乎和標的股票一樣高。

在公司資本結構中，特別股是等級低於債務但高於普通股的股票。特別股的股利比普通股高，因此有收益優勢。嚴格來說，它們在大多數情況下比較像債券的固定收益工具，反而比較不像

普通股。企業可以從應納稅的收入中扣除一大部分的特別股股利（目前是 85%），但個人無法這麼做。因此，特別股的定價通常更適合公司而不是個人。

這個缺點並不適用於一些外國公司的特別股，這些公司有平等的經濟權，而且考慮到股利優先分配時，特別股的優先權實際上高於普通股，唯一的相對弱勢是普通股的優先表決權。不過，美國特別股支付的股利很固定，即使普通股的股利逐漸增加，特別股的股利通常不會增加。

在少數情況下，當特別股參與任何股利的成長，稱為「參與特別」（participating preferred）股。如果特別股轉換為普通股，那麼就成了可轉換債券的特例。除了這些情況，特別股是一種支付股利略高於債券利息的中介工具，但在清算時對資產的受償權較低。許多人誤以為參與特別股只是一般特別股，但它的屬性比較接近次級債。

按照葛拉漢的建議，我通常不會把大多數的美國特別股推薦給散戶。這種股票只有在當期收益具有吸引力，或者轉售給最後的終端持有者（企業）有良好的資本利得前景，才值得入手。只有當一般投資人認為公司陷入困境時，這種情況才會發生，而專業投資人也需要比別人高瞻遠矚，才能了解到事實並非如此，或者至少能判別目前的情況其實沒那麼糟，他們才會有出手的可能。這對專業人士來說是一大難題，更別提外行的投資人了。儘管投資界有「凡事都有可能」這條準則，但對散戶來說，特別股適合「最好別碰」這條準則。

這種問題會出現在經濟窘迫的困境，因為支付特別股的股利是一種道德義務，而不是法律義務。債券和其他債務（例如銀行

貸款）的利息會先支付，這是合約規定的法律義務。不過，管理
高層往往會選擇停止分紅。在某些情況下，只有普通股受到影
響，而特別股不受影響，至少有一段時間是如此。但整體來看，
特別股往往在這些方面表現得很糟糕。與債務相比，特別股的收
益只多了一些，可靠性卻差很多。而與普通股相比，特別股的可
靠性並沒有特別顯著，收益也差很多。

　　有幾種方法可以使特別股更具吸引力。值得投資人考慮的其
中一種特別股是可累積特別股，因為在普通股的股利發放之前，
被忽略的股利會在接下來的幾年補發。有時投資人可能會以低於
面值的折扣價買下跌的特別股，並有幾年累積的股利等待償還。
然後，關鍵就在於評估公司多久才能恢復盈利、多久才能償還欠
款。而為了特殊意義的特別股股利累積情況很罕見，幾乎可以作
為典型案例。另一方面，如果特別股因為有分紅或前述可轉換的
特性而像極了普通股，可能會使特別股更有吸引力。

　　就像債券可以轉換成類似股票的工具，股票也可以轉換成
類似債券的工具。與這兩種工具有關的第三種工具是選擇權
（option）。選擇權分為兩種：買權和賣權。買權包含在到期日
之前以特定的履約價格（通常高於現行價格）買進股票的權利，
但是不包含義務。賣權包含在到期日之前以特定的履約價格（通
常低於現行價格）賣出股票的權利，但不包含義務。這些權利所
費不貲，因為能為買方提供一種針對不確定因素的保險形式。

　　只要投資工具有一位買家，就一定有一位賣家。以買權為
例，賣家可能是股票持有人，他不願意以現行市價出售，希望能
以更高的價格出售。同時，也有買家希望在特定的到期日（通常
是幾個月）之前以更高的價格進行炒股。出售潛在價格增值的權

利使保守的投資人能「以二鳥在林換取一鳥在手」。

　　舉例來說，股票（X）以每股 25 美元的價格出售，買權的賣方承諾以 30 美元出售股票，則賣方會從買方那裡把獲得現行價格的一小部分當作權利金，例如 8% 或 2 美元。如果股票的全價是 25 美元，這對賣方來說是個不錯的交易。不過，可能有買方推測股價很快就會超過 32 美元（在到期日之前）。假如沒有達到目標履約價格（本例為 30 美元），買權的賣方就會留下股票，但至少已經獲得 2 美元的額外收入。不過，假設 25 美元是低廉的價格，而 30 美元是公平價格，當選擇權以履約價格執行時，賣方會從交易中得到 32 美元。

　　投資人也可以在沒有標的股票的情況下賣出買權，不過這很類似賣空（賣出不持有的股票），因此是一種危險的做法。如果股票上漲到超過履約價格，選擇權的賣方必須為了履行交付義務而買進股票，或者買回買權，買權會與標的證券一起飆漲。不管是哪種情況，投資人承擔的損失與必須以高於賣價的價格買回股票的賣空者很類似。這就是所謂的「無擔保買權」（naked call）。

　　賣權的賣方承諾一旦股票的履約價格低於現行價格，就會買進股票。如果股價沒有達到目標履約價格，賣權的賣方就會把獲得現行價格的一小部分當作權利金，或者當股價在到期日之前達到履約價格時，賣方會買進股票（通常是在賣權賣方最不得已的時候）。不過，如果賣權買家購買的是投資組合保險，這在市場崩盤之前是個好選擇，例如在 1987 年 10 月初。

　　巴菲特就是不錯的賣權賣家例子，他是波克夏的董事長。1993 年，波克夏是可口可樂最重要的股東，而巴菲特是該公司

的董事會成員。按當時的報價，當可口可樂的股價在 40 美元出頭左右的價位交易時，波克夏賣出賣權，簽訂合約要以 35 美元買進股票。巴菲特確定該股值那麼多錢，但不是交易時的四十多美元。該股從來沒有跌到 35 美元，但波克夏從每次賣出的賣權中取得 1.50 美元的權利金，除了基本股利之外還為定價略高的股票帶來額外收入。因此，波克夏從其他投資人的樂於投資而獲利，這些投資人使可口可樂的股價維持在公司願意支付的價格之上。但巴菲特承諾支付每股 35 美元的價格（減掉 1.50 美元的權利金之後是 33.50 美元），他表明了可口可樂股票的價值。假如股價暴跌到每股 30 美元，這個價值就會受到考驗。

大多數的公司債都有所謂的「贖回」條款，也就是在特定的日期之後，公司債可以按公司的選擇權贖回，通常以略為溢價的模式進行。這些溢價通常不足以彌補投資人將資金再進行投資時獲得的較低利率。不過，一旦利率上升，投資人就無法擺脫低於市場的利率和資本損失。一般情況下，投資人無法將債券按面值賣回給公司，並收回最初的投資額。這種情況就像「正面我贏，反面你輸」。少數債券確實有這種賣權，但這些債券多半等級較低，尤其是海外借款者的債券。

某些公司債有「毒賣權」條款，使持有人有權在符合特定條件下以指定價格（通常與面值相等）將債券賣回給公司。典型的情況就是惡意的企業收購，通常是透過借貸來融資，因此降低合併後的公司債券價值。該賣權條款允許債權人按面值將債券賣回給收購方，做為收購的義務，因此能避開合併過程中的「事件風險」（以及讓併購變得更困難，因為收購方必須買回債券）。

如果特別股會為散戶帶來慘況，那麼可轉換債券往往是最適

合的選擇。這關係到次級債，因為次級債可以依據比現行價格稍高的履約價格轉換為公司標的股票，例如 20% 至 30%。為了補償這個特性，也就是股票的買權，利率比不可贖回債券的現行利率低 2 至 3 個百分點，即便可轉換債券通常比股票更有收益優勢。

第 5 章

不良固定收益

　　本章探討高度不良證券，不僅僅是收益高的固定收益證券。
這些不良證券多半屬於很容易破產及後續重整的類別，或者純
粹有重整的危險。葛拉漢那個年代及像第三大道價值（Third
Avenue Value）的基金經理人馬丁‧惠特曼（Martin Whitman）
等更現代的投資人都專攻這類投資。許多投資人對這種投資方式
不感興趣，不過他們可以當作剖析財務報表和分析商業價值的練
習。

　　一般投資人應該了解這個主題的另一個主因，是他們可能持
有債券型共同基金。換句話說，一般的共同基金投資人也許是間
接持有這類的固定收益證券，不管他們願不願意。如果違約可能
性很高的公司證券列入主要指數，那麼出於指數管理的目的，大
部分基金肯定會投資到這些證券。眾所周知，基金管理者一直都
是以過度謹慎的方式操作且不願被錯誤的指數誤導，即便是為了
避免可能出現的資本損失也一樣。比起許多私人投資者不會認同
糟糕的絕對績效，經理人更擔心糟糕的相對績效。

　　重整的情況分為三種。第一種是公司由於一次性的衝擊事件
而被迫破產或瀕臨破產。第二種是公司的體質基本上很穩健，但
是負債過多。第三種是公司還沒有陷入債台高築的境地，但是經

營狀況不佳。當公司既有糟糕的經營狀況，又有沉重的債務負擔時，很有可能同時出現後面兩種情形，而這正是價值投資人需要避免的狀況。

破產也能分為幾個相對應的類別。第一種是技術性破產，例如法庭判決彭澤爾（Pennzoil）獲得 105 億美元之後，德士古（Texaco）在 1987 年破產。第二種是《破產法》第 11 章規定的債務人持有資產破產。第三種是《破產法》第 7 章規定的破產清算。

在破產程序當中，不同類型的債務和其他債權有不同的優先權，有時優先權的競爭會引起爭議。例如，管理高層的薪酬通常是有最高優先權的「行政索賠」，但過高的執行長薪酬或法律費用偶爾會遭到審理破產案件的法官駁回或降低優先權。重整型投資通常由破產專員進行，這些專員通常有法律背景，並且能在法庭上提起訴訟，或至少有能力預測一場法庭審判的可能結果。

破產與重整的訴訟程序

有 11 個地區性巡迴法庭可以申請破產（每個巡迴法庭在管轄範圍都有幾個法律管轄區，美國共有 93 個法律管轄區。巡迴法庭的名稱來自 19 世紀法官在地區內的每個管轄區巡迴審判的做法）。每個巡迴法庭都有各自處理破產案件的方法，而法官對於特定巡迴法庭的判例有較廣泛的裁量權。例如，德士古於 1980 年代晚期的破產期間，在彭澤爾的故鄉德克薩斯州哈里斯縣（休士頓市）的原判敗訴之後，得以在總部所在地的第二巡迴法庭（白原市，紐約州）獲得破產救濟。

宣布破產的公司必須先提交一份資產負債表，接著提交一份重組計畫，內容需要包括 5 年的收益和現金流預測。這些文件具有資料參考價值，因為內容包含了重要的細節和假設，在一般情況下是公認的企業機密情報，不會對外公開。

從實際的角度來看，破產程序的求償通常不是嚴格依照優先權順序決定，這表示股東經常有利可圖，即便需要犧牲債券持有人的利益，包括優先債的投資人。這是因為即使是次級債權人也有能力透過訴訟索賠來延遲清算程序，符合每個人的最佳利益做法是重整而不是清算。

此外，在破產的訴訟程序期間，債務不會產生利息。因此，在高利率的環境下，債權人很可能會爽快地接受原本 1 美元的面值只須償還 85 美分至 90 美分，而不是在幾個月或幾年之後接受償還與 1 美元面值相等的 100 美分，因為後者的淨現值其實更低。

在低利率的環境下，債權人用不著那麼心急，因此破產訴訟程序可能更有爭議性。如果雙方不能達成一致，法官可以把強制執行達成和解當作最後的手段。也就是說，法官可以強制按公允價值清償債務，從優先權最高的債務開始，直到資金耗盡，讓次級債權人空手而歸。

清算的好處是程序比較快速。資產會被出售或以其他方式處置，收益也會累計並分配給投資人，這些投資人是公司的主要債權人。在經營狀況不佳的情況下更是如此，繼續經營下去變得沒有意義。如果債務金額不大，大部分債務有機會清償，而且有時候能夠償還的金額是完整面值的 1 美元左右。無論如何，投資人很快就會發現自己的處境，得到相對應的報酬後，再繼續下一個投資。

更常見的情況是，相當穩健的企業需要承擔超出償付能力的債務，至少在困境時期是如此。如果公司能夠繼續經營，無論是否有暫時的救濟，公司終究會全額償還債務。當然，這點並不能事先掛保證。雖然以低於面值的價格購買這類債券可能會有一些報酬，但投資人必須以夠多的折扣買債券，得到的報酬才值得等待和擔憂。

在實際的重整情況下，即使公司經過長時間的挽回，收益也會大幅低於 1 美元面值。在這種案例中，立即清算會導致低價出售。當然，股票持有人會血本無歸，就連債權人也得承受削債。有種解決辦法是債權人將債務轉換為股權，然後在股市中買賣。

這樣一來，按面值購買債券的投資人可能會虧損，他們必須估計最終的重整價值（經驗法則通常告訴我們最壞情況是只能償還 1 美元面值中的 40 美分到 60 美分），然後從這個價值再算上夠多的折扣買入債券，以彌補最後清算所需要等待的時間和麻煩。這不只是最終金額的問題，還包括時機問題，使得計算淨現值相當困難。儘管不完美，唯一可行的解決方案是採用較高的臨界點報酬率。

巴菲特的某些成功案例是在不良證券的領域發生，不過他的成功事蹟在 1980 年代和 1990 年代初期比在 1990 年代晚期更顯著。[1] 其中一例是購買華盛頓電力供應服務（Whoops）的債券，到期殖利率超過 16%。公司最後到底會不會償還債券呢？

基本上，這個問題的解決方案就是一般人所說的二進制或0 - 1 決策。公司必須對報廢的四號和五號核電廠實施巨額沖銷，因為公司無法再獲得這些發電廠的利潤，而且發電廠相關的債券也不得不違約。這種情況發生時，一號、二號和三號發電廠的債

券都跌到窘迫的等級，即便這些債券仍然支付利息，恐怕也會違約。就像 1980 年代晚期的長島照明公司（Long Island Lighting, LILCO）等核電事業，當時的問題是監管單位是否會讓公司從其他投資事業中得到足夠的補償，以彌補投資失敗的損失。在當時的大多數案例中，答案都是肯定的。巴菲特這次做對了，並且獲得了可觀的報酬。

巴菲特也持有德士古的債券。在此之前，德士古因「不正當」干涉彭澤爾收購蓋蒂石油（Getty Oil）而被陪審團判以 105 億美元的實際損害和懲罰性賠償給彭澤爾，然後德士古宣布破產，以免資產被扣押。假設能夠達成「合理的和解」，這些債券的價格很便宜。此案最終以 30 億美元的價格結案，大致反映出這筆交易的經濟價值。波克夏以折扣價買入這些債券後，便能夠以溢價出售。

波克夏的另一項意外之舉是在 1990 年初期投資雷諾茲－納貝斯克（RJR Nabisco）公司的債券。這家體質穩健的企業面臨負債過多的問題，根本的問題就是在 1989 年的槓桿收購中過度利用槓桿作用，這部分在《門口的野蠻人》（*Barbarians at the Gate*）一書中有詳細的說明。[2]

因此，即使在 1990 年經濟衰退期間，銷售額和利潤的衰退幅度不大，還是造成了這些債券的價值暴跌。以巴菲特約 60 美元的收購價格計算，到期殖利率約為 15%。但公司當時正忙著為了籌集現金而出售資產，並計畫發行股票來償還債務。在巴菲特收購後幾個月，使波克夏在這段期間獲得 75% 的收益（包含利息）。

巴菲特犯過最大的錯誤之一（根據他本人的說法）是買進全

美航空（USAir）的 9% 可轉換特別股，這支股票是特別為他發行的。這就是實際的重整情況，來自其他航空公司（其中一些公司已經破產）的競爭使得全美航空處於不利的處境。他懊悔地承認，股票的結構讓他誤以為很可靠，以至於他忽視了公司的基本經濟狀況。葛拉漢強調過這一點：轉換特性對沒有充分擔保的股票來說，只是一種不實際的補償。在固定收益投資當中（例如按面值計算的特別股），投資人會受到標的企業創造收入的能力影響。這正是全美航空當時忽略的一點。

投資不良債券的基本前提

　　關於投資不良債券，有幾個基本前提。第一個前提是投資必須收回類似股票的報酬，一般是 10% 以上。風險通常比股票略低。不過，報酬表現略有不同。一方面，由於發行者的面值設定了界限，有很高但不是毫無限制的報酬。另一方面，債券的優先權高於股票，假使公司破產，更有可能獲益。

　　第二個前提是債務在資本結構中的優先權應該要夠高，才能提供合理的預期償還。投資股權的原則是債務不應該超過總資本（債務加上股權的總和）的 30% 至 40%。也就是說，以債務或特別股形式比股票優先權更高的比例不應該超過總資本的 30% 至 40%。至於準股權債務工具，優先債的總額不應該超過總資本的 40% 至 50%。這種債務和股票都是優先權比優先債低，但不同的地方是這種債務的優先權實際上比股票高，而不是與股票相當。次級資本的存在所形成的緩衝作用，使得優先資本的金額規

則有機會放寬一些。

　　清算價值可以從資產負債表中估算出來。只有現金和高品質的有價證券才能以 1 美元面值計算。計入呆帳和生產要素成本之後，應收帳款的價值通常為面值的 80% 至 90%。存貨可能實際只值 1 美元面值中的 50 美分以下。

　　諷刺的是，像鋼鐵、其他原材料、半成品等非常接近市價或市價再加上一點成本，如果市值接近前述的估值，那麼這些東西就等同於目前的全值了。而像這種「附加價值」高的存貨則需要加工成本來維持價值，例如過時或廢棄的衣服如果沒有其他適當的用途，那麼這些衣服根本不值錢。工廠、不動產和設備的價值則是千差萬別。在極少數的情況下，這些東西的價值會在面值以上。廢棄機器的價值也許非常低，大概相當於殘值。

分析陷入財務危機的公司財務報表 [3]

　　對於處在重整狀況的受困公司而言，比損益表更加重要的財務報表是財務狀況變動表，通常稱作「現金流量表」（flow-of-funds statement）。這是因為一般陷入財務困境的公司沒有收入。在某些案例中，公司的收入只是暫時減少，一旦經濟狀況好轉就會改善。在這種情況下，對未來的預測便很有幫助。一般來說，這類公司沒有獲利，優先債權人受償的方式很可能是犧牲次級債權人和股票持有人的利益。

　　接下來的兩大問題是，以現金流的形式獲得未來資金的可能性，以及債務的償還優先權是否夠高。現金流也可以透過比較當

年和前一年的資產負債表來確定。

現金流量表分為三個部分。第一個部分是營業活動產生的現金流，包括淨收入、折舊、遞延稅款，會依據淨收入或其他不會產生現金的項目進行調整。舉個例子，其他公司的持股收入要從營業活動產生的現金流中扣除，因為持股收入屬於非現金收入項目。從本質上來看，是以淨收入算出現金流，但也可以從現金流中反推回去，扣除非現金費用，以得出淨收入。淨收入的數字代表淨值最近增加的部分，而折舊的數字是資產負債表上累計折舊最近增加的部分。

說到現金流量表的第二個部分，位置是在資產負債表的上端——除了現金以外的營運資金變化。應收帳款、存貨等流動資產的增加或減少代表現金的用途或來源，而應付帳款、短期貸款等負債的增加或減少代表營運資金項目的來源或用途。最終得出的數字代表從營運資金項目中「擠出」（或耗盡）的現金。有關資金來源和用途的報表，在比較早期的版本中，這些項目是逐項分列，但現代的做法是將淨額列在資金來源之下的單獨項目。

現金流量表的第三個部分有關資金在投資和融資中的用途，可以細分為兩個部分。第一個部分是來自或用於融資的資金，能分析資產負債表右側的長期負債。債務或其他長期負債的增加是資金的來源，而償還債務是資金的用途。股利發放屬於資金的用途，因為能代表淨值的減少。第二個部分則是來自或用於投資的資金，能調整工廠、不動產和設備等長期資產的變化，或其他投資的變化。資本性資產的投資屬於資金用途，而出售資產屬於資金的來源。

現金流項目的總和代表現金從某一年到下一年的變化。因

此，淨收入的數字實際上是依據現金流、折舊和稅收所得出的數字。折舊方法的選擇並不會影響到現金流，但會影響到收益。我會在第 6 章談到各種折舊方法。值得注意的是，資產負債表項目的年度變化是淨額，而列在現金流量表中的金額是總額。例如，公司以 1 億 5,000 萬美元為一筆 1 億美元的債務再進行融資，資產負債表上就會顯示 5,000 萬美元的淨增額，但這兩項總額都會列在現金流量表當中。

當長期資產、長期負債、權益帳戶（收入減掉股利）和非現金營運資金項目的變化全部都被扣除了之後，得出的結果是當年度現金的增加或減少。公司財務狀況的強弱不能只憑現金的增加或減少來判斷。現金的減少可能反映出利用現有資源來資助用於擴張的主要資本投資。

加強存貨、應收帳款和應付帳款的管理可能會讓現金增加。因此，對公司財務狀況變化的評估必須包括針對資金流入和流出的詳細分析，以及針對每年營運資金組成部分變化的逐項說明。從公司整體經營的大背景來檢視財務狀況變動表是刻不容緩的事。不過，現金年復一年的穩定下降可能是公司陷入財務困境的跡象，而現金隨著時間穩定地增加，無論公司整體上是否成長，通常都是好跡象。

有時，融資的形式很「花哨」，例如衍生性金融商品合約以其他名目出現。這種做法最臭名昭著的例子就是安隆，但也有不少其他公司有類似的融資規畫，主要目的似乎是誤導投資人。衍生性金融商品合約的花哨形式有一大缺點，那就是本質上屬於外部融資來源，卻被列為營業活動資金來源。這種不實的紀錄不影響公司的總流動性，但會對公司內部的流動性情況產生誤導，尤

其是當公司失去了外部融資管道。

請注意，在償還債務方面，公司主要應該依賴內部融資。如果只是因為公司理論上有外部融資來源（透過再融資或出售資產），就假定公司有充足的流動性，這不是明智之舉。假如公司這麼做，財務的穩健性不僅受到公司繼續經營的能力制約，也受到金融市場狀況制約。

事實上，這正是大多數經濟窘迫的公司最初陷入財務困境的原因。一般而言，典型的財務困境是在低息資金的時期形成，並且在高息資金的時期達到非解決不可的地步。一旦沒有再融資的機會，災難就會降臨，這種情況時不時會發生，一般都是發生在公司找不到資產買家時（因為公司沒有融資管道）。

另一個威脅是短期債務，尤其是商業票據，因為商業票據在經濟景氣時期很容易「周轉」，但不一定能在經濟不景氣時期取得外部資本。新聞集團（News Corp）曾經試著資助旗下出版機構的現代化建設，同時創辦了天空廣播公司（Sky Broadcasting；後來與另一家公司合併）。1990年至1991年的波斯灣戰爭期間，該公司陷入流動性危機，這是一場出乎意料卻又真實的外部衝擊，使公司瀕臨破產。最後，由花旗公司（Citicorp）帶領的銀行財團為該公司紓困，不過花旗公司本身的財務狀況並不太好。

看一下現金流量表就會發現許多公司在1999年都被虛假的科技繁榮所蒙騙，並且在當年及之後增加了資本支出和收購。這些公司包括很明顯需要重整的公司，例如安隆、環球電訊（Global Crossing）和世界通訊。由於執行長的貪婪和好高騖遠，他們沒有控制好公司的財政，增加了不必要的債務，使得原本有償債能力的公司破產了。事實上，營運現金流（FFO）表達的現金流在

分析不良公司債務時格外重要，應當列入債券評級的標準，如圖表 5-1 所示。

圖表 5-1　債券評等模型進階版

指標／評等	AAA	AA	A	BBB	BB	B	CCC 以下
營運現金流／淨收入	>125%	75%	45%	25%	15%	10%	<5%

資料來源：法蘭克‧法伯齊主編的《固定收益手冊》（芝加哥，歐文出版社，1995 年）第 388 頁引用珍妮‧特里普‧浩威在〈企業信用分析〉一文中提出的修改版本表格。

　　重整的情況必須與其他窮途末路的情況區分開來。安隆就是屬於前者的典型例子，而世界通訊和奎斯特（Qwest）則屬於後者。另一個例子是媒體公司阿德爾菲亞（Adelphia），這家公司充斥著初創家族成員的謀私交易。這個投資案例是以資產轉移價值為基準。在這種情況下，管理的低落品質是導致公司倒閉的主要因素。

　　2001 年底，一份商業雜誌刊登了一篇文章，文中列舉了三位執行長在處理個人事務方面表現最差的例子。他們分別是安隆的肯尼思‧萊（Kenneth Lay）、世界通訊的伯尼‧埃伯斯（Bernie Ebbers）和康薩可（Conseco）的斯蒂芬‧希爾伯特（Stephen Hilbert）。這些高階主管都是以雄心勃勃、大膽冒險的作風來管理自己的私事，這也反映在他們經營公司的方式。

　　安隆大概是這些醜聞中最為人所知的例子。事實上，這家公司幾年來都持續處在虧損狀態。不過，虛報的會計數字使這家公司看起來有獲利能力，不僅是外界，連公司內部的多數人都信以

為真。為了彌補實際的虧損，公司不得不承擔大量債務，其中很多債務並沒有得到妥善處理。因此，公司是在沒有完全了解本身的財務狀況下承擔過多債務。這種舉動就像在高空走鋼絲的藝人以為下方有一張網子，但其實沒有。

巴菲特說得沒錯，在公開場合對其他人撒謊的企業高階主管，最後也會私下欺騙自己。假如公司能誠實地公布財務狀況，股票會下跌，但不會跌至最低點，管理高層也有機會採取適當的糾正措施。可惜當時有太多事需要應付，公司試著瞞天過海，長期擔任執行長的肯尼思·萊、待得不久的繼任者傑弗里·斯基林（Jeffrey Skilling）等高階主管大概都能「合法」表示他們不了解整個局面。也許他們知道某些個別交易，應該能夠針對這些交易可能產生的影響做出有根據的推測，但那是另一回事了。

平心而論，肯尼思·萊並沒有在安隆股價下跌時賣掉所有股票。他對安隆的股票有信心，所以他力勸員工堅守股票，這是有道理的。為了投資其他的新經濟*公司，肯尼思·萊賣掉了大部分持股，而這些公司大多都像安隆一樣暴跌。儘管他和妻子都不是身無分文（與妻子的公開說法不符），但事實是他們的財產大幅縮水，大約是 90%，並且為資產的流動性苦苦掙扎。肯尼思·萊處理私事的方式就像他管理自己的公司一樣糟糕，不過他不了解員工的痛苦，畢竟他一開始的經濟水平如此之高。

此時安隆深陷財務困境，承擔過多債務，因此即使換了新的經理人來確保資產以有序的方式進行清算，可能也無法挽回

---

* 傳統製造工業經濟的型態轉變成新的科技經濟型態。

局面。另一個因素是大量的潛在非法公司舉措使得公司必須面對法律訴訟，並導致審計公司安達信會計師事務所（Arthur Andersen）倒閉。

伯尼・埃伯斯利用自己的財務槓桿將借款倍數拉至極限，私自買進世界通訊的股票。當股價下跌時，公司提供的私人貸款讓他可以處理追繳保證金，這是潛在的利益衝突。他在世界通訊之外進行了許多其他投資，結果喜憂參半。最後，他擁有的股票和其他資產大概價值數千萬美元，而債務有數億美元。世界通訊的領導者幾乎破產了。

這一點反映在對斯普林特（Sprint）嘗試過卻失敗的收購，以及完成了對天空通訊（Skytel）的收購。股東事後才發現他的不當行為，不過他們的窘境對債券持有人而言有警告的作用。債券持有人得知執行長的個人情況（股票價值取決於他的表現），可惜當中很少人善用這個警訊來挽回大部分的損失。

看一下世界通訊的財務報表，如圖表5-2的現金流量表所示。我們可以從這張表的分析知道從1999年開始，世界通訊在資本支出和收購方面的支出遠遠超過營業收入。這顯示出公司陷入困境的第一個跡象。當然，這些支出必須由大量的長期債務提供資金。

圖表5-3的2001年底資產負債表，可以了解公司還沒有淪落到資本不足的境地，約有570億美元的股權來應對240億美元的長期債務。不過，在這些股權當中，約有450億美元是前幾年的不斷收購帶來的商譽所致。如果你從資產淨值中減掉這個金額（後來被勾銷了），那麼只剩120億美元的有形資產淨值支撐著2倍的債務。同時，隨著電信媒體技術的泡沫經濟開始破裂，公

圖表 5-2　世界通訊的現金流摘要（數百萬美元）

	1998 年 12 月	1999 年 12 月	2000 年 12 月	2001 年 12 月
淨收入	-2,725	4,013	2,598	1,524
折舊與攤銷	2,289	4,354	3,280	4,121
其他非現金調整項目	5,148	3,629	1,790	1,203
非現金營運資金的變動	-530	-991	-2,338	-243
現金流營業帳款	4,182	11,005	5,330	6,605
出售固定資產	148	1,940	0	0
資本支出	-5,486	-8,716	-10,984	-7,619
出售長期投資	0	0	0	0
購買長期投資	0	0	0	0
其他投資帳款	-4,160	-2,779	-2,628	-1,199
現金流投資帳款	-9,498	-9,555	-13,612	-8,818
已支付股利	-42	-72	-65	-83
增加（減少）股票借貸	0	0	0	0
增加：長期借貸	6,390	0	6,377	3,526
減少：長期借貸	0	-2,894	0	0
增加股本	472	886	585	124
減少股本	0	0	-190	-200
其他融資帳款	48	-221	1,489	-249
現金流融資帳款	6,868	-2,301	8,196	3,118
現金的淨變化	1,552	-851	-86	905

資料來源：彭博有限合夥企業（Bloomberg L.P.）版權所有（2003 年），授權轉載。

司的股票受到重創。當時面臨的問題是這些收購到底是不是明智之舉。股價暴跌清楚地說明這個問題的答案。但投資人了解埃伯斯的個人情況後，應該可以做出正確的判斷。像他這樣連自己的事情都處理得不好，可見他也可能以公司的名義做出嚴重的錯誤判斷。

圖表 5-3　世界通訊的資產負債表（數百萬美元）

	2000 年 12 月	2001 年 12 月		2000 年 12 月	2001 年 12 月
現金與高流動性資產	720	1,409	應付帳款	3,584	2,751
有價證券	0	0	股票借貸	7,200	172
應收帳款與應收票據	4,980	3,734	其他股票負債	3,429	2,992
存貨	0	0	流動負債	14,213	5,915
其他流動資產	2,392	3,036			
流動資產	8,092	8,179	長期借貸	11,696	24,533
			其他長期負債	3,648	3,742
長期投資與長期應收帳款	0	976	非流動負債	15,344	28,275
			總負債	29,557	34,190
固定資產折舊	34,422	39,386			
非固定資產折舊	6,727	5,576	特別股	798	1,993
累計折舊	5,972	8,170	少數股東權益	2,592	101
固定資產淨額	35,177	36,792	股本	0	0
			留存收益	52,946	55,617
其他資產	42,624	45,954	股東權益	56,336	57,711
			總負債與股權	85,893	91,901
總資產	85,893	91,901			

資料來源：彭博有限合夥企業（Bloomberg L.P.）版權所有（2003 年），授權轉載。

　　本章的最後一張圖表是分析世界通訊的損益表，見圖表
5-4。事後看來，了解到 1999 年至 2001 年期間的收入數字是虛
報的。但即使這些數字並非不實，那又怎麼樣呢？會計準則很容
易受到外界影響，所以就算報上合法的收入數字，也可能有很大
的爭議。

　　債券和股票的投資人都被這個案例的「假象」迷惑了，他們
基本上只相信自己想聽的話（公司為了對投資人編故事就舉措失

圖表 5-4　世界通訊的損益表

	1998 年 12 月	1999 年 12 月	2000 年 12 月	2001 年 12 月
淨銷售額	18,169	35,908	22,755	21,348
銷貨成本	8,534	14,739	8,745	8,120
銷售費用、一般費用與管理費用	6,852	13,289	8,969	10,179
營業利潤（損失）	2,783	7,880	5,041	3,049
利息費用	692	966	458	1,029
營業外收益（損失）淨額	3,681	-250	-385	-412
所得稅費用	877	2,965	1,990	943
扣除 XO 項前的收入	-2,467	4,199	2,978	1,489
稅前 XO 項收益（損失）	265	0	118	0
XO 項的稅收效應	-100	0	-43	0
少數股東權益	93	186	305	-35
淨收入	-2,725	4,013	2,598	1,524

資料來源：彭博有限合夥企業（Bloomberg L.P.）版權所有（2003 年），授權轉載。

當了）。一旦公司陷入困境，決定公司存亡的關鍵是現金流，而不是帳面收入。利潤是一種觀點，而現金流才是事實。

當債券價格跌至四十多美元的低點，即破產的水準，而股價趨近於零時，伯尼‧埃伯斯被炒魷魚了。最後唯有這麼做，公司才有奮鬥求生的契機。新的管理高層就位之後，公司終於動用最後的 25 億美元信用額度，並且以母公司的股票換取 MCI 的追蹤股，藉此取消對追蹤股的繁瑣股利要求。世界通訊（後來改名為MCI）能不能繼續生存下去，取決於公司的現金管理能力。

另一個經濟快速成長的例子是康薩可。這家公司由斯蒂芬‧希爾伯特在 1980 年代初期創立，而且大肆擴張。如同在這類案

例中經常發生的情況，康薩可好高騖遠，尤其是在 1996 年以高昂的價格收購了綠樹公司（Green Tree Acceptance），這家公司有龐大的活動住房貸款，風險相對較高。對於可能已經承擔過多債務的企業結構而言，這是最後一擊。股票暴跌時，希爾伯特發現他的個人槓桿帳戶資不抵債了。奇異資融（GE Capital）的蓋瑞・溫特（Gary Wendt）被請來解決這個問題，但他在擔任執行長期間幾乎沒有什麼進展。

主權違約

外國債券違約的一種潛在來源是主權違約，這與某家美國主要銀行的前董事長的格言「國家不會破產」背道而馳。雖然一般投資人不太可能獨自投資這類債券，但他們可以投資那些持有外國政府發行債券的共同基金。投資人需要了解主權違約的另一個原因是外國市場的違約也會對美國市場造成衝擊。例如，1982 年的美國熊市，就是因為墨西哥在脫離財務危機之前瀕臨違約所引發。1995 年也在墨西哥發生過類似的事件，但沒有對當時行情看漲的美國市場造成明顯的不利影響。

評價國家的評級機構採取的標準與對公司的評價方式大致相同。雖然這些評級機構著重的方面略有不同，例如國內生產總值（GDP）的比率、貿易餘額、外匯儲備與公債的比率，但在其他方面都遵循差不多的程序。

主權評等分為兩種：當地貨幣債務和以美元表示的債務（或者以歐元或日元等其他已開發市場的貨幣表示）。在以美元表示

的情況下，主權評等為所有評等的最高階，因此高於所有當地公司債的評等，也就是說除了極少數例外，公司債的評等不會高於當地的主權債務。少數例外像是那些賺取美元而非當地貨幣、在海外有大量業務並將美元留在海外的大宗商品公司，他們不必把美元匯回國內。

拉丁美洲的阿根廷就是典型的例子。阿根廷在 19 世紀末到 20 世紀初是許多開發中國家羨慕的對象，可惜在 21 世紀初期被迫拖欠債務，也妨礙到其他有償付能力的借款機構償還以美元或其他外幣的債務。這是長期經濟成長緩慢的結果，外國債務的年均成長率為 4% 至 6%，超過了當地經濟的成長速度。龐大的國際收支赤字也造成不利的影響。

諷刺的是，最後導致經濟崩潰的關鍵因素，是貨幣結構被設計成以當地貨幣披索（peso）與美元連結的方式來穩定貨幣。在 1990 年代期間，當美元是公認最強勢的主要貨幣之一時，阿根廷披索變得「太過強勢」，使得當地的供應商無法在世界市場上競爭。75 年來，阿根廷的生產力成長率很慢，這一點消弱了該國貨幣的潛在優勢。

另一個有主權信用問題的例子是日本。1990 年代期間，日本經歷了長達 10 年的經濟衰退，以及效果不彰的刺激經濟成長政策，公債占國內生產總值的比例最高，約為 130% 和 140% 之間，基本上在已開發國家當中相當於第三世界的債務水準。不過，可取之處在於大量的外匯儲備，如果這些外匯儲備能抵消地方債務，就能使負債淨額降低到更正常的 40% 至 50%。日本的主權信用評等已經從 AAA 級跌至 AA 級，接著跌至 A 級，之後很可能繼續跌至 BBB 級。

考慮到美國的外債水準，以及國內形勢在 21 世紀初期從預算盈餘轉向赤字，真正需要提出的問題是為什麼美國的評等能保持在 AAA 級？這個問題的答案似乎關係到美元是世界法定貨幣的事實（除了所有主要評級機構都設在美國）。

基本上，美國政府可以藉著印鈔票來償還外債，並且毫無疑問地使大眾認同這個行為。即便如此，也不是沒有代價。美國主權債務和其他已開發國家的利率之間有殖利率上的溢價，通常平均每年 2% 左右。這或多或少能彌補美元在 1950 年和 2000 年之間相對於大多數歐洲貨幣貶值大約一半，以及在同樣的期間相對於日元貶值約 3 分之 2 的事實。

矛盾的是，從歷史的角度來看，主權獨立國家對於債券違約的可能性最小，對於銀行貸款違約的可能性略大，而不支付國外債務的可能性最大。第一次世界大戰之後，在美國的同盟國當中，只有芬蘭償還了在那場戰爭期間積欠美國的債務。其他主要國家都無法償債，把德國拖欠賠款當作藉口──他們原本指望只須讓德國支付賠款給美國即可。1930 年代的經濟大蕭條來襲時，德國的戰爭賠款和這些國家積欠美國的未償付貸款都被免除了。

1980 年代，開發中國家（主要是拉丁美洲的國家）的外國銀行出現了第三世界違約貸款的浪潮。這些貸款都是經由以美國財政部長尼古拉斯‧布萊迪（Nicholas Brady）名字命名的布萊迪債券所發放。布萊迪被譽為布萊迪債券的發明者，而布萊迪債券背後的理念是，違約國家能購買夠多的美國零息國庫債券，以便在到期時償還本金，並且保障支付未來一到三筆的利息。

布萊迪債券設定利率為面值的 4% 至 6%，大幅低於違約貸款的 7% 至 9% 利率水準。外國銀行願意把布萊迪債券當作違約

貸款的償還，因為本金有美國財政部作擔保。因此，外國銀行業者能脫離財務危機，還能公布會計帳上並無損失，因為本金償還得到保證──比遭受龐大經濟損失更重要。同時，債務獲得了重整，能夠償付布萊迪債券的部分未來利息。

布萊迪債券的投資人只以利息考量做投機買賣，而不是本金。這些債券以大幅低於面值的折扣價出售，通常是 1 美元面值中的 60 美分至 70 美分，原因是利率很低，尤其是考慮到風險相對較高。根據布萊迪債券有擔保部分的零息國庫債券現值（當地殖利率），以及重組債券的無擔保部分（分割殖利率），這些債券的總殖利率隱含國庫債券殖利率的總和。例如，假設布萊迪債券的報價是 70 美元，國庫證券的現值是 40 美元，那麼該債券的無擔保部分就是 30 美元。

換句話說，面值為 1,000 美元的 6% 債券，市場價格為 700 美元（1,000 美元的 70%），其中有 400 美元由國庫債券擔保，而 300 美元由重組的當地債券擔保。國庫債券的利息大概可以達到相對於票息 60 美元的 20 美元。基於當地支付的差額（例如 60 − 20 = 40）及當地債券價值 300 美元，當地的實際利率就是 40÷300 或超過 13%。這些所謂的分割殖利率通常高於同一個地方政府直接發行的美元債券殖利率。

從本質上來說，布萊迪債券有違約的歷史紀錄，但地方債券通常沒有這個問題。違約銀行貸款利率比地方債券的利率高，實在是罕見的例外。

PART 3

$|$ $|$ $|$ $|$ $|$ $|$ $|$ $|$ $|$ $|$ $|$ $|$ $|$ $|$ $|$ $|$ $|$ $|$ $|$ $|$ $|$

資產評估

第 6 章

現金流與資本支出

　　將葛拉漢和陶德的方法應用到股票估價時，基本的前提在
於，現金流是股票價值的最終來源。本章首先探討從產量、價格
和成本的關係推導出的營業現金流，接著從損益表推導出可用現
金流的評估方法。檢視現金流和資本支出之間的交互作用，能用
來衡量與會計收益相關但大不相同的「經濟收益」。最後，本章
會談到現金流在企業決策發揮的兩大作用，包括合併與收購，以
及資產負債表中債務與股權融資的選擇。

產量、價格和成本的關係 [1]

　　稅前利潤是產量、價格和成本所組成的函數，如圖表 6-1 所
示。銷售收入 R 相當於單價 P 乘以產量 V，公式是 $R = P \times V$。
利潤（或收益）$E = P \times V - C$，C 代表各種成本。

　　成本分為兩種：固定成本 F 和變動成本 $M \times V$。M 是指產
生額外單位的邊際成本。在這個線性模型中，邊際成本由圖表 6-1
中的成本線斜率來衡量，為常數。固定成本也稱為沉沒成本，不
會隨著產量水平而變化，包括工廠、設備等（尤其是相關折舊）。

圖表 6-1 產量、價格和成本的關係

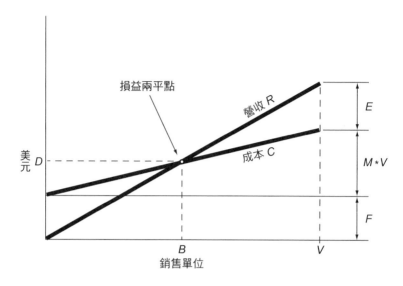

建造和安裝成本是固定的，並且在過去已經產生了。變動成本是指生產單位數量增加時所形成的成本，包括製作成品單位的原料和勞動力等直接成本。

基本上，大多數資金成本是固定的，包括利息費用。但有些資金成本既有固定項目，也有變動項目。例如，電話有安裝的固定費用，也有每小時的使用費。銷售費用、一般費用與管理費用（或經費）也是包含固定項目和變動項目的複合式成本。這些成本是固定成本或變動成本，取決於企業文化及企業管理的方式。

從圖表 6-1 看到營收線 R 越過成本線 C（營業收入從虧損轉為盈利）時，交界處就是損益兩平點。關鍵的銷售量（以售出商品的單位表示）是損益平衡數量 B，可以從 V = B（即 P×B =

$F + M \times B$）得出 $B = F \div (P - M)$。損益兩平點對應的美元價值 D 可以從 $D = R \times B$ 得出。銷售收入和變動成本之間的差額稱為「邊際貢獻」。當固定成本完全被邊際貢獻「涵蓋」時，額外的銷售額就會帶來利潤。

根據指定的產量 V，利潤 $E = P \times V - (F + M \times V) = (P - M) \times V - F$，其中的 $(P - M)$ 是每單位的邊際貢獻，而 $(P - M) \times V$ 是邊際貢獻總額（每筆銷售收入與變動成本的比率是 $P \div M$，稱為邊際貢獻。邊際貢獻愈大，固定成本愈少，需要達到收支平衡的產量就愈少）。過了損益兩平點之後，邊際貢獻經過固定成本分攤的過程後變成了利潤，因為每單位的固定成本低於邊際貢獻。

雖然關於產量、價格和和成本關係的線性模型仍有美中不足之處，但已經充分定量說明關係，並且適當地定量估算稅前利潤。

現金流分析

損益表最上面一行是銷售收入（簡稱銷售額），接下來的二行是費用，包括直接成本（亦稱銷貨成本），以及稱作**銷售費用、一般費用與管理費用**的經費項目（SG&A）。藉由管理這三行所代表的項目，公司可以盡量提高「未計折舊、利息與稅項前的收益」（EBDIT），而這個數字通常稱為「現金收益」，為企業現金流的一種衡量指標。

我們從這三行可以計算出毛利率和 EBDIT，計算方法如下：

毛利率＝營收－直接成本（人工與原料）
EBDIT ＝營收－直接成本－ SG&A（經費）

以上是營業費用（現金）。

接下來要計算的項目是息稅前利潤（EBIT）和稅前收入：

EBIT ＝營收－直接成本－ SG&A －折舊
稅前收入＝營收－直接成本－ SG&A －折舊－利息

請注意，折舊不是現金費用，而是帳面紀錄。利息費用屬於現金費用（除了計入帳面做為資本性資產的資本化利息）。資本化利息不常用到，因此不列入本章的分析內容。

接下來的二行是稅收：現金稅（短期應付稅款）和遞延稅（1年以上應付稅款）。這裡不會討論現金稅和遞延稅之間的管理，因為這種專業職務需要交給外部會計公司的稅務專家，或者由性質相似企業所聘請的稅務專家處理。有時，財政部的成員或學者也會被雇用來執行這項任務。我們暫且不考慮其他收入（現金或非現金），以及子公司營業活動產生的股權收入或少數股東權益等非現金項目。

淨收入＝營收－直接成本－ SG&A －折舊－利息－稅

只從 EBDIT 扣除現金費用後，可用的現金流為：

可用的現金流＝ 營收－直接成本－ SG&A －利息－現金稅

或者，可用現金流可以從損益表中註明的非現金費用（遞延稅和折舊）得出，計算方式如下：

可用的現金流＝淨收入＋遞延稅＋折舊

損益表可以從 EBDIT 這一行開始重算，然後只扣除現金費用。EBDIT 減掉利息費用後就是稅前現金流。利息費用會減少收益和現金流，因此被扣除。接著，稅前現金流減掉現金稅就是稅後現金流。遞延稅和折舊都沒有列入其中，留下的現金流量與之前相同。因此，淨收入的數字實際上是依據現金流、稅收和折舊所得出的數字。

公告收益的問題在於，沒有考慮到現金流各期之間的差額。假設一項交易會在未來產生應納稅額，那麼這筆應納稅額會從今天的收益中扣除。

從財務狀況變動表納入資訊的擴展現金流數字算法如下：

擴展的可用現金流＝淨收入＋折舊＋遞延稅＋／－營運資金
變動

折舊對現金流分析的影響 [2]

既然折舊費用愈多，稅前收益就愈少（其他條件相同），現

在來看看折舊方法的選擇對稅前收益產生的影響。雖然存貨可以透過不同的存貨估價方法來調整，以減少稅前收益，但存貨和折舊不同的地方是，存貨不會影響現金稅和遞延稅的分配。

　　計算折舊的幾種方法包括直線法和加速法。你可以從標準的會計文本中找到這些方法。然而，積極的加速折舊法會減少會計收益，實際上卻產生更大的稅後現金流！這是因為折舊費用愈高，從稅前現金流中扣除的稅就愈少。儘管受到一般公認會計原則（GAAP）和稅法的約束，但折舊、稅收和稅後收益之間的現金流分配經常還是見仁見智。

　　為了讓你了解運作方式，我先舉個例子，假設有 100 萬美元的 10 年期資產和 25 萬美元的稅前現金流。

　　根據直線法，折舊相當於資產價值除以資產的使用年限，應用到這個案例則是在 10 年的使用年限當中，每年的折舊為 $1,000,000 \div 10 = 100,000$。

　　根據雙倍餘額遞減法，折舊在隨後的年分會逐漸遞減，比例是前一年帳面價值的一部分，相當於 2 除以資產的使用年限。因此，在第一年的時候，前一年的帳面價值是資產的全部價值，而折舊是資產乘以折舊係數（$2 \div 10$），即 20 萬美元。第二年時，折舊係數（$2 \div 10$）適用於減少後的資產基礎（$1,000,000 - 200,000$），共計（$2 \div 10$）$\times$ 800,000，得出 16 萬美元。折舊在隨後的每一年同樣會減少。

　　根據年數總和法，折舊是以資產價值的一部分計算，比例相當於剩餘年限除以所有年分的總和。在這個案例中，從 1 到 10 的所有數字相加是 55，而第一年的剩餘年限是 10 年。因此，第一年的折舊是 100 萬美元資產乘以（$10 \div 55$），得出 181,000 美

元,而第二年的折舊是 100 萬美元資產乘以(9÷55),得出大約 164,000 美元。

請注意,根據加速折舊法,第一年的折舊最高,此後每年會降低。例如,在雙倍餘額遞減的條件下,第二年的折舊是 16 萬美元,比第一年的 20 萬美元還少。同樣的,根據年數總和法,第二年的折舊是 164,000 美元,比第一年的 181,000 美元還少。

圖表 6-2 列出了不同折舊方法得出資產使用年限的第一年收入和現金流。從稅前現金流減掉折舊後,會得出應稅收入,比如稅率是 34%。淨收入是扣除稅金後剩下的收入。從應稅收入中扣除稅金,或者在折舊中增加稅後淨收入,都能得出稅後現金流。

圖表 6-2 折舊方法對稅後現金流的影響

科目／方法	直線法	雙倍餘額遞減法	年數總和法
稅前現金流	$250,000	$250,000	$250,000
折舊	$100,000	$200,000	$181,000
應稅收入	$150,000	$50,000	$69,000
稅率 34%	$51,000	$17,000	$23,500
淨收入	$99,000	$33,000	$45,500
稅後現金流	$199,000	$233,000	$226,500

請注意,直線折舊法能使淨收入達到最大值,而其他兩種「加速」法則產生更高的稅後現金流,原因是後者可以節稅。或者從現金流量表「由下而上」的角度看,加速法的較低淨收入會被較高的(避稅)折舊費用抵消。會計教科書經常提到「折舊是一種資金來源」。這樣的說法有誤導性,更準確的說法是「折舊

代表的是資金」，尤其指那些不計入收益的資金。

　　卡內基梅隆大學（Carnegie Mellon University）的教授井尻雄士（Yuji Ijiri）提出這些方法衍生的另一種衡量標準，即現金回收率（CRR），公式如下：[3]

　　現金回收率＝擴展現金流 ÷（資金＋累計折舊）

　　你需要注意的是，根據定義，分子中的擴展現金流包括折舊，而分母包括累計折舊，也就是過去花在工廠上的錢（計算折舊的數字），不只是工廠的當前帳面價值。現金回收率往往是比股東權益報酬率更穩定的公司績效衡量指標，其中一個原因是這個比率的分子基數和分母基數都比較高，另一個原因是當現金流用於現金回收率，而不是收益用於現金回收率時，能夠無視計算時不同的規則特性。

　　根據調整後的現金回收率，計算比率時不包括現金流中的營運資金變動。請注意，營運資金的變動相當於投資活動（例如買賣設備和其他資產）和融資活動（例如借貸、償還債務和買回股票）之間的差額。在任何一年，企業都可以透過降低庫存、加速（或排除）應收帳款催收或延遲應付帳款的方式來籌集現金。但這種情況不可能每年都發生。如果銷售額的成長穩定性需要增加存貨，那麼營運資金的變動也應該包括在內。

　　現金流和資本支出之間的差額稱作「自由現金流量」，可以用來支付股利，也可以透過債務償還或股權來縮減資本。巴菲特所指的業主盈餘是「自由現金流量」的另一個說法，因為業主盈餘只扣除重置資本支出，留下用於擴展的資本支出選項。

現金流和資本支出的使用

可用現金流可以透過以下四種方式來提升公司的價值：

1. 增加定期股利或支付一次性特殊股利。
2. 提高債務償還、買回股票等一般支出的水平。
3. 進行對公司有短期影響和長期影響的收購。
4. 經由資本支出為公司成長融資。

股利的增加有立竿見影的效果。投資人很看重股利增加，因為可供消費的收入流也會增加，另一方面也在不出售股票的情況下提供重新配置某些資本的機會。股利支出的價值如此之高，以至於當管理高層表示願意提高股利的付額時，公司的股票往往會上漲，上漲的速度至少比過去還快。

另一種支出則以更間接的方式進行。藉由鞏固資產負債表，以及降低企業價值中的債務項目，償還債務能使公司的價值提升。假設企業價值維持不變或增加，權益項目就必須增加。買回股票通常會減少流通在外總股數，但也會增加其他股東的每股收益和現金流，並排除比較沒有耐心的股東。買回股票意味著管理高層認為股票價值偏低，並且讓公司的資金花在刀口上。如果這個計畫構思良好，就能變成增加股東價值的理想方法之一。

當公司的現金流折現值遠遠高過公司股票的市值時，就會出現收購或槓桿收購。例如，這個情況可能發生在利率下降的時候，讓指定的現金流償還較高水平的債務。股價的漲幅可能不足以彌補這個事實。這是很不尋常的案例，因為以債務代替股權具

有特殊經濟意義。

擁有過多現金流的公司管理高層需要進行收購。有時，收購是很有意義的事。例如，收購者有過剩的工廠產能，而且不需要替換被收購公司的工廠，那麼收購者可以把所有現金流當作自由現金流量。在某些情況下，買回股票能為收購做好準備。有一個不尋常的例子是通用食品（General Foods），菲利普莫里斯（Philip Morris）在 1980 年代中期收購了這家公司。

公司還可以透過資本支出來拓展成長空間。工廠的資本支出超出重置需求便能實現這一點。資本支出（縮寫為 capex）可以是由折舊可用現金流所資助的重置支出，也可以是由超出折舊金額的其他方式所資助的擴張支出。

公司的資本支出總額是重置和擴展的費用總和，也就是資金的使用：

資本支出總額＝重置資本支出＋擴展資本支出

這個等式精確地指出，有多少資本支出會用在實際擴張而非重置。或者，從資金來源和使用的角度來看：

資本支出總額＝折舊＋額外資本支出（折舊以外的支出）

資本支出總額低於重置資本支出時，代表公司在萎縮。因此，還在發展中的公司能提供折舊資金以外的額外資本支出。假如重置資本支出比折舊高，那麼就不會有擴展資本支出，除非額外資本支出多到足以彌補重置資本支出和折舊之間的差額。所有

的運輸公司，包括汽車、航空、鐵路和海運公司，都面臨著龐大重置資本支出的問題。

圖表 6-3 對照了會計收益和經濟收益的計算。折舊等於重置資本支出時，會計收益和經濟收益相等。重置資本支出小於折舊時，經濟收益就會大於會計收益。反之，如果重置資本支出大於折舊，則經濟收益小於會計收益。如果只看會計收益而不考慮公司的經濟收益，就會產生誤導性。

會計收益與經濟收益之間的差異，其實就像投資有線電視和其他具有高昂固定成本和低廉變動成本的媒體背後的根本原因。固定成本會提前產生。會計收入減少的原因是今天的現金流與去年的資本支出折舊任意匹配。如果公司使用今天資本支出的折舊，經濟收入的局面就會大不相同。

圖表 6-3 比較會計收益與經濟收益

運算符號	會計收益	經濟收益
	稅前現金流	稅前現金流
－	折舊	重置資本支出
－	稅	稅
＝	會計收益	經濟收益
－	額外資本支出	擴展資本支出
＋/－	營運資金變動	營運資金變動
＝	可用現金（股利）	可用現金（股利）

如果公司在一段時間內沒有持續的現金流，公司就沒有價值，因為沒有現金支付股利、購買廠房和設備或做任何能創造股東價值的事，甚至連公司的短期生存能力都令人質疑。如果公司

的現金流為正數，但經濟收益為零以下，則公司價值小於帳面價值並且屬於消耗型資產。公司有足夠的現金支付短期股利，但股利收益的淨現值小於帳面價值。相對於會計收益，只有當公司的經濟收益為正數時，公司才算是在創造股東價值。

這就是為什麼巴菲特和許多現代專業投資人都不贊同投資汽車公司這類資本密集型的企業。像汽車業這種成長緩慢的產業，大部分的資本支出都屬於重置資本支出或維修資本支出。價值線投資研究公司針對汽車公司的評論能說明這一點。最近價值線分析通用汽車（General Motors）的報告就是典型的例子（不便在此處放上原版的報告內容）。

在景氣好時，公司的現金流適度超過資本支出。在不景氣時，資本支出仍然得以維持，即便收益和現金流大幅下降。而淨值在整個景氣循環期間，汽車公司花的錢比賺的錢還要多。結果，公司只好利用不斷增加的債務來維持企業正常運作。其他運輸公司也是如此，諸如航空公司、鐵路公司、海運公司。

巴菲特說的沒錯，資本配置是高階主管的當務之急，並且與管理日常營業活動（或聘請其他人執行）同等重要。他的測試要點是：資本支出的每 1 美元是否產生至少 1 美元的市場價值（但願更多）？

現金流在合併與收購中的作用

有時候，保留收益的動機很強烈，以至於經理人會做出實際上損害價值的投資。這種情況通常發生在出現投資基準較高的

意外現金流時。能說明這種現象的例子包括在 1970 年代晚期和 1980 年代初期的石油公司。這讓美國金融家托馬斯‧布恩‧皮肯斯（T. Boone Pickens）等人意識到石油股價明顯低於其現金流的價值。為了促使企業改變經營方式和分配現金，他走上了收購之路。

這個時期有幾個特點。首先，油價上漲帶來了強勁的現金成長。其次，油價上漲導致資本成本相應增加，尤其是土地租賃和鑽油平台的「每日費用」。這些支出經過資本化後，通常會變成鑽井成本（接著折舊），也就是這些支出需要幾年的時間才能成為費用。

十多年後，美國投資家柯克‧科克萊恩（Kirk Kerkorian）試著在 1996 年收購克萊斯勒（Chrysler）時，這個爭論再次上演。科克萊恩偏好較高的股利，但管理高層認為要撐過經濟低迷時期就必須有更穩健的資產負債表。基本上，除了形式上的不同，雙方的爭論並沒有太大的分歧。至少他們一致認同基本前提 —— 資本支出應當受到限制。

爭論的焦點在形式上是：為了改善資產負債表而持有現金，還是支付現金股利更符合股東利益呢？這兩種觀點都有可取之處，但主要取決於公司持有現金的時間。長期投資人希望資產負債表上有更多現金，短期投資人則希望現在就能看到更高的總報酬，而對未來投資人而言，這樣的可靠性較低。

現金流分析是槓桿收購者很喜歡使用的方法。在準備投標和收購一家公司時，適合採用寬鬆的折舊規則，還有盡量運用遞延稅的效應。抵減項目是能夠支持得住的利息費用。現金流分析的理念就是借到足夠的錢，使 EBDIT 減掉折舊和利息費用的總和

之後，稅前收益能趨近於零。根據這個公式，可以借到的錢愈多，支付給股東的股利就愈豐厚。

為什麼這個公式行得通？原因是「加速的」折舊高估了資產的實際物理折舊。資本支出低於人為因素所抬高的折舊費用——只是帳面記錄。不過，這個帳面記錄為現金流創造了避稅項目。同理，遞延稅的淨現值也小於其面值。因此，帳面收益可能趨近於零。但由此產生的稅收優惠是，由積極的（謹慎掩飾的）經濟收益所累積。

這個原則在某些槓桿收購中被濫用了。槓桿收購者成功地控制折舊費用，試著透過實物支付（PIK）債務來延遲利息費用，以抬高收購的價格。這個舉動稱為「保留現金」。然而，與資本支出不同的地方是債務必須攤銷（槓桿收購者削減資本支出的幅度很大，導致企業遭受損失）。梅西百貨（Macy's）、聯邦百貨（Federated）等公司就是典型的例子，他們都在競爭中敗給了對手。雷諾茲－納貝斯克僥倖逃過一劫，只因為買家科爾伯格－克拉維斯－羅伯茨（KKR）接受了低於平均標準的報酬。

為什麼商譽會有費用呢？原因是公司獲得較高的資產收益率，也許主要是因為卓越的管理。我用數字來舉例說明這一點。假設市場的股東權益報酬率是 12%，公司 X 的資產是 100（可以套用任何基本單位），收益為 24，股東權益報酬率為 24%。理論上，收購者會支付高達 200 來獲得 24 的收益，因為這樣就能從這項投資中獲得 12% 的市場股東權益報酬率。在支付的 200 當中，有 100 是由購得資產所支付。剩下的 100 就成了商譽。

對收購方資產負債表的影響可能顯示出：

貸方（減少）現金

借方工廠、不動產和設備

借方商譽

假設每年的商譽費用是 4（25 年攤銷），那麼實際的應計收入是 24 － 4 ＝ 20。由於這個攤銷費用是難以掌控的，很容易被重視現金流的分析師忽略。舉個例子，如果商譽資產是可口可樂的特許經銷權，那麼可能會有增值的資產。

前述的例子使用稅後數字來計算。更常見的情況是收購公司使用稅前數字做分析，因為攤銷無法從稅收中扣除。有現金流觀念的收購方可能不介意攤銷對收益產生的影響，但他們會在意損失的減免稅額。因此，這個例子中的購買價格略低於 200。

比較公司的股票和債務證券

投資人應該購買公司的股票還是債務證券，這個問題應該根據他們權衡自己對報酬和可靠性的需求來回答。債務工具所支付的固定利率通常（絕非總是）低於股票的報酬率，也對公司的資產和現金流有優先求償權。股票持有人承擔了投資的大部分風險，但他們只能得到優先債權人的債權得到清償後剩下的部分。對於像微軟這樣的公司而言，這可能是很大的數字。微軟歷年來有很高的報酬，而且幾乎沒有債務；至於像負債累累的鋼鐵公司，則很難償還債務的利息和本金，更別提能為股東做什麼了。

債務和股票的理想組合問題對企業也很重要。其實，債務和

股票就像是一枚硬幣的兩面。對公司而言，債務比股票便宜，因此公司往往偏好盡量發行與公司的需求與財政可行性相一致的債務。不過，公司會因為承擔過多債務而面臨破產風險，因此公司需要把一些股票當作安全緩衝。會產生這個結果的原因是當公司出售債務時，公司藉由向放貸者擔保利息與本金償還款來承擔風險，而當公司出售股票時，股東承擔了變動收益率固有的風險，公司除了不遺餘力地賺錢，沒有其他義務。

即便如此，許多學者辯稱債務和股票的組合並不重要。根據完美資本市場的假設，兩位諾貝爾獎得主莫迪利安尼（Modigliani）和米勒（Miller）推導出關於不同資本結構證券估價的兩個基本命題。他們的理論通常稱為「MM 定理」。儘管他們的假設導致理論和現實觀察之間的一些差異，了解 MM 定理的有效條件是很重要的事，這樣就知道在市場不完善的不同情況下會發生什麼事。

MM 定理的命題 I 是公司的市場價值不受資本結構影響，並且能從資產的預期報酬率得出，報酬率與風險類別相符。這個命題使資本投資決策與財務槓桿的使用完全分離。在 MM 定理中，企業被劃分為具有相似經營特徵的「等值報酬類別」，也就是那些沒有使用槓桿（債務）的風險相似企業都屬於相同的風險類別。

只要用於計算公司資產現值的報酬率等同於屬於相同風險類別的其他公司報酬率，就可以忽略融資決策，因為沒有任何債務與股票的組合比其他組合更好。如果 MM 定理的命題 I 成立，最簡單的融資計畫就是運用所有股權融資。因此，透過運用公司資產的營業活動所產生的現金流淨現值，可以決定公司的市場價值，並由較高報酬率的股票折價發行作為公司資產。

雖然以廉價的債務代替股票，公司的借款增加了股東投資報酬率，但也增加公司的風險。MM 定理假設藉由持有一家帶槓桿公司的股票，預期報酬的增加正好被財務風險的增加所抵消。在完美資本市場的環境中，投資人能以與公司相同的利率自由借貸。

因此，如果投資人希望透過財務槓桿承擔較高的風險，以獲得較高的預期報酬，他們可以取得一筆私人貸款，並買更多帶槓桿公司的股票，才能達到同樣的效果，也才能在相同風險類別的條件下，彌補不帶槓桿公司報酬低於帶槓桿公司報酬的事實。

也因此，無論投資人是透過持有帶槓桿公司的股票來間接承擔金融風險，或借錢買不帶槓桿公司的股票來直接承擔金融風險，兩者沒什麼區別。反之，個人可以藉由建立由證券和現金組成的投資組合來降低有風險證券的風險。

MM 定理的命題 II 指出，帶槓桿公司的股票預期報酬率 r_e 符合所有股權融資的風險類別，算法是加上相當於負債權益比乘以 r_a 和 r_d 之間差額的財務風險溢價。r_a 是指不帶槓桿資產本身的預期報酬率，而 r_d 是指債務的預期報酬率。公式如下：

$$r_e = r_a + (D \div E) \times (r_a - r_d)$$

其中，D 和 E 分別為債務和權益的市場價值。上面的等式是根據無稅和完美資本市場的假設。這個命題表明帶槓桿企業的股票預期報酬率會隨著負債權益比而增加（實務上，利息費用的退稅使企業有很大的動機去使用債務融資，而非股權融資）。你可以從上面的等式求出 r_a，而在純股權融資條件下的企業資產預期報酬率可以從以下等式求出：

$$r_a = r_e \times E \div (D + E) + r_d \times D \div (D + E)$$

如果投資人的投資組合包括了公司的所有股票和債務，他們就有權獲得公司所有從資產產生的營業收入。投資組合的預期報酬率相當於股票預期報酬率 r_e 的加權平均數，而債務的預期報酬率 r_d，分別以股權和債務的比例作為權重，以上面的等式表示。因此，r_a 有時候稱作**加權平均資本成本**，這是公司必須克服的「難題」，才能為投資人提供有價值的報酬。

資本結構確實很重要。學術理論背後的主要假設是，在出現財務困境的情況下，原先的股東將會出場，而債權人會非常願意將貸款轉換為股權。但尋求可靠性的債權人通常不願意接受有風險的股權作為賠償，他們也不應該被迫接受。這是因為在實務上，他們通常無法對自己承擔的風險進行「再保險」，因此他們的投資所帶來的風險（和報酬）概況最後可能與當初預期的不一樣。

此外，公司的改組並不如學者假設的那樣「沒有爭執」。在破產的情況下，解雇員工能降低公司的成本，而各類債權人和股東都會為如何劃分債權爭吵不休。到頭來，除了律師和「重整」專家之外，所有人都是輸家。因此，除了在非常糟糕的情況下，公司保持夠低的債務水平來避免破產是合理的做法。

脫離現實的 MM 定理在 1998 年遭逢實務上的嚴峻考驗，因為長期資本管理公司幾近失敗。該公司由所羅門兄弟公司的前副總裁約翰·梅韋瑟（John Meriwether）帶領，而資深合夥人包括諾貝爾獎得主麥倫·舒爾茨（Myron Scholes）。公司借的資金大約是資本的 30 倍，用在巨額押注，進行利潤率極低的交易。這些交易的潛在利潤太少，不值得做，除非報酬能因為大量借來的

錢而增加。

當現實事件導致實際報酬略低於借款成本（以及預期報酬）時，大規模借款的影響如同投資人融資買進，結果出了差錯。如今，個人以融資買進的形式購買股票的額度有限制，但是實際上沒有任何規定禁止長期資本管理公司進行這樣的融資。

小說《虛榮之火》（*The Bonfire of the Vanities*）將長期資本管理公司的策略風險描繪得淋漓盡致，主角謝爾曼・麥克科伊（Sherman McCoy）和他捏造的公司皮爾斯（Pierce and Pierce）賭 60 億美元，期待能賺到 16 分之 1 個百分點，也就是不到 400 萬美元，但實際上賺了 8 分之 1 個百分點，只比 800 萬美元少一些。[4]

當然，在現實生活中，一家公司的報酬很可能比預期低 16 分之 1 個百分點，讓 60 億美元的交易只達到收支平衡，光是差 8 分之 1 個百分點就會在短時間內造成幾百萬美元的損失。小說提到的這個部分，其實是在戲謔性的模仿所羅門兄弟公司的交易員，其中包括幾名負責在長期資本管理公司增補職員的前雇員。

直到聯準會的介入，以及像巴菲特這一類財力雄厚的投資人伸出援手，才拯救了長期資本管理公司。因此，失敗的私人投資（確切來講是投機）幾乎變成了由美國納稅人資助的公眾責任，這些納稅人包括不投資股市的人。因此，公共政策阻止私人公司過度利用債務是適當的做法，即便這個決定通常適用於企業層面。

MM 資本理論經過修改後的更合理版本是，只要債務不超過總資本的 30%，剩餘部分由股權補足，那麼資本結構根本不重要。只要債務保持在 30% 以下，財務無力償付的可能性通常微乎其微，而且不太可能發生債權人收回全部投資額，而股東收回

至少一部分投資額的情況。30%的標準是針對保守型投資人把資金投入到工業公司的金額，而且這個標準比葛拉漢和陶德當初的經驗法則更嚴格，他們的要求是債務的金額不得超過股權，也就是資本結構中的負債權益比不得超過 50%。

對於投資經驗只局限在 1990 年代晚期的投資人而言，利用債務證券代替股票進行投資的想法並不像看上去那麼荒謬。當公共投資在一個多世紀之前問世時，股票投資的特性與等級偏低的債券投資很像，兩者都是為了獲得更高的收益及適度增加資本利得，但與一般債券相比，等級偏低的債券犧牲了一定程度的可靠性。債券的資本利得主要局限於面值的折價，但是潛在的股票收益通常受限於做為股利的大部分收益，以較少的可支配資金進行再投資，而投資資本的報酬也有實際限制。

20 世紀時，物理與社會科學領域都有接連不斷的創新，這時不時改變了這一點，做法是使相對少量的資本有機會獲得可觀的報酬，尤其是智慧資本。因此，這種做法在經濟繁榮時期發展，忽視了資產負債表上有形資產對投資的保護作用（例如，安隆的前執行長杰弗里・斯基林曾經鼓吹「輕資產」公司的優點）。在經濟較為困頓的時期，投資人也許會重新找回硬資產＊的價值。

＊ 實際存在、具有耐久性、不易消滅、受經濟週期影響較小的資產種類，例如貴金屬、化石燃料、木材。

第 7 章

資產價值分析

　　資產能為公司帶來價值，也是資本支出的目的，並且能產生現金流。一般來說，評估企業時不應該忽視資產，但在現代經常發生企業忽視資產的事。這些資產加上股利收益後，構成了投資價值的基礎。此外，儘管前瞻性較小，與經常使用和濫用的收益流相比，這兩個數據是更可靠的估價指南。從最後的分析來看，買股票的決定愈是依據已知資訊，而且愈不依據推測，那麼這種決定就愈偏向投資，而不是投機。

資本的邊際效率[1]

　　上市公司通常以盡可能最高的報酬率進行投資。英國經濟學家約翰・梅納德・凱恩斯（John Maynard Keynes）藉著資本邊際效率（MEC）這個概念說明這一點。這個概念是著名的報酬遞減法則的應用。第一批可用資金以非常高的報酬率進行投資，而第二批可用資金則以較低的報酬率進行投資，以此類推。最後一筆可用資金在銀行帳戶中只能賺取定存利率（見圖表 7-1 的資本邊際效率曲線）。有時，太過急切或積極的經理人可能會以負報酬

率進行投資,因此降低了公司的價值。

圖表 7-1 資本邊際效率

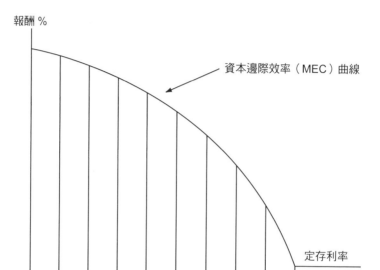

投資人通常希望找到能為投資帶來最佳報酬的公司。這不是簡單的事,因為這些投資人不了解公司的計畫或現金流(在證券交易委員會核准通過公平揭露規則之前,共同基金或賣方分析師等大型機構投資者偶爾會收到有關公司預測的保密資訊)。因此,這些投資人必須審查公開的財務報表,並且根據過去和目前已知的資訊,據理推測他們挑選的公司的未來獲利能力和流動性。

既然快速成長的公司股票特色是高股東權益報酬率,那麼價值投資人會嚮往這個特色嗎?在其他條件相同的情況下,答案是

肯定的。高股東權益報酬率可以支撐高股利分配率和高留存收益率，這意味著高成長率。但其他條件不太相同。高股東權益報酬率的股價通常比帳面價值溢價還高。第一個缺點是現金殖利率比股利分配率低很多。此外，公司成長速度可能無法像再投資率在理論上形容的那麼快速。為什麼會這樣呢？這涉及到資本的邊際效率。資本投資的前 1% 可以產生超過 1% 的成長率，而再投資的最後 1% 可能會帶來不到 1% 的成長率。

可以從圖表 7-2 看到，價值線公司審查可口可樂（2002 年 2 月 8 日）的數據能說明這一點。公司的股東權益報酬率超過 30%。但市帳率超過了 10%。公司保留 60% 的收益，促使收益再投資率（價值線公司稱為保留普通股權益）接近 20%。公司也以股利的形式分配了大約 40% 的收益，促使股利分配率超過 10%，這可以從股東權益報酬率減掉收益再投資率得出。但左側「年利率」下方的歷史成長率和預測成長率低於再投資率（或理論上的成長率）。

還要注意一點，現金殖利率不超過 1%，即股利分配率的一小部分，因為市帳率非常高。因此，投資人無法從可口可樂公司的高股東權益報酬率中充分受益。

總而言之，成長股比價值股更容易受到收益不佳的影響，原因是這些公司在資本的邊際效率曲線上所處的位置。主要的假設是公司的成長會透過在曲線高端的投資來維持，而報酬遞減法則將不適用。如果這類公司被迫沿著資本邊際效率的曲線向下移動到下一個獲利能力水準，那麼結果會是收益不佳，對公司的股票不利。

然而，股東權益報酬率低於平均水準的公司股票，股票收益

圖表 7-2　可口可樂於 1997 年至 2002 年的統計摘要

年度	1997	1998	1999	2000	2001	2002
每股銷售額	7.64	7.63	8.01	8.23	7.06	7.92
每股「現金流」	1.92	1.69	1.63	1.79	1.92	1.99
每股盈餘	1.64	1.42	1.30	1.48	1.60	1.66
每股股利	0.56	0.60	0.64	0.88	0.72	0.80
每股帳面價值	2.96	3.41	3.85	3.75	4.57	4.78
股票（百萬）	2,470.6	2,465.5	2,471.6	2,484.8	2,486.2	2,471.0
股價（年度最低點）	50	53.6	47.3	42.9	42.4	42.9
市值（百萬）	123,530	132,151	116,907	106,598	105,415	106,006
本益比	30.5	37.7	36.4	29.0	26.5	25.8
市帳率	16.9	15.7	12.3	11.4	9.3	9.0
現金殖利率	1.1%	1.1%	1.4%	2.1%	1.7%	1.9%
銷售額（百萬）	18,868	18,813	19,805	20,458	17,545	19,564
折舊（百萬）	626	645	792	773	803	806
淨利（百萬）	4,129	3,533	3,233	3,669	3,979	4,134
營運資金（百萬）	-1,410	-2,260	-3,376	-2,701	-1,258	11
長期債務（百萬）	801	687	854	835	1,220	2,700
股東權益（百萬）	7,311	8,403	9,513	9,316	11,365	11,800
資本報酬率	51.2%	39.1%	31.5%	36.4%	31.9%	29.1%
股東權益報酬率	56.5%	42.0%	34.0%	39.4%	35.0%	35.0%
再投資率	37.3%	24.4%	17.3%	21.3%	19.3%	18.2%
股利分配率	19.20%	17.6%	16.7%	18.1%	15.8%	16.8%
留存收益率	66.00%	58%	51%	54%	55%	52%
股利發放率	34%	42%	49%	46%	45%	48%

資料來源：價值線出版公司；作者提供計算結果。

也因此低於預期，那麼股票很可能出人意料地上漲。幾乎不可避免的是，平均水準以上的股東權益報酬率出現時，即使是不活躍的公司也不太可能錯過這個機會。結果就是產生推高股價的高股東權益報酬率（相對於公司歷史），就如同分析師的預期。

葛拉漢和陶德的資產價值基本方法

先談談葛拉漢和陶德針對資產價值擬定的基本方法。在沒有特別股的情況下，資產價值很容易由帳面價值（淨資產）或股東的每股權益來衡量（如果有特別股，則從淨值中減掉特別股，得出普通股的淨值）。這個數字只是公司過去投資和保留的所有資本總和。這是對資產的保守估計，因為這個數字對特許經銷權、持續經營企業的價值、智慧財產權或其他無形資產都沒有影響（除了透過公平交易收購其他公司而建立的商譽）。

葛拉漢和陶德建議根據價格與股權的關係購買股票，不用考慮標的資產的報酬。雖然這個方法有一些缺點，他們偶然發現相當實用的部分，能帶來「正常」的資產報酬。談完他們的方法論之後，我們會試著衡量資產和股權的報酬，並嘗試將這些報酬和投資價值聯繫起來。

資產可以透過股權融資，也可以透過債務融資。公司的債務應該被視為房屋貸款一般列入考慮。如果你打算以 10 萬美元的現金買一棟房子，而且房子的價值會下降到 7 萬美元（這在近期的美國許多地區並不罕見），那麼業主權益將減少 30% 左右。在這種情況下，你會遭受慘痛的損失，但是不會落到失去所有股權的地步。

實際上，你可能會有足夠的剩餘資產去辦理房屋淨值貸款[*]來繼續經營下去。不過，如果融資減少 20%、債務只有原先的

---

[*] 借款人把自有住宅的房屋淨值（不動產估值扣除房貸債務餘額）當作抵押後獲得的貸款。

80%，這通常是較明智的做法，房屋價值減少了 30% 依舊比業主權益消失來得好。如果你想要搬家，也需要賣掉這棟房子，你在出售時得不到任何好處（事實上，根據許多房貸的條款，抵押人必須彌補售價和房貸之間的差額）。

由於公司的真正價值（也就是所謂的企業價值）是以市場價值計算的股權與債務總和，不僅僅是公司股權的市值，所以負債累累的公司可以說是以龐大的抵押貸款繼續經營下去。當公司的財富一路攀升時，萬事大吉，因為大量的槓桿擴大了一小部分股權的報酬。

一旦經濟狀況惡化，股權價值崩潰時，過多債務和過少股權構成的企業價值對投資人而言猶如一場災難。巴菲特把高槓桿公司的營運比喻成駕駛一輛汽車時，把刀子固定在方向盤上。這種達摩克利斯之劍 * 能使駕駛員非常警覺，也能在其他情況下提升管理意識，但不管在哪一種情況下，一路上的艱難險阻都可能造成嚴重、潛在的致命後果。

槓桿是棘手的問題，因為有些槓桿很麻煩。風險最高的槓桿形式是銀行債務。理論上是一經請求即須付款，但是借款者經常忘記這一點，因為這個規定很少真正落實。然而，在金融市場全面崩潰的情況下，借款者會被嚴厲提醒遵守貸款契約。其實，日本已經這麼做了。商業票據的高風險也不相上下，主要由發行公司出售給其他公司。人們預期商業票據可以續期，但事實並非總是如此，例如在 1990 年左右的最後一次信貸危機中，許多發行

---

* 　源自古希臘傳說，代表擁有強大力量的同時，卻也得時常提防危機。

方就發現了這個事實。

相較之下，遞延稅款輕鬆多了，原因很簡單。如果公司沒有利潤，不僅可以少繳很多稅，還可以在許多情況下收回之前支付的現金稅，或者撤銷已經認列但沒有支付的遞延稅款。如果沒有前述選項，虧損的公司可以將營業虧損淨額（NOL）結轉好幾年，用來抵消未來的利潤。在罕見的情況下，公司可以將營業虧損淨額出售給其他公司，或者讓營業虧損淨額為潛在收購者帶來好處。

事實上，假如普通股價格下跌是因為公司負債過多，而且優先權高過股票的債券殖利率有足夠的吸引力，那麼投資人不妨藉由買債券來代替股票。在違約的情況下，股權持有人會被掃地出局（或者因為優先考慮成為股權持有人的債權人，而被大幅降低持股比例）。在此之前，債務的定價會產生 10% 以上類似股票的報酬率。這類公司的股權已經呈現出選擇權、權證等高風險證券的特徵，實際上代表了公司即將恢復正常的訊號，而不是公司目前的價值。

除了精明的專業投資人，這種程度的風險對一般投資人而言實在太大了。在這種情況下，獲得類似股票報酬的方式是透過債務，而不是股權，而且你必須考慮債券的優先權相對於其他債權要來得高。投資債務的宗旨是為了獲得優先權高過所有股權的保障，理想的情況是要與各種債務形式的優先權平等。

如果你買的公司股票，營運資金占股票市場價值很大一部分，那麼你應該仔細檢視個別項目。營運資金最好主要由應收帳款、現金和有價證券組成。這些都是可以分配給股東的流動資產。你務必注意庫存量，尤其是庫存不斷增加的情形。在負債方

面，投資人會希望應付帳款和短期債務都較少。

在庫存的比例中，原料占比高是最理想的情況。半成品或成品的存貨占總庫存的比例很高時，可能是出現問題的跡象。原料通常可以靠著接近購買價的價格出售。至於成品的存貨，不僅包括原料，還包括人工和經常性開支。萬一成品不能賣給終端用戶，就只好當作廢品虧本出售。在這種情況下，即使成品的成本比原料更高，也不一定能比「完好無缺」的原料賣得好。如果公司需要發行新的長期債務，那麼「持有」存貨將是個大麻煩，就算是發行短期債務也只是更糟糕而已。隨著及時制度的庫存管理方式的發展，大量庫存變成管理不佳的跡象。

除了購買低於帳面價值的股票，葛拉漢和陶德建議投資人盡量購買股價低於淨營運資金的股票，即低於流動資產減掉流動負債的價值。如此一來，投資人只需要為流動資產付費，就可以免費參與這樁生意。在可靠性高的特殊情況下，淨營運資金會超過股票加上長期債務的市場價值。由於公司的企業價值就是股權和債務的市值減掉流動資產，所以在這種情況下的企業價值為零。得到這種可靠性高的股票稱為買「清償價值」。

1965 年，巴菲特以低於每股 17 美元的帳面價值、略高於淨營運資金的價格收購了波克夏的控制股權，他以為這麼做能幾乎不花一毛錢就得到波克夏這家紡織企業。事實上，這是錯誤的前提，因為國外的競爭導致紡織業的價值最終變成零以下。但是他成功地「槓桿化」了，原因是他的投資合夥公司所持有的波克夏 70% 股權在他當選董事長時轉化為 100% 資產控制權。透過清算大部分營運資金項目，並嚴格限制紡織品的再投資，巴菲特實際上獲得更龐大的資產，可以用於其他更具生產力的投資。[2]

　　理想上，帳面價值能代表有形資產。一般情況下，公司收購
其他公司時，所支付的帳面價值可能高於公司的實際帳面價值。
雖然我們不會把所有無形資產都折現，但是在許多情況下，我們
必須將這些無形資產視為在困難重重的局面購買的。也許這與收
購可口可樂等有價值的特許經銷權的相反情況形成對比。

　　在這種情況下，無形資產的經濟價值可能等於或大於同等金
額的可替代有形資產。折衷辦法是讓無形資產納入帳面價值的計
算，並且使高或低股東權益報酬率作為衡量無形資產價值的標準
（我稍後會談到）。

　　葛拉漢和陶德相信買股票應該要像買債券，他們希望能保護
良好的資產負債表及股價低於帳面價值，就像他們希望以低於面
值的價格購買優質的公司債一般。他們認為大多數公司會將大部
分收益作為股利發放（當時的慣例），以及收益通常足以支付合
理的股利。我們在下一節會來評估公司的支付能力，以及公司對
股票報酬產生的影響。我在第 8 章也會說明如何挑選價值主要取
決於分紅的股票。

資產負債表外項目和負債的特殊情況

　　帳面價值有時會大大低估資產價值。在這種情況下，根據完
整列出的資產價值來買股票仍然能符合葛拉漢和陶德的條件。

　　以石油公司為例，帳面價值通常是年度報告中公布的資產價
值最小值。美國證券交易委員會（SEC；簡稱證管會）要求這些
公司估算所謂的存底淨現值。這首先根據截至年底「已知和可

能」的存底現行價格。有形資產的估算則是依據工程標準。預測未來的產量後乘以現行價格，並減掉相關的生產成本。由此產生的收益流折現 10%。這些都是稅前數字，理論依據是潛在收購者會靠著債務提供收購資金，並勾銷衍生的利息支出。存底的淨現值高於產生存底所需的固定資產價值，因為這些資產的折舊已計入現金流。

　　1983 年 1 月，價值線分析埃克森的報告就說明了這一點。經過計算，存底調整後的帳面價值為 52 美元，而淨資產為 35 美元。因此，每股存底是 17 美元。股價在二十多美元的高點時，股票的售價大約是資產價值的一半。

　　額外資產價值到底有什麼意義呢？1982 年，公司每股盈利 3.10 美元，並支付每股股利 3 美元。因此，收益看起來幾乎無法支付股利，投資人擔心公司會削減股利。根據 3.10 美元的收益和 35 美元的帳面價值，股東權益報酬率為 3.10 ÷ 35，結果略低於 9%。如果投資人認為實際的資產價值是每股 52 美元，而不是 35 美元，那麼他會透過資產獲得紅利，但重組後的股東權益報酬率會降至 3.10 ÷ 52，結果只有 6%。為了使資產價值大於帳面價值並達到每股 17 美元，資產價值就必須增加，而且不能經由損益表列入。

　　假設資產價值溢價每 10 年增加 1 倍，或者以每年 7% 的複利計算。那麼，從 17 美元中計算 7% 的收益，透過資產價值的增加，從帳面上產生的「收益」約為每股 1.20 美元。在這樣的情況下，埃克森在 1982 年的實際收益應該是每股超過 4 美元，而不是公布的 3.10 美元。這個更高的數字涵蓋了 1982 年的股利，比每股 3.10 美元好太多了。

　　粗略計算，股東權益報酬率約為 4.30 ÷ 52，略高於 8%，與傳統評估方法算出的略低於 9% 相差不遠。正如一般投資人所預期的，較高的資產基礎所獲得的報酬會稍低一些。因此，資產累積能顯著提高以資產為基礎的實際收益，不會對較高資產價值的報酬造成重大稀釋。總而言之，能夠識別出這種情況的投資人會賺到更多錢。

　　另一個例子是飛利浦電子（Philips Electronics）公司在 1990 年代晚期大多時候的交易都接近帳面價值。飛利浦電子公司不僅控管自己的營業活動，也控管了寶麗金唱片（Polygram Records）公司、半導體儀器設備製造商 ASM Lithography 和台積電（Taiwan Semiconductor）的股份，全都是公開交易。

　　投資人必須先以市場價值評估飛利浦在這三家公司的股份，然後比較這些股份和投資的持有成本。差額應當加到帳面價值，以得出資產價值。這個想法後來得到證實，因為飛利浦在 1998 年底出售其在寶麗金的股份，出售所得暫時使帳面價值高過 1998 年秋季的股價（價格已經下降）。其他公司的保留股份市場價值只是這筆交易的籌碼。

　　還有一個例子是西爾斯百貨（Sears）宣布分割好事達保險（Allstate Insurance），目的是再度凸顯零售業務。做法是每 100 股西爾斯股票分配 81 股好事達股票。1995 年初，有一份分析報告指出西爾斯宣布分割時，西爾斯的定價公道，而好事達的定價過高（事後看來，事實並非如此）。但如果你買了 100 股西爾斯股票，然後賣空了將在分配中取得的 81 股好事達股票，那麼你這麼做能得到的收益是零售業務收益的 8 倍。這就是葛拉漢和陶德的投資法。財報分析的內容已經簡化了前述好事達的部分，所

以很少投資人能夠了解好事達和西爾斯之間的關聯。

以下進一步說明，1995 年中期，西格拉姆（Seagram）的售價為 29 美元，帳面價值約為 14 美元，另外也持有杜邦（DuPont）的股票，稅前每股價值約為 15 美元（稅後每股 10 美元）。西格拉姆決定出售持有的杜邦股票，後來使得帳面價值提高到稅後 24 美元。這可以說是富饒趣味的投資故事。西格拉姆利用賣出杜邦所得到得收益從日本松下（Matsushita）購入環球影業（Universal Studios）。日本松下之所以積極出售，是因為環球影業及其在日本的核心業務都出現了問題。西格拉姆的收購價格為 70 億美元，比其他類似資產的收購價低了大概 10 億美元。

如果是我的話，我深思過後會決定不買西格拉姆的股票。雖然收購環球影業是高明的策略，而且考慮到普羅大眾對媒體產業的熱情支持，這麼做看似合理，但為娛樂產業支付高昂的絕對價格顯得不明智，畢竟娛樂產業的價值也可能下降。保守型投資人更希望看到西格拉姆投資其核心的酒類業務，或者更明智地買回股票。

事實上，市場過了幾年後才報價西格拉姆，而且經歷了幾次重組之後，西格拉姆最後被法國威望迪（Vivendi Media）收購了。事後看來，被賣掉的杜邦股票在接下來的兩年半漲了 1 倍；如果當初保留這家公司，將能使西格拉姆的資產價值提高到每股 35 美元以上。後來，西格拉姆在娛樂業的投資表現不太好，股價在 30 出頭美元停留了一段時間。

負債也可以是資產負債表外項目，尤其是資本密集型企業的負債。例如，租賃資產的大量使用實際上相當於一種借款形式。資本租賃通常被視為債務，因此列入資產負債表。但短期的營業

租賃卻不是這樣。然而,如果公司依賴營業租賃,支付的費用可能和利息、本金償還款一樣繁重。

另一種重要的負債是未提存基金的退休人員醫療保健福利。退休基金資產已經結算,但這種負債是較新的概念。理論上,負債應該在發生時就記在帳上。但是通常的做法都是「實支實付」。應計負債與實際付款之間的差距由精算假設來彌補。如果差距的結果其實是過度樂觀,那麼即使從會計的角度來看,公司的財政基礎不夠穩固。

美國汽車公司就是有這種傾向的例子。1990 年代初期時,這些汽車公司的售價通常大幅低於帳面價值。但在 1991 年,他們被迫為退休福利付出代價。售價與帳面價值的差額代表帳面價值的很大一部分。因此,之前代表折價的股價變成了溢價。這種一次性的調整提高了股東權益報酬率,但過去和未來的收益也都必須下修,因此在一定程度上有略微相互抵消的作用。

股東權益報酬率偏高的特殊情況

你可能會問:「如果公司的股東權益報酬率很高,例如超過 20%,就以帳面價值的倍數出售,怎麼說呢?」顯然,如果這麼高的股東權益報酬率可以維持下去並帶來經濟成長,這會是成長速度快、具有潛力的投資。有許多案例是股東權益因為大量股利發放而減少。我會在第 8 章說明如何向上調整帳面價值來進行股利發放。不過,對英特爾或微軟而言,這不是考量因素,英特爾只支付名目股利,而微軟是一直到 2003 年才支付股利。

　　葛拉漢和陶德質疑，支付帳面價值的倍數能換取高成長率或高股東權益報酬率。大部分的投資人也會質疑這一點，只是不像價值投資人質疑得那麼誇張。當股東權益報酬率夠高時，我們允許自己支付高於帳面價值的溢價，所以我提出了修改後的策略，以評估具有高股東權益報酬率的證券（沒有股利）。根據我多年來的屢次理論思考和實務測試，我針對股東權益報酬率低於 15%和高於 15% 的公司，分別提出以下公式：

　　股東權益報酬率＜ 15%：投資價值（價格）＝帳面價值
　　股東權益報酬率＞ 15%：修改後的投資價值
　　＝（帳面價值）×（股東權益報酬率 ÷ 15%）2

　　請注意，在帳面價值溢價之前需要高停止投資率（15%）。這種條件能篩選出優秀的公司。然而，一旦獲得更好的報酬，這個系數就會倍增。這是因為高股東權益報酬率有兩大好處：可能帶來高成長率和倍增的高價格收益。例如，股東權益報酬率為 21.2%，則（21.2% ÷ 15%）2 ＝ 2。

　　換句話說，股東權益報酬率需要達到 21.2%，才可以放心地為股票支付 2 倍帳面價值的股利。我們需要大約 26% 的股東權益報酬率來支付 3 倍帳面價值的股利，以及需要 30% 的股東權益報酬率來支付 4 倍帳面價值的股利。

　　沒有人能保證如此高的股東權益報酬率可以維持下去，也不能保證股東權益報酬率一定會帶來很高的收益成長。有一種說法是因為資本邊際效率的緣故，高股東權益報酬率不會促成相對較高的成長率。事實上，除非公司以股利的形式付出很大一部分收

益，否則就無法維持高股東權益報酬率。可口可樂公司就是很貼切的例子，該公司把 3 分之 2 的收益當作付出的股利，藉此維持非常高的股東權益報酬率。但是這麼做會降低留存收益率，成長率也因此降到更「正常」的水平。

另一個說法是高股東權益報酬率提供了安全邊際，可以維持高於一般水準的成長率。除非高股東權益報酬率是由過度的槓桿產生，要不然這是表明企業基本經濟狀況具有吸引力的自然跡象。因此，管理高層可以適當地透過股利發放政策或適度利用債務來調整成長率。

高科技股是葛拉漢和陶德的分析中最有潛力的投資領域之一。他們身為這種分析的發起人，其實都不太相信科技股，因為他們（以及他們的優秀追隨者巴菲特）所處的領域與科技股毫無關連。眾所周知，科技公司的時運和股票都很不穩定。但正是這種波動性經常讓估價相對容易。

在迫不得已的情況下，我們寧願在正常的條件下冒著商業與技術環境瞬息萬變的風險，也不願在經濟大蕭條這種極度困頓的時期面對平淡無奇的問題。如果機會對我們有利，我們當然不介意冒險賭一把。許多科技股滿足了我們修改後的條件（但不包括微軟，因為微軟基本上打破了成規）；甚至有些科技股比較符合葛拉漢和陶德提出的傳統觀點。

1990 年代的 IBM 就是恰當的例子。長期以來，IBM 一直是傳統的成長股，並在 20 世紀的最後十年成為價值股。很少人相信 IBM 會低於帳面價值，卻確實發生了。這家公司扭轉了頹勢。基本上，儘管 IBM 在許多產品線的領導地位被更新、更有衝勁的公司取代，卻還是成功地回到了主流，為產業賺取正常的報

酬，使得股票回到帳面價值之上的「正常」倍數。

　　華爾街一直都無法確定資訊科技股到底是商品股還是成長股。這些企業包括電腦和零件的供應商，例如構成電腦內部裝置的矽「晶片」，或者使機器運作的軟體。此外，先進的電信技術屬於科技類別。資訊科技股實際上是這兩種股票的混合體，稱作商品成長股或週期成長股。至少在現代，資訊科技股的長遠前景比現在的「深度週期股」更佳，比如汽車類股和化工類股（在當時是高科技股）。當高科技股的定價和汽車類股、化工類股都差不多時（經常如此），高科技股更有吸引力。但在 19 世紀末、20 世紀初，這種情況很少見。

　　由於科技公司本身具有經營波動性，債務往往比一般標準少，這一點在我提到的葛拉漢和陶德投資法中是很有吸引力的特徵。要注意這條規則的例外情況，因為這些公司都面臨著高營運風險和高金融風險兩頭吃虧的狀況。這很可能是公司經營不善的跡象。

　　科技股的股東權益報酬率很高，以前能支撐基礎產業的 15% 至 16% 長期成長率，但是到了 1990 年代中期，科技股的本益比變得更低，大概只有個位數，反映出預期成長率會更低。科技股通常發放很少的股利，甚至完全不發放股利，因此這些股票缺乏股利支撐。但現金被保留在資產負債表，有時會過量。有一些現金充裕的公司是高科技公司，包括微軟，資本支出通常偏低。這些公司的基本理念是用技術取代貨幣資本。

　　值得注意的是，科技股通常會吸引股權投資，因為這些股票有高報酬的前景。這類新資本對於確保現有股東的投資非常重要。事實上，擴充資本導致帳面價值的成長超過了收益。從第 2

章對股東權益表的討論來看，評估收益對帳面價值的影響可以表述如下：

期末帳面價值＝期初帳面價值＋收益－股利

或

收益＝期末帳面價值－期初帳面價值＋股利

如果股數不變，而且沒有帳務調整，那麼這種關係就能成立。可以運用這種關係來衡量價格高於帳面價值的新股所產生的影響。如果新股發行的時候高於帳面價值，期末帳面價值就會因溢價而增加，為原先的股東創造「股利」和額外「收益」。經常以溢價發行股票的公司，每股帳面價值的變化比每股盈餘還大。

貼切的例子包括價值線針對科技數據（Tech Data）公司分析的 2000 年 7 月 21 日報告資料，如圖表 7-3 所示。1997 年的會計年度末期，該公司的帳面價值為 14.56 美元。而接下來的一年，也就是 1998 年的會計年度，公司的盈利為 2.29 美元。理論上，公司的期末帳面價值應該是 14.56 ＋ 2.29 － 0.00 ＝ 16.85。但實際上，期末帳面價值是 18.93 美元，比預期的超出 2 美元。這是以高於帳面價值的價格發行將近 300 萬股新股的結果。類似的事情在前幾年可能也發生過。還需要注意的一點是，圖表 7-3 的「年利率」表中顯示的過去 10 年和 5 年期間的帳面價值成長率比收益成長率高出幾個百分點。

這種關係在向新股東進行首次或二次公開募股的公開說明書

圖表 7-3　比較科技數據公司於 1993 年至 1999 年的收益與帳面價值變動

年度	1993	1994	1995	1996	1997	1998	1999
每股期初帳面價值	3.7	5.84	6.90	7.56	10.13	14.56	18.93
每股期末帳面價值	5.84	6.90	7.56	10.13	14.56	18.93	19.41
每股帳面價值的變動	2.14	1.06	0.66	2.57	4.43	4.37	0.48
每股盈餘	0.83	0.91	0.56	1.35	1.92	2.29	2.34
股份（百萬）	36.55	37.81	37.81	43.29	48.27	51.10	52.23
股價（年度最低點）	10.6	14.00	8.30	12.50	19.80	33.80	14.50
股價淨值比	1.8	2.0	1.1	1.2	1.4	1.8	0.7

資料來源：價值線出版公司；作者提供計算結果。

中呈現出來。以下金額都可以量化：期初帳面價值、收購價格，以及以超額收購價格支付給舊股東所造成新股東股權的稀釋。這就是新創公司的「圈內人」致富的方式，而且如果公司屢次發行新股，早期的外部投資人也能從中受益。如此一來，高股東權益報酬率最終也能增強資產負債表的可靠度。載明的帳面價值可以藉著發行新股來提高，而且不入帳的資產收益（例如商譽）其實也經常大幅提高帳面價值。

　　價格波動性也能使偶爾買賣股票的公司受益。市帳率低的機敏公司光是憑著帳面價值的折價購買股票，就能夠產生穩定成長的每股帳面價值，也能產生幅度較小的穩定收益成長，這就像市帳率高的公司可以藉著溢價出售股票來增加帳面價值一樣。若說到衡量公司經濟狀況的指標，帳面價值比收益更穩定，畢竟收益只是帳面價值變動的主要部分。因此，像巴菲特這樣的投資大師都經常根據公司增加帳面價值的能力來判斷公司的經濟狀況。

　　當股票投資的依據是帳面價值或資產價值時，就會變得很像

債券投資。有資產擔保的股票其實能確保本金的報酬，尤其是流動資產。如果股票進一步支付可觀的股利，便具有可轉換債券的特性。這就像債券在逆境中承諾收入和資本報酬，而在順境中供給股票的資本利得。

週期股收益難以持續的一般情況

週期股的特點源自兩大經濟因素。首先，石油、鋼鐵和汽車的需求量很不穩定。其次，產量的特點是固定成本高，變動成本低。引進新工廠的成本很高，一旦引進之後，理想的策略就是以低變動成本和高邊際貢獻（銷售額和變動成本之間的差額）來大量出售，以便涵蓋固定成本。因此，在週期高點的股東權益報酬率非常高。

但本質上，產品供應商幾乎無法抵擋新產品打入競爭市場，原因在於高報酬的吸引力。這促成了不同程度的「時好時壞」環境。因此，商品公司必須依據其平均收益來評估，而不是依據最高點或最低點的收益。週期性高收益的問題在於，股東權益報酬率所表達的隱含預期收益成長率的峰值太高了。

評估週期股的理想工具與其說是收益，不如說是股東權益報酬率。週期性公司在景氣好時能獲得非常高的股東權益報酬率，通常為 30% 以上，而在景氣不好時趨近於零甚或虧損。因此在週期性的情況下，

如果最近的收益預測分析出來的結果是「直線化」則必須多加留意（這種做法也許只會對食品業或公用事業的穩定公司分析

造成輕微的損害）。如果投資人參考公司的歷史記錄，最好是包括 5 年、10 年甚或 15 年的悠久歷史。唯有藉著研究公司的績效紀錄，並計算出景氣好與景氣不好期間的平均績效，才能合理地估算公司的前景。

無論如何，在整個景氣循環當中，投資人都不該期望股東權益報酬率會超過 10%。保守型投資人也需要意識到，即使是 7% 至 9% 股東權益報酬率的估值，也不一定能客觀地估算出這類公司的前景。考慮到大多數公司會保留收益的事實（光是這一點就能使收益隨著時間成長），我們應該要選擇應用到近期帳面價值的平均股東權益報酬率，以此作為公司標準化收益能力的最佳指標，而不是利用平均收益。

低報酬率的補償是週期性公司不需要像實務上那樣大量進行再投資。商品的需求量會隨著時間緩慢且穩定地成長，而且如果沒有增加產品的供應，價格應該要逐漸上漲。問題在於整個產業的強大再投資計畫導致供應量的成長速度比需求量快，進而壓低了價格。當然，這會影響到所有相關企業，不只是那些過度投資的公司，也會對固定資產比重較高（報酬率較低）、有固定利率債務的公司造成傷害，程度大於流動性較高的公司。

對於週期性產業的公司而言，最好要有穩健的股利發放（或股票回購）計畫，因為他們可以用最少的投資充分參與產業的千變萬化。在整個景氣循環當中，週期性公司最有機會透過更少投資來追求股東報酬最大值，並將充足的現金流返還給股東。

這種類型的公司應該遵循的首要原則是保守地融資。光是這個原則就能幾乎確保其他遵循該原則的公司不會造成嚴重的產能過剩問題。顯然這是因為擴展受限於內部產生的資金所能支撐的

範圍,而這些資金又會受到需求以及由此產生的收益所限制。

　　資產價值分析的應用可以讓投資人在原本「高風險」的科技股和週期股投資變得相對安全。尤其是在高波動的情況下,這樣的投資比那些熱門的消費股更有保障,更不用說那些難以持續高報酬(或者比預期更糟的報酬)且以高倍數資產價值出售的網路股了。

　　股東權益報酬率可以反映出收益成長的合理性,可以說是現代投資人最重視的衡量指標。很多投資人都知道收益可以從很低的基準快速成長。同理,股東權益報酬率也可以從 1% 至 3% 大幅飆升,讓人留下收益快速成長的印象。公司在成長復甦的情況下,只要使股東權益報酬率增加 1 倍,就能實現每股收益的「成長」。

　　假設公司的帳面價值是每股 50 美元,第一年的收益是每股 2 美元,那麼股東權益報酬率就是 2÷50,即微不足道的 4%。假設股利也是每股 2 美元,第一年的所有收益都支付出去了,留下每股 50 美元的帳面價值;到了第二年,收益翻倍到每股 4 美元。這個情況雖然好一些,但股東權益報酬率也只有 8% 而已。收益翻倍的原因在於發生的時機正值低點(如果第一年的部分收益保留了下來,使第二年的帳面價值超過 50 美元,儘管計算結果略有不同,但原理是一樣的)。

　　假設這兩年收益都以股利的形式支付,那麼要怎樣才能使收益再次翻倍呢?答案是股東權益報酬率必須增加 1 倍,達到相對穩健的 16%。股東權益報酬率第一次從 4% 翻倍到 8% 很容易,第二次的翻倍也行得通,卻不會繼續增加到 32%、64% 等。股東權益報酬率從 1% 至 3% 的基礎經過了一、兩次翻倍之後,很可

能會維持在 15% 以下，或者停留在 7% 至 9%。股東權益報酬率有局限性，猶如樹木高不過天。價值投資人明白這一點，不過現代的成長投資人往往忽視這個事實。

第 8 章

評論股利的價值

　　說到底，投資的目的是從股票獲得股利收益。首先，你從中得到收入。其次，你可以獲得伴隨著股利上升或現有撥款升值的資本利得。股利是總報酬的要素，而過去的股票年均報酬率接近11%。其中，只有大約 4% 反映出多年來的通貨膨脹，2% 來自股票價值的實際成長，而其餘的不到 5% 是發放股利的結果。

　　本章首先介紹一些關於股利的傳統觀點，最後提出我自己的投資價值模型，這個模型包含了股利收益的價值與帳面價值，同時說明收益如何對這個流程造成影響。

　　價格合理、品質優良的分紅型股票通常比債券更有吸引力。固定收益只是等量的收入流。不過，一旦利潤增加，股利也會隨著時間增加。這就是為什麼葛拉漢和陶德要求的現金殖利率只有AAA 級債券殖利率的 3 分之 2（現金殖利率等於股利除以股價）。只要股利增加，原始成本的現金殖利率終究會超過債券殖利率。

　　股利之所以能使股票具備吸引力，還有其他原因。首先，如果股利占收益很大一部分，那麼投資人更能確定這些收益是實際收益。其次，20 世紀的美國公司明顯缺乏削減股利收益的意願（即使有時應該要這麼做）。反之，這些公司盡量維持股利甚或增加股利，藉此對股東守信用。畢竟，削減股利或不分紅通常代

表公司出了嚴重的問題。

美國股息偵探格拉爾迪‧魏斯（Geraldine Weiss）寫的書《股利不騙人》（*Dividends Don't Lie*）把這一點描述得很貼切。[1]首先，股利以現金的形式發放。與收益不同的地方是，股利不受不同會計原則和其他標準約束。其次，股利代表可分配收益的最佳估計，不但經公司的財務主管確定，也經董事會批准。當然，股利的好壞取決於宣布股利的董事會。

分紅型股票是流動性最高、交易最頻繁的股票類型。首先，分紅型股票提供收入，因此投資人可以在不出售股票的情況下重新配置資金。再者，分紅型股票更容易轉售給需要收入的更大型投資者，比其他規模與品質相當但收益不高的股票更容易被大眾接受。

成長率下降時，現金殖利率會上升（股價下跌）。在這種情況下，投資人需要以更高的收益（以及更低的本益比）補償損失的成長率。如果成長率在較低的水平就穩定了下來，股票愈來愈便宜和由此產生的較高收益通常是充足的補償。如果成長率恢復到以前的水平，所需的現金殖利率就會下降，導致股價反彈。

對公司而言，有多少收益可以用來發放股利是非常重要的問題。一般人希望利息保障倍數愈高愈好，而股利保障倍數則有多種令人滿意的答案。唯一讓人難以接受的答案是股利政策是既定結果，沒有考慮到公司的特殊情況。

股利保障倍數的衡量指標

在美國，股利保障倍數的衡量指標是發放率，相當於支付的股利除以淨利。如果沒有特別股（包含特別股的股利），發放率則是每股（普通股）股利除以每股盈餘的比率。英國的股利保障倍數公式版本恰恰相反：分子是收益，分母是股利。因此，美國使用的 50% 發放率相當於英國的 2 倍股利保障倍數。

顯然，較低的發放率或較高的股利保障倍數代表股利比較有保障。對於一家每年收益差距很大、高度週期性的公司而言，這是不錯的策略。還有一種很少分紅或經常不分紅的公司發展相當迅速，可以從再投資的資本中獲得高報酬。在這種情況下，保留所有收益以及不發放股利顯然比借錢支付股利更可取。

股利保障倍數通常落在 40% 至 50% 之間。60% 的發放率是公司初步成熟的跡象，也代表公司把更多收益用於股利，只有少部分收益用於公司的再投資。有些發展成熟的公司，比如電力公司，會把 80% 左右的收益當作特別股和普通股的股利。也就是說，總報酬多半來自股利，而非公司成長所得。但理論上的發放水平比起公司適合什麼樣的股利水平，前者顯得不那麼重要。

葛拉漢和陶德更注重高股利，原因如下：第一，股利能提供預先支付的有形報酬；第二，收入流使高收益股票增添類似債券的性質；第三，公司撥出的現金不能進行盲目的再投資。公司將資金的再投資特權返還給股東，而股東有買更多公司股票的選擇權。大多數企業都無法支撐高額的再投資。接下來的問題是：管理高層是否會為了股東的最大利益而將資本返還給他們？

現金殖利率應該與利率進行比較。例如在日本，1990 年代的

利率多半約為 1%。因此，與現行利率相比，1% 或再稍高一些的
現金殖利率很有利，日本投資人也可以參考葛拉漢和陶德的觀點
來買日本股票，因為 1% 的現金殖利率超過 AAA 級債券殖利率
的 3 分之 2。

　　對那些不擔心股市波動的勇者來說，在利率週期的低點時，
「利差交易」就是以 0.5% 的利率借入資金，買報酬率 0.9% 的股
票，然後從中賺取差價。差價足以償還債務的利息和本金，所以
投資人最終能「免費」得到股票（二戰後，美國也出現類似的情
況）。也有其他投資人以 6% 的利率將資金投入到國庫債券，既
獲得利差，隨後又在美元兌日圓的反彈中獲利。

　　有兩種方式可以支撐股利成長。股利可以隨著收益成長而提
升。然而，如果管理高層發放的股利占收益的比例增加了，那麼
股利的成長速度可能會比收益還快。最好不要過度依賴不斷上升
的發放率，除非發放率一開始就很低。假設發放率是 25%，管理
高層也打算提高發放率，那麼投資人可以適度地預期發放率會在
一段合理的時間內上升到 40%。即使發放率很快就會從 40% 翻
倍至 80%，投資人也無法再預料同樣的事情發生。

　　從某種意義上說，對於發放率低於一般水準的公司而言，股
利成長比收益成長更有把握。你可以指望適度的收益成長與不斷
上升的發放率，或者強勁的收益成長與穩定的發放率。這兩種結
果都可以確保中期內的股利成長，不過強勁的收益成長與穩定的
發放率能帶來更可觀的資本利得。

　　你也必須留意股利被削減的問題。原因可能出在經濟週期，
這對週期性公司來說是非常嚴重的問題。更常見的情況是，這個
問題是公司過度槓桿化的後果。雖然你不應該太過擔憂高發放率

或低股利保障倍數，但你應該多注意債務的低利息保障倍數。如果公司在合約義務方面的利息支付遇到困難，當務之急也許是犧牲發放給股東的股利，這些股利只不過是對優先權比債權人低的投資人所表現的一種道德義務。

有一個實例發生於 1980 年代的核能發電事業。就像其他產業的許多經營者，核能發電事業的經營者也大量借貸，為大型工廠的建設提供資金。但是核能備受爭議，至少在美國是如此。因此，監管單位「否決」核能發電廠的可能性很大。當這種情況發生時，工廠就不能得到充分利用，工廠的成本也不能計入其他能源的費用，於是資產必須被勾銷。然而，負債和以前一樣不變，而且資產基礎減少的負擔導致股利不得不削減。

由於核能發電公司是業務穩定的股利發放實體，既定的股利削減幅度通常不超過 2 分之 1，多半只有 3 分之 1 左右。

其中一家發電廠表示股利削減的壓力只來自部分業務（要當心那些一再做出糟糕投資決策的公用事業或其他公司）。

然而，一旦週期性公司的損益表從盈利轉為虧損，可能會不再考慮股利，因為變化無常的特定商品景氣循環波及到他們的整體業務。

無論如何，投資人追求的是穩定的分紅型公司，而非不穩定的公司。如果公司習慣的做法是公布股利，接著削減股利，然後取消股息發放，那麼這家公司就稱不上是分紅型公司，必須作為特殊情況加以分析。這種分析超出了本書的範疇，而且這種公司不適合支持葛拉漢和陶德投資觀點的投資人。

股利面面觀

分紅可以分成三種情況。第一種情況是成長率非常低，經常發生於債券投資，殖利率相當高。電力、天然氣與水利公用事業通常都屬於這個類別。

長期以來，電力企業一直享有收益高的股票名聲，因此「無人問津」這個形容詞通常不適用於這些企業。二戰期間及戰後的一段時間，美國的電力和天然氣發電企業一直都是典型的成長股。電力市場在整個 20 世紀上半葉不斷擴大，期間有許多美國家庭缺乏電力或中央暖氣系統。

事實上，為農村地區提供電力是 1930 年代羅斯福新政（New Deal）*的一大目標。大多數家庭在戰後都能使用這些電力設施，而嬰兒潮世代的人口統計數據也顯示使用者的人數會繼續增加，至少會持續到這些孩子長大，並在 1960 年代晚期和 1970 年代初期開始成家。

此外，伴隨著人口激增而來的是，家用電器的使用數量與精密化，因而刺激更大量的電力需求。總之，直到 1960 年代，電力與天然氣供應商的發展速度減緩，當時有利的人口統計資料和社會經濟轉型突然變調。1960 年代中期的通膨率增加是最後一擊。在此之前，公用事業確實帶來了中等到相對較高的成長率，足以抵消通貨膨脹的影響，再加上有較高的現金殖利率和高度可

---

* 富蘭克林・羅斯福（小羅斯福）就任美國總統後所實行的一系列經濟政策，其核心政策是三個 R：救濟（Relief）、復興（Recovery）與改革（Reform），亦稱「3R 新政」。

靠性。簡而言之，公用事業長期以來是一般投資人的「完美」投資標的。

公用事業就像基本商品的銷售者，而價格由監管單位決定，他們並不能完全彌補 1960 年代中期之後困擾著世界的物價上漲後果。實際上，單就 1970 年代經常發生石油與其他燃料價格飆升導致的通貨膨脹而言，公用事業陷入了成本與價格的雙重緊縮壓力。再加上需求量減緩的影響，公用事業幾乎無法增加名目上的收益，而且經過通膨調整後，利潤其實下降了。公用事業股的一大可取之處是高額股利，也就是資本投資機會有限的結果。

在 1960 年代中期和 1990 年代中期之間，正值物價快速或適度上漲的時期，監管單位持有的公用事業收益成長率比通膨率還低。同時，生產力的提高多多少少補償了這個事實。因此，股利不能全部用於支出，因為其中一部分必須用於再投資，才能按實際價值保存資本。

奇怪的是，公用事業在 1990 年代晚期逐漸恢復了相對吸引力，當時通貨膨脹大幅減緩。雖然在大多數情況下，名目收益的成長率仍然受限於 2% 至 3%，但一般通膨率已經降至差不多的水準。因此，收益成長和衍生的股價升值可以在通膨之後保持投資價值。此時，所有的股利都可以放心地發放；或者，如果這些股利用於再投資，全部的股利都代表了資本的追加。在這種情況下，4% 至 5% 的普遍現金殖利率比 10 年前的 6% 至 7% 名目現金殖利率更有吸引力。

第二種情況是公司的收益成長速度緩慢，但是公司提供的股利成長速度至少在一段時間內勝過收益。這一類公司包括許多標準的重工業，例如汽車業、化工業、石油業和鋼鐵業。這些產業

的商品會受到供需平衡和價格波動的影響，但至少不會像電力公用事業那樣受到直接管制。只有兩種情況會發生：最常見的是週期性的大幅成長使收益成長率趕上過去的股利收益。假如這種情況沒有發生，公司就會落入前述的第一種情況。

在這種情況下，第 20 章闡述的三十多年週期理論也許能發揮效用。1970 年代，大宗商品價格上漲時，商品公司擁有充裕的現金，使得他們進行不明智的收購。當時，埃克森收購瑞恩（Reliance Electric）公司就是一個超過 10 億美元的差錯。為了避開類似的誘惑，管理制度更完善的公司利用龐大的現金流來提高發放的股利（埃克森和其他公司還買回了股票，這些股票是現金支出，可以視為發放的股利）。

這些現金支出在 1980 年代迅速增加，對大宗商品而言是一段普普通通的 10 年，而在 1990 年代，現金支出的增加速度減緩但依然持續增加，這其實對商品公司不利。也許商品價格在 21 世紀大幅上漲，使這些公司能夠重獲過去 20 年失去的利潤。這樣一來，未來 10 年的股利成長速度可能會比收益更慢。商品公司過去的分紅比例不到收益的一半，而現今的分紅比例卻超過了收益的 3 分之 2。一旦收益急劇增加，這個比率可能會回到 50%以下。不然的話，隨著公司達到支付能力的極限，股利的成長率將減緩到等同收益成長率的程度。

這種商品公司的股利帶來了抗通膨的作用，因為商品公司通常可以提高價格，隨之增加了收益和股利，成長速度至少和通膨一樣快。在這種情況下，股票具有一些和現金工具、債券相符的特性。

具體來說，在通膨率和市場利率上升的時候，如果股利的成

長速度和通貨膨脹差不多，能使股票具有類似現金的特性，但是
當通貨膨脹率和市場利率下降時（對收益成長率不利），股利會
使股票增添類似債券的優點，前提是股利發放維持不變。適度成
長的股利能夠保本，有時還能促使資本成長。如此一來，投資人
在花掉大部分或所有股利的情況下，依然可以預期資本保留了實
際價值。

　　其他週期較短的公司包括銀行、食品公司和舊時的電話公用
事業。他們的週期可能只持續幾年。他們光是發放的股利穩定增
加（通常為 7% 至 9%），就有助於減緩收益的年度波動。

　　第三種情況是股利快速成長、有收益迅速成長支撐的公司，
他們的股利成長很可能是高股價的推動因素。只有在非常不利的
條件下，才會出現股利上升卻不推高股價的情形。

　　股利成長應該從有意義的基礎面開始。舉一個特殊的例子，
沃爾瑪（Walmart）在 1980 年代初期的殖利率是 1%。但是收益
成長率和股利成長率都非常驚人，股利在 10 年後竟然漲了 15 倍，
殖利率為原始資金的 15%。當公司處在巔峰期，股票的本益比已
經上升得很高，以至於收益只有區區 0.5%。同時，成長率也下
降了。因此，1990 年代初期的股利要在 20 年或 30 年後（而非
10 年後）才能帶來可觀的未來收益。

　　像沃爾瑪這樣的公司似乎永遠和葛拉漢和陶德式投資法沾不
上邊。即便如此，葛拉漢和陶德式指導方針依然對希望進行這類
投資的大膽投資人有幫助。這些投資人應該能夠以最初的購買價
格來預期未來幾年內，不超過 3 年到 5 年，能夠適用葛拉漢和陶
德提出的投資方法。如果這樣的投資能夠由後續事件反映出其適
用性，那麼快速的成長特性會使財富的累積比在其他情況下更

快。但要進行高額的投資，還希望隨後的事件能證明這項投資很合理，可望而不可及。更常見的情況是俗話說的「一鳥在手，勝過二鳥在林。」

也許有時會買到股利不錯、成長迅速、價值落在合理範圍內的公司股票。1992 年，比爾・柯林頓（Bill Clinton）當選總統後的那些大型製藥公司就是適切的例子。由於出現所謂的「希拉蕊效應」，這些公司的股票大幅下跌。希拉蕊效應是指人們普遍認為直言不諱、引人注目的第一夫人（後來擔任參議員）試著以「改革」的名義推行大刀闊斧的醫療保健法規。關於這一點，我想表達的是對必治妥施貴寶（Bristol-Myers Squibb）、默克（Merck）等老牌企業的影響，而不是指對安進（Amgen）或其他新興成長股的影響。

股利的可靠性

如同葛拉漢和陶德提出的其他投資特性，股利的可靠性或可持續性其實和股利的高低或其他考量因素同樣重要。根據過去的發放記錄，股利是否可能維持在目前的水準？如果公司的經營情況好轉，股利有可能增加嗎？

第二個相關問題是資產負債表的可靠度。如果收益差強人意，資產負債表能支撐股利和必要的資本支出嗎？

第三個問題是，息稅前利潤能不能充裕地支付利息給優先權高於股權持有人的債券持有人呢？如果公司在支付利息方面有困難，公司很可能會先發放股利。

第四個問題是，收益是否足以支付目前的股利？這個問題比前述的問題更具有前瞻性。公司也許能撐過 1 年到 2 年的低迷時期，但是收益的長期下滑可能會促使管理者為了保護資產負債表而削減股利。

製藥公司在 1992 年和 1993 年都符合前述的諸多條件。他們的殖利率高達 5%，比不到 3% 的市場平均水準更高，也比公用事業以外的大多數股票還要高。同時，眾多公司都採取了削減成本的措施，在成長緩慢的時期改善了盈虧狀況。基本上，優質股票的買進時機是在價格合理的時候，就像過高的現金殖利率所傳達的信號一般（過低的現金殖利率可能代表價格過高）。因此，那段時期應該是製藥業面臨具有重大歷史意義的信號。

首先，股利的成長可以追溯到大約 40 年前，而股利發放的時間實際上更長，通常長達大半個世紀。其次，幾乎所有大型製藥公司的資產負債表都非常出色，這反映在價值線可靠度評等（Value Line Safety Rating）的一級（最高等）或二級（一般水準之上），而財務實力評等（Financial Strength Rating）為 A 級以上。利息保障倍數非常大，有時候甚至超過一百倍。股利保障倍數遜色許多，但綽綽有餘。也沒有其他比這類型的公司更保守的投資了，即使是公用事業也不例外。

最大的問題是成長率。即使沒有「希拉蕊效應」，這些公司的成長率也至少擁有工業企業的平均水準。在這方面，巨大的收益優勢再加上前面提到的強健財務特徵，都對製藥公司有莫大的正面影響。無論如何，他們的殖利率只比電力公司低 1 個百分點左右，但是收益成長率和股利成長率的前景顯然比當時電力公司的 3% 至 4% 更出色。在收入導向的投資當中，從公用事業股轉

變到藥物股應該會有重大的不同。

製藥公司發放的股利向來很高，因此資產占股價的比例比一般工業公司還低。但是，他們的高股東權益報酬率遠遠超過足夠的報酬。許多藥物股都符合我們在本章結尾提出的修改版投資價值條件（只可惜當時還沒有這些條件，所以當時的投資人都不曉得藥物股有多麼便宜）。如果時光能夠倒轉，我也許會忽視當時股價太過高昂的默克公司，然後多投資到美國家庭用品公司（American Home Products）* 及必治妥施貴寶。

股利估值的專業投資人

我現在要介紹另外兩種用股利進行估值的方法，包括格拉爾迪・魏斯率先推廣的股利估價範圍法（dividend valuation band），以及愛爾蘭經濟學家邁克爾・奧海金斯（Michael O'Higgins）推廣的道瓊狗股理論（Dogs of the Dow）。

格拉爾迪・魏斯在《股利不騙人》中提出的股利估價範圍法適用於個股，[2] 並且是相對於股票本身的價格歷史推導出來（收益愈高，股票的價值就愈高）。因此，3% 的收益可能代表低估了快速成長的股票價值，反而高估了成長緩慢的股票價值。訣竅在於從估價範圍的底部買進，並在頂部賣出。同樣的方法也經常用在收益，尤其是本益比（例如，以本益比 10 買入股票 X，再

---

* 現為惠氏公司（Wyeth）。

以本益比 20 賣出）。但魏斯認為股利是比收益更可靠的價值指標，我相信葛拉漢和陶德也會認同這一點。

魏斯的策略在本質上很像績優股戰略。如果投資人要買符合資格的股票，這支股票就應該持續支付股利 20 年、30 年以上。股票至少要在建立高、低價值範圍的幾年時間內持續支付股利。

魏斯是在 1987 年寫那本書，所以某些例子有點過時了，但是有一個例子可以說明這個方法。在 1996 年之前的 10 年，菲利普莫里斯*的現金殖利率在最高點時達到 5% 以上（根據股利除以最低價），在最低點時不到 3%（根據股利除以最高價），如圖表 8-1 所示。請注意不同年分的最高價，1990 年、1991 年和 1992 年都有「賣出」的信號，最高價分別為 51.8、81.8 和 86.6，而殖利率分別為 3.0%、2.3% 與 2.7%。然而，1993 年、1994 年和 1995 年都有「買進」的機會，最低價分別為 45.0、47.3 和 55.9，而殖利率分別為 5.8%、6.4% 和 6.5%。

另一個熱門的股利策略是「道瓊狗股理論」，這套理論有幾位重要的擁護者。他們主張投資人在每年的年初購買道瓊工業平均指數中報酬率最高的 10 支股票。首先從本質上來說，道瓊指數的 30 家上市公司都是信譽良好的公司，通常被視為「大到不能倒」**。其次，道瓊指數的 30 支股票基本上都是由發展成熟的公司發行。因此，當中任一家公司的長遠成長前景和其他 29 家公司並無顯著差異。其中的區別在於高於平均水準的收益。高收

---

* 現為奧馳亞（Altria）。

** 當規模極大或在產業中具有重要地位的企業瀕臨破產時，政府必須採取因應措施，以免這些企業倒閉之後掀起巨大的連鎖反應。

益可能是股價低廉的信號，而管理高層和董事會也可能因此急著
採取抬高股價的措施（道瓊指數的 30 家公司在這兩方都有自己
的人馬）。

圖表 8-1 1987 年至 1996 年，菲利普・莫里斯的股價與股利的關係

年度	1987	1988	1989	1990	1991	1992	1993	1994	1995	1996
最高價	10.4	8.5	15.3	17.3	27.3	28.9	25.9	21.5	31.5	39.7
最低價	6.1	6.7	8.3	12	16.1	23.4	15	15.8	18.6	28.5
每股盈餘	0.65	0.74	1.01	1.28	1.51	1.82	2.17	2.56	2.17	2.56
每股股利	0.26	0.34	0.42	0.52	0.64	0.78	1.22	1.47	1.22	1.47
股利發放率	40%	46%	42%	41%	42%	43%	56%	57%	56%	57%
最低價的殖利率	4.26%	5.07%	5.06%	4.33%	3.98%	3.33%	8.13%	9.30%	6.56%	5.16%
最高價的殖利率	2.50%	4.00%	2.75%	3.01%	2.34%	2.70%	4.71%	6.84%	3.87%	3.70%

資料來源：價值線出版公司；作者提供計算結果。

　　邁克爾・奧海金斯是專攻購買道瓊指數股票的顧問。他運用
了另一種「投資最高殖利率公司」的策略。[3] 他列出股利最便宜
的 10 支股票（最高殖利率），接著列出本益比最低的 10 支股票、
其他指標最低的 10 支股票（例如股價淨值比），然後買 5 至 7
支列在這些不同清單但有共同點的股票。這種差別往往能挑出那
些只在股利方面最便宜（因為發放的股利占收益的比例很高），
但是在收益方面沒那麼便宜的股票。

　　或者採取另一種方式：買不同衡量指標中第二、第三便宜的
股票，理論依據是這些便宜的道瓊指數股票當中也許有值得入手
的最低價（例如有石棉負債的約翰曼菲爾公司），但是寥寥無幾。

　　即使是道瓊指數股票也有股價下跌「大逆轉」的經歷，特

點是股利很高。這些公司包括在 1980 年代中期發生印度博帕爾
（Bhopal）事件之後的美國聯合碳化物（Union Carbide）；因「侵
權干涉」被判以 105 億美元賠償金給彭澤爾並宣布破產之後的德
士古；在 1990 年代初期因龐大的成本結構而導致收益下降的伊
士曼柯達（Eastman Kodak）。

　　1990 年代晚期，道瓊狗股理論並沒有帶來不錯的相對報酬。
這大概不是因為任何降低報酬率的新投資趨勢。反之，在標準普
爾 500 指數連續四年超過 20% 的特殊時期，道瓊指數顯然比標
準普爾 500 指數落後。在這種環境下，道瓊指數的收益優勢變得
無足輕重。而標準普爾的報酬偏向高科技股，更確切地說就是那
些分紅不多的高科技公司。

　　或許股利收益為股票提供的價值不受資產和收益的影響。事
實上，股利非常重要，我之前提到的一些評估規則可以擴展到包
含每年發放股利的影響，要點如下：

■ 有一些投資人和其他人藉由本益成長比（即本益比除以成
　長率）來衍生推算出本益成長現金殖利率比（PEGY），
　也就是本益比除以成長率 G 與現金殖利率 Y 之和，公式
　如下：

$$PEGY = 本益比 \div (G + Y)$$

　　我認為，這是合理的收益估值成長公式，因為分母中增加的
股利項減少了分數的值，使股票在任何指定價格都變得更便宜。
我認為合理的理由是只有留存收益才能支撐成長，而不是以股利

形式支付的收益在沒有股利的情況下，PEGY 只會降低到本益成長比。

■ 就資產價值而言，如果股票能以帳面價值加 10 倍以下的年度股利獲得，這支股票就會被視為具有投資價值。公式如下：

$$投資價值（價格）＝帳面價值＋ 10 × 股利$$

■ 如果公司能帶來高股東權益報酬率（大於 15%），我們可以修改第 7 章提出的公式，包括下方的額外股利項：

$$修改後的投資價值＝帳面價值 × （股東權益報酬率 ÷ 15\%）^2 + 10 × 股利$$

　　一般投資人偏好使用投資價值公式，將系數十乘以股利計入購買價格，也就是說 10% 的報酬還算不錯。債券投資的情況確實如此（除了 1970 年代晚期的高利率背景以外），股票就不盡然了。但是，大額的股利發放能使股票更可靠。

　　考慮到股票的長期報酬率為 11%，股票投資中類似債券的「比較可靠」部分有 10% 報酬率就足夠了。這是假設股利保持不變，不會有顯著成長的情況。考慮到剩餘的購買價值使帳面價值最大化，我們為這部分股票支付的金額不會超過留存收益的面值，不用考慮商譽、特許經銷權價值和其他無形資產。事實上，投資價值的概念是本書其餘部分的核心內容。我在此提出以下幾

點看法：

- 投資人以投資價值買了一支股票並持有幾年，假如收益和槓桿比率還算不錯，他應該能夠實現滿意的投資報酬。
- 除非購買的股票是在大約一半的投資價值以下入手，否則不能視為便宜貨。
- 收購者通常願意支付大約兩倍投資價值的價格來取得一家公司的控制權。

第一點是關於令人滿意的投資價值報酬的可能性。藉由堅持滿意的槓桿比率（債務通常低於資本的 30%）和滿意的收益（以至少 10% 至 12% 的股東權益報酬率表示），這個問題大致上就能得到答案。幾年的持有期可以減緩價格的波動，讓投資有足夠的時間「發展」。而買入價格能確定投資人不會為了得到報酬而超額投資。

關於第二點，為什麼以一半投資價值的價格收購通常都很划算呢？因為預期報酬會乘以 2。例如，標的投資每年升值 10%，100 美元會在 10 年內升值到 259 美元。投資人為 200 美元的投資價值支付 100 美元（即半價），最後會得到 518 美元的投資價值。這代表每年的漲幅為 18%，而不是 10%。同理，如果潛在的升值是每年 12%，以半價收購的實際報酬就會是 20%。能說明這一點的事實是道瓊指數在 1932 年降到最低點，並在 1974 年再度達到低點，當時跌至投資價值的一半（我會在第 18 章中詳細探討這個現象）。

至於第三點，為什麼收購方願意為一家公司支付雙倍的投資

價值呢？這可能是因為收購方可以透過幾種方式增加投資價值。最明顯的例子就是削減成本。另一種情況是與收購方現有的業務產生生產或行銷增效作用。最後，收購方能以債務當作收購的資金，即便考慮以溢價的形式收購，還是可以用低於預期報酬利率的借款利率來獲得資金。這樣的購買就像買房子時的抵押貸款費用低於租金收入。

當巴菲特在 1981 年收購通用食品時，他是以略高於投資價值一半的價格買下這家公司。年底的帳面價值為 30.86 美元，股利為 2.20 美元，總投資價值接近 53 美元。當年的價格範圍落在 27 美元和 32 美元之間，與 26.50 美元的假設低廉價格相差不遠。1985 年時，投資價值已經升到 60 美元以下。菲利普莫里斯為通用食品支付了 120 美元，相當於投資價值的兩倍。

19 世紀末，安德魯・卡內基（Andrew Carnegie）把一筆大約 150 萬美元的「小額」財富轉變為那個時代的一筆巨款。他以極低的價格買下一家鋼鐵公司的股份，看著公司的投資價值翻倍並在 30 年左右的時間每年按大約 15% 的複利計算。他也以一般市場價格的 2 倍左右把股份賣給了摩根（J.P. Morgan），這個價格就是摩根為了把卡內基的鋼鐵公司併入後來的美國鋼鐵公司（U.S. Steel）而願意支付控制權的溢價。但請注意，這家擴大後的公司持續經營了 100 年後，在 1900 年的市值約為 10 億美元，而在 2000 年的市值為 10 億到 20 億美元！

15% 的複利報酬每 5 年就會增加 1 倍以上。經過了 30 年的時間，增加的倍數就是 2 的 6 次方，即 64 倍。卡內基的投資又得到了兩次的倍增──一個是廉價收購，另一個是控制權轉移。64 乘以 2，再乘以 2，就會得到 2 的 8 次方，即資本增加了 256 倍。

卡內基的銷售收入為 4 億 1,200 萬美元，增加了 256 倍以上（即
3 億 8,400 萬美元）。我使用概數來計算，但還是能清楚說明這
個例子。

關於股利，我的立場不像葛拉漢和陶德那麼獨斷，但是我的
模型很穩健，能夠給予公司正向的收益，前提是這些留存收益不
會稀釋股東權益報酬率。實際上實現優越的股東權益報酬率是很
罕見的情況，我的模型使超過 15% 的股東權益報酬率部分平方，
藉此促進收益的留存。

最重要的是管理高層應該客觀地評估公司的內部再投資前景
以及市場上的再投資前景，並做出價值最大化的選擇，在不確定
的情況下把選擇權讓給股東。不過值得注意的是，波克夏等公司
的股東選擇不接受股利，因為這些公司多半都不太可能比巴菲特
更有效地將資金用於再投資。

修改投資價值的 15% 門檻是依據卡耐基、巴菲特和其他成
功投資人的經驗。修改後的公式也能解釋為什麼可口可樂是波
克夏在 1980 年代晚期的一筆不錯投資。假設股利收益處於一定
水準，而帳面價值相當於股利的 10 倍，那麼收購價格就相對偏
高。但是股東權益報酬率也很高，確保了股利的成長。因此，根
據 30% 的股東權益報酬率，帳面價值 1.07 美元的 4 倍，即 4.28
美元的資產價值似乎很合理。這兩個數值加起來會得出投資價值
5.78 美元，超過了 1988 年的高點。

巴菲特為波克夏所做的最賺錢投資之一是時思糖果（See's
Candy）。1972 年，他為這家帳面價值只有 700 萬美元的企業花
了 2,500 萬美元。20 年後，時思糖果的帳面價值只有 2,500 萬美
元。但由於額外留存收益只有 1,800 萬美元，時思糖果在 20 年期

間撥出 4 億 1,000 萬美元的稅前收入，因此最終變成一項高利潤的投資。時思糖果有什麼樣的吸引力呢？簡單來說就是支付「股利」的能力。[4]

你可能會問：「那收益呢？」答案是這種模型間接地計入收益，因為公司可以把收益當作發放的股利或用於再投資。這一點在第 2 章對股東權益報表的分析中獲得證實。該模型分別對收益的每個項目進行估價，並計算出兩個項目之和的投資價值。被低估的不是收益，而是按年計算的收益成長。股利和其次的帳面價值都是持續盈利的良好指標。追隨葛拉漢和陶德的投資人在乎的是收益成長這個數字，而不是短期績效。

第 9 章

利用收益進行估價

　　從葛拉漢和陶德的全盛時期以來，證券分析中的損益表比資產負債表更受到重視。如今，大多數投資人的決策都是依據他們對未來收益的估計，而不是依據已知的資產價值或股利。關注收益有其道理，主因是收益在最終分析中帶來了資產和股利，但一般投資人對收益流的確定性較低，本書著墨在收益的部分因此較少，比許多其他作者或金融分析師更著重在另外兩個可變因素。

　　對每股盈餘的重視意味著投資人不應該太過在意企業利潤本身。其實，公司可以利用收益和相關現金流的最佳方法之一，就是在本益比較低時買回自己的股票。這會減少利息收入，因而減少了收益，但是減少的股數卻更多。由於分數中的分母減少得比分子快，每股盈餘會上升。

　　反之，當公司的本益比很高，尤其是當公司善加利用資金的時候，公司就能透過出售股票讓現有的股東受益。如果公司藉著發行新股來減少每股盈餘，這種交易對收益有稀釋的作用。如果收購提高了每股盈餘，這種交易則有增值的作用。典型的收購交易在最初一兩年會產生稀釋作用，然後隨著成本削減措施生效，在接下來的幾年內會產生增值作用。

　　舉例來說，吉百利（Cadbury Schweppes；可參考價值線於

1998 年 11 月分析的圖表 9-1）的公司利潤成長了，但是股票發行抵消了所有好處，因此每股的收益成長（以及股價）毫無進展。

　　參照當期收益和預期收益的投資，建立在這個雙重命題的基礎上：大多數公司在任何一年都會獲利，而收益會隨著時間增加。接下來的問題是：應該多重視收益成長本身？以及，不同公司的收益成長率與歷史收益或當期收益有什麼差別？

　　最重要的是投資人應該要根據公司的總體利潤記錄來考慮當期的收益報告。因此，投資人不應該太過在意單一年度的成果。歷史顯示，市場終究會在 10 年內或多或少地公布為總利潤支付的費用，比在 1 年或 2 年內為累積的相同收益支付的費用更多。在這種情況下，任何一年的結果都可能與常態大不相同，因此投資人不應該過度醉心於某一年的好光景，也不必對某一年的不景氣狀況感到心灰意冷，除非這種經濟狀況持續的時間長到像一種趨勢的前兆。

　　葛拉漢和陶德勸諫投資人不要對獲利的成長抱持著太高的期望，而應該將資產價值和股利當作投資的依據。他們的首要準則是收益率（本益比的倒數）應為 AAA 級債券殖利率的兩倍，基本上假設收益不會成長（這正是投資人在經濟大蕭條時期會擔心的事）。久而久之，（戰後）「水漲船高」的事實不言而喻，之前的嚴苛規定被放寬了。

　　依據「正常」收益成長的較低收益率（或相反的高本益比）尚可接受。即便是這種態勢也與大多數重視收益的投資人形成鮮明的對比，他們尋找的是收益成長高於一般水準的公司，即使這些公司的本益比很高也沒關係，因為只要高於一般水準的成長率持續時間夠長，便能支撐溢價估值。

圖表 9-1　吉百利於 1990 年至 1996 年的統計摘要

年度	1990	1991	1992	1993	1994	1995	1996
美國存託憑證每股銷售額	17.35	17.21	13.96	13.29	15.17	14.94	13.98
美國存託憑證每股「現金流」	1.54	1.58	1.18	1.30	0.84	1.47	1.49
美國存託憑證每股盈餘	0.73	0.89	0.59	0.70	0.59	0.71	0.71
美國存託憑證每股股利	0.44	0.55	0.59	0.49	0.59	0.64	0.66
美國存託憑證每股帳面價值	6.68	6.93	6.64	7.09	7.92	4.95	8.28
美國存託憑證（百萬）	350.00	351.19	364.80	414.90	416.95	495.50	507.14
美國存託憑證價格（年度最高點）	13.4	16.1	19.2	15.6	16.3	17.6	17.9
市值（百萬）	4,690	5,654	7,004	6,472	6,796	8,721	9,078
本益比	18.4	18.1	32.5	22.3	27.6	24.8	25.2
市帳率	2.0	2.3	2.9	2.2	2.1	3.6	2.2
現金殖利率	3.3%	3.4%	3.1%	3.1%	3.6%	3.6%	3.7%
銷售額（百萬）	6,072.0	6,044.0	5,092.3	5,512.7	6,326.5	7,402.8	7,087.9
折舊（百萬）	281.4	245.3	230.3	272.0	312.6	392.2	403.2
淨利（百萬）	265.2	325.9	216.2	278.5	359.5	350.3	360.0
營運資金（百萬）	305.0	543.1	107.4	-93.1	88.6	-837.0	-799.4
長期債務（百萬）	787.0	1013.5	697.6	571.9	633.5	1,339.2	1,346.9
股東權益（百萬）	2,633.0	2,723.5	2,651.0	3,169.3	3,585.6	2,626.0	4,199.7
資本報酬率	9.2%	10.2%	8.1%	8.7%	9.3%	10.9%	8.0%
股東權益報酬率	10.1%	12.0%	8.2%	8.8%	10.0%	13.3%	8.6%
再投資率	3.9%	6.0%	2.9%	3.1%	4.0%	3.5%	0.0%
股利分配率	6.20%	6.0%	5.3%	5.7%	6.0%	9.8%	8.6%
留存收益率	39.00%	50%	35%	35%	40%	26%	0%
股利發放率	61%	50%	65%	65%	60%	74%	100%

資料來源：價值線出版公司；作者提供計算結果。

收益按照一般公認會計原則列出。這些原則應付大部分可自主支配項目的會計處理，例如收入認列、折舊和攤銷、研發費用、租賃費用、融資費用等。這不是完美的收益評估方法，但至少有這個優點：所有公司使用的「最小公分母」（比一般公認會計原則數字更可靠的收益評估方法，也許是報給國家稅務局的應稅收入，公司都很樂意盡力降低應稅收入，也很少公布應稅收入）。

在 1990 年代，希望推高股價、提高股票所有權與股票紅利價值的經理人發覺一般公認會計原則太過嚴苛，於是對會計當局施加壓力，以求降低標準。他們還使用一般公認會計原則不允許的方式來排除費用（或偶爾包括營收），藉此構成過高的「形式上收益」，並將這些過高的數字呈現給分析師。他們也公布了營業利潤的數字（扣除利息前）和 EBDIT 的數字（扣除折舊、利息和稅收前的收入），藉此呈現較低的本益比，假裝折舊和利息支出不會對公司的前景產生不利影響。

在 19 世紀末、20 世紀初之後，安隆等許多公司的管理高層似乎一直在操縱公布的收益。差不多糟糕的是，還有其他不少公司一直報上「在法律上站得住腳」的收益，但由於這些收益「不是主動提供的資訊」，因此具有誤導性。例如，大多數收益報告都忽略了高階主管認股權的負面影響，但退休基金計畫資產的牛市未實現資本利得列入其中。

有關如何向投資人呈現收益的完整論述足以寫成一本書。就目前而言，一般人認為只要日子久了，投資人和大眾的關注就會迫使企業「整治」收益報告。本章的其餘部分試著探討投資人在正確解釋實際利潤與估計的利潤時面臨的其他長期問題。

收益動量指標的評估方法

　　據說有許多工具可以用來評估收益成長，但是在短期的時間內計算出來的結果顯然稱不上是收益成長，而是短期收益動量指標。分析師經常把收益動量指標當作成長所得的替代指標，這種做法首先由價值線推廣，諷刺的是價值線起初是一家價值評估公司，後來才成為投資研究的主流公司。[1] 我先從收益的動量指標說起，原因不是葛拉漢和陶德支持這個指標，而是為了明確指出他們不做哪些事。

　　以收益評估股票是便宜或昂貴的指標是本益比，公式是每股價格除以每股盈餘。本益比有幾種計算方法，取決於投資人使用哪一種收益計算方式（價格為已知的量）。有一種情況是計算時使用的收益是過去 12 個月的公布收益，這些收益至少具有已知數量的優勢。更常見的是本益比計算中使用的收益是當時日曆年的估計收益（有時候如果估價是在當年秋季進行，則使用的收益是下一個日曆年的估計收益）。價值線採用複合式評估指標，即過去 6 個月的收益（通常為已知數量）加上未來 6 個月的估計收益。

　　有一種計算收益成長的方法是按季度計算年度收益變化。由於季節性問題，這種方法通常能夠使不同季度之間更容易互相比較。投資人想要比較今年的秋季和去年的秋季，而不是今年的夏季。然而，如果使用不當，這種方法就會落入季節性陷阱。Zale公司的季度收益簡單分析能說明原因（如價值線於 2002 年 11 月15 日分析的報告）。

　　可以參考圖表 9-2，從 1 月旺季的對比可以看出收益的漲幅

偏低，原因是該季的比較基數最高。不過，你可以從 4 月淡季看出收益（或虧損）的漲幅偏高，原因是該季的比較基數偏低。例如，從 1999 年至 2000 年，1 月季度的收益成長率為（2.33 － 1.75）÷1.75 ＝ 33%，而 4 月季度的收益成長率為（0.30 － 0.17）÷0.17 ＝ 76%。乍看之下，投資人比較這兩個季度之後，可能會以為 4 月季度的收益成長率上漲得很快，但其實原因是強勁的銷售旺季帶來大量收益。

　　本章後續會闡述其他原因，即使是適當應用收益動量指標的方法，作用也有限。但如果投資人希望正確使用這種方法，就應該把最近四個季度的收益加起來，再除以去年四個季度的收益

圖表 9-2　Zale 企業的銷售額與收益季節性

銷售額					
年度	10 月季度	1 月季度	4 月季度	7 月季度	會計年度
1999	254.2	568.0	289.7	326.0	1,428.9
2000	322.6	735.9	361.3	373.8	1,793.6
2001	371.8	861.4	418.0	435.5	2,086.7
2002	409.9	897.1	449.1	435.6	2,191.7

每股盈餘					
年度	10 月季度	1 月季度	4 月季度	7 月季度	會計年度
1999	0.06	1.75	0.17	0.23	2.21
2000	0.15	2.33	0.30	0.32	3.10
2001	0.16	2.52	0.14	0.09	2.89
2002	-0.10	2.64	0.22	0.15	2.92

資料來源：價值線出版公司。
由於四捨五入，季度總額相加之後可能不完全等於年度總額。

總和（再次以 Zale 公司於 1999 年和 2000 年的收益數字為例，
1999 年四個季度的收益總和為 2.21，而 2000 年四個季度的收益
總和為 3.11，因此收益成長率為 41%）。這樣一來，任何季度與
去年做比較，權重都只有去年的四分之一。這種漸進式比較過程
很像經濟工作方面廣為採納的移動平均法。

　　即使是這種修改過的方法論也有缺陷。大規模的銷售結束日
是在 A 季度的最後一天，而不是在 B 季度的第一天，可能會對
這兩個季度的收益產生重大影響。某些節日，例如復活節，可能
會落在日曆的第一季或第二季。（許多零售商的會計年度從 1 月
31 日之後開始，所以 4 月季度會在 4 月 30 日結束，就是為了避
免這種問題。Zale 公司的會計年度也是運用同樣的概念。）如果
採用的方法是與前一年同期相比，則需要留意時間差異引發的問
題，而不是績效問題。

經常性收益與非經常性收益

　　毋庸置疑，用於本益比計算的收益在本質上應該會反覆出
現，而銷帳或收益應排除在外。投資人要注意這些數字造成的影
響，因為這些數字與資產價值或帳面價值有關，但不計入收益流
當中。投資人最不願意做的事情，就是在計算時將收益乘以本益
比，藉此計算資本。資產出售的收益、損失等就屬於這種類型的
資本（除非公司慣於交易資產）。

　　價值線謹慎地將非經常性項目排除在收益報告之外，並在報
告的註腳中指出計算的收益與公司公布的收益之間有何差異。與

其將這些項目視為收益，不如視為帳面價值的調整。這對投資收入造成的相關影響（實際的收益情況，或不可避免的虧損情況）將會反覆出現。

葛拉漢、陶德和巴菲特都提出過這個警告：企業傾向於在景氣不佳時透過沖銷（企業重組）來「提早認列」虧損，目的是彌補過去的錯誤，或是為未來「整治」資產負債表。這麼做會導致經理人和投資人在接下來的一年內必須沖銷款項。

如果重組的依據是過去的問題，那麼就代表過去幾年的總收益被高估了，以至於當期的收益被低估。假如這個差額是為將來的開支預留，例如資遣費，那麼將來的收益就會不適當地從轉入當年度的開支中扣除。即便如此，把過去的虧損計入當年度也許是最可取的做法。這象徵著公司在態度上有所轉變，也象徵著公司渴求新的開始。

經常性收益應有正常的稅率，這也是不言而喻的。如果公司運用稅收虧損結轉來保護當期收入不受稅收影響，那麼稅收就會按正常比率認列，而受到保護的金額就會被視為特殊收入。但假設低稅率是借貸影響的結果，該如何處理收益呢？

如果是當期借貸導致的結果，例如投資稅收抵減（按當年度發生的借貸計算），或其他一般營業活動導致的結果，例如工作培訓貸款，那麼投資人可能認為這種節稅的收益會再次出現。但是，如果一年內發生的借貸都不太會重複，那麼人為抬高的收益就不能算是完全經常性。稅收抵減當然算是股東權益的額外收入，但不應該核定為收入流的一部分。

錯誤收益與成長預估的問題

我在第 6 章提過收益成長有以下三大來源：價格上漲、產量增加和成本下降。這三個要素實際上可以構成產品組合（product mix），目的是用高利潤產品代替低利潤產品。

我相信葛拉漢和陶德也會對收益預估提出同樣的警告：如果投資人適度保守，估價過高的威脅就會比較小。事實上，當實際的收益結果產生時，積極的收益預估可能會令人失望。

雖然大多數成長指標都是短期指標，而不是長期指標，葛拉漢和陶德也會建議投資人根據長期記錄來估算收益成長。這是不錯的出發點，但是對投資人的目的而言稍嫌不足，因為未來往往與過去有實質上的不同。在這個基礎上，我們可以補充基本結構性因素的分析：

■ 在公司目前的市場當中，產業的成長率是多少？
■ 目標公司藉著拓展相關產品市場，超越這個成長率的機會有多大？
■ 公司透過開拓新地域市場，超越這個成長率的機會有多大？
■ 與整個產業相比，公司的成長速度比較快還是比較慢？與競爭對手相比，公司的表現如何？
■ 如果公司成長得「更快」，公司在什麼情況下才能成為這個產業的代表？
■ 收益成長得比銷售額快嗎？如果答案是比較快，這種情況能持續多久？為什麼呢？

　　分析師和投資人經常把收益預估當作單點估計。在少數情況下，如果企業非常穩定，比如消費品的產業，這種做法也許合乎需求。當價格、產量和成本在狹小的有限範圍內可以預測時，這種情況就會發生。更常見的是當收益恰好達到目標時，這代表收益受到掌控。為了管理收益，某些費用會延遲到季末，有時候費用甚至會延遲到季度之後，接著認列或追溯扣繳。

　　葛拉漢和陶德在很多年前警示過，許多公司習慣設置存底，為了使收益平穩以及不讓投資人失望而在景氣好的時候保留存底、在景氣不佳的時候動用存底，最後卻步入歧途。會計師早就開始制止這種惡劣的濫用手法，因此收益的提列通常僅限於非「重大」金額（按照定義是低於 3%）。不幸的是，分析師和投資人太過執著於收益，甚至對公司的季度差異進行獎勵或懲罰，哪怕差異只有每股一分錢，使得原本無關緊要的金額變得很重要。

　　不過一般來說，收益的可能性應該被視為一個範圍，而不是一個點。當然，假設公司帶來的收益只有預期的一半，那麼最好要有一個合理的解釋。顯然，估算應該根據可能發生的局面，但是實際結果和預估結果仍會略有不同，即便差異不顯著。如今已經司空見慣的複雜收益「模型」給人一種精確的錯覺，因而使人誤以為能夠應付自如，實際上這些模型的估算過程很不精確。

　　進行收益評估時，投資人也應當解釋可能出現的錯誤原因。這種做法是科學實驗中的標準程序，但實際結果多多少少還是會與假設的結果稍有不同。這種做法甚至在化學、物理學等領域也適用；在這些領域當中，科學定律是由實徵證據所證實。這一點在經濟活動中更加明顯，因為經濟活動中的事件表現得就像隨機

漫步 *，而不是根據預先確定的公式，例如 $E = MC^2$。

最常見的事件分布（例如收益）為常態分布，亦稱鐘形曲線。這是分析師提出的假設。從數學和經濟學的角度來看，常態是一種簡單、令人放心的假設。因此，這種類型的分析不能適當地考慮異常情況，可以說是缺陷。如果有一種情況是事情正常運作的機率是 90%，那麼只需要六種情況就能使機率達到 50%，使這六種情況中至少出現一種異常情況。

葛拉漢和陶德告誡投資人通常不要對收益成長抱持過高的期望。大多數公司都會合理地預期名目上的國內生產總值成長，也就是實際（公布的）國內生產總值成長加上通貨膨脹。在快速發展的領先產業中處於有利地位的公司，尤其是在國際上擁有大量業務的公司，在中期可持續的成長率大概是全球國內生產總值成長率的 1.5 倍到 2 倍，可能遠遠超越了美國。

儘管幾乎每家公司的收益成長率都可能達到 15%、20% 以上，但是風險在於並非所有公司都能辦得到。只有不到 4 分之 1 的公司能達到 15% 以上的成長率。只有少數公司的成長率能超過 20%。不過，有許多公司的本益比達到 20% 以上。

換句話說，成長率的漲幅範圍比本益比更有局限性。如果本益比的收益部分很容易出現估計誤差，哪怕只有半點疑慮，任何依據這種不可靠數據的分析都必須盡量謹慎進行。

大衛・德萊曼（David Dreman）做過許多研究，他發現本益比低的股票在整體上的表現比本益比高的股票更出色。更確切地

---

* 隨機漫步假說（Random Walk Hypothesis）主張市場上的股價反覆無常，形成隨機漫步的模式，理論源自於效率市場假說。

說，如果投資人將一組股票按本益比依序分為五組，那麼最低的那兩組表現會勝過最高的那兩組表現。[2]

為什麼會這樣呢？其中一個答案是稱為迴歸平均值（regression to the mean）的統計現象。不管在什麼時候，考慮到收益的前景，有些本益比低的股票定價很合宜。但也有些股票的表現很快就會達到平均水準，甚至比平均水準更出色，因此當定價低於中值時，這些股票的限定價格就會過低。當市場意識到這個事實時，市場會縮小低於平均水準的本益比與市場評等之間的價值差距。當然，出於特定的原因，少數低價股票會再降價，但是與其他兩種股票相比，這些股票並不多。

反之，雖然有些本益比高的股票能夠恰當地反映出良好的前景，但是這些股票並不能超越本身的價值。同時，還有許多公司的收益令人失望。這樣一來，不但股價會因為收益不足而下跌，本益比也可能會下降。

葛拉漢和陶德會怎麼進行收益成長分析呢？他們會考慮幾年的時間，運用過去平均收益的研究方法。假如收益出人意料地超出不合理的預期，則不應該以此作為公司的不利因素。更重要的情況是，當公司的收益歷史令人失望時，尤其連股利都無法發放，那麼收益和股利（加收益，減股利）的交互作用會損害資產價值，更有可能削弱財政優勢。

不符合預測的收益問題

不符合預測的收益問題是收益估算錯誤的必然結果。實際收

益與預期收益之間的任何偏差都會令人吃驚，如果預期收益太低，差額的方向是正的；如果預期收益比實際收益高太多，差額的方向是負的。理論上，任何與預估相當接近的結果都不應該被視為不符合預測，比如 5% 以下或每股 5 美分，即便這些結果經常被當作不符合預測。

在實務上，收益不符合預測往往是導向負面的方向，因為收益估值一開始就太高了。結果，分析師建議買入的股票往往比賣出的股票更多，或者當投資人認為分析師建議「持有」其實是「賣出」的委婉說法時，買入的股票甚至比賣出和持有股票加起來的總和更多。

任何有實際商務經驗的人都知道，有許多出乎意料之外的事件或偶發事件會阻礙結果與計畫保持一致。這種分歧必須視為一種實質性的差異。但如果股票因為每股收益下降了 1 美分而拋售（通常是捨入誤差），這表明分析師和投資人都大幅調低估值。計算本益成長比時，當收益的數字影響到本益比和成長率，那麼即使在收益項有微小的差異，對整個比率的影響也會非常大。

就算收益達到了目標，有時候股票還是會低價出售。這是不恰當的做法衍生結果，分析師公布的目標只是官方目標。無論有沒有得到公司支持，非官方和真正的難題是分析師和大型投資者談到的更高數字——「耳語數字」*。由於耳語數字不對外公開（除了後來的財經媒體回顧性分析），散戶通常無法得知這個數字，即便他們確實會受到這個數字的影響。假如葛拉漢和陶德還

---

* 根據謠言對一家公司可能賺進多少錢的非官方預測。

在世，我相信他們不會依賴耳語數字，也會積極阻止大家利用這種數字。

另一個問題源自於收益的用途和市場對這類資訊的靈敏度。在過去，公司通常會發布重要的收益資訊，或者在一般不對外公開的會議或電話會議上以暗示的「指導」方式挑選經紀商分析師和大型機構投資者。前證管會主席阿瑟・萊維特（Arthur Levitt）認為這種情況是不可接受的。這是一種市場操縱形式，很像 1920 年代的情況，當時主要的投資公司提示股票的「內幕消息」給熟識的投資信託機構，使他們能夠在公開出售時購買，反之亦然。從證管會在 2001 年發布公平揭露規則以來，企業的公告更加透明化了，使個人與大型投資者之間的關係更平等了。

可持續的收益成長估值

在成長股投資中尋找價值的時髦術語是價格合理的成長股（GARP）。

這條規則的第一步是：不要買本益比高於市場本益比的股票，也不要買太超出市場適度溢價的股票，例如 25%。因此，如果市場本益比為 20 倍，在第一種情況准許的最高本益比為 20 倍，而在第二種情況准許的最高本益比為（1.25）×（20）＝ 25。

如此一來，你會希望公司的收益成長高過平均水準，而本益比不超過平均水準的 25%。這是朝著正確方向邁出的一步，本意是將風險限制在市場風險的範圍，也就是控制整體市場風險過高的可能性。接著尋找「便宜」的成長股，即使不是絕對便宜，也

要找到反映出優越前景而相對便宜的股票,這些股票要麼升值幅度大於平均水準,要麼跌幅小於平均水準。

與「市場」相比,這類投資人在大多數情況下都會「表現得不錯」。但投資人忽略了這個可能性:可以運用更可靠的配置方式處理資本,最終在其他類型的投資中更有利,例如債券或不動產。

另一個常見的誤導性規則是本益比不能高於成長率(按百分比計算)。這條規則隨後簡化為本益成長比(本益比除以成長率)應當小於 1。這很容易導向歸謬法 *。當收益的數字影響到本益比和成長率這兩個項目時,那麼即使在收益項有微小的差異,對整個比率的影響也會非常大。

這是否代表成長率為 1% 的公司收益應該成長一倍呢?在實務方面,這意味著該規則基本上適用於舊公式,即成長率為 10% 的公司可以藉由本益比反推收益成長了 10 倍,而發展更快速的公司可以支撐相對更高的本益比倍數。

經常遭到忽視的問題是:為了維持這條規則,成長率必須持續多久。有太多投資人在買股票的時候只考慮當年的情況,他們將當年的收益估值用於本益成長比的分子和分母。假設 E_e 是今年的預估收益,而 E_a 是去年的實際收益,則成長率為 $G = (E_e - E_a) \div E_a$。因此,本益成長比可以用修改後的比率代替,如下方的公式:

修改後的本益成長比$= (P \div E_e) \div [(E_e - E_a) \div E_a] = (P \div E_e) \times$

---

* 首先假設某命題成立,接著推理出矛盾、不符合已知事實或荒謬的結果,而下結論說某命題不成立的論證方式。

$$E_a \div (E_e - E_a)$$

由此可見，這條買股票的規則是修改後的本益成長比必須小於 1。

做出買股決定之前的當務之急是考慮未來幾年的成長率。同樣重要的是要考慮接下來的收益是否與審查的收益一樣強健，還是會急劇下降。這正是如今老掉牙、不被採信的 投資分析「還本期」方法所忽略的問題。然而，投資人會輕率地使用有類似缺陷的方法，只因為這些方法看起來更「現代化」。

一旦我們建立了可持續收益成長的合理衡量標準，接下來的問題就是：我們該如何進行估價？我相信葛拉漢和陶德在晚年的時候會建議投資人在估算收益成長率時務必採取保守態度，既然如此，投資人在確定本益比倍數時就應該更加積極。葛拉漢的成長率公式是：

$$P = E \times (8.5 + 2 \times g)$$

其中 P 為股價，E 為收益，而 g 為預期的成長率。換句話說，本益比為（$8.5 + 2 \times g$）。因此，一家沒有成長的公司會以八‧五倍的收益或是大約 12% 的收益率發行債券，而一家成長率為 10% 的公司可能會以（$8.5 + 20$）或 28.5 倍的收益發行債券。這將是可持續成長的上限。

巴菲特提出了一種更複雜的模型。事實上，他已經證明本益比有時候會遠遠超出成長率。對於可口可樂這樣的公司而言，當成長率能夠以高度的準確性預估時，事實確實是如此。原因在於

公司寡占的定價能力，以及可以銷往世界各地的產品。巴菲特承認，就算是他也覺得要找到這類型的公司比想像中更困難。雖然他把可口可樂、吉列（Gillette）等公司貼上「必買」的標籤，但是他懷疑自己能否找到「漂亮 50」* 甚或「閃亮 20」。巴菲特為這類公司制定的準確價格公式是：

$$P = E \div (r - g)$$

其中 P 為股價，E 為「業主收益」，r 為無風險利率，g 為長期成長率。根據定義，發展成熟的公司成長率應當低於無風險利率，而且（$r - g$）項維持正數。當然，巴菲特的公式只不過是大多數商學院普遍教授的高登模型（Gordon model）變體。高登模型將股利 D 置於分子，而非收益，等式如下：

$$P = D \div (r - g)$$

最初的高登模型和巴菲特提出的模型版本之間有一些細微但很重要的差異。首先，當巴菲特考慮成長率時，他考慮的是一種「自主」成長率，意思就是成長率能在不增加任何新資本的情況下發生，假設只可歸因於折舊的現金流再投資，在這種情況下，所有收益都能以股利的形式發放，使得所有公布的收益變成可分配收益或「業主收益」。這就是為什麼巴菲特的模型中，E 可以

---

* 1960 年代至 1970 年代，紐約證券交易所 50 支最受歡迎的股票非正式簡稱。

當作高登模型中的 D。

巴菲特的公式版本指出原本的高登模型有疏忽。實際上，保留或擴充新的現金都可以產生收益成長。例如，投資人可以透過兩種方式讓自己的銀行帳戶增加更多錢，一種是帳款賺取市場利率，另一種是儲戶增加新的資金。但比較相關的可變因素是市場利率，即原始資本的報酬率。只要投資人使原始的存款增加1倍，就會得到 100% 的帳款「報酬」。不過，實際成長率是固定資本金額的 1% 至 3% 報酬率。

假如在巴菲特的公式中，自主成長率為 0%，無風險利率為10%，那麼股票的本益比應該只有10，算法是 $P = E \div (0.10 - 0) = 10E$。公司沒有留存收益，因此無法成長。如果公司把所有收益當作發放的股利，按本益比為 10 倍來計算的話，現金殖利率為 10%。或者，公司可以保留所有收益，不發放任何股利。這樣一來，公司的價值以及相關的股票投資就會以每年 10% 的速度成長。在這兩種情況中，或兩者混合的狀況，投資人都能實現每年 10% 的報酬。

然而，根據巴菲特的公式，每年自主成長率為 6%、無風險利率為 10% 的公司應該以大約 25 倍的收益出售，算法是 $P = E \div (0.10 - 0.06) = 25E$。在不增加資本的條件下，達到每年 6%成長率的公司可以將所有收益當作發放的股利。根據本益比 10，殖利率為 10%，另外還有 6% 的資本利得。總報酬率為 16%，遠遠超出 10% 的目標。本益比高於 10（殖利率相對較低）能帶來令人滿意的總報酬。本益比還能再高多少呢？

假設本益比為 25 倍，所有可分配的收益會帶來 4% 的殖利率，再加上 6% 的自主成長率就能使總報酬率再度達到 10%。巴

菲特證明本益比為 25 倍的股票不需要 25% 的成長率，但只要成長率有自主性又可持續，4% 至 6% 的成長率就足夠了。

有時候，企業能在沒有淨資本再投資的情況下成長。原因並不是資本投資相當於零，而是因為公司可以只將現金流中可歸因於折舊的部分進行再投資，藉此擴大規模，不需要挪用作為收益結果的額外資金。

這個結果可能是「隱性資本」投資，例如技術創新。事實上，技術是投資的主要推動力。這就是為什麼在任何時代的「高科技」股、在我們這個時代的資訊科技股、在另一個時代的化工股或鋼鐵股通常都能創造出可觀的利潤。

實際上，很難可靠地預測自主成長率的係數，巴菲特也在 1991 年的年度報告中遺憾地坦承這個事實。假設自主成長率為 6%，股票肯定會以高於 10 倍本益比的溢價出售，但通常低於 25 倍的收益。當然，這考慮到了推測的風險。

有時候「人心所向」能使本益比的倍數推高到荒謬的高估值。當預測變得非常樂觀，投資人也對這些預測很有把握時，就會出現這種情況。事實上，1990 年代晚期的股市就發生過這種情況。我會在第 20 章指出類似的心境可能在什麼情況中出現，諸如 1960 年代的月球之旅、1990 年代的科技繁榮等成就輝煌的時期，至少在美國社會中是如此。

但是反對企業以 25 倍收益賣出股票的主要理由是風險因素或令人失望的可能性。為了補償風險，公司應該按假設的本益比折價出售，風險愈大，折價幅度就愈大。事實上，巴菲特的天賦或許不在於發現潛在成長率高的公司（其他投資人都能做到這一點），而在於發現成長率穩健的公司。

　　首先，這些公司在典型價值線報告的右下角很容易辨認，報告中包括公司的收益可預測性、價格穩定性和價格成長持續性的財務實力指標（範圍低至 5，高至 100）。我們還可以加上第四種評估指標：收益成長持續性。

　　為了配得上高本益比，收益成長持續性能歸類在評估指標當中，畢竟穩定度與成長率同等重要。這就是為什麼像通用磨坊（General Mills）、可口可樂等一流食品企業或飲料企業的本益比高於大多數科技股，即便科技股的短期成長前景更佳。巴菲特可以收購前一個類別中發展迅速的公司，因為他能以很高的成功機率評估這些公司（他犯的錯誤是購買便宜貨）。

　　我們可以從巴菲特的公式得知，投資人為可持續成長的特性所支付的溢價高得驚人。就連葛拉漢和陶德也會承認可持續成長的能力應該要夠高，但是他們警告說大幅超過 4% 至 6% 的成長率可能持續不了多久。我們可以把這個說法修正為：超過 4% 至 6% 的自主成長率難以持續。

　　很少有投資人在不檢視成長來源的情況下質疑成長率的基本前提。舉例來說，許多投資人願意為債務導向的收益支付高昂的本益比倍數。當公司負債累累，然後獲得的報酬略高於服務成本時，就會出現這種情形。在這種情況下，債務愈多愈好。當債務清償和收益之間的關係發生變化時，問題就出現了，也許原因在於債務是浮動利率，或者因為收益暴跌。如此一來，整個上層結構搖搖欲墜，多多少少都會波及到股權持有人的投資。1980 年代早期的許多石油公司都遇過這種情況，最著名的例子也許是多姆石油（Dome Petroleum）公司，而在近期的 1990 年代，Caldor 等零售商也是類似的實例。

　　債務對收益成長（或崩潰）的槓桿作用，很像抵押貸款對房屋報酬的槓桿作用。美國房屋的歷史升值幅度一直都是 7%，但如果房屋收入足以償還抵押貸款，這個升值幅度就可以代表 20% 的頭期款能夠換回 35% 的權益報酬率。現代的說法來解釋就是：大量的債務猶如經濟類固醇，能在短期內提升績效，卻會在一段時間之後危害身體的正常功能。

特例：高成長特許經銷股

　　高成長通常是特許經銷的成果。有獨特產品或服務的公司無法完全被複製，因此這些公司有相當大的自由來決定產品定價、銷售數量和衍生的淨利率，不太需要考慮整體經濟狀況。投資人會為這類特許經銷股以及看起來擁有特許經銷權的公司股票支付溢價。區分這兩種股票的相關問題如下：

- 如果過去的損益表上有作為費用的大筆支出，能不能合理地資本化？
- 特許經銷權已經存在一段時間了嗎？
- 產品的製作是依據獨特又難以複製的概念，還是每個人都能做出同樣的產品？
- 有沒有獨立的交易能確立特許經銷權的正常市場價值？

　　可口可樂是典型的特許經銷股。1989 年，該公司預估重新得到特許經銷權需要花費 1,000 億美元。這家公司已經有一百多年

的歷史了，是美國產業中為數不多的其中一家公司。他們的產品並非獨一無二，但是特殊的配方是完全無法複製的機密。更重要的是配方本身帶有的神祕色彩。裝瓶商和競爭性特許經銷權的獨立交易，主要為可口可樂的特許經銷權確立了市場價值。

到目前為止，麥當勞可以說是實力驚人的特許經銷股。創辦人雷‧克洛克（Ray Kroc）將製造汽車的生產線方法應用到速食上。他在戰後時期這麼做，當時有許多家庭變得更常外食，使不少母親減輕繁重的家務事。從概念上來說，應用到麥當勞店的生產線方法很容易讓人理解。但是在運作方面，這種做法很難實施，因為西方世界的一般勞工不願意做生產線這種重複單調的差事。他們也吃膩了麥當勞的食物。不過在顧客的心目中，規格化但令人滿意的產品有一種神祕色彩，而且這種神祕色彩逐漸滲透到勞動力中。無論是顧客的口味還是員工的服務，都得到完善的管理。

這些股票被視為買來存放的「一次決策」股，對大多數三十幾年週期的公司而言並不是糟糕的狀況，但是公司的本益比可能會失控，真正的特許經銷股也不例外。

當特許經銷股的優點受到廣泛認可時，比方說反映在本益比30倍、40倍以上——就像1970年代晚期、20世紀初期和21世紀初期的情形——這些股票和整個市場會岌岌可危。儘管這些股票很有價值，但如果投資人出售這些股票，並購買品質較低但更便宜的投資商品，尤其是殖利率很高的投資商品，或者將資金轉為現金，藉此避開30年一次的虧損，那麼這些股票會變成更優質的投資。

第 10 章

銷售分析

　　本章的內容有關損益表的上端，最上面一行就是銷售額，下面兩行是銷貨成本，以及稱作「銷售費用、一般費用與管理費用」的經費項目（SG&A）。從銷售額減掉這兩項費用之後，就可以得出「未計折舊、利息與稅項前的收益」（EBDIT），如第 6 章所述。產生營業收入的目的是使 EBDIT 最大化，但這需要透過管理損益表最上面一行的銷售額及下面兩行的費用來實現。

控管銷售與成本

　　1990 年代的風氣著重在透過成本控管來實現利潤最大化，而不是透過增加銷售額的方式。成本控管是經濟空前繁榮的主要原因。但早年累積的銷售額所帶來的榮景卻無法重現。

　　這與 1960 年代的風氣不同，當時有許多成本都被視為固定成本，而且廣告與行銷計畫被用來控管銷售收益率。這些計畫產生的成本，促成了對產品的認可與意識而打造的「品牌」。銷售量大或者有許多品牌產品的公司擁有特許經銷權。當買家有大量可支配收入時，成本控管這種策略最有效，就像買家在二戰後所

做的一樣。

　　削減成本的問題在於會導致收益的「成長」在未來長期的時間難以持續。從長遠的角度來看，收益成長的來源只有銷售額的成長。這是 1960 年代和 1970 年代的高階主管學到的教訓，當時他們為了追求銷售額而放棄成本控管。但是在中短期內，收益成長可能來自利潤的擴大。

　　話雖如此，當收益的成長速度比銷售額更快時，投資人務必特別小心，不該推斷未來也能有像目前這般成長速度。畢竟，換一種說法就是毛利率只能上升到 100%，此後的收益成長速度不會比銷售額快速。那麼，收益成長實際上就是利潤回升的結果，利潤只是暫時處於低迷狀態。但當利潤回升到正常水準時，就沒有理由期待收益的成長速度會比銷售額更快。

　　隨著生產的產品增加，單位成本下降時，學習曲線效應就會出現。這是因為勞工透過更多的練習，能學會更快又更熟練地工作。學習曲線效應在尖端產業中最為顯著，例如 20 世紀末的資訊科技，以及更早之前的 19 世紀鐵路、鋼鐵和工具機。換句話說，成本模型中的線性關係是在現實中的不完美表述。

　　銷售管理的策略分為高成長高利潤（很罕見）、高成長低利潤、低成長高利潤（最常見）及低成長低利潤。高成長高利潤往往會吸引競爭對手。不過，在廣告和銷售費用方面的龐大支出涉及到增加銷售額和壓低 EBDIT 利潤之間的權衡。另外還有牽涉到低利潤和衍生「商譽」的競爭因素，這兩者都為潛在的競爭對手創造進入障礙。快速的銷售額成長也可以經由固定成本分攤來增加利潤。

　　分析師建立形式上的損益表時，會先從銷售額成長的預測部

分著手。然後，他們繼續進行利潤假設，得出銷貨成本的數字。接著得出 SG&A 費用的數字。最容易預測的項目都是備受公司控管的項目（應計折舊、利息費用），全是資本支出政策的結果。

需要注意的是，雖然折舊有時候在損益表中單獨列出，但是比較常見的是折舊列入存貨當中，因此也包含在銷貨成本當中。在這種情況下，你可以在現金流量表或財務狀況變動表中找到折舊的數字，並且從公布的銷貨成本扣掉折舊之後，可以得出實際的銷貨成本。大量的固定成本可以計入折舊項。

有趣的是，利潤可能比銷售額更難預測。出售多種產品的公司會有不同的獲利項目。了解經濟狀況後，得出銷售額的數字應該不會太難，因為一種產品和另一種產品之間的銷售額偏差通常會抵消。不太可能抵消的是用一種產品交換另一種產品的情況，例如手頭拮据的消費者可以繼續買衣服、食品和其他必需品，但他們可能會用比較便宜的品牌取代比較昂貴的品牌。基本上，這些低廉品牌的成本與價格的比率都比較高。

銷售品質對預測未來的收益成長很重要。以下四個問題能提供你一些提示：

1. 銷售額成長的主因是價格還是產量增加？
2. 利潤是多少？
3. 是否有大量的重複銷售，或者新顧客居多？
4. 變動成本低的產品是否出現產能未充分利用的情況，使得大部分的邊際貢獻直接反映在盈虧底線？

從短期來看，價格上漲比較占優勢，因為漲價能帶來更快、

更大量的利潤成長，至少短期內是如此。單位成交量的成長能為
長期發展奠定更穩固的基礎。處於有利地位的公司能夠在價格和
產量方面有所成長。說到這兩者，巴菲特這類的投資人比較希望
看到銷售收入來自價格上漲，因為這個跡象表明公司幾乎沒有競
爭對手，大致上可以收取「交易流量所需負擔」的費用。巴菲特
比喻這種情況是「收費橋」。

　　有一個相關問題是：公司在業界的影響力有多大？扮演重要
角色的優勢在於能夠掌控整個產業。舉例來說，公司可以成為
其他公司追隨的低廉價格領導者。但小公司受制於這個事實：
規模較大的企業可能會藉著實現規模經濟*並使之轉嫁給顧客來
調低價格。然而，企業規模不大也是有好處的。戴爾電腦（Dell
Computer）之所以能夠以驚人的速度成長，是因為公司在業界只
是一小部分。公司從其他電腦供應商那裡增加市場占有率，其中
包括知名的 IBM，與其說是奪走了他們的現有銷售額，不如說是
在快速發展的產業中獲得較多的新銷售占比。

　　至於具有一定規模的公司，投資人必須觀察總銷售額與國內
生產總值的比率。以沃爾瑪為例，公司在 1980 年代和 1990 年代
實現了出色的零售業成長。在更早的幾年之前，沃爾瑪的銷售量
只集中在美國的一小部分地區，而銷售額在國內生產總值中所占
的比例很小。到這段期間的尾聲，沃爾瑪的銷售業務已經遍及全
國，並且開始走國際路線；其銷售額開始代表著國內生產總值的
重要組成部分。

---

* 擴大生產規模而引起經濟效益增加的現象，長期平均總成本會隨著產量增加
　而減少。

　　1990 年代初期，沃爾瑪在業界占主導地位；根據價值線的定義，沃爾瑪的銷售額占整個零售業的 4 分之 1。圖表 10-1 對照了沃爾瑪的銷售額與國內生產總值在 1985 年至 2001 年期間的關係。

圖表 10-1　比較沃爾瑪銷售額與美國 GDP

年度	沃爾瑪銷售額 （百萬美元）	美國 GDP （10 億美元）	沃爾瑪銷售額占 GDP 的百分比
1985	8,452	4,039	0.21%
1986	11,909	4,269	0.28%
1987	15,959	4,546	0.35%
1988	20,649	4,906	0.42%
1989	25,811	5,251	0.49%
1990	32,602	5,546	0.59%
1991	43,887	5,725	0.77%
1992	55,484	6,026	0.92%
1993	67,345	6,343	1.06%
1994	82,494	6,947	1.19%
1995	93,627	7,265	1.29%
1996	104,859	7,636	1.37%
1997	117,958	8,080	1.46%
1998	137,634	8,782	1.57%
1999	165,013	9,274	1.78%
2000	191,329	9,825	1.95%
2001	217,799	10,082	2.16%

資料來源：價值線出版公司（Value Line Publishing Inc.）；作者提供計算結果。

銷售數字中的比率

銷售數字至關重要。銷售數字與其他會計變量之間的關係可以用比率來表示。一直以來，以下三個比率是公認最重要的衡量指標：

1. 銷售額與資產的比率稱作「資產周轉率」（asset turnover ratio），可以用來評估資產的有效利用程度。此外，周轉率可以計算出資產的各個項目，最常見的是應收帳款和存貨。
2. 淨收入與銷售額的比率稱作「淨利率」（net margin），可以用來評估銷售業務的獲利能力。
3. 資產與權益的比率稱作「槓桿比率」（leverage ratio），可以根據所使用的槓桿平衡影響進行調整。

在過去的 10 年或 20 年，整個趨勢是將前述第一個比率和第三個比率中的「資產」替換成「資本」，資本的定義是資產減掉營運資金。因此，銷售額與資本的比率就是資本周轉率。而槓桿比率變成了資本與權益的比率。

在其他條件相同的情況下，周轉率愈高愈好，因為周轉率代表資產（或資本）的高利用率。銷售額與庫存的比率很低或在下降是特別令人擔憂的特性。這種情況可能表明存貨不斷堆積並且變得過時，因此必須不斷降低存貨數量。同理，淨利率愈高愈好。不過有時候，高淨利率是以銷售額成長緩慢為代價，因而可能反映在很低的資產周轉率或資本周轉率。理想的情況是周轉率和槓桿比率都很高，再加上淨利潤率也很高。只是這種情況很罕見。

綜觀這些比率，我們可以得出極其重要的股東權益報酬率關係，如下：

股東權益報酬率＝周轉率 × 淨利率 × 槓桿比率

將適當的項代入上方的等式（按資產使用的傳統做法），公式如下：

股東權益報酬率＝資產周轉率 × 淨利率 × 槓桿比率
　　　　　　　＝淨收入 ÷ 股權

如果前一個等式是用「資本」代替「資產」，計算出來的結果也一樣。

公司會竄改銷售數字嗎？不幸的是，有很多方法都可以做到這一點。舉個例子，公司應該要在貨物裝運時記錄銷售量，但是有些公司背離這個原則，比方說他們把訂單列入銷售量。在某些情況下，他們可能會對後續的銷售量做出假設，並且在初步銷售的階段列入當中一部分的銷售量。照理說，以這些銷售數字為基礎的公布收益也會被抬高。

在近年來發生的多起會計醜聞當中，最引人注目的醜聞是安隆，他們利用所謂的按市值計價（mark-to-market）的會計準則，對資產帶來的未來銷售額做出過度樂觀的估計，使得公司能夠捏造資產價值。巴菲特把這種做法稱作「純屬虛構」。[1]更糟糕的是，安隆和其他公司藉著列入沒有利潤的「銷售額」，誇大了銷售收入，目的是讓容易上當、重視成長所得的分析師和投資人留下深

刻印象，使他們以為公司有一些實際上不存在的商務活動。

另一個問題是塞貨（channel stuffing）。許多製造商把產品賣給經銷商，而不是直接賣給顧客。即使同樣的製成品需求減弱，供應商也可以把產品推售給經銷商，藉此在一個季度或幾個季度期間維持高水準的「銷售量」。隨著經銷商的存貨增加，這個過程會變得愈來愈困難。這個過程最後會停止，因為經銷商無法再接受更多存貨。

於是，有兩種可能的情況會發生：銷售量有時候會急遽下降，接著就像踩了急剎車一般，導致幾個會計期間的收益下降。另一方面，存貨有時必須在一個會計期間進行核銷，使得收益和帳面價值大幅減少。這些問題在有著「鏈鋸艾爾」綽號的杜萊帕（Dunlop）所編造的日光企業（Sunbeam Corporation）經濟好轉狀況中尤為突出。**提示：**為什麼烤肉架在冬季會熱銷？答案：因為塞貨。

另一種不太常見的情況是，公司希望低估某個季度的銷售額（和收益），以便在接下來的幾年更容易進行比較，並保持平穩的成長趨勢。這種情況最常發生在產品生命週期的一開始。每當具有開創性的新產品立即受到歡迎時，最初的「熱潮」可能會導致一開始的銷售數字特別高，因此未來很難有進步空間。在這種情況下，公司可以為可能的報酬建立「存底」。列入登記的產品比實際售出的產品還少，因為有些產品可能會被退回。

對於某些類型的新產品而言，這是十足的風險。在其他情況下，公司運用這個概念只是為了在記錄銷售與收益的時候偏向保守的立場。此外，這只是為了管理對華爾街發布的收益報告；在華爾街，1美分或2美分的收益超出「估值」（其實是管理高層

的預期）是「管理」（推高）股價的最佳辦法。

關於新技術，市場滲透的潛力有時候比當期的銷售量更重要。這種滲透潛力的其中一種評估方法是人口單位的數量。理論依據是：只要產品推銷得當，「典型」人群中就會有一定比例的人接受這項產品。適合這種分析方法的項目通常是已經廣泛使用的基本服務升級，例如無線電話或有線電視。即使假設這種分析方法很有效（一般人往往質疑這一點），使用時也務必謹慎。比如說，老年人或年輕人的人口數量不成比例也許比年齡分布更均衡的人口數量更能代表一個明顯好轉或惡化的市場。

財富分配不均地區的最終滲透率（除非是低預算項目）很可能低於財富分配達到全國平均水準的地區。這個問題在開發中國家的手機、有線電視等先進產品方面特別顯著。這些國家只有少數人具備購買這些物品所需的美國收入水準。

滲透的概念也可能產生事與願違的結果。舉例來說，電子晶片的主要買家一直都是電腦公司。然而，如今出現了銷售手機、汽車等新企業，這些與經濟活動有關的領域和電腦產業大不相同。在新市場的滲透期間，銷售成長率有機會比核心市場的歷史成長率更高。但是在滲透過程順利地進行之後，如果附加市場基本上沒有比最初的核心市場更強健，那麼附加市場其實會稀釋成長率（有時，新市場確實比核心市場更活躍，例如在二戰期間，非處方藥物的製造商設法進入了處方藥市場，不過這種情況很罕見）。

假設核心市場和新市場的規模相同，核心市場 16% 成長率和新市場 8% 成長率的平均值為 12%。隨著新市場的進入，成長率會變得更高，但在新市場的初步滲透之後，儘管原始基數 16%

較高，進一步的滲透會使這 16% 變得更低。

銷售評估與其他重要指標

從長遠來看，推高股價的是利潤和股利，不是銷售額。但是，鑒於這些可變因素是從銷售額得出，銷售額也可以說是同等重要的估價指標。

《超級強勢股》（*Super Stocks*）作者肯尼斯・費雪（Kenneth Fisher）使用一種稱作「市銷率」（price-to-sales ratio）的分析工具。[2] 根據一般公司利潤平均為 5% 這個事實，他的經驗法則是以 0.75 左右的市銷率（即本益比 15 倍以下）收購高品質的公司（利潤在 5% 至 10% 之間），並在市銷率為 1.5 的時候出售。至於利潤為 2% 至 5% 的成熟企業或普通企業，原則是以 0.4 倍的營收買入，並以 0.8 倍的營收賣出。

另外，若說到 10% 到 20% 出色利潤的公司，這條規則可以放寬到以 1.5 倍的營收買入，再以 3.0 倍的營收賣出。這些比率主要依據 5% 的「平均」淨利率。在這些情況下，0.5 的市銷率可以轉變成 10 倍的收益。假設市銷率是 1，就能轉變成 20 倍的收益。

找到價值股的方法包括尋找非常低的市銷率，例如 0.2、0.1 以下。在轉虧為盈的情況下，獲利能力是一大重點，所以訣竅是以夠低的價格買股票，這樣一來如果能成功大逆轉，你就會得到充分的報酬。假設某支股票在牛市中通常有一倍的營收，那麼如果市銷率為 0.2，1 倍的營收就可以反推市銷率增加了 5 倍。假

設隨著估值的修正，營收也跟著成長，那麼收益就會超過 5 倍。在扭轉形勢和以較低的市銷率買股時，對「正常」淨利率進行假設通常很有幫助，這就像你在市帳率較低的情況下打賭股東權益報酬率會恢復到常態。

理想的情況是銷售成長率落在 15% 到 20% 之間的範圍。一旦利潤增加，收益的成長率就有機會達到 20% 以上。如果本益比或市銷率也增加了，價格的漲幅就會超過收益的增幅。市銷率非常適合新創企業或轉虧為盈的處境。在這些情況下，你關注的是利潤的未來狀況，而不是目前的利潤狀況。

以新公司為例的話，這就是固定成本分攤的問題。套用在經濟好轉的情況，則涉及過於龐大的成本。因此，在實際利潤很低、收益很少的情況下，以假設的利潤與收益為基礎的市銷率分析可能會推導出極高的本益比，甚至是一個毫無意義的數字。

如果公司擁有不只一種營業項目，很可能其中一種或多種業務比其他業務更加重要。一般來說，業務種類多元化的公司銷售利潤較低，這能提高銷售收入，但是對淨收入幾乎沒有影響。這就叫作「垃圾銷售」（junk sale）（有些經理人會為了讓公司擠進「財星五百強」前幾名而爭取無利可圖的銷售。安隆就是典型的例子——曾經在美國維持一年的「第七強」）。

在這種情況下，對整間公司進行直接的市銷率分析毫無意義，甚至可能變成有害的做法。有一種更實用的做法是對個別業務進行市銷率的估價，然後將估值相加，並比較總和與公司的市場價值。這基本上是部分分析的總和，計算時使用銷售額而不是資產價值。

與營業項目或部分市場分析有關的主題是地域分析。企業可

以在國內市場、其他已開發市場以及新興市場經營業務。基本上，國內市場最成熟，其他已開發市場的滲透度較低，而新興市場能帶來最佳的發展潛力。

聯合利華（Unilever）就是一個經典的例子。儘管這家複合式企業有時符合葛拉漢和陶德的評估條件，由於發展太過成熟的緣故（銷售額和收益成長皆為個位數），偶爾才會成為具有吸引力的投資標的。公司的本土歐洲市場最成熟，而美洲市場還差一點點。但是在開發中國家的個別子公司通常能達到 20% 以上的銷售額和收益成長。

總部設在新興市場的子公司股票可能比投資母公司更有吸引力，至少對重視成長率的投資人來說是如此。不過，公司與世界其他國家接觸的一大好處是成長率會併入母公司的財富，而母公司的股價可能更符合葛拉漢和陶德建議的本益比倍數。

在特定的情況下，企業也許會認為出售非核心業務是明智之舉。畢竟，不太重要的業務往往是別家企業的核心業務。因此，非核心業務對潛在賣家而言的價值，可能低於對策略型買家而言的價值。介於兩者之間的價格對雙方來說都是一筆划算的交易。聯合利華證實了這一點，該公司在 1990 年代期間出售了化學製品業務與化妝品業務，只專注在食品業務。

其他案例包括歐洲的頂尖胰島素供應商──丹麥的諾和諾德（Novo Nordisk），以及美國的製藥業先鋒──禮來（Eli Lilly）。當公司在國內市場達到飽和點時，自然而然會試著搶占其他公司的市場。諾和諾德在其他公司的本土市場一直都是相當果斷的角色。該公司透過胰島素筆（一種容易使用、預先配好劑量的注射器）支撐胰島素的銷售額。

　　此外，這些胰島素筆本身就占了銷售額一定的比例。這就像吉列的慣例：出售刮鬍刀，並為刀片找到市場。由於這個原因以及其他一些原因，諾和諾德藉著打入禮來的國內市場，贏得的全球市場占有率超越了禮來打入諾和諾德的國內市場。

　　另一種分析銷售額的方法是考慮銷售額和每單位產量的市值。這種方法通常用在金屬、水泥、汽水等大宗商品。全球性的比較對於可以在國際市場銷售的產品最有效，因為這些產品的價值權重比相對較高。不過，對於水泥等偏向本土的產品而言，這麼做就沒那麼有效了。這種分析方式能延伸出兩個有趣的問題：

1. 為什麼公司比不同地區的同業收取更好或更差的價格？
2. 為什麼公司每單位銷售額的績效比同業更優秀或更差勁？

　　思考這兩個問題的答案，能為管理高層提供有用的準則。

不同的銷售情況

　　理想的銷售計畫是根據「獨特的銷售賣點」。這種策略是指就報價而言，公司在某方面表現得比其他公司更出色，而且與目標顧客的圈子有關連。這是一種壟斷力的自然來源，並且不太可能受到管制。

　　無論是壟斷企業或是產品供應商，公司的經營狀況極其重要。管理高層務必提出並回答以下六個問題：

1. 在公司目前的市場上，產業成長率是多少？
2. 拓展相關產品市場後，提高產業成長率的機會有多大？
3. 拓展相關地域市場後，超越目前的產業成長率有多大機會？
4. 公司成長的速度比產業成長的速度更快還是更慢？公司在競爭中的表現如何？
5. 如果第四個問題的答案是更快，公司在什麼時候可以達到產業龍頭的規模？
6. 收益成長的速度是不是比銷售額更快？如果是的話，這種情況能夠持續多久？

　　銷售額可以用當期的銷售基數與新的附加銷售額來描述。在零售業，當期的銷售基數稱為「同店銷售額」（same-store sales）。新店的銷售額是成長所得的要素，但評估公司經營狀況或整個產業營業狀況的理想指標是同店銷售額的成長率。然而，以銷售額為導向的組織會致力於新產品的開發。以 3M 為例，公司的目標是至少 25% 的銷售額來自過去 5 年內開發的產品。這就是為什麼 3M 要打造「內部創業」文化，發明了便利貼等用品。

　　公司通常會選擇增值的溢價策略或產量高的商品策略。這個現象在零售業很常見。像沃爾瑪以及更早成立的西爾斯百貨等公司，都把日常中的低價當成習以為常的美德，但他們還是持續提供各式各樣的商品。這是一種針對大眾市場擬定的高產量策略。不過，像威廉斯－所羅莫（Williams-Sonoma）這樣的高端供應商賺取的利潤更高，但代價是銷售成長率更低。

　　對於出售多種產品的公司而言，強勁的銷售結果通常是由強大的研發成果支撐。雖然沃爾瑪的特色是有完善的銷售規畫，但

在技術方面其實也很出色，公司的銷售時點情報系統*有助於良好的庫存控管與行銷。

壟斷公司在控管銷售方面較占優勢。基本上，壟斷公司可以收取市場願意承擔的價格，不必擔心競爭，至少在本地是如此。因此，壟斷公司能夠追求利潤最高值。雖然壟斷公司會遭受政府解散或管制，當中有許多公司銷售的產品無可取代。這些公司以近似壟斷的立場經營，只受到不同競爭產品的競爭力影響。巴菲特偏好這類情況，可口可樂就是典型的例子。

當產業中只有少數競爭者時，就會形成寡頭壟斷。進入障礙很高是重要的條件（新公司很難打入市場）。評估寡頭壟斷的其中一種指標是產業集中度（concentration ratio）——由排名前三或前四的公司所占據的市場占有率。如果產業集中度達到 50% 以上，這個產業就是寡頭壟斷。

在 1990 年代期間，通訊產業不再偏向寡頭壟斷，反而比較偏向商品種類的壟斷，原因是新公司引進的新技術發揮了作用〔經典的例子是歷史悠久的媒體公司時代華納（Time Warner）與網際網路服務供應商美國線上（America Online, AOL）合併，目的是遙遙領先其他新興媒體公司，可惜最後沒有成功〕。儘管在轉型的過程中會出現許多問題，公司還是可以透過提高產量的方式來增加產業的總利潤，同時降低個別供應商的市場占有率。另一個不幸的例子是電信產業，當地供應商、遠距服務供應商和無線服務供應商實際上都是可相互取代的。這些公司的過度跨領域

---

* 廣泛應用在零售業、餐飲業、旅館業等的電子系統，主要功能是統計商品銷售、庫存與顧客購買行為，可以有效提升經營效率。

投資幾乎毀了整個產業。

　　在商品價格大幅上漲的時期，將新產能投入生產中很有吸引力。問題在於這種投資需要花費數年的時間才能完成，因此如果在經濟繁榮的巔峰時期進行產能擴充，將在經濟週期的谷底才能開始投入使用。這些措施會使固有週期性產業的發展趨勢惡化。而這種動態關係適用在絕大多數的原料，包括石油、森林產品和大部分建築材料。這些公司在長期短缺的時期蓬勃發展（尤其是全球性短缺），例如在 1970 年代發生的情形以及預期 2000 年代可能會發生的情形。

　　在這些時期，價格迅速上漲。最大的受益者是那些在之前蕭條時期倖存的高成本供應商。原因是價格上漲會直接影響到盈虧狀況。在漲價之前擁有最低利潤的公司將獲得最大百分比的收益成長。

　　理想的情況是商品供應商逐漸形成寡頭壟斷的情況。這在製藥業的過去 50 年期間發生了。起初，有大量的藥品製造商生產簡單的化合物，例如阿司匹靈和止痛藥。接著，製藥公司開始專攻更複雜的藥物應用，例如心臟病、潰瘍或抗癌的藥物。最後，當健康維護組織（HMO）和其他醫療保健供應商開始尋找「一站式購物」的商場時，有些更先進的製藥公司合併成同時經營多種項目的公司（例如必治妥施貴寶、葛蘭素史克）。這些大型公司形成了群聚效應，能夠維持日益高昂、複雜的藥物研發作業。

　　如約翰・肯尼斯・高伯瑞（John Kenneth Galbraith）在《新工業國》（*The New Industrial State*）中指出，需求已經得到妥善的管理了。[3] 這個現象在二戰之後出現，當時美國經濟從少數供應商與眾多顧客的情況轉變成眾多供應商追逐著少量顧客的局

面（在 1920 年代及更早的時期開發的大量生產技術已經解決了這個生產商品的問題，但經濟大蕭條延遲了這項技術的全面實施）。

行銷人員有許多可以管理需求的方法，包括廣告與促銷。雖然這些方法在損益表上被記為費用，卻往往是一種投資的形式。這類支出通常是值得的，因為能夠擴大市場規模。雖然達到利潤的損益兩平點需要花比較長的時間，但廣告能使利潤和利潤的成長率比在其他條件下更穩定。因此，這麼做能增加公司股票的市場價值。此外，比較傳統的需求管理方式包括創造更優質的產品，或者以更低的價格出售產品。

收益成長的限制因素：銷售成長

投資人評估較新的產品或製作方法的潛在銷售成長時，即使產品之間的性質不太相近，也必須根據產品需求來預估切合實際的銷售潛力。很少有新產品能產生大量的新需求，這與取代現有產品的需求截然不同。我們可以假設亞馬遜（Amazon.com）最終能夠取代巴諾書店（Barnes & Noble）等非網際網路的競爭對手。那麼，亞馬遜的市場價值最後應該達到巴諾書店的最高市值，也許經過幾年之後，由於效率的提高，亞馬遜的市場價值會再高一些（2 倍或 3 倍）。

不過在 19 世紀末、20 世紀初，市場的反應並非如此。反之，當亞馬遜之類的公司估值為 10 倍之多或是巴諾書店估值的好幾倍，就代表市場預估網際網路公司不但能取代競爭對手，還能創

造足夠的額外銷售額,超越老牌公司在相同領域創造的銷售額。

當投資人使用市銷率評估固有低利潤、高產量的企業,例如雜貨店,也必須小心翼翼。較低的市銷率容易使人低估本益比。有一種方法是將銷售額除以 5,藉此「調整」銷售額之後,1% 的淨利率就能換算成調整後銷售額的「正常」5%「利潤」。這個方法的優點是能使不同產業間產生一個可相互比較的銷售收入數字。

2000 年,美盛集團(Legg Mason)價值信託基金(Value Trust)的經理人威廉·米勒(William Miller)發現艾伯森(Albertsons)、克羅格(Kroger)這兩家值得下手的雜貨店;調整後的市銷率數字似乎能印證這一點。由此可見,市銷率的研究方法經過調整之後,甚至能適用在不常見的產業。

科技公司和醫療保健公司的淨利率都很高,通常為 15%、20% 以上。他們的股東權益報酬率也很高,一般是 20% 以上。因此,這些公司的市銷率會比一般水準更高。即便如此,我們也不能完全相信這些數字。假如按 5% 的利潤計算,1 倍的銷售額對公司的股票是高價,那麼對於一家可以賺取 50% 淨利率的公司而言,10 倍的銷售額是過高的估值。雖然沒有一家公司可以達到淨利率 50%,但是像微軟之類的科技公司利潤可以達到 30% 至 40%。事實上,市銷率是對 1999 年底科技股估值過高的極限試驗。

請注意,多數情況的利潤其實比平均水準更高,因為這些公

司的產品非常獨特，而且這些公司的直接競品[*]通常比較少。因此，這些公司應當有很高的市銷率，但是他們的市銷率不該達到 30 以上。假如淨利率是 100%，這代表所有銷售額都變成了收益（所有人都不需要繳稅？），股價依然過高。事實上，預期利潤會下降，因此收益也會下降。

我舉一個簡單的數學例子說明這一點。數字 4 能以 2 與 2 的總和表示，或者以 2 與 2 的乘積表示。表面上，這兩種處理方式似乎沒什麼差別。但是，如果 2 和 4 代表一個序列的前兩項，那麼下一項可以產生大相逕庭的結果，完全取決於 4 是 2 與 2 的總和還是乘積。等差數列的序列「2、2 ＋ 2、2 ＋ 2 ＋ 2……」可以得出線性函數「2、4、6、8、10」。而等比數列的序列「2、2×2、2×2×2……」可以得出指數函數「2、4、8、16、32」。

在 19 世紀末、20 世紀初，許多投資人評估「新經濟」公司時，很可能把等同於「2 ＋ 2」的數字 4 當成函數「2×2」。因此，他們掉入陷阱，為指數成長付出高昂的代價。我的估價方法是把「新經濟」用於線性函數的假設，就像舊經濟一樣。

---

[*] 目標客群相同、功能相似的產品。

PART 4

特殊的投資方式

第 11 章

共同基金的價值投資

　　大多數投資人都想要持有許多股票。無論市場的整體表現多麼出色，持有一支股票的投資人可能績效極好或極差，這取決於公司相關的因素。但如果你持有一大堆股票，這些股票的表現會比較像整體市場的表現。當某支股票產生劇變時，另一支股票也會有所變化。雖然有些投資人寧可只靠著少量股票擊敗市場，但是有更多投資人希望能在參與市場的同時盡量降低風險。

　　持有 2 支股票比 1 支股票更保險，同理，持有 10 支股票會比 2 支股票更保險。此外，你可能也需要針對不同的資產類別分散投資風險，包括國內與外國的股票、政府債券、公司債以及現金。有關其他類似股票的工具，更廣泛的定義可能包括不動產或黃金。

　　問題是，大多數投資人都不願意或不知道如何買到有效分散風險的股票投資組合。他們可能一次只買特定產業的一支股票，或者買的股票都集中在某個產業。解決這個問題的其中一種方法是購買共同基金，也就是買進並持有股票的專業管理操作方式。

　　共同基金分為兩種基本類型：封閉型基金及較為常見的開放型基金，後者是「真正的」共同基金。

　　封閉型基金有固定的股數，由特定股價的首次公開募股成

立。發行的收益隨後會投資到股票、債券或其他金融工具。根據
投資的效果，基金的價值可能上升或下降，股票的價值也會跟著
變動，而基金的配息和利息會以收入的形式支付。此外，根據投
資人對管理的看法，基金的售價可能高於或低於所管理的資產每
股價值。當投資人向持有同一支基金的其他投資人買賣股票時，
這種溢價或折價就會產生。就這一點來看，除了「公司」是投資
組合之外，封閉型基金的操作方式很像股票。

開放型基金剛成立之後，每天都會直接從投資人那裡獲得
新資金，做法是發行與某日投資額相對應的股票，包括零股
（fractional share）。開放型基金也會在同一天按比例贖回投資人
想要取回資金的股票。因此，開放型基金的投資人是從基金本身
買賣股票（實際上是基金管理公司），而不是向其他投資人買賣
股票。

與封閉型基金相似的地方是，基金的價值會隨著標的投資價
值上下波動，但與封閉型基金不同的地方是，基金基本上不會以
溢價或折價出售，因為基金的買賣應該在每日收盤時按資產淨值
的比例進行。買賣的交易必須在每個交易日的下午 4:00 以前執
行，而結算會在基金持股定價之後及股票價值計算完畢之後的晚
間進行。

2003 年，州檢察長揭露了一些公然違反前述規定的特例，
特別是紐約州檢察長艾略特・史必哲（Eliot Spitzer；他之前起
訴華爾街公司讓研究受到投資銀行考慮因素的不當影響產生的利
益衝突，當時他的起訴依據是快被世人遺忘的 1920 年代州法律
──《馬丁法案》），後來這些特例變成舉國皆知的醜聞。最惡
名昭彰的兩種惡行是「延遲交易」（late trading）與「擇時交易」

（market timing）。

延遲交易是指在下午 4:00 的截止時間之後，受到優待的投資者（通常是大型投資者）還能夠下單買賣，並且利用下午四點之後發布的資訊（例如收益報告）。這種情況之所以會發生，是因為結算時間在下午 4:00 收盤之後延長了幾個小時。

舉個例子，避險基金經理在下午 4:00 之前向共同基金管理人「提議」交易，因而產生一些文書作業。接著，避險基金經理根據當時的狀況，在下午 4:00 之後一、兩個小時內保留他喜歡的交易，並撤銷他不喜歡的交易（以及相關文書作業）。更糟糕的是，這種情況通常有其他業務關係相關的交換條件。

擇時交易是指某一方頻繁地買進和賣出，迫使基金處理過多的購買和贖回，因而擾亂基金的管理。這對國際基金而言是很顯著的問題，因為投資人試著根據美國市場當日的狀況來預測外國市場（收盤後）隔天的情勢。

雖然擇時交易本身並不違法，但基金公司會懲罰過於頻繁交易的一般投資人（停止他們買賣基金或收取額外費用），然後允許享有特殊待遇的投資人進行類似交易卻不受處罰，則是違法的行為。在某些惡名昭彰的案例中，例如普特南基金（Putnam Funds）和強勢基金（Strong Funds），基金經理人能夠在自己的基金中以個人帳戶進行頻繁交易，但其他人無法享有同樣的特權。

美國共同基金

共同基金曾經有過不祥的開端——於 1929 年大股災發生前

不久出現，當時大眾瘋於投資，因此市場平均值也接近最高點。表面上，共同基金的存在是為了迎合投資大眾的利益，後來卻捲入並參與謀取利益的狂潮。更糟糕的是，即便投資人用保證金購買共同基金，共同基金將再度利用保證金購買股票。因此，投資人在這兩方面同時起到槓桿作用，且風險變成了兩倍。當熊市來襲時，共同基金的崩潰速度甚至超過了標的股票，也把投資人拖下水。

證管會在經濟大蕭條時期改變了這一點。如今，基金必須申請許可證，詳細說明投資目標以及實現這些目標的方法。如果基金註冊為「多元基金」，則投資到任何股票的資金不得超過 5%，而投資到任何產業的資金不得超過 25%。如果基金公司希望使用保證金、衍生性金融商品或其他積極手段，則必須在許可證中明確說明，至少要事先告知股東。

公開說明書是重要的基金文件，能提供許多有關費用、贖回所需的時間、歷史績效和其他事項的重要資訊。你不應該過度受到費用結構影響。擁有一支表現良好但收費較高的基金，比表現不佳但收費較低的基金更可取。重要的是扣除費用之後的報酬淨值。除非兩支基金的績效相去不遠，否則費用的多寡在計算中不會產生太大的差別。

有關共同基金的另一個重要文件是資產評估表，能使投資人了解基金的投資風格，並從歷史的角度對近期的成效進行分析。雖然過去的績效不能保證未來的成功，但資產評估表能幫助投資人至少了解投資風格是否合適。提醒一下，有一種稱為「粉飾櫥窗」的做法：投資組合經理人有時會在季末或年底買進表現不錯的股票，或者賣出表現不佳的股票，目的是找出最有利的持股，

不過這些股票通常不能代表投資組合。更全面的資訊揭露能顯示
出這段期間的資產購買與出售狀況。

國際基金

　　一般投資人應該如何挑選基金呢？常見的方法是閱讀報紙或
金融雜誌，從中參考在不同時期表現最佳與最差的基金。這麼做
總比什麼都不做來得好。研究指出，表現最優秀的基金經理人往
往具備高於一般水準的技能，他們管理的基金能夠持續超越其他
條件相似的基金，但不一定維持居於首位。然而，不利的因素是
如果報酬最引人注目的基金是從特定的熱門領域中獲利，則很容
易在一般投資人獲悉這個領域時變得「乏人問津」。總而言之，
決定投資風格或投資領域顯得更重要，也是投資人必須自己做決
定的事。

　　另一種方法是對廣告採取應變措施。這麼做同樣是聊勝於
無。證管會的規定確實確保了「廣告的真實性」在許多產業中能
更有效地發揮作用。一般來說，砸錢買廣告的公司都是規模較大
的老牌公司。當然，買廣告並不能保證卓越的績效，但確實有助
於管理與投資風格的穩定性。

　　許多公司都會提供共同基金評估這項服務。最受歡迎的共同
基金評估公司也許是晨星（Morningstar）。價值線也出版大量的
選股指南，隨後還推出不錯的跟風產品，比較適合那些已經習慣
股票專題概述版面的人。此外，《財星》（Fortune）和《富比
士》（Forbes）等商業雜誌也時不時發表基金相關評論，只不過

這些雜誌是從通俗的商業觀點出發，而不是專門發表共同基金的評論。

　　近幾年來，國際投資愈來愈受歡迎。首要原因是美國人可以使用的投資工具種類變多了，其次是因為有愈來愈多人發現海外投資的好處。已經有多不勝數的共同基金充分利用了這個趨勢。

　　也有針對單一國家的開放型共同基金與封閉型共同基金。有些人特別喜歡某些國家，就像有些人偏好某些產業一樣。或許他們與某個國家有商業或文化上的關係。這使得風險非常集中，可能對經濟和政治改革有利，但也可能深受其害。

　　除了這些考量因素，國家基金經常吹捧自己並以「風靡一時」這樣的策略進行銷售。投資人湧向熱門的國家基金，會使這些基金比一般基金更不穩定。不過，管理良好的國家基金可以在幾年內獲得大約 20% 的平均報酬率。除了管理完善的美國基金，其他基金都很難實現這一點。1989 年，國家基金的溢價很高，高達標的資產的 50% 至 100%。這代表著投機買賣，尤其是來自日本投資人的投機買賣。

　　在某些情況下，只買幾支大型股票，就有可能為個別國家提供代理並成為國家基金。有時候在同一個國家或地區會有幾支基金，當中一些基金以溢價出售，另一些基金則以折價出售。比方說，以折價出售的基金可能比其他基金晚發行，而以溢價出售的基金比較早發行。或者，一支基金在美國交易，而另一支基金在倫敦交易。

　　在其他條件都相同的情況下，最好是買有折價的國家基金，尤其是較小型的國家基金，其投資人多半都持有相同的少數股票。除非基金經理人廣受好評，否則投資人不該支付溢價。

企業共同基金

有時，自營公司也有大量的股票投資組合，或者擁有公司的重要少數股東權益，重要性與營業資產相當，甚至更重要。與美國相比，這種情況在歐洲和亞洲更常見，這些國家的銀行或工業公司經常持有大量的工業公司股份。不過，有幾家公司因投資技能而聞名，能凸顯並大幅提升經營成果。

這些公司的高階主管往往認為自己的主要職責是擔任資本配置者，而不是企業經營者。這個想法的好處是他們很關注盈虧狀況，極力避免賠本經營，但壞處是他們必須另外尋找經營者。

巴菲特的波克夏是有實無名的封閉型基金，由保險公司、工業企業以及大型公司的大量持股組成，這些持股通常占了公司價值的絕大部分。持股包括美國運通（American Express）、可口可樂、吉列、《華盛頓郵報》和富國銀行（Wells Fargo）等績優股，這些股票最初是以低於公允價值的價格買進。波克夏從重整中賺了更多錢，例如在 1976 年脫離破產危機、20 年後被私有化的蓋可（GEICO）保險公司；在 1986 年收購美國廣播公司並在十年後被迪士尼收購的大都會通訊公司。更多的投機性持股包括房地美、通用動力（General Dynamics）。大多數私營的工業股份都屬於發展成熟的企業，這些企業的銷售額與利潤成長的百分比都是個位數，卻能釋出大量現金，使波克夏能夠投資其他企業或股票。

有一名經紀商分析師提出異議，並將波克夏的大部分價值歸因於經營的業務，當時公司每股價值超過 90,000 美元。若以帳面價值（以投資額表示）低於 40,000 美元來計算，基礎業務的價值就會超過 50,000 美元，並且支持公司價值大部分來自營業活

動的說法，而非來自投資組合。但這種資產價值缺乏股價支撐。

因此，我在 19 世紀末、20 世紀初自行估算（由於股市低迷，這些價值在 1999 年和 2001 年之間沒有太大的變化）。我先假設波克夏的資產價值大概相當於其投資組合的價值。這個數值大於帳面價值，因為部分的投資組合由保險準備金和其他負債支撐。我的推測是保險業務可以償還這些負債，有效地使波克夏在沒有債務的情況下完全擁有投資組合。但我可以肯定的是，如果保險業務陷入困境，股票就會遭殃。以整數計算的話，這個投資組合的價值就是每股 50,000 美元。

波克夏經營的業務應該有多少價值呢？我的計算公式是每股將近 1,000 美元的稅前營業收入的 10 倍（不包括合併後子公司的收益，這部分已經納入資產價值中）。你可以把得出來的結果當成是附加的每股 10,000 美元。然後，我保守估計波克夏的投資價值是每股 60,000 美元（由於波克夏在保險業務和企業收購方面很有成效，這個數字在 2002 年大概上升到每股 70,000 美元）。1999 年初期，波克夏的股價為每股 70,000 美元。

由於公司的投資組合眼光相當準確，每股當中至少有 20,000 美元包含了保險公司的隱含價值和「巴菲特溢價」，以彰顯他歷年來高超的管理技巧。根據可比較的數據，一些分析師曾經指出光是波克夏經營的業務就值每股 50,000 美元。營業資產確實比投資資產高一些。但（也許是人為因素）也可以將所有負債分配到公司經營的業務，大幅降低淨值。換句話說，資產的價值可能是每股 90,000 美元，但減掉負債之後，公司的價值就沒那麼高了。

另一種企業型類共同基金是萊卡迪亞（Leucadia National）。與波克夏相同的地方是，萊卡迪亞也有保險與工業方面的營業活

動。與巴菲特不同的是，萊卡迪亞的高階經理人不買被動的投資部位。萊卡迪亞的做法是買被低估的資產，使附屬公司扭虧為盈，並且在不少情況下將股票回售。有些實例是萊卡迪亞買下那些扭虧為盈的公司部分控制股權，這些經濟好轉的公司包括鮑德溫聯合保險公司的繼承公司「Phlcorp」。

萊卡迪亞偶爾也有一些外國投資，例如投資玻利維亞電力公司（Bolivian Power Company），以及投資與百事可樂裝瓶商合資的俄羅斯公司。萊卡迪亞的投資組合管理風格比波克夏更活躍。2000 年，萊卡迪亞失去投資機會時，分配了每股 12 美元的現金，而商業雜誌恰如其分地將此舉比喻成巴菲特在 1970 年解散合夥關係。這相當於占資產價值的 40%，也是在沒有令人不快的稅務後果情況下允許的最大金額。

另一個類似的「基金」是洛茲集團（Loews Corporation），不僅擁有 CNA 保險公司（CNA Insurance Company）、羅瑞拉德菸草（Lorrillard Tobacco）、洛伊斯影城（Loews Theaters），也擁有各式各樣的其他企業，例如戴蒙德近海（Diamond Offshore）探鑽公司。此外，洛茲集團也進行賣空操作。對於未來可能出現的艱困時期，這可能是一項有趣的投資。菸草、石油生產和電影業都是在 1930 年代這個令人焦慮不安的時期迅速發展的產業，而在即將到來的經濟環境中，賣空也許是當時最合適的做法。

洛茲集團這家保險公司猶如把這些企業黏在一起的膠水，所發揮的職能與波克夏的保險業務大致相同。1990 年代期間，這些企業多半都遭受損失，因此這段時期讓他們很難熬。不利的因素是即使考慮到個位數的本益比，股價還是會下跌一些，但不是

大幅下跌。

　　按照定義，這些公司基金屬於「聚焦」基金，即專注於少數符合管理高層挑選的高素質公司。因此，如果一般投資人要單獨購買基金，這些基金並不足以分散投資風險，即便能構成投資組合的重要部分。這些基金的吸引力在於高度的專業水準，由具備一般商務經驗與投資組合管理經驗的經理人來管理。

配息方式

　　共同基金必須分配股票在一年內賺取的所有股利收入。基金也必須分配這段期間內實現的資本利得，也可以透過借款來分配未變現收益。這些配息方式都必須納稅，除非基金是由節稅的實體持有，例如個人退休帳戶。即使投資人最近買了一支基金，仍無法獲得基金漲幅的收益，配息還是必須納稅。不過，基金的價值會在配息之後下降。這就是為什麼基金在有大量未變現收益的情況下會折價交易的原因。當然，如果基金有已實現的虧損，配息就能夠避稅。即便如此，買基金的最佳時機是在配息之後，因為成本基礎會比較低，還可以避開稅收問題。

　　稅務效率就是共同基金的一大問題。如果稅收是由周轉率產生，那麼周轉率愈低，稅收就愈少，因此稅務效率就愈高。1990年代期間，這是很重要的考量因素，當時由於本益比上升，企業的收益穩定成長，股價上漲得更快。那時，最佳策略是在出售股票並為資本利得納稅之前，盡量多讓股票產生複利效應。

　　假設經濟環境的壓力很大，2000年代的10年期間或許會有

很大的不同。收益不會穩定成長，即使收益穩定成長，本益比太高也可能會大幅波動，促使股價跟著大幅波動。總而言之，本益比可能會在未來 10 年下降，即使不會抵銷全部的收益成長，也會抵銷大部分的收益成長。假如投資人在每年價格收益低於 5% 的期間內，可以從特定的投資中獲得 50% 的收益，為什麼不賣掉這筆投資來賺取其他的獲利呢？換句話說，很多股票會在 1 年或 2 年之內展現出整整 10 年的價格升值。

然而，即使按照常規評估，更高的稅收也很少與更高的周轉率成正比，因為稅務效率不是依據絕對周轉率，而是依據投資組合的留存部分。大多數投資組合經理人都必須處理投資組合的「核心」部分與「交易」部分。也就是說，經理人可以在任何一年保留 75% 的股份（按市場價值計算），然後在這一年期間將基金的 25% 進行 2 次到 3 次交易。

在極端的特例當中，不論是 25% 或 50% 或 75% 的周轉率，幾乎沒有差別。大部分的應納稅額是由產生變現收益的頭幾年周轉率中的前 25% 而來。同理，假設在 1 月 1 日持有的股票全都賣掉了，那麼周轉率是 100%、200% 或是 300% 都顯得不重要，因為無論如何，投資組合的所有收益幾乎都要納稅（除了在年底持有的股票未變現收益之外）。

基金的賣出時機

即使你想要成為一位「長期」投資人，你還是可以參考一些賣出基金的好理由，尤其是當基金的性質產生變化的時候。例子

如下：

■ **經理人可能換人了**。表現優異的經理人經常跳槽。有些經理人會無預警地退休，也有些經理人堅守工作崗位直到離世。無論是哪一種情況，可能會導致理念改變以及績效的不連續性。如果接手的經理人是從外部引進，這會是一個特別值得關注的問題（除非你了解並欣賞這位新來的經理人）。假如接手的經理人來自組織內部，尤其是他一直都有在協助管理基金的話，那就不需要太擔心。

■ **作業準則產生變化了**。這種情況不太可能出現在同一位經理人身上，但也不是沒有可能性。也許原本作風保守的經理人突然變得很敢冒險，反之亦然。

■ **投資人的需求改變了**。這種情況比前述情況更可能發生。也許你已經投資股權基金很多年了，現在準備要退休。因此，保本是最重要的事。或許你想要改成投資債券基金或是現金基金。不過，如果投資人突然得到一大筆錢，他可能會想要多冒一些險，改成投資風險更高的基金。

■ **投資工具不再符合報酬目標的需求**。例如，在 1980 年代的大部分時期，現金的報酬率為 7% 至 9%（有時候是 10% 至 30%）。在 1990 年代，報酬率跌至 1% 至 3%（如果你早就知道會發生這種情況，你就可以買債券來獲得巨額資本利得）。即便如此，當時改成投資債券基金或股權基金並不會太遲。

■ **經過一段很長的時間後，基金的表現比類似的投資工具還差**。幾乎沒有任何基金能夠長久表現良好。有一些基金在

大多數時候表現很好，但是大部分的投資主題偶爾也會遇到不受歡迎的狀況。舉例來說，成長型基金很興旺的時候，價值型基金可能萎靡不振。如果你的基金經理人執著於他最了解的基金，那麼偶爾績效不佳是你可以預期的狀況（過去 30 年，就連巴菲特的投資表現也有四、五次不如標準普爾 500 指數時）。折衷的辦法是基金的管理方式必須與你的個人投資目標保持一致。

投資人要避免的情況是，基金的表現比其他有類似理念與目標的基金還遜色（例如其他價值型基金）。這種問題主要出在基金經理人身上，而不是投資風格。投資人改變投資的基金後，可以在相同甚至更少的風險條件下獲得更高的報酬。

如果有提供更高報酬的新基金工具，這些工具或許很有吸引力。也有可能你開心地投資美國基金幾年後，基金卻突然開始落後給其他國家的基金。大多數國家的基金都是時不時「炙手可熱」。考驗是：一段時間過後，這個國家及其股票是否依然表現不錯？或者，可以決定把一定比例的資金投資到歐洲基金或太平洋基金，目的是從美國市場轉向分散投資風險。

許多投資人都無法管理自己的投資，但他們希望參與股市，原因是股票的長期報酬很豐厚。巴菲特也坦白說指數型基金很適合這些人：「矛盾的是，當投資人發現自己能夠拿去投資的錢很有限時，這些錢就不會變成笨錢＊了。」[1]

＊ 不是專業投資人所投資的錢，通常缺乏精明的投資技巧。

接著問題就出現了：你應該使用哪一種基準呢？標準普爾指數型基金所代表的標準，能廣泛反映美國股市的狀況。但這只是其中一種資產類別：美國大盤股。其他類別的基金有其他基準，例如各種小型股指數以及國際基金的 EAFE 指數（第一個 E 代表歐洲，A 代表澳洲，FE 代表遠東）。

這種策略的改變是利用共同基金打進那些投資人因為缺乏相關知識或沒有合適工具而無法進入的領域。舉個例子，投資人很樂意買美國股票，但當投資人渴望購買國外股權時，投資公司會利用共同基金來取得國外的代表權。即使是跨國上市的股票，在美國上市的亞洲股票也比歐洲國家或拉丁美洲國家的股票少得多。儘管我有資金管理方面的經驗，我還是會選擇運用亞洲基金來投資亞洲。

評估共同基金

如果希望利用共同基金達成更出色的投資績效，就必須評估投資風格，以及評估基金經理人的基本技能水準。巴菲特曾經說：「如果你不懂珠寶，那就去了解珠寶商。」[2] 葛拉漢和陶德的基金管理方式與其他多數經理人的投資主張大相逕庭。無論基金經理人的能力如何，最終的結果是成功或失敗，取決於他們對世界經濟的看法是否與現實狀況相符。提醒你一句：與其他人的觀點相比，像我這樣「極端」的立場有可能顛簸不破，也可能千差萬錯。

挑選共同基金的基本方法有兩種：一種是盡力取得能夠複製

「市場」的資產組合。整個基金顧問產業都是圍繞著這個現象建立起來。公司管理高層會試著確認不同的「風格」，並迫使基金經理人選擇並堅守其中一種風格，主要是為了混合相關的共同基金來合理地代理這整個市場。當然，公司希望整體績效優異，並試著在每個風格類別中挑選表現傑出的經理人，藉此達到這個目標。因此，每位經理人都會被拿來和其他有類似目標的經理人進行比較：績效是否和整體市場一樣好，甚至更好。

追蹤整體市場成效的其中一種辦法是，試著模仿特定參考群體的成果。我認為成因是一種稱為「退休之急」的現象。許多人都很在意投資會不會使他們過著與朋友相似的生活方式和退休生活。因此，假設某個人的家人和朋友都買了科技股或網路股，他通常也會進行類似的投資，要不然他可能會被視為「局外人」。同樣的道理也適用於一群把大部分資產投資到公司股票的人。如果這種投資方式能夠成功，那就太棒了！如果失敗，只能說「同病相憐」囉。

旅鼠的故事通常用來比喻投資人陷入從眾效應的心理現象。旅鼠是經常出現在歐洲北極圈附近的毛茸茸小動物，牠們繁殖得很快。每隔幾年，牠們的數量就會超過食物供應量。每當這種情況發生時，原本我行我素的旅鼠就會成群結隊，一起尋找新鮮的食物。牠們離開自然棲息地後，前往大海，一路上不允許任何「路障」妨礙牠們前進。

擋路的大型動物都會被牠們集體踐踏。一到達目的地，牠們就跳進海裡，然後就活活淹死了。一種說法是這些旅鼠全都淹死了，而另一種比較有啟發性的說法是每一隻潛進海裡的旅鼠，都能和其他潛進海裡的旅鼠一樣以相同的方式安享晚年。

更適當的方式是選擇一種與你的性格、投資目標相符的風格。最大的風格差異也許不是小盤股和大型股之間的不同，而是價值和成長之間的差別。價值和成長這兩個指標構成了共同基金的「風格」基礎。那些主要包括退休基金計畫顧問在內的基金評估者，將基金分為價值型、成長型（或複合型）、小型股、中型股或大盤股。小型股往往有更好的成長前景，而大盤股有更高的流動性和可持續性。

GARP 基金和成長型基金的區別在於，前者代表價格合理的成長，但積極的成長投資人幾乎可以為了追求成長而不惜重金，對成長潛力做出大膽的假設，以證明支付高價是合理的，有時候價格甚至幾近天價。至少就目前來看，我們應當把 GARP 流派當成接近成長型風格或複合型風格，而不是真正的葛拉漢與陶德式風格。

關於價值型基金，投資人必須注意：葛拉漢和陶德鼓吹的價值，也就是本書提倡的那種價值，稱為「深度價值」（deep value）。這種價值經常出現在蕭條的週期性問題當中，收益成長的前景很有限。在這種情況下，股票價值和債券價值差不多，取決於股票在低迷時期等各種經濟情境下維持股利和「本金」（即資產價值）的能力。

更典型的價值型基金是透過收益來評估價值，尤其是本益比，而不是以資產或股利來評估價值。如果只比較本益比和成長率，基金反而會淡化或忽略此處提及的重要因素。

大概只有少數大型價值型基金遵循真正的葛拉漢與陶德式風格。以下三項特點清楚區分這類價值型基金和其他價值型基金：

1. 支持葛拉漢和陶德投資觀點的投資人不願意為成長付款，因此除了少數的例外，他們的股票成長前景不會比平均水準（7% 至 9%）更佳。反之，他們指望股利和資產價值作為補償。當高股利和平均成長的前景結合在一起時，就能帶來高額的總報酬，也可能代表估值偏低。葛拉漢與陶德式基金有很高的現金殖利率，因為這種基金的總報酬既依賴收益，也依賴成長率。

2. 葛拉漢與陶德式基金經常有較高的周轉率，因為持有的一大部分資產通常被低估，這些資產也會被收購，或者在收購後 1 至 2 年以高於帳面價值的價格出售。在某些情況下，基金公司會主動尋找這種「風險套利」的情況；在其他情況下，這個收購過程是廉價收購的自然結果。

3. 葛拉漢與陶德式基金的本益比並不一定很低，因為他們看好的股票往往是那些因收益前景不佳而失寵的股票。比起帳面價值、銷售額等其他指標，這些股票的價格較低，但是能在出現轉機的時候有上漲的空間。

橡實基金（Acorn Fund；採用 GARP 風格）的經理人雷夫・溫格（Ralph Wanger）將投資經理人必須做的事情比喻成斑馬的當務之急。他說：「如果你是一匹斑馬，你與一群斑馬共同生活時，你必須做的關鍵決定就是自己在斑馬群中該站在哪個位置。位於群體外側的斑馬通常比較喜歡冒險，吃的也比較好，但是當獅子靠近的時候，這些斑馬很容易變成獵物……像銀行信託部這樣的組織就不適合當外側的斑馬。」[3]

這當中有矛盾之處。保守的投資策略通常會把保守型投資人

歸類為「內側斑馬」。但從有意義的層面來看，這些處於「外側」的投資人對科技業的了解不多，而科技業在 1990 年代晚期代表著「內側」。巴菲特對此做了很有道理的總結：「別人貪婪時，我就卻步。別人卻步時，我就貪婪。」1990 年代晚期的股市風氣大致上可以歸結為貪婪，而且在 1997 年與 1998 年的秋季時不時出現小問題。因此，巴菲特當時很憂心。

　　不過，如果崩盤發生了，投資人應該要運用本書中列出的方法並採取行動，因為適合這種保守型投資風格的標的會很多，一點都不少。在 1930 年代，當時的普遍看法是「債券是唯一的可靠投資」。這個看法的適用時機是在崩盤之前，而不是在崩盤之後，這也是我想在這本書闡明的觀點。第 17 章概述了 1999 年那種很像不動產投資信託，而且高度集中在現金和產生股利的股票，就像債券一般，而且已經預計出現崩盤的態勢。股市崩盤之後，我打算採用一種作風大膽的策略，也許與新型態的觀點背道而馳。

　　科技業的繁榮產生了兩大影響：提高整體市場報酬，卻矛盾地降低了非科技股的價格，而非科技股價格下跌的原因是必須面對科技股帶來的更高的預期報酬門檻。以下說明保守價值型投資人如何挑選共同基金（當然，積極成長型投資人會持相反的觀點）。科技業的這種困境可以概括為一個 2×2 決策模型，如圖表 11-1 所示。

圖表 11-1　不同策略的結果

策略 ＼ 世界形勢	持續繁榮	崩盤
積極成長型	**非常富裕**	貧困
保守價值型	中等財富	相對富裕

　　世界形勢分為兩種：持續繁榮和崩盤。投資策略也可以分為兩種：積極和保守。有四種可能產生的結果，取決於投資策略和世界形勢之間的交互作用。我用黑體字表示與世界形勢相關的「正確」決策。

　　如果你遵循積極成長型策略，你可以在幾年的時間內變得非常富有。只要繁榮的現狀能夠持續下去，你甚至可以在一開始資本只有幾萬美元的情況下轉變為百萬富翁或享盡榮華富貴。但如果這種投資策略需要動用你的大部分資本，一旦發生崩盤，你可能會損失大部分的投資，並以慘賠告終。

　　如果你遵循這本書中介紹的保守型策略，你還是可以在幾年之內追求小康的生活，把幾萬美元的起始資本變成幾十萬美元，或者把幾十萬美元的起始資本變成幾百萬美元。當然，這個策略在繁榮時期會更有成效，但是在崩盤的時候也能提供有力的保障作用。相對來說，這種策略在崩盤的情境中會更有效，因為能讓你比那些使用積極成長型策略的窮人更占優勢。

　　細體字的結果則說明了錯誤推測的後果。不過，請注意兩者之間的重要差異：保守價值型策略依然會為錯誤的選擇帶來「中

等財富」，如同安慰獎一般。而積極成長型策略會導致貧困，宛如對錯誤判斷的重罰。

　　對許多人來說，如果「崩盤」情境的機率高達 30%，即使這種可能性有利於持續的繁榮，保守型策略還是比較合適。但如我在這本書最後部分列出的原因，我認為崩盤的機率大幅超過30%，至少有 50%，甚至可能在 21 世紀初期發生崩盤。如果真的是如此，只有作風大膽或孤注一擲的投資人才該選擇積極成長型策略。

　　大盤股和小型股之間的區別多半是人為因素。在 21 世紀初期，小型股代表價值，而大盤股代表成長。但在 1970 年代中期，情況正好相反。在 1973 年和 1974 年，小型股和大盤股都遭受重創，但小型股的收益和股價從 1973 年的石油危機中恢復得很快。總而言之，如今提倡投資小型價值股的投資模式價值面更有吸引力，也許是在小型價值股的表現比大盤股更出色之前。

　　這本書闡述了小型股與大盤股在什麼時候及為什麼能更勝一籌的理論，依據是第 20 章中的世代模型。這個理論的主張是二戰世代、嬰兒潮世代等「強勢」的世代以中年管理者的身份鞏固經濟時，大盤股的表現會更出色。沉默世代、X 世代等較為弱勢的居中世代不太相信投資規模的影響，至少就本身的狀況而言，這些人在 40 歲、50 歲的時候就遇到了經濟崩壞。因此，大盤股在 1960 年代和 1990 年代很被看好；小型股在 1970 年代很被看好，或許在 2000 年代的 10 年期間也很受歡迎，尤其是下半年。

反對自行挑選共同基金的論點

本章提出了支持擁有共同基金的標準論點。那麼，如果可以聘請投資顧問或者自行管理投資組合的話，選擇共同基金的缺點是什麼呢？

首先，共同基金的選擇本身就像一門藝術。缺乏購買個股能力的投資人可能也會認為自己不懂怎麼挑選共同基金。在這種情況下，你最好聘請一位投資顧問。

其次，投資人可以從顧問那裡得到個人化服務，自己透過共同基金則無法體驗同樣的服務。理想的情況是顧問充分了解投資人的需求和個人狀況，並且根據這些資訊來調整投資組合。在過去，投資顧問對投資人的私事了解程度僅次於家庭醫師。這一點不足為奇，因為投資顧問其實就像家庭中的「理財醫師」。

第三，共同基金經常牽涉到新興市場證券、垃圾債券等非常不適合某些投資人的投資。但顧問可以避開這些事。他們通常也沒有必須跟上最新趨勢的壓力，當然他們也不應該承受這種壓力，畢竟這麼做只會枉費聘請獨立顧問的一大優勢。

第四，有些共同基金目前比股票更熱門，比較難進行買賣。實際上，有些基金公司嚴格限制旗下基金的買入和賣出，因為他們強制現金的流入和流出，可能會給基金經理人帶來不便。如果許多投資人需要同時買進或賣出，也可能會出現電話接聽的耽擱和占線狀況。經紀商也會遇到同樣的情況，不過問題很可能出在整體市場（例如黑色星期一[*]），而不是特定基金的問題。無論如

---

* 此處指的是股市崩盤。

何，共同基金都不能像股票那樣「當日沖銷」，因為投資是按一天結束的收盤價進行。

　　除了忙得不可開交的投資人，其他投資人至少都應該要懂得怎麼管理自己的部分投資組合，才能從體驗投資業務中進一步了解共同基金經理人或顧問能做哪些事或不能做哪些事。有些投資人會發現自己掌管投資比單純投資共同基金更有成效，他們或許會考慮自己做投資生意。

第 12 章

跨國的價值投資

　　這一章的內容是關於運用葛拉漢和陶德的方法來投資國際股票。不同國家的估價方法之間有顯著的差異。但葛拉漢和陶德的方法經過修改之後，可以應用於國外與國內。

　　二戰後，美國的國民生產總值（GNP）大約占世界的一半。如今，隨著世界其他地區的成長速度加快，美國的 GNP 不到 3 分之 1 而且在不斷下降。美國的人口不到 3 億，占世界人口不到 5%。並不是世界上其他五十多億的人都實行資本主義或參與股票市場反映出來的經濟活動。西歐的三億多人以及日本的一億人是例外，並非普遍現象。西歐和日本的股票市場加起來只占世界總市值的 3 分之 1 多一些，而美國占其餘市場的大部分。

　　不過，世界上還有一些新興地區，例如環太平洋和拉丁美洲，可能會重現已開發市場中工業化緊接著資本化的過程。這帶來了投資契機。在其他條件相同的情況下，較高的國家成長率能促使這些典型市場的個別公司與股票成長速度更快。

國際投資的優點

國際投資有哪些好處呢？首先，有分散投資風險的好處。簡單來說就是你可以從海外股票的多樣化選擇中獲益，包括可以選擇的葛拉漢與陶德式投資標的增加了。許多外國公司的本益比、市帳率或現金流量比（P/C）都比同類型的美國公司還低。即使估值相仿，同一個產業中有時也會出現更優質、成長率高於美國公司的外國公司。

其次，可以在更廣泛的產業範圍中，經常發現葛拉漢與陶德式投資標的。在美國，生產水泥、鋼鐵等基礎原料的產業已經很成熟，而且屬於週期性產業。這種情況在國外的許多國家沒有那麼常見。過去 10 年，很少有投資人從美國水泥股賺到錢，而只有少數投資人大膽嘗試投資鋼鐵公司。

相比之下，你投資拉丁美洲的股票可以獲得超過 20% 的平均年報酬率，例如西麥斯（Cemex，又稱 Cementos Mexico）、波多黎各水泥（Puerto Rico Cement）。嚴格說來，波多黎各水泥是美國公司，但是西麥斯在 2002 年收購這家公司之前，該公司一直是新興市場的投資標的。

投資海外的第三個可能原因是，當一個國家達到更接近鄰國的更高發展水準時，投資人可以從中獲利。這種現象稱為收斂（convergence）。這是投資新興市場的明確理由。但在 1990 年代晚期，收斂現象的主要受益者是歐洲的中等開發國家，例如西班牙、葡萄牙和愛爾蘭。基本上，義大利也算是受益者。

投資海外的另一個原因是為了避開弱勢的本國貨幣，這對美國投資人來說就是美元。從 1970 年代初期到 1990 年代初期，美

鈔在大多時候呈現弱勢（除了雷根經濟繁榮時期隨後的 1980 年代中期強勢時期），原因是越南戰爭的赤字財政，而美鈔在 2000 年代初期再度呈現弱勢。假設以歐元計算，一家歐洲公司的收益成長了 10%，而歐元兌美元的匯率升值了 5%，那麼以美元計算，這家公司的收益就是成長了 15%。

國際投資的缺點

海外投資有些缺點，例如取得外國公司的資訊比取得美國公司的資訊更困難。但這正是葛拉漢和陶德的投資方法優勢所在，他們著重在資產和資產負債表，研究方法的宗旨是為了更簡單的資訊揭露文化。本土的投資人也面臨著許多與美國人相同的阻礙。這使得即便在市場效率低下的情況依然有利於分析。

另一種說法是成熟市場的定價效率提高了。情況通常並非如此有一大群國內外的分析師在研究美國的大型股票，因此投資人幾乎可以了解所有引人注目的公司資訊。在絕大多數的國家，情況通常並非如此，所以在其他國家往往比在美國更容易找到合適的價值投資。

美國與其他國家的一般公認會計原則之間通常有差別。對於在美國上市的外國公司而言，計算收益與帳面價值方面的差額會列在財報後面。因此，美國投資人可以親眼看到收益和資產。其他國家的公司則必須每半年發布一次報告，如今多半都是每季發布一次報告。一般來說，美國存託憑證（ADR）發行者必須符合有關部分市場與區域市場報告，以及註釋揭露事項的證管會標準。

這些差異通常無關緊要，但有時卻很重要。在大多數情況下，這些差異涉及折舊、商譽攤銷或遞延稅款。有一些國家比美國允許更多的應急準備金，往往會降低公布的收益，卻能使收益更穩定。但請注意，當地人會傾向於使用自己國家的會計核算方法，因為在投資人皆為本國國籍的情況下，公布的數字更可以反映該國的狀況。

另外，美元強勢時，外匯就會出現問題，這就像在 19 世紀末、20 世紀初及 1980 年代晚期的情況。2000 年和 2001 年，美鈔特別強勢時，以當地貨幣計算，一些國家的股市下跌幅度與美國的平均水準一致，但換算成美元後，下跌幅度比標準普爾 500 指數超過幾個百分點。貨幣波動的問題非常重要，我會另外在單獨的一節中闡述。

提醒一下，隨著市場全球化，國際股票在估價方面與美國股票的走勢愈來愈一致。如果同樣的資金從美國股市轉移到國際股市，或者從國際股市轉移到美國股市，這種情況尤為顯著，如今也更常見了。大型經紀商開始按照產業來進行研究和全球交易，而不是按照國家。石油等以美元計價的商品生產企業的股票走勢，長期以來在世界上幾乎保持一致。但隨著石油產業走勢一致的趨勢持續下去，其他產業的股票走勢會更加相似。

貨幣產生波動的問題

美國投資人不信任國際股票的其中一個原因是，貨幣波動。這個問題並不像一般人認為的那麼令人擔憂。一方面，大部分的

美國大型股票都有大量海外業務，因此這些股票的投資人已經默默承擔外匯風險。同樣地，其他國家的大型股票在美國通常也有龐大業務。一家美國製藥公司可能有 60% 到 70% 的銷售額來自美國本土，有 30% 到 40% 來自海外，而英國的葛蘭素史克公司會有 30% 到 40% 的銷售額來自美國，其餘的部分則來自海外。因此，在銷售額的差額方面，美國本土公司和海外業務之間只有大約 30%，而非 90% 到 100%。

美國跨國公司投資海外的時候確實也會面臨匯率風險。例如，可口可樂公司幾乎有 3 分之 2 的業務是在美國境外進行。這些銷售會受到當地貨幣兌美元匯率波動的影響。可口可樂案例的優點在於銷售廣泛地分散投資風險，因此沒有單一貨幣的收入會對盈虧狀況產生獨立的影響。只有在幾乎所有貨幣兌美元都貶值的情況下，外匯風險才會導致損失。

其實弱勢貨幣對營業額也有好處，例如本國貨幣偏弱勢的公司銷售石油或金屬等產品並以美元計價。以圖表 12-1 為例，假設在第一年，1 美元兌 5 種貨幣單位，在第二年，1 美元兌 10 種貨幣單位。請注意，以美元計算時，當本國貨幣偏弱勢，公司的經營狀況會比較好。原因是公司的營收以美元為單位（若以當地貨幣為單位會翻倍），而公司的成本是以本國貨幣為單位。

還要注意，按美元計算的銷售額保持不變（按當地貨幣計算則翻倍），但由於當地貨幣偏弱勢，美元成本在第二年下降了。

圖表 12-1　貨幣波動對淨收入的影響

科目	當地貨幣		美元	
	第一年	第二年	第一年	第二年
銷售額	100	200	100/5=20	200/10=20
銷售成本	50	50	50/5=10	50/10=5
折舊	10	10	10/5=2	10/10=1
利息	10	10	10/5=2	10/10=1
稅前收入	30	130	30/5=6	130/10=13
稅（50%）	15	65	15/5=3	65/10=6.5
淨收入	15	65	15/5=3	65/10=6.5

在國際投資中運用美國存託憑證

　　美國投資人主要以美國存托憑證的形式購買外國股票。有少部分的外國股票以這種形式在美國市場上市，通常包括大規模的知名公司。當中有許多發展成熟的公司以葛拉漢與陶德式投資法獲利。有時，零售經紀商也能夠在倫敦、東京等更常見的證券交易所完成股票下單。在智利的聖地亞哥證券交易所買股票則是另一回事。我們的討論主要集中在美國存託憑證。

　　有許多國家都不允許公司的股票流到境外。因此，這些股票會由祖國的外國存託機構持有，也許是美國銀行的當地分行。然後，銀行會發行相當於實際持股的美國存託憑證。業界最大的三家銀行是紐約銀行、花旗集團（Citigroup）和摩根大通集團（J.P. Morgan Chase）。

　　美國存託憑證分為幾種類型。第一種是非贊助型，由銀行設計，供大型機構投資者交易，沒有公司贊助。這種沒有受到贊助

的美國存託憑證逐漸過時了，因為處理起來太麻煩，即使對機構來說也是如此。

第二種美國存託憑證是贊助型。公司會承擔簿記費、轉帳費和其他成本。第一級（level 1）是美國存託憑證最低的一級，沒有在美國證券交易所上市，而是在美國粉紅單交易市場 * 進行交易。第二級（level 2）附帶更高的資訊揭露要求，有資格在美國上市。第三級（level 3）有資格在美國上市與首次公開募股，因為資訊揭露的規定更加嚴格，基本上相當於美國公司的現行規定。

當外國公司（或像該國政府這樣的賣方股東）希望進入美國市場的同時發行股票，通常會出現美國存託憑證。大部分的美國存託憑證都是在紐約證券交易所上市，其餘則在美國證券交易所或那斯達克證券交易所上市。

美國存託憑證的報價以美元表示，但反映了本國以當地貨幣計價的報價，並根據本國貨幣與美元之間的匯率進行調整。一般而言，美國存託憑證的美元價值和國內市場的美元換算值會有一點差異，比如 1% 至 2%，但這些差異是暫時的。在少數情況下，價差非常大時，就會產生套利。

其他形式的美國存託憑證只提供給大型機構，原因是沒有充分的資訊揭露或流動性不足。這些美國存託憑證符合證管會的「144A」有關私募的規範，透過電子入口系統進行交易。全球存託憑證（Global Depository Receipt, GDR）允許公司在全球多個地區同時發行股票，可能符合美國的「144」規範以及歐洲的

---

* 提供櫃檯買賣服務的公司，旨在促進具有證券交易資格的獨立經紀人之間交流；交易的股票報價都是印刷在粉紅色的紙張上，故有「粉單市場」之稱。

「S1」規範。歐洲存託憑證則必須符合歐洲的資訊揭露規定。

美國存託憑證提供了一般美國股票的許多便利條件，其經紀費與結算規定很像一般美國股票，不太像由銀行保管的其他國家標的股票。同樣地，轉讓安排和股利支付（以美元的現行匯率計算）也由銀行負責。但股利的價值隨著外幣的申報日期與付款日期之間的匯率而波動，除非股利都是以美元申報（英國石油公司就是以這種方式為美國投資人提供服務）。

美國存託憑證還提供了一種方法——將發行價格範圍調整到一般美國投資人可以接受的水準。其他國家的股價多半和美國不一樣。美國的股價是以幾十美元來計算。亞洲的股價通常是以當地的等值美元來計算。歐洲的流動性很低，也只有一小部分人口從事交易，他們的股價是以相當於數百美元的價格計算。因此，1 張美國存託憑證可以代表亞洲發行的 10 張股票。同理，可能需要 5 張到 10 張美國存託憑證才能等同許多歐洲的 1 張股票。

歐洲企業

歐洲正在緩慢但堅定地對美國投資人開放投資市場。在 1990 年之前就有些公司掛牌上市美國存託憑證，這在 1990 年代期間變得更常見，當然也會在 2000 年代更普遍。隨著愈來愈多公司跨境融資（及收購），這個趨勢無可避免。雖然歐洲公司長期以來閉關自守，但歐洲貨幣聯盟（European Monetary Union）迫使企業從地區性的角度考慮問題，有時也必須放眼全球。

英國是上市美國存託憑證數量最多的國家，主要原因是英國

和美國的語言相通，再加上會計方面也很相似。而商業風氣是傳統歐洲思維與美式哲學的混合。

　　大多數的英國能源公司都在美國證券交易所掛牌上市，包括英國石油、殼牌（Shell；荷蘭皇家殼牌的姊妹公司）和 BG 集團（BG Group；前身為英國天然氣）。在電信產業，相對於資產而言，英國電信集團（BT Group；前身為英國電信）的股價最低廉。沃達豐（Vodafone）既不是最便宜的，也不是經營狀況最好的公司。大東電信（Cable & Wireless）有兩家子公司，即 CWP（前身為水星電信）和以前的香港電信（Hong Kong Telecom），因此很適合進行分類加總估值分析法。

　　食品公司和製藥公司包括帝亞吉歐（Diageo）、吉百利、阿斯特捷利康（AstraZeneca）和葛蘭素史克。在 1990 年代的大多時候，他們的股票和美國存託憑證通常在葛拉漢和陶德的採用標準之外出售。捷利康製藥（Zeneca Pharmaceuticals）在 1993 年「分拆」（轉讓所有權）之後，帝國化學（Imperial Chemicals）變得名副其實，也是更優質的價值投資，可惜疲弱的資產負債表往往使投資人望而卻步。

　　公用事業包括 PowerGen、國家電力（National Power）。他們往往符合葛拉漢和陶德的採用標準，卻是平庸的投資標的，原因是英國的監管單位太過嚴苛。葛拉漢和陶德的理想投資標的經常是水利公用事業，但由於這些公司的性質是當地企業，缺乏在美國證券交易所上市的動機。英國也有一些銀行的美國存託憑證，包括滙豐（HSBC）和巴克萊（Barclays）。不過，駿懋銀行（Lloyds Bank）堪稱最佳銀行投資標的，卻沒有以美國存託憑證的形式上市，保險公司英國保誠集團（Prudential PLC）也是一樣。

在符合葛拉漢和陶德採用標準的投資標的當中，重工業往往很適合美國投資人，其中包括漢森（Hanson）和湯姆金斯（Tomkins）等企業集團。柯以斯集團（Corus Group；前身為英國鋼鐵）也許是在英國最符合葛拉漢與陶德式投資法的典範。投資人還可以考慮英美資源（Anglo American）、RTZ 等跨國礦業公司。

在服務業方面，蘭克機構（The Rank Organisation）和全錄（Xerox）的聯合經營中有一項重要的帳外資產。廣告公司 WPP 集團在 1990 年代初期的轉型時期符合葛拉漢和陶德的投資標準，但是在 1990 年代晚期不再符合這個標準。

有些法國知名公司都是以美國存託憑證的形式上市，包括石油與天然氣公司道達爾（Total）。這家公司和以前的公營企業埃爾夫阿奎坦（Elf Acquitaine）在 1990 年代初期掛牌上市美國存託憑證，但是道達爾在首次與 PetroFina 合併之後收購了埃爾夫阿奎坦。道達爾的前董事長瑟奇·謝瑞克（Serge Tchuruk）在阿爾卡特（Alcatel；前身為阿爾卡特－阿爾斯通）帶領公司扭轉局面，將公司的股價提升到超越葛拉漢和陶德界定的傳統範疇。這是重大的解救行動，因為前任董事長使公司陷入與法國政府之間的法律糾紛。在技術方面，意法半導體（STMicroelectronics）脫穎而出。

化學公司安萬特（Aventis；前身為羅納－普朗克公司）在 1990 年代中期的大部分期間以帳面價值售出自家股票。但是帳面價值使投資人低估了公司的資產價值，因為安萬特持有羅勒（Rorer）與羅納－普朗克的美國企業合併而成的美國製藥公司羅納－普朗克羅勒（Rhône-Poulenc Rorer）多數股權。

其實在 1996 年初期，安萬特的股票只以其合併後的製藥子公司股份價值出售，這意味著投資人免費獲得一家大型化工公司。1997 年，這家子公司的少數股東權益收購就突顯了這一點。接著，公司與德國的赫斯特（Hoechst）合併之後，為了專攻醫療保健而出售許多化工業務。這就是將資產貨幣化與再進行投資，藉此創造股東價值的實例。

法國的金融類股一般不會以美國存託憑證的形式上市。安盛（AXA）是顯著的例外，這家保險公司在 1996 年由 Axa 和 UAP 合併之後成立。至於在食品和飲料的領域，達能集團（Group Danone）和酩悅・軒尼詩－路易・威登集團（Louis Vuitton Moët Hennessy, LVMH）的都很昂貴，反映出該產業在世界各地的本質，尤其是名牌商品的部分。直到 19 世紀末、20 世紀初，法國電信（France Telecom）和易寬特（Equant）也出現了價值不足的情況，但是到了 2002 年，如果這些公司陷入困境，就會變得更便宜。

荷蘭目前的大部分大型股票都在美國上市。在過去 20 年，這個市場一直都是表現最出色的市場之一，因為大多數股票在上市或受到美國投資人歡迎之前都採用了葛拉漢與陶德式估價方法。1980 年代中期時，荷蘭皇家石油（Royal Dutch Petroleum）及其英國姊妹公司殼牌可以說是最便宜的大型石油股。阿克蘇諾貝爾（AkzoNobel）的前身阿克蘇（Akzo）在 1990 年代初期是葛拉漢和陶德的典型投資標的。

1990 年代中期，全球保險（Aegon）公司不在葛拉漢和陶德界定的投資範疇之內的保險企業迅速崛起。ING 集團和荷蘭銀行（ABN AMRO）等銀行也是如此。當時，大型食品公司聯合利

華從重大的重整中受益。

　飛利浦電子（Philips Electronics）經常保持著符合葛拉漢與陶德風格的經營模式，尤其是公司調整了在其他半導體公司的股份價值之後。電話公司 KPN 或郵政公司 NT Post 都很少出現這種情況。釀酒公司海尼根（Heineken）這家最大型的荷蘭公司沒有美國存託憑證，但通常不是葛拉漢與陶德式投資標的。

　1996 年，在歐洲產生「收斂」現象之前，伊比利亞國家有一些葛拉漢與陶德式投資標的，這影響了債券和股票的價格。在西班牙，這些公司包括電力公司恩德薩（Endesa）和西班牙電信（Telefónica）。西班牙電信在阿根廷、巴西、智利、祕魯和委內瑞拉的電話公司都有股份。此外，還有一些銀行，包括西班牙外換銀行（Banco Bilbao-Vizcaya, BBV）和桑坦德（Santander），後者後來與宏都拉斯中央銀行（Banco Central de Honduras, BCH）合併為西班牙國際銀行（BSCH）。

　1990 年代初期，銀行業在西班牙曾是一個陷入困境的行業，原因是當時高利率的環境和市場占有率的爭奪，但這兩方面的壓力在 1990 年代中期趨緩。BBV 和 BSCH 都在美洲有投資不同的公司。2000 年初期，拉丁美洲企業使這些投資標的的貶值之後，他們就變成更優質的葛拉漢與陶德式投資標的了。

　西班牙國家石油（Repsol）能源公司調整了資產負債表上對西班牙天然氣公司（Gas Natural）和拉丁美洲的儲備和投資價值之後，有時候很接近葛拉漢與陶德式投資標準。西班牙國家石油在歐洲主要是一家下游公司，透過收購阿根廷的國庫油田（Yacimientos Petroliferos del Fisco, YPF）來擴大其勘查與生產的業務，而 YPF 之前收購了美國的馬克思能源（Maxus Energy）。

這項阿根廷的投資使得西班牙國家石油的股票在 2002 年初期遭受打擊。

葡萄牙的案例包括葡萄牙電信和葡萄牙商業銀行。1990 年代晚期，由於之前提過的收斂現象，這些公司不再屬於葛拉漢和陶德界定的投資範疇。

在中歐，德國有幾家公司都是以美國存託憑證的形式上市。也許最著名的例子是在美國和德國都有分部的戴姆勒克萊斯勒（Daimler Chrysler），可以說是葛拉漢和陶德的典型投資標的。其他時不時符合本書投資標準的上市公司包括意昂（E·ON；前身為費巴）電力公司和巴斯夫（BASF）化工公司。

1995 年，西格利碳（SGL Carbon）以德國股票的形式上市時符合葛拉漢和陶德的評估標準，但兩年後以美國存託憑證的形式上市時就不再屬於葛拉漢和陶德的投資標的。其他以美國存託憑證形式上市的德國公司包括 SAP 軟體公司和費森尤斯（Fresenius）醫療產品公司，成長投資人經常對他們很感興趣，不過價值投資人不太感興趣。

義大利的汽車公司飛雅特（Fiat）長期呈現葛拉漢和陶德的投資特色。1995 年，隨著一些義大利公司以美國存託憑證形式上市，這類投資標的選擇範圍與品質開始急劇變化：埃尼（ENI）能源公司和義大利電信（Telecom Italy）電話公司。緊隨其後的上市公司是 INA 保險公司和聖保羅（San Paolo）銀行。其他消費品領域的投資選擇包括納圖茲（Natuzzi Industries）、班尼頓（Benetton）、斐樂（Fila Holdings）和羅薩奧蒂卡（Luxotica）。

在斯堪地那維亞國家，瑞典的愛立信（Ericsson）電信公司早在 1987 年就屬於葛拉漢與陶德式投資標的，但從 1990 年代初

期開始就不再是這般標的了。更長期的葛拉漢與陶德式投資標的包括重工業公司，例如伊萊克斯（Electrolux；大型家用電器）、富豪（Volvo；汽車），有時候還包括瑞典奇異布朗－博韋里（Asea Brown Boveri, ABB）工程公司。

在芬蘭，諾基亞（Nokia）電信設備公司帶來更可觀的成長所得，不過斯道拉恩索（Stora Enso）林業公司更是經典的價值投資。挪威有兩家具有代表性的能源公司：挪威海德魯（Norsk Hydro）和薩加石油（Saga Petroleum）。這兩家公司通常是葛拉漢和陶德的理想投資選擇。1990 年代中期，丹麥的兩家上市公司——諾和諾德和丹麥電信（Tele Danmark）——並不屬於葛拉漢和陶德的投資標準，但他們在早些時候符合標準。

亞洲企業

奇怪的是，日本是一個相當適合運用葛拉漢和陶德投資法的市場。原因是多年來的利率一直都很低，只有 1% 到 2%。因此，相對於這種低利率，比較收益和現金殖利率的規則具有很大的適用性，即便在 2000 年初期之前，本益比一直都非常高。從帳面價值和現金流來看，許多日本公司的股價也很便宜。因此，即使 1990 年以來的日本經濟很不景氣，日本公司有可能持續「隱瞞」收益。尋求市場占有率是日本企業的基本原則，即便必須犧牲近期的利潤。

日本企業的資產水準因人為因素而抬高，實際上是因為政府鼓勵和補貼銀行貸款。這種社會契約在 1980 年代期間推動了資

產（尤其是不動產）和帳面財富的大規模擴張。但由於國內生產總值成長趨緩導致的多米諾骨牌效應（domino effect）*，泡沫在1990 年破裂。以美國的標準評估，日本的現金殖利率看起來很低，直到近期美國的現金殖利率跌至歷史低點才相對接近。但是日本現金殖利率相對於日本利率，其實比美國現金殖利率相對於美國利率還要高，甚至在 1990 年之前也是如此。

　　日本是亞洲上市美國存託憑證數量最多的國家，其次是中國。最具代表性的兩個產業是汽車業——例如本田（Honda）、日產（Nissan）、豐田（Toyota）和速霸陸（Subaru）的前身，以及電子業——例如日立（Hitachi）、松下（Matsushita）、任天堂（Nintendo）、TDK，當中有許多公司都是價值線的研究對象。這些公司、東京海上日動（Tokio Fire and Marine）及零售商伊藤洋華堂（Ito Yokoda）通常都是葛拉漢和陶德按帳面價值計算的投資標的。這種情況在曾經是世界上最昂貴的大型公司日本電信電話（Nippon Telephone and Telegraph）或瑞穗（Mizuho）銀行集團卻很少發生。

　　在美國的共同基金當中，馬丁・惠特曼的第三大道價值基金在日本大舉投資，或許太過度投資了。他偏好金融類股，但他曾因投資日本長期信用銀行（Long-Term Credit Bank）而蒙受損失。

　　另一方面，中國是新興市場，其美國存託憑證主要集中在化工業（吉林化工、上海石化）和公用事業（中國電信、華能國際電力、山東電力），這些公司通常都是葛拉漢與陶德式投資標的。

---

* 指一件事的發生會引發一連串連鎖反應。

中國也有大量的股票在香港上市，但與其資產相比，這些公司的股價通常較高。此外，即使以東亞的低標準估量，對少數股東的保障也相對薄弱。

南韓只有幾家公司有美國存託憑證，但這些公司都是大型的知名公司，他們連同三星電子（Samsung Electronics；以全球存託憑證的形式上市，而非美國存託憑證）大約占韓國市值的一半，包括韓國電力公社（Korean Electric，簡稱 KEPCO）、浦項鋼鐵（Pohang Iron and Steel，簡稱 POSCO）、國民銀行（Kookmin Bank）、韓國電信（Korea Telecom）和南韓行動電信服務（South Korean Mobile Telecom）。價值線的一名韓裔美國分析師研究過前兩家公司。經過 1997 年晚期的亞洲流感危機之後，他們都是葛拉漢和陶德界定的轉虧為盈投資。

其他以美國存託憑證形式上市的亞洲公司屈指可數，包括 Indosat、印尼電信（Telekom Indonesia）、台積電、新加坡的創新科技（Creative Technology）及菲律賓長途電話（Philippine Long Distance）。

澳洲、紐西蘭和南非企業

澳洲和紐西蘭在地理方面與東亞有關聯，但在文化方面沒有關聯。這兩國和南非一樣都是前英國殖民地，並保留了英國的傳統和慣例。幾乎澳洲所有的主要行業都有美國存託憑證，紐西蘭的兩大產業也有美國存託憑證——電信業和自然資源。在 1990 年代初期，這三家澳洲銀行的股票都是葛拉漢和陶德的主要投

資標的：澳盛銀行（ANZ）、澳洲國民銀行（National Australia Bank）和西太平洋銀行（Westpac），而必和必拓（Broken Hill Proprietary, BHP）和力拓（Rio Tinto；鋅企業）的價格很高。

到了 1990 年代晚期，情況發生大逆轉，三家銀行的股價飆升，而必和必拓這家礦業暨能源公司陷入了困境。週期性分析在此處能派上用場，因為顯然 1990 年代的 10 年期間是銀行業最蓬勃發展的時期，而 2000 年代的 10 年期間則是必和必拓、力拓和西部礦業（Western Mining）的時代〔2001 年，必和必拓與南非的 Billiton 合併成澳洲必和必拓集團（BHP Billiton）〕。

至於其他的主要領域，魯柏‧梅鐸（Rupert Murdoch）媒體公司新聞集團（News Corporation）在 1990 年代初期是葛拉漢與陶德式投資標的，當時公司瀕臨破產，接著又從這般狀況起死回生。如今，儘管這家公司負債累累，卻是在國際上定價過高的產業代表。零售商科爾斯邁爾（Coles Myers）和電信公司澳洲電信（Telstra）在近期才成為適合我的投資類型。目前還沒有任何電力公司在澳洲或美國的證券交易所上市。

紐西蘭電信（New Zealand Telecom）是紐西蘭的頂尖股票，偶爾會以低於調整後投資價值的價格出售。更顯著的葛拉漢與陶德式投資選擇通常包括前弗萊徹（Fletcher Challenge）的林業與建築材料副業。能源子公司與紙業子公司後來都被收購了。

南非主要以資源類股聞名，這些股票占指數的一半以上，其中許多公司都有美國存託憑證，包括英美資源集團、英美鉑業（Anglo American Platinum）、金礦（Gold Fields）和薩索爾（Sasol）。不過，這些公司在早些時候從種族隔離制度中的低成本勞動力獲益，而現在種族隔離制度已經廢除，因此利潤變得較

少。「南非救助黑人政策」迫使資源公司把合約給效率較低的黑人經營企業，這些企業可能會進一步壓低收益。有些礦業以外的優秀公司在倫敦的證券交易所上市，可惜沒有在美國的證券交易所上市。

拉丁美洲企業

對美國投資人而言，拉丁美洲大概是理想的葛拉漢與陶德式投資地區，原因如下：首先，相對於其經濟重要性而言，拉丁美洲擁有最多美國存託憑證。其次，拉丁美洲是價值型市場，不像亞洲那麼偏向成長型市場。第三個原因與拉丁美洲在地理上和文化上很接近美國有關。除了英國，與大多數歐洲國家或亞洲國家的公司相比，拉丁美洲公司的會計慣例傾向於與美國相一致，常見的資訊揭露做法也和美國很相似。

五大國家都有在紐約證券交易所上市的電信公司。1990年，第一家上市的是智利的 Telefonos，接著是墨西哥電信公司（Teléfonos de México；簡稱 Telmex）。阿根廷的這兩家公司在 1994 年上市：西班牙電信阿根廷分公司（Telefónica of Argentina；在該國南部地區服務）和阿根廷電信（Telecom of Argentina；在該國北部地區服務），但西班牙電信公司的少數股東權益後來被同名的西班牙母公司收購。

巴西電信（Telebrás）在 1995 年是最後一家上市的大公司，不過在 1998 年為了彌補這一點而將其 11 家區域性公司以小貝爾（Baby Bell）的形式分拆。委內瑞拉電信（Telecom of

Venezuela）也在紐約證券交易所上市。

第二大具有代表性的產業由飲品公司組成。啤酒公司包括巴西的安貝夫（AmBev）和智利的啤酒（Cervezas）。可口可樂的裝瓶商包括智利的安迪納（Andina）和墨西哥的可口可樂芬沙（Coke Femsa），後者收購了巴拿馬的上市公司泛美飲料（Panamerican Beverages），這家公司在墨西哥、巴西、哥倫比亞和委內瑞拉都有股份。智利也有一家上市的葡萄酒公司孔雀酒廠（Vino de Concha y Toro）。至於消費品領域，擁有美國存託憑證的上市零售商包括巴西的甜麵包（Pão de Açúcar），以及墨西哥的電子器材店（Elektra）和康默西（Comerci）。

銀行以美國存託憑證的形式上市表現得相當不錯，包括智利的聖地亞哥銀行（Santiago）、巴西的布拉德斯科銀行（Banco Bradesco）、伊塔烏銀行（Banco Itau）和聯合銀行（Unibanco）。在較小的國家，兩家哥倫比亞的銀行——哥倫比亞銀行（Banco de Colombia），以及牧場銀行（Banco Ganadero）、祕魯的信貸銀行（Credicorp）和巴拿馬的百德斯銀行（Bladex）為大部分拉丁美洲國家提供貿易融資的服務。這些銀行多半以符合葛拉漢與陶德式價值出售，並對各國的整體經濟成長前景有相當不錯的作用，不過他們比一般美國銀行更容易受到當地經濟發展的影響。

在能源的領域，智利有一些大型上市的公用事業公司，包括智利的恩德薩和安納西斯（Enersis）控股公司。巴西有兩家小型區域性公司上市：賽米格（Cemig）和科佩爾（Copel）。阿根廷的電力公司規模比智利還小，只在當地上市，但大都市天然氣（Metrogas）和天然氣運輸（Transportadora）這兩家天然氣經銷商在紐約證券交易所上市。墨西哥的電力公司都是公營企業，因

此即使這些公司在本國也沒有上市。墨西哥和委內瑞拉的石油公司也是如此。2000 年，巴西石油（Petrobras）公司在紐約證券交易所上市。

在自然資源領域，有美國存託憑證的西麥斯是墨西哥最大型的水泥公司，也是世界第三大水泥公司。其他顯著的葛拉漢與陶德式投資選擇，包括祕魯的礦業公司布埃納文圖拉（Buenaventura）和南方銅業（Southern Peru Copper）。巴西國家鋼鐵（CSN）以前是國有鋼鐵公司。

整個趨勢似乎是偏向區域性市場與關稅同盟。1993 年，加拿大、美國和墨西哥簽署了北美自由貿易協議（NAFTA），涵蓋了中美洲的北部地區。就目前而言，關稅同盟似乎運作得相當和諧。位於南美洲南端的智利，正試著透過與墨西哥簽訂經濟條約這種走後門的方式進入關稅同盟。

21 世紀初期，美國總統喬治‧沃克‧布希（George W. Bush）開始與大多數拉丁美洲國家進行談判，有機會促成美洲自由貿易區的形成。這可能會使這些國家的債券殖利率以及債券與股票的市價比率與美國的水準相仿，這正是墨西哥經歷過的事實，但沒有立即見效（不少經濟進展受到 1994 年的經濟崩潰干擾），直到 19 世紀末、20 世紀初才見效。

1999 年，11 個歐洲國家建立彼此通用的共同貨幣——歐元，展開了貨幣聯盟。這些國家包括原本的六個共同市場國家——比利時、法國、德國、義大利、盧森堡和荷蘭，再加上奧地利、芬蘭、愛爾蘭、葡萄牙和西班牙。有幾個東歐國家後來加入或準備加入，例如希臘、捷克共和國、匈牙利、波蘭等。

值得注意的是，英國、瑞士和瑞典都沒有出現在這個圈子當

中，即便英國和瑞典是擴大後的共同市場一部分。儘管這些國家
使用單一貨幣，實際上在貨幣政策和其他經濟變數方面也許都沒
有北美盟國之間那麼相似。歐盟不像美國一樣在美洲有著領導地
位，而是由一群國家一同領導整個體系，尤其是法國和德國。

第 13 章

不動產的價值投資

　　不動產是種更有吸引力的金融工具，其固定收益像債券般相對可靠，也像股票般具備上漲的潛力。

　　其實，我冒著使股票和債券的潛在投資人氣餒的風險，準備在本章不動產的優勢，並提出葛拉漢和陶德對這種投資類型的觀點。在本章最後，我會談到如何透過股票和債券之類的投資工具，使擁有實際不動產的劣勢降到最低。

　　在同樣的投資金額條件下，不動產比股票更可靠，這就是為什麼貸款機構允許更高額的比例借款，抵押貸款通常是 80% 以上，而股票是 50%。從歷史的角度來看，不動產的升值潛力是大約每年比股票低 1 個百分點。不動產的現金收益率可以和公司債媲美，通常是每年 7% 至 9%。除了 1932 年和 1980 年的特例，不動產的現金收益率在多數情況下都比大部分股票的現金殖利率更高（當年的股票殖利率與不動產收益率之間的競爭關係，本來應該是買進股票的跡象）。

　　因此，不動產的潛在總報酬、資本利得再加上收入，實際上每年比股票高出 2% 至 3%。這種購買情況其實與價值股很相似，是由適度的資本利得和收入相結合（如果你出租房子，你會得到確定的收入；如果你自己住在房子裡是為了節省其他住處的房

租，你的收入就會充滿不確定性）。由於更可靠又更高的收入能帶來槓桿潛力，安德魯・卡內基等人指出，致富的捷徑是購買並擁有自己的不動產。

不動產的相對穩定性意味著你不可能像股市陷入瘋狂時那樣在資本面發大財（不過，你可以充分利用不動產來創造類似的權益資本變化）。常見的異議是不動產不如股票有趣，因為股票每天都有報價，可是不動產沒有。

話雖如此，許多人還是對不動產感到害怕，這是情有可原的。投資不動產的絕對金額通常比股票大。在許多情況下，一棟房子或其他類型的不動產會占一個人的資產淨值很大一部分。他們可以用 1,000 美元買股票，但不可能也用 1,000 美元買到不動產。即使實際的現金支出很少，控管的投資金額通常也落在幾萬或幾十萬美元的範圍。事實上，槓桿的特性使不動產變成一種具有風險的投資，而不是標的證券使然。

舉例來說，如果你用現金買下一間 10 萬美元的房子，然後房子的價值下降了 30,000 美元，你就會產生 30% 的損失。說起來令人難受，但這就是你可能會遇到的不利一面，甚至可能會因為選錯股票而損失全部的投資額。假如你以常規條款買同一間房子，頭期款是 20,000 美元，債務是 80,000 美元，然後房子的價值下降了 30%，頭期款換來的權益就會化為烏有，而且房子的價值會比抵押貸款少 10,000 美元（事實上，股票的損失總額一般發生在負債過多的企業，他們後來才發現未償付的借款金額大於企業價值）。

投資不動產的優點

　　不動產的優勢之一是比股票更容易融資。事實上，大多數不動產的交易至少有一部分是透過借款達成。基本的融資工具稱為置產抵押貸款（purchase-money mortgage），可以從大部分的銀行或者儲蓄、貸款取得。抵押貸款的期限為 5 年、10 年、15 年或 30 年，最常見的是 30 年。

　　如果抵押貸款的利率在期限內維持不變，則稱為固定利率抵押貸款（fixed-rate mortgage）。假如抵押貸款的利率隨著市場利率的變化而改變，則稱為浮動利率抵押貸款（floating-rate mortgage）或可調利率抵押貸款（variable-rate mortgage）。在這種情況下，在抵押貸款利率固定的最初 3 年到 5 年之後，這個利率每年都會調整。

　　然而，通常有一個超過抵押貸款期限的上限，一旦超過這個上限，借款人就無法再支付利息費用。可調利率抵押貸款在 1980 年代和 1990 年代初期很受歡迎，當時的市場利率很高，波動又很大；固定利率抵押貸款往往在低利率時期更受歡迎。

　　大部分的抵押貸款都屬於自動清償的貸款，也就是說每個月的還款包含利息和本金，所以抵押貸款會在一段時間內還清，通常是 30 年。另一種不太常見的抵押貸款是氣球式貸款（balloon mortgage），也就是在到期日之前只支付利息，本金在到期日當天才需要償還。這種抵押貸款就像典型的公司債；實際上，屋主變成了債券的賣方（對放款人而言），而不是買方。

　　以房養老（reverse mortgage）是指一開始每月的還款比應付利息少，所以本金至少會在最初幾年內逐漸增加。有一種以房養

老的做法是擁有房屋的老年人將房屋抵押給放款人，並根據他們的精算預期壽命領取每月的款項，直到他們過世後才交出房屋。

抵押貸款的還款設定是比你支付的利息高出 0.5 至 1 個百分點，以確保本金減少，實際的金額取決於還款期限。因此在最初幾年，你支付的大部分是利息，而且享有稅收減免。但當本金大幅減少時，複利效應就會逆向發生，因此每一次的付款代表著其中占有更大比例的本金，而利息逐漸減少了。

要說有什麼區別的話，那就是取得房屋淨值融資實在太容易了。如果你擁有一間房子，獲得的信用額度基本上可以讓你抵押房子高達 90%。1990 年代晚期和 2000 年代初期，許多屋主為了日常消費而這麼做。這種房屋淨值融資可能對 19 世紀末、20 世紀初的經濟繁榮產生重大的貢獻，並使國家在隨後的崩盤中脆弱不堪。

1950 年，當抵押貸款的繁榮期剛展開時，所有房屋的抵押貸款價值只有大約 20%；到了 2000 年，這個數字接近 45%。考慮到有相當多的人擁有自己的房屋，抵押人背負的房屋價值遠遠超過抵押價值的一半。30 年的抵押貸款期限似乎太長了；30 歲的購屋者要等到 60 歲才能還清 30 年期的房貸。

你可以一次支付比原本每月還款更多的錢，或者提前付清整筆抵押貸款，藉此節省貸款期間的利息支出。如果你幾乎沒什麼其他投資機會能賺取比抵押貸款利率更多的錢，如同 19 世紀末、20 世紀初的情況，那麼這不失為一種明智的辦法。但如果你能把房子租出去，而且租金足夠支付抵押貸款，支付利息占總支出的時間愈長，稅收減免就愈多。與提前償還貸款不同的是，你可以用這筆錢買另一間房子，並享有更多稅收減免。

　　由於利息占了頭幾年付款的大部分（也確實是人生中的大部分貸款），不動產的實際成本不是購買價格本身，而是包含利息和本金攤銷的付款總額（每月或每年）。假如伴隨著低利率，高昂的購買價格並不一定是特別沉重的負擔（零利率抵押貸款是特殊例子，銀行偶爾以抽獎的方式提供這個方案）。基本上，房貸的支付取決於購屋者每個月的收入，所以購屋者在償還多少債務方面的彈性很有限。

　　隨著市場利率上升，買家應支付的總價會下降，因為就像債券的情況一樣，需要防止服務成本總額像市場利率一樣快速上升。一般而言，在市場利率高的時候買入很划得來，將買點停留在低價（以及抵押貸款），接著在市場利率下降時進行再融資。這就像一家公司發行高票息債券，然後在利率下降時買回。

　　透過槓桿，你每年可以從不動產獲得 40% 以上的收益，大約相當於一次成功的槓桿收購。其實不動產的操作原理基本上和槓桿收購一樣。用抵押貸款買不動產可以說是一種很可能成功的高度槓桿交易。這是一般屋主能夠實行的少數做法之一。只有少數人可以從銀行獲得貸款來收購公司，不過絕大多數的人都可以從貸款機構那裡獲得貸款來買房子。

　　不動產能讓你致富的一個相關原因就是：這是善用別人的錢的好方法。唐納・川普（Donald Trump）在《交易的藝術》（*The Art of the Deal*）中充分說明了這一點。當他試著從紐約市買下後來變成凱悅酒店（Hyatt Hotel）的飯店時，他從紐約市獲得了 1 億美元的稅收減免。他向銀行借 1 億美元。最後，他自己付了 1,000 萬美元的訂金。槓桿率是 20 比 1，處於市場的最低點。光是這筆交易的利潤，就幾乎足以使他成為億萬富翁了。[1]

不過，一般屋主使用的槓桿率是 4 比 1，頭期款 20%，貸款 80%。如果房屋價值在20世紀下半葉以全國平均7%的速度成長，那麼你的 20% 頭期款就會產生 35% 的收益。假設你提前償還一些錢來減少房貸，總報酬率大約是 40%。

投資不動產的缺點

相對於金融工具，尤其是股票，不動產確實有些缺點。首先，不動產的交易不像股票或債券那麼容易，不動產的交易成本更高。雖然以股票的觀點來說，每股 IBM 的股票都完全一樣，但沒有兩間房子的價值是完全相同的〔即使在建築設計方面一模一樣，如同萊維頓（Leavittown）的房子，但畢竟地段還是不一樣〕。也許這是一件好事，因為一般人持有不動產的時間通常比持有股票的時間更長（當日沖銷還沒有影響到不動產市場）。

在一般情況下，你也需要和賣方打交道（如果你是賣方，則需要和一些買家打交道），這使得不動產比股票更難達成划算的交易，因為你買賣股票時會遇到許多潛在的買家和賣家，當中有一些人可能會在心情好時給你更好的價格（更低的售價或更高的買價）。

就這一點來看，買不動產很像在買小型企業。你要麼親自執行，要麼監督代替你執行的房仲。當然，如果你只是用抵押貸款買屬於自己的房屋，這間房子的日常管理就不成問題，畢竟你就是這間房屋的住戶。如果你融資不動產的方式是結合頭期款和抵押貸款，那麼你就是在運用債務和權益來買房。

不動產和股票的其他不同之處還包括：你買的是整間公司、一間房子或一棟大樓，不只是買一家企業的部分股票而已。基於這個原因，你可以藉著主動管理來改善，因為你就是經理人，而不是「其他」企業人員。實際上，有些不動產的開發商還會出售附加的整修服務，也就是優惠的房屋修理方案。經驗法則是 1 美元的整修費能使房屋增值 2 美元，但風險是你的房屋定價超出社區的一般價格範圍。這就是為什麼在優質社區買到劣質房屋比在劣質社區買到優質房屋更可取。

如果你要裝修一間房屋，你需要特別注意這三個地方：廚房、儲藏室和浴室。整修還可以透過另一種方式獲利——靠不動產收取更高的租金。如果租客的租期很短（1 年或 2 年），你可以在租期即將結束時提高租金。當然，租客可能會搬家，但這樣一來你就可以用更高的租金找到其他租客。[2]

不動產交易的融資

融資是大多數不動產交易的關鍵，所以如果你買不動產是為了個人用途，消費者信用的考量因素非常重要。不動產的標準資產負債率，即銀行常說的貸款價值比率為 80%，頭期款為 20%，這與一般的股票槓桿計畫不同，該計畫的債務上限為交易本金價值的 50%。在這種情況下，貸方既看重借款人的信用，也看重不動產的價值，為的是確保債務的償還。

因此，你的其他債務償付記錄是否有問題，會影響到你能不能取得購屋貸款。其他影響因素包括你的整體財務狀況。假如你

有大量的其他資產，例如股票，就會很有幫助。個人退休帳戶等退休資產不能用來保證貸款，但退休資產可以間接地作為借貸者精明理財的證據。

如果你是為了做生意才買不動產，那麼就需要多考慮商業相關的注意事項。銀行還是會評估你償債的貸款價值比率和債務收入比率，但可能不太重視你的個人財務狀況。你過去在不動產或其他領域的商務經驗，以及你的商業信用紀錄都會納入考量。在特殊情況下，貸方可能會要求你親筆簽署貸款，此時你的個人財務狀況就很重要。

貸方分為幾種類型，最常見的就是金融機構，例如銀行或儲貸機構。第二種是退伍軍人管理局（Veteran's Administration）或聯邦住宅監督局（Federal Housing Authority）等政府機構。第三種融資來源是業主融資。

相對於擬議的債務償還款項，銀行會注意借款人的收入。20世紀中期的經驗法則是抵押貸款不應超過收入的 2.5 倍。時下更普遍的經驗法則是抵押貸款的還款不應超過收入的 28%，而償債總金額不應超過收入的 34%。近年來，後者的比率已經放寬到高達 40%，這是一種財務考量上的延伸。借款人甚至可以在沒有收入證明的情況下申請貸款。不過一般來說，銀行要求的頭期款金額比平常高 25% 至 35% 以上，而且必須有良好的信用記錄。

申請政府貸款的要求有些不同。例如，退伍軍人管理局會以低利率發放貸款給退伍軍人。其他政府機構也會以不同區域為目標，例如低收入住宅區。如果你有經營多戶住宅的良好記錄，你就有資格取得用於開發和管理低收入住宅區的政府貸款。在這種情況下，你取得貸款的能力取決於你是否符合特定的官方條件。

此外，政府貸款更可能有苛刻的條款，例如提前清償貸款。

第三種融資來源是業主融資，適用的情況是你找到合適的賣家，而且你有足夠的說服力。抵押貸款只不過是買方同意在一段時間內支付房屋價值給貸方的借據。這是一種把房子當作抵押品的借錢方式。借款人發起抵押貸款，稱為抵押人，而貸款人稱為受抵押人。在這種特殊狀況下，賣方也是最後的貸款人。有時候，你可以在報紙上的房屋廣告版看到「OWC」，意思就是賣方已經為自己的房屋抵押貸款。

購買與借貸交易同時由仲介者處理。他們會接受頭期款，通常是買方開立的支票以及貸款人為抵押貸款部分所開的支票。然後，他們會從賣方那裡取得所有權，並將不動產重新登記在買方名下。最後，他們會將所有款項交給賣方。如果雙方想要完全確保交易的有效性，則會以契約的方式委託仲介。但大多數的交易流程都不需要做得這麼細。

人們常說不動產的關鍵要素是地段，所言不假，即使其他條件都相同也適用。意思就是你買的不動產不應該位於劣質地段。但這也不代表你一定要為優質地段「付出高昂代價」。這就好比買股票，你可以從不斷增加的本益比賺到錢，當然也可以從不斷上漲的租金中獲利呀。有一些理想的投資標的位於經濟水準與住戶素質持續提升的社區，尤其在紐約市這種大都市地區最常見。

你可以從目標明確的賣家那裡達成划算的交易，他們就是俗稱的「脫手者」。這類人可能剛離婚，或者剛結婚、剛生孩子，他們覺得目前的房子大小不再符合需求。或者，他們轉調單位、失業，需要換一間比較便宜的房屋。典型的例子就是，房屋即將遭到法院強制執行拍賣。有些投資人會藉著查詢離婚、欠款和即

將發生破產程序的法庭記錄來尋找這樣的人。也有一些投資人會去銀行或儲貸機構查看「銀行屋」清單（即遭到收回的不動產）。在後面這種情況下，由於頭期款和部分抵押貸款都已經支付了，銀行可能持有願意以折價出售的不動產，而不是持有並管理不動產。

　　真正的買房祕訣是只在償還債務的成本低於租賃收入減掉支出的情況下才買房。投資人最常在負現金流的處境中陷入麻煩。破產在不動產的術語中稱為「取消抵押品贖回權」（foreclosure）。由於買方在一段時間內無法償還貸款，此時銀行或其他貸款人占有該不動產。「取消抵押品贖回權」近似個人破產，會在一個人的信用記錄上保留 7 年（破產則保留 10 年）。

　　比較不傷和氣的情況是屋主將不動產的所有權（以鑰匙和契約作為象徵）交給貸款人，以此代替「取消抵押品贖回權」，不過這也涉及到 7 年的信用記錄。一次以上的補繳逾期款項並不會導致「取消抵押品贖回權」，卻會在信用記錄中保留好幾年不良記錄。

　　要在經濟好轉的時候買房，而最有前景的情況是現任業主已經改善附近的街區和不動產。如果不動產的開發商進駐，這就是一個好跡象（但這是夠精明才辦得到的投資）。開發階段之前正是創造龐大利潤的契機，也就是個人整修不動產的時候。人的素質比建築的品質更加重要。比起社區住戶大多是每隔幾年就搬家的年輕單身族，有穩定收入與家庭的藍領社區是更好的選擇。西雅圖、華盛頓就是發生過航空航太業裁員的典型例子。

　　你在買任何不動產之前，應該要取得一份工程報告，以確保主要系統正常運作，也要確認電、瓦斯和水沒有問題。此外，地

基和樑柱都不應該有任何結構上的問題。也許你會發現許多小毛病，例如油漆剝落，但這些缺點都應該反映在較低的售價上。你應當欣然接受這些瑕疵，因為你可以藉著修復瑕疵來增加利潤。

　　銀行會進行評估，只是評估的方式很粗略。銀行的評估者不會查明房屋的確切價值，而是把售價當作出發點，檢驗其合理性。良好的評估報告（做得好卻不一定有利）會讓你了解市場對房屋的反應與原因。

　　不動產的現金流基本上是可自主支配的項目，至少在還清了最低債務清償費用之後是如此。你可以把現金流用在不動產的再投資，例如維修或提升價值，你也可以用在提前支付抵押貸款，或者買更多不動產和其他項目。藉著延遲維修保養的方式，你甚至可以在短時間內「榨取」不動產的價值，但這不是明智的長期策略。

　　無論如何，現金流都是最終推動不動產報酬的要素。如果扣除支出和債務費之後的現金流是負數，就代表不動產的價格太高了，而且很可能會貶值。因此，你不應該為了「升值」而犧牲現金流。

　　買不動產時，應當考慮內在價值（即現金流）而不是考慮轉售價值。買股票時確實如此，但買不動產時更是如此，因為不動產的流動性比較低。下面這則故事在很多地方都流傳過，最著名的是約翰・保羅・蓋蒂（John Paul Getty）在 1920 年代對佛羅里達州沼澤地的描述：「投資人」買賣不動產的契約書，試圖在短時間內「轉賣」這些契約書。

　　當一位持懷疑態度的投資人要求經紀人讓他看看沼澤下的土地時，經紀人解釋說：「這個不動產是用來交易的，不是用來自

住。」[3] 投資狂潮結束後，有一些不幸的投資人只剩下一塊毫無價值的不動產。不夠狡詐的「不動產」形式除了減稅之外是沒有經濟效益的。這樣一來，投資人就會受到稅法變化的影響。

不動產的類型

不動產應當發揮最大的效用。不動產分為幾種類型：住宅型、商業型和工業型。在住宅型不動產當中，有一般房屋、公寓大樓和其他特殊用途的不動產，例如分時度假[*]。大部分的地區都劃分為住宅區、商業區、工業區或其他不動產形式的區域。但是有時候，你可以在經過許可的情況下，建造報酬更豐厚的建築類型，或者到市政府把土地重新劃分為更高級的用途，藉著這些方法升級不動產。因此，投資人能夠將住宅型不動產升級為商業用途。

假如原本的不動產是住宅型與商業型的混合，投資人也能夠將不動產轉變成其中一種類型，這取決於該地區使用哪一種類型比較有利可圖。也許投資人會買下一棟大樓和毗鄰的土地，然後在閒置的土地上建造另一棟大樓，或者賣掉土地來獲利。工業型不動產最棘手，因為這種不動產往往由工廠之類的「一次性使用」建築構成，一旦企業倒閉，就很難改建成其他用途的建築。

不動產的擁有形式分為以下幾種。最常見的就是獨立的建築物，通常是一間房子。一套公寓也可以做為共有公寓來擁有，也

---

[*] 指一個人在每年的特定時期擁有某個度假資產的使用權。

就是不同住戶擁有大樓內的獨立公寓，而大樓的經理擁有大廳和其他對所有人開放的公共區域。公寓的所有者需要支付維護費給經理，做為使用這些公共區域的費用。如果大樓破產，貸方會取消贖回公共區域所有權的權利，但各公寓所有者不會受到影響。

另一種比較不可靠的不動產規畫是合作公寓，因為是由一家公司擁有一整棟公寓大樓的所有權，而各個住戶根據公寓的價值來購買該大樓的股份。公寓本身是根據股份所有權來租賃使用。在這種情況下，如果大樓被抵押和違約，大樓的貸款人可以取消贖回整家企業的權利，也就是說住戶失去了公寓的股份，因此也失去了公寓住房本身的所有權。

合作公寓比共有公寓更難融資。以共有公寓為例，所有者擁有公寓住房的所有權。萬一發生拖欠債務的情形，銀行可以收回公寓住房。然後，公寓住房很容易清算，就像房屋等獨棟的建築物一樣。至於合作公寓，銀行只能收回與公寓相對應的股份，不能收回公寓住房本身。這是一種較薄弱的擔保形式，因為合作公寓通常有大樓的優先抵押權，其中個人公寓的抵押貸款實際上比大樓的抵押貸款等級低。因此，國內許多地區的貸款機構都不接受合作公寓的貸款，少數像紐約市這樣的大城市才有這種不動產規畫，他們通常會針對建築物的財務狀況以及個人的經濟狀況進行評估。

許多合作公寓會要求買家支付現金，或者如果是融資購買，買家必須使用消費者信用貸款，而不是房屋抵押貸款，其中的利息不可以從稅收中扣除，目的是篩選買家。小說《虛榮之火》裡的例子足以說明這一點，書中的主人翁謝爾曼・麥克科伊需要42 萬美元的稅前收入，才能為價值 260 萬美元的公寓支付每年

252,000 美元的利息。他一年只有 100 萬美元，就快要破產了。[4]

另一種不動產規畫是分時度假，主要適用於度假屋。屋子裡的住戶都能購買並擁有在特定期限內（通常是幾週或幾個月）獨家使用房屋的權利。令人嚮往的時段（季節）費用較高，因為你真正購買的不是房子本身，而是在特定時節使用房子的權利。

商業型不動產每平方英尺的租金比住宅型不動產更高，但風險也比較大。除了價格最高與最低的不動產之外，住宅型不動產的定價很少會脫離市價，因為即使原來的目標市場消失了，總會有人賣掉不動產，改買更貴或更便宜的不動產。

然而，商店、工廠或汽車旅館等商業型不動產基本上都是「一次性使用」的私人建築，很難為最初的目標市場找到替代用戶。私人投資者最好先累積一些住宅型不動產相關經驗，之後再轉攻商業型不動產。辦公大樓的風險最高。國內有很多地方充斥著辦公大樓，這代表空屋率很高、租金很低。

評估不動產投資

不動產的估價方式和股票非常相似。最常見的基準是租金的倍數，說起來很像本益比。另一種估價方法是可比較的建築物分析：在類型、地段和其他特徵都很類似的其他建築物，售價是多少？最後一種方法是重置成本。如果建築成本上升，重置成本就是很不錯的指標。

購買價格與各種不動產收入的比率計算方式很像股票的比率計算方式。例如，不動產指標將購買價格當作租金的倍數，這和

現金流量比相仿。大多數的不動產專家計算營業收入淨額時，會把租金減掉營業費用。價格與營業收入淨額的比率恰似本益比。得出這個數字之前並沒有減掉利息，因為這是融資決策的函數（要申請的貸款額度有多少），而不是房屋價格的函數。折舊在機器與設備方面是一項實際費用，而在不動產方面比較像是減免稅額，因為不動產往往會隨著時間過去而升值。

重置成本是不動產開發商需要注意的一大問題。如果市場租金導致不動產的價值大於建築成本，你就會建造不動產。風險在於你有大量的資金在比較長的一段時間內滯留，而報酬卻相對不確定。如果你不想要自己開發不動產，但又想要參與不動產開發，那麼你可以資助開發商。重置成本比市場價格高，對投資人並沒有任何好處。當不動產市場出現暴跌的局面時（偶爾發生），許多房屋的售價會低於建築成本，迫使建商蒙受損失，並阻礙新開發項目的發展，直到供需恢復平衡為止。

採取比較分析的做法是將一間房屋和鄰近地區的類似建築物進行比較，然後問問你自己願意為另一個條件相仿的建築物支付多少錢。也許除了其中一間房屋有附設的前廊或游泳池之外，兩間房屋的條件差不多。那麼有加分條件的房屋可能會比另一間房屋的售價高 10%。反過來說，你可以不買有很多附加設備的房子。如果你想要某些附加設備，可以自己另外買，這樣一來你也可以挑選自己喜歡的款式，並且透過討價還價省下不少錢。至於豪宅，或許請建築師來重新設計會比較值得，因為你要賣的是品味和生活風格，而不是單純的避風港。

美國不動產的歷史觀

從 1940 年到 2000 年，全國獨立式住宅的平均價格大約每 10 年增加 1 倍，每年升值的幅度是 6% 到 7%。因此，根據趨勢線的數值，一棟獨立式住宅在 1940 年的中位數售價約為 3,000 美元，接下來分別在 1950 年達到 6,000 美元，在 1960 年達到 12,000 美元，在 1970 年達到 24,000 美元，在 1980 年達到 48,000 美元，在 1990 年達到 96,000 美元，以及在 2000 年接近 20 萬美元。這間假設的房屋實際價值已經接近了現實中的升值趨勢。

前述規則的主要例外情況發生於 1930 年至 1940 年的經濟蕭條時期。在不動產領域，一棟中位數售價的獨立式住宅在 1940 年約為 3,000 美元，相較之下，1930 年的價格接近 5,000 美元。如果我們套用 1930 年到 1950 年這 20 年期間的類似關係，就代表在 2000 年價值 19 萬美元的獨立式住宅會分別在 2010 年和 2020 年達到 12 萬美元和 24 萬美元。

實際上，房屋升值在未來 10 年會呈現反向趨勢，尤其是接下來的 10 年。不動產市場的 35% 潛在虧損使大多數人感到不安，但是在 1930 年代的大環境下，這種損失會大幅低於股票市場的潛在損失。

這種看似一致的升值情形，在三個不一樣的時間範圍內以截然不同的方式發生：1940 年至 1970 年間的戰爭與戰後時期、1970 年至 1980 年代中期的通膨時期，以及 1980 年代中期至 2000 年以後的超量時期。

從 1930 年到 1940 年，按名目價格計算，房價下跌超過 35%，但由於同一期間出現 10% 至 15% 的通貨緊縮率，實際價

格只下降了大約 3 分之 2。那些完全擁有自己的房子的人虧本了，但是和股票等其他投資的報酬相比，損失相對較少。然而，申請抵押貸款的買方損失慘重，在當時工資大幅減少、就業率也急劇下降的環境，這些債務必須以更昂貴的價格償還。

到了 1940 年，房價下跌到至少一個世代以來的最低價。相對於價格，房屋的租賃價值相對偏高。從 1940 年到 1950 年，房屋的名目價格大幅上漲，但部分的漲幅被二戰導致的通膨抵消了。儘管如此，那些能夠借錢買房子的幸運投資人很可能遙遙領先，因為通貨膨脹降低了他們抵押貸款的實際價值。

此外，「二戰世代」的年輕人享有學生貸款專案——《美國軍人權利法案》（*G.I. Bill*），以及後來退伍軍人管理局與聯邦住宅監督局推出的低利率貸款。節省下來的租金大幅超出了抵押貸款的支付範圍，掀起購屋潮並使房價上漲，也促成了嬰兒潮，然後嬰兒潮又創造了更多的住房需求。過去 30 年，房價的實際升值幅度比 20 世紀的任何時期都更大。

接下來的時期，也就是越南戰爭後期和隨後的 10 年，不動產的價值就沒有那麼好了。名目成長率保持著戰後的速度，但由於通貨膨脹加劇，實際成長率大幅下降。1970 年代初期，按實際價值計算的房價基本上維持不變，並沒有上漲。

直到 1970 年代晚期才漸入佳境——房價的漲幅超越了通貨膨脹，1980 年代初期的通膨率也下降了。與金融資產相比，住房供給的優勢在於股票無法維持實際價值。此外，借錢購買不動產的投資人能從借到的每 1 美元中獲利，因為固定利率貸款的利息跟不上不斷上升的通貨膨脹率，而投資人償還抵押貸款的錢比當初借到的錢更便宜。在嬰兒潮世代出生的年輕人領悟到這個事

實，而且他們運用債務的方式連他們經歷過大蕭條時期的父母都不敢嘗試呢。

最後一個階段是從 1980 年代中期到 2000 年代初期，這是不動產價值最不穩健的階段，出現了類似 1920 年代晚期不動產估價過高的現象。這段時期結束時，國內大部分地區的抵押貸款還款額都超過了合理的租賃價值，這是估價過高的典型跡象。買家已經從前兩個階段學到了教訓——不動產終究會上漲。最後這段時期的另一項特點是金融「創新」，大幅增加了房貸信用的有效性，以及人們使用房貸信用的意願。

第一個變化出現於 1986 年的《稅務改革法案》，該法案取消了消費者利息的稅收減免，但允許房屋淨值貸款的稅收減免。

第二個變化來自房屋淨值貸款本身的興起。

第三個變化反映在 1982 年開始的長期利率下降，再加上房屋作為擔保品再進行融資的繁榮光景使屋主能夠以同樣的房貸還款額來承擔愈來愈多的債務（或者為同樣的債務水準承擔愈來愈少的房貸還款額）。

最後一個變化是寬鬆貸款規定的增加，例如貸款價值比率超過 100%，以及發放次級貸款給信用欠佳的人。

最終，現金儲蓄為零或為負數的美國人指望房子能為他們的退休生活提供收入，就像 1990 年代晚期的投資人指望股市為他們的退休生活提供收入一樣。房子不再只是一個居住的地方，早已變成一種主要的投資工具了。

1990 年代晚期，隨著資金變得愈來愈容易取得，不動產的價值上升到天價的水準。這不是單純的巧合，而是一種因果關係。如果你很容易取得資金，其他人應該也不難取得資金，除非你剛

好是在洛克斐勒（Rockefeller）家族[*]中出生，或者在其他繼承龐大財富的家庭中出生。再加上 20 世紀最後十年的實際工資水準達到歷史最高點，這個事實具備了不動產繁榮的條件。因此，大多數交易的價格都反映出在這段時期容易獲得資金。

葛拉漢和陶德在 1934 年出版的《證券分析》中有一個例子能說明美國不動產市場到 2000 年的時候有多麼狂熱，[5] 如下：1920 年代，一間價值 10,000 美元的房子以每年 1,200 美元的價格出租，相當於購買價格的 12%。假設 3 分之 1 的租金需要用於維修，每年就會剩下 800 美元用於債務償還。假設抵押貸款為總價值的 60%，6,000 美元再按 6% 計算，那麼利息就是 360 美元，年度分期付款總額約為 400 美元，每年 800 美元的淨現金流量就是這筆錢的 2 倍。

2000 年代初期，同樣的房子大約值 10 萬美元。抵押貸款利率約為 7% 左右，以過去 20 年的標準來看是偏低，但實際上比葛拉漢提出的 6% 例子還高。同時，這類房子的租賃收入通常占成本的 6% 至 8%，相當於每年大約 7,000 美元。扣除 3 分之 1 的維修費之後，每年用於還債的費用不到 5,000 美元。「普遍」的抵押貸款比率是 80%，而不是葛拉漢當時的 60%，所以利息為 5,600 美元、貸款利率為 7% 的 80,000 美元抵押貸款，會比 4,700 美元的淨現金流量更多（7,000 美元的 3 分之 2）。

按照 1920 年代的 60% 比率（年利息為 4,200 美元，再加上

---

[*] 一個涉足工業、農業、石油業、食品業等重大行業的家庭。約翰・戴維森・洛克斐勒（John D. Rockefeller）和弟弟主要憑著標準石油（Standard Oil）公司在 20 世紀初成為全球最富有的家庭。

本金逐年清償），這筆現金流幾乎不足以償還利率 7% 的 60,000 美元抵押貸款。考慮到 2000 年代初期的抵押貸款在許多情況下都很接近總價值的 100%，而不是總價值的 80%，一般投資人會比前述的例子更容易陷入負債。我們也很容易看出，取得信貸的可能性當初如何將房價推高到如此荒謬的水平。

其他參與不動產投資的方式

　　購買不動產憑證的另一種方式是購買由私人投資人（包括不動產賣家）持有的抵押貸款，通常是第二順位抵押權，而不是由銀行持有的第一順位抵押權。第二順位抵押權不穩固，因為屬於次級債，也就是說償還優先權通常比第一順位抵押權更低。大多數第二順位抵押權是由「脫手者」以折價出售的，殖利率為 15%。在特殊的案例中，只有很少權益股權或完全沒有權益，所以房子的價值必須足夠支付第一順位抵押權、第二順位抵押權，幾乎沒有剩餘價值。分析第二順位抵押權，就好像之前在第 5 章分析不良證券一般。

　　在這些例子當中，如果第二順位抵押權未受清償，最終的擔保是有權取消贖回不動產的權利，並轉售不動產。但是，如果不動產的價值低於第一順位抵押權、第二順位抵押權的面值（第一順位抵押權有優先權），那麼投資人獲得的報酬就會比預期的報酬更少。

　　一般人認為抵押債券的可靠度和公司債不相上下。然而，抵押債券經常出現的重大風險，在公司債中卻只是偶爾出現：提前

還款風險。1960 年代，國會不顧銀行業者的反對，直接給予借款人預付抵押貸款的權利，甚至可以在房屋出售前預付。基本上，借款人能自行選擇抵押貸款的「買權」，猶如公司債的買權。

從 1980 年代開始，金融機構的預付選項使得再融資變成一種普遍的做法，這種選項就變得更可貴了。許多企業發行的債券都有這個特性，不過他們認為現金還有其他用途，因此不像消費者那麼積極償債。這種提前還款風險可能早在 2000 年代頭十年就大幅降低了。

聯準會把重要的借貸利率降到 1.00%，這是歷史上最低的浮動利率，也把其他利率推向幾十年來的低點。與抵押貸款利率有關連的市場利率不太可能再下降，只會上升。投資人已經盡量再融資和利用自己的財務槓桿，不太可能繼續預付了。

有些公開交易的不動產投資信託（REIT）工具和股票非常類似。根據許可證，這些公司必須把 95% 以上的收入當作股利來發放（否則會失去節稅資格）。因此，不動產投資信託的現金殖利率非常高，通常是 6% 至 9%，再加上過去每年平均價格升值 5% 至 7%，以及每年的總報酬（股利加上資本增值）比歷史上的股票報酬高出 2% 至 3%，就像投資基礎不動產一般。不「雙重課稅」是不動產投資信託的一大優勢，也是不動產投資信託總報酬很高的原因之一。

2000 年當時的不動產投資信託價格比歷史標準低，如果你也在類似的時期買不動產投資信託，就有機會獲得更高的收益。當時，許多不動產投資信託支付的股利高達 8% 至 10%，比歷史標準高一些。這彌補了 4% 至 5% 預期成長率低於 6% 至 8% 歷史成長率的事實。

　　不動產投資信託通常是根據建築類型來分類，例如辦公型、公寓型、醫療保健型、飯店型等，甚至還有一些外界的企業為了節稅，以不動產投資信託的形式成立，例如梅溪木材（Plum Creek Timber）公司。除了不動產投資信託面臨的一般問題，每一種類型都有特定市場區隔的變化風險。

PART 5

投資組合管理

第 14 章

資產配置的問題

　　一般投資人都希望在調整風險後，把資金投入最符合短期需求與長期需求的投資。通常，這樣做是追求潛在報酬的最大值，也意味著投資股票，但並不代表股票一直都是首選投資工具。即使你想要持有股票，也不應該經常把所有資產都投資到股票，或者把所有資產都投資到債券、現金等固定收益型投資工具。

　　我們在 Part 2 已經談論過如何挑選固定收益型投資工具，不過這本書的內容算是偏向股票投資。在我提出股票投資的相關案例之前，我會先介紹葛拉漢與陶德提出較中立的觀點，以及名列收入型投資的現代擁護者邁克爾・奧海金斯所提出的相反觀點。

葛拉漢和陶德提出的被動資產配置法

　　葛拉漢主張在任何時候都將 25% 到 75% 的資本投資到股票，其餘的資本則投資到固定收益型證券。還有一種明智的簡單策略是股票和固定收益型工具各占一半。但其實葛拉漢和陶德想給那些希望掌握市場時機的投資人的基本建議是，只需要偏離 50% 投資組合的 25 個百分點，而非 50 個百分點。他們在短期證券與

長期證券之間的配置方式著墨不多，[1]但至少現代的專業投資家
邁克爾・奧海金斯似乎已經解決這個問題了。

在 25% 至 75% 範圍的低端與高端之間分配股票，需要依據
以下提到的市場估價技巧。具體來說，如果現金殖利率可以和葛
拉漢與陶德式投資標的相近，且媲美優質債券的殖利率（至少有
AAA 級債券的 3 分之 2 殖利率。你也可以從價值線的每週指數
資訊找到所有股東會議中列出的名單，或即將開會的名單），你
應該要大量投資股票。然而，當個股跌出價值範圍時，應該要逐
一賣出，而不是像 1960 年代和 1990 年代的大多時期那樣在整體
市場水準尚高的情況下用其他股票取而代之。這個過程一直持續
到股票的比例達到 25% 的下限。

葛拉漢建議那些想要親自管理投資帳戶的投資人挑選 10 支
到 30 支股票。在實務上，股票的持有數量應該要偏少。股票的
數量愈多，愈能分散投資風險，但大多數的散戶都很難掌控大量
的投資部位。假如股票都不屬於同一個產業或圈子（例如銀行、
保險公司、股票經紀商，以及容易受到利率影響的公用事業），
10 支到 15 支股票的投資組合有足夠的分散風險，況且分散風險
較低所造成的損失可以從更良好的控管得到補償。

有效的資產配置長期趨勢 [2]

股票與固定收益型工具之間的比較，概括如下：

■ 固定收益型工具在整整三十多年週期當中的整體表現不如

股票。

■ 在三十多年週期中，固定收益型工具中的部分表現在大多時候與股票相近或超越股票。

■ 股票在最能創造卓越表現的時期，可靠度很高。

■ 因此，適度地混合固定收益與股票，並且在適當的時機注重股票，就可以在不犧牲報酬的情況下大幅降低投資組合的風險。

事實上，這些都是邁克爾・奧海金斯的經驗之談。他在自己的著作《靠債券打敗道瓊指數》（*Beating the Dow with Bonds*）闡述前述觀點。他的研究涵蓋了 30 年的期間（1969 年至 1998年），證實投資人在二十多年內適度持有固定收益型工具、債券或現金，投資績效至少和持有股票一樣好。此外，他明確指出投資人在什麼時候「務必」持有股票的信號，以免在整整 30 年週期當中落後了（1990 年代晚期的牛市並沒有出現這個信號）。

股票在什麼時候深得人心？奧海金斯比較了股票收益率（本益比的倒數）與債券殖利率。在 1969 年至 1998 年這 30 年的大部分時間裡，債券殖利率一直都比股票收益率還高，這使奧海金斯認為債券更有吸引力。因此，在那些年的大部分時間，他會投資 30 年期的零息票債券，或者投資一年期的國庫債券。這條規則的例外是 1974 年到 1980 年之間的那段時間，當時股票是首選投資工具，因為股票的收益率比債券殖利率高。在 1974 年前後股市跌至谷底和隨後復甦的一段時期，也是適合大量投資股票的時機。這套邏輯很簡單。

在涵蓋 30 年或 40 年的整個市場週期當中，股票的表現會超

越債券或現金，卻可能在相當長的一段時間內表現不佳，而且這樣的表現會持續 10 年或 20 年。市場估價遠遠高過其幾十年的趨勢線時，更是如此，這就像 1966 年的情形，也可能是 20 世紀與 21 世紀轉換之際的情形。

　　一個預計有 30 年或 40 年工作生涯，再加上至少有 10 年或 20 年退休生活的年輕人，可以有足夠的時間來依照整個市場週期投資，以取得平均值以上的報酬。但一個只剩 10 年或 20 年壽命的老年人（多半已經退休），則必須提防在剩餘的有生之年可能會遇到的災難時期。

　　我這麼比喻：投資人要完成一趟投資的來回旅行，旅程包括市場的上坡和隨後的下坡，那麼在 1995 年和 2002 年期間，5 年期的債券會表現得和股票一樣好，甚至能影響 1990 年代晚期的股票優異表現緊接著表現不佳。我會在本書的最後一部分探討原因，20 年一遇的高點也許就發生在 19 世紀末、20 世紀初。風險在於，投資人對報酬率已經過高的市場抱持更高的期望，然後在必要的時候卻不能獲利了結。奧海金斯的假設資產配置策略可以概括為以下三個部分：

1. 他比較道瓊指數的收益率和債券殖利率，是為了在股票和固定收益投資之間做出選擇。
2. 他採用類似葛拉漢與陶德式策略，在幾年內篩選被列為首選的股票。更確切地說，他採用的策略是修改後的道瓊狗股理論，挑選 5 支價格最低而且是一般投資人很容易入手的「狗」股＊。我會在下一節談到這項策略的優點。
3. 當債券被列為首選投資工具時，他用黃金價格來確定幾年

內（大部分時期）該持有長期債券還是短期債券。

　　有趣的是我們可以從圖表 14-1 得知，從 1969 年到 1998 年的大部分時期，尤其是下半年，零息票債券的報酬比股票更多。在整整 30 年期間，債券的報酬比股票少一些，不算少很多——前者的每年平均報酬率為 9.0%，而後者為 11.7%。

　　這段期間近似第 20 章描述的三十多年週期。這個結果和 1969 年前的時期形成鮮明對比，當時的債券報酬比股票少很多。直到 1970 年代初期，經過了長時間的通膨之後，放款人終於恍然大悟，開始要求高於歷史水準的債券殖利率，並且在出現問題跡象時，比之前更快地將債券折價出售。

　　另一個重點是，在道瓊指數的收益率超越債券殖利率的那幾年裡，以股票代替債券的簡單權宜之計可以大幅改善單純只有債券的投資策略。這種複合式策略可說是兩全其美。在收益率很高的幾年內，可觀的股票報酬可以彌補只靠債券投資其中短短幾年的收益不足。奧海金斯的「擊敗道瓊指數策略」所帶來的 18% 葛拉漢與陶德式報酬率，能夠在整整 30 年期間輕易地擊敗道瓊指數——18% 勝過 12% 以下。

　　簡單來說，投資人可以說 1969 年到 1974 年期間的首選投資工具是短期國庫券、1975 年到 1980 年期間的首選投資工具是股票，而 30 年期的零息票債券可以在 1981 年到 19 世紀末、20 世紀初創造出最可觀的報酬。

　　奧海金斯主張在 1980 年之後徹底退出股市，但葛拉漢與陶

---

* 這種股票操作方法好比懶惰的獵人不願打獵，於是養了幾隻獵狗負責打獵。

圖表 14-1　1969 年至 1998 年的報酬比較表

年度	國庫債券	零息票債券	道瓊工業平均指數	擊敗道瓊指數策略
1969	6.58%	-17.34%	-11.60%	-10.09%
1970	6.52%	24.33%	8.76%	-4.72%
1971	4.39%	19.96%	9.79%	5.03%
1972	3.84%	6.21%	18.21%	22.16%
1973	6.93%	-29.59%	-13.12%	19.64%
1974	8.00%	-15.43%	-23.14%	-3.80%
1975	5.80%	11.34%	44.40%	70.10%
1976	5.08%	32.54%	22.72%	40.80%
1977	5.12%	-10.78%	-12.70%	4.50%
1978	7.18%	-16.35%	2.69%	1.70%
1979	10.38%	-20.52%	10.52%	9.90%
1980	11.24%	-33.67%	21.41%	40.50%
1981	14.71%	-28.62%	-3.40%	0.00%
1982	10.54%	156.12%	25.79%	37.40%
1983	8.80%	-20.10%	25.68%	36.10%
1984	9.85%	20.44%	1.05%	12.60%
1985	7.72%	106.90%	32.78%	37.80%
1986	6.16%	74.45%	26.92%	27.90%
1987	5.47%	-25.90%	6.02%	11.10%
1988	6.35%	7.51%	15.95%	18.40%
1989	8.37%	45.25%	31.71%	10.50%
1990	7.81%	0.33%	-0.58%	-15.20%
1991	5.60%	35.79%	23.93%	61.90%
1992	3.51%	7.82%	7.35%	23.20%
1993	2.90%	39.47%	16.74%	34.30%
1994	3.90%	-26.28%	4.98%	8.60%
1995	5.60%	85.11%	36.49%	30.50%
1996	5.21%	-12.58%	28.61%	26.00%
1997	5.26%	29.22%	24.74%	20.02%
1998*		24.39%	0.46%	6.41%
1968-98		9.00%	11.70%	18.00%
1980-98		22.70%	18.60%	20.00%

＊歷時九個月，至 9 月 30 日。

資料來源：邁克爾·奧海金斯，《靠債券打敗道瓊指數》（紐約：HarperBusiness 出
　　　　版，1999 年）。擊敗道瓊指數策略（Beat the Dow Strategy）可縮寫為
　　　　BTDS。

德的投資觀點沒有這麼極端，反而可能會在接下來的 15 年逐
漸減少股票部位：從 1974 年的 100%，減至 1980 年代初期的
75%、1990 年代初期的 50%，一直到 2000 年代初期的 25%。理
由如下：

- 由於葛拉漢與陶德式投資的優勢，股票和債券之間的配置
  並不像剛才提到的那麼明確。在 1980 年代的大部分時期，
  精選的道瓊成份股收益率超過了債券殖利率，即便道瓊指
  數的整體情況並非如此。這不僅證實了道瓊狗股理論或奧
  海金斯修改後的策略，也為這段時期的持有股票提出充分
  的理由。
- 與債券相比，股票的另一個優勢是內部的自主成長，一般
  估計是每年 2%。這個數字相當於生產力的長期成長率，
  也代表股票終究比債券更有利可圖的優勢。換句話說，股
  票比債券便宜，不只是收益率高於或等於債券殖利率的時
  候是如此，其實當收益率比較低時也是如此。低多少呢？
  積極型投資人在比較收益率與債券殖利率時，可能會把整
  整 2 個百分點加到收益率，而保守型投資人考慮到本益比
  畢竟是依據收益估值，而且股票固有的風險比債券大，他
  們可能只補上 1 個百分點以下。

　　因此，在收益率較高且與債券殖利率的差額少於 2 個百分點
的情況下，我們可以將 75% 至 100% 的資金投資到股票。

　　1990 年代晚期，根據最高本益比大約 30 倍，收益率為 3.3%。
考慮到自主成長（樂觀的假設），在這個數字加上 2 個百分點，

得出的調整後收益率為 5.3%，很接近債券殖利率。這種安全邊際很小，只能將 50% 以下的資金投資到股票。如果收益率再增加 2 個百分點導致調整後的數字低於債券殖利率，這就證實了徹底拋售股票的策略。

回顧上一個週期

　　經過了 1930 年代的崩盤後，一般人認為債券是唯一可靠的投資工具。其實這一點適用於 10 年內的大部分期間，但問題是為時已晚。如果投資人能在崩盤之前遵循前述建議或類似的觀點，效果會比較好，我就是在 2000 年之前這麼做的。不過，主要問題依然存在。1980 年代與 1990 年代牛市反彈的基本推動因素是通膨率下降，因而導致市場利率下降，這對股票和債券都有利。因此，投資債券的成效在 2000 年之前的大部分時期比在 2000 年之後更佳。

　　金融工具的現代史有四個主要時期：第一個時期是 1929 年到 1941 年，特色是債券殖利率適中（通常是 3% 至 4%）與價格下跌（通貨緊縮）。由於通膨率為負數，實際收益率高於名目報酬。這對債券而言是不錯的投資環境，但對股票而言是糟糕的投資環境。2000 年之後的大環境很可能和這段時期相似。

　　第二個時期是 1942 年至 1965 年，期間包括二戰及戰後時期，當時通膨率上升，伴隨著強勁的經濟成長。債券殖利率低至 1% 到 2% 的範圍，成了通貨緊縮時期的遺留問題。不過，通膨率也處於 1% 至 3%，通常比債券殖利率更高。因此，債券的實際殖

利率為負數。這種通膨伴隨著強勁的經濟成長對股市很有利。在 1960 年代中期，股價上漲到高點後，出現了下跌。

第三個時期是 1966 年至 1982 年，特色是通膨率較高，同時成長率極低，這種情況稱為停滯性通膨。因此，直到 1970 年代中期，已經上升到 5% 以上的債券殖利率依然低於通膨率。在這十年的後期，通膨率達到 11% 至 13%，把債券殖利率推向 14% 至 16%。但是債券投資人在這段期間依然蒙受重大的資本損失，股票投資人也在其中某些年度承擔虧損，這些股票在下跌時，基本面也逐漸衰退。但相較之下，股票依然是更佳的投資工具，奧海金斯的研究顯示股票在 1970 年代中後期大放異彩。

第四個時期，也是最近的一個時期，此時處於反通膨與利率成長並存的狀態。債券殖利率達到 14% 至 16%，即便通膨率已經降到 4% 至 6%。隨著通膨率下降，債券殖利率也下降了，幅度卻較小，因此透過利息收益和資本利得的結合提供不錯的總報酬。這段時期對股票也很有利，使股票創歷史新高。這一點再加上我在第 19 章中談論美國與其他國家的經濟發展，重演了 1930 年代的光景。

值得注意的是，股票的長期表現可能不如債券。如果你考慮到 1929 年的崩盤，就會發現 1920 年代的情況就是如此。路佛（Leuthold）集團在 1999 年的《財星》雜誌投資人特刊中發表一系列歷史數據回溯測試的結果，並提出可以用「27 法則」概括的歷史報酬表。

簡而言之，結果顯示未來 10 年的每年平均報酬率約為 27 減掉當時的市場本益比。在 1999 年的本益比為 25 倍以上的情況下，未來 10 年的預期股票每年報酬率只有 2%，大幅低於投資人可以

從債券得出的殖利率（另一個特殊情況是 10 倍的市場本益比使未來 10 年的每年平均報酬率達到 17%，如同 1982 年的市場低谷期）。[3]

葛拉漢與陶德擊敗道瓊指數的方法

眾所周知，能打敗市場平均水準的基金經理人寥寥無幾，有兩個原因：第一，現今的投資多半由經營共同基金的專業人士主導，而不是散戶。對這些專業人士來說，打敗市場平均水準就代表要打敗同業，而不是打敗一群經驗不足的投資人。第二，一般基金經理人都操之過急。當他們必須滿足散戶的心願而追逐每一個潛在的獲利機會時，他們會大量買賣並改變手中的持股，增加傭金成本。典型的投資組合周轉率超過 100%。

盲目跟從指數購買的策略，會使投資人暴露於股票投資市場的整體變化之中（通常是有利的情況）。但除了確保投資人的績效不會輸給「市場」，這個策略本身沒有風險控管的特徵。具體來說，這個策略無法確定整體的指數是否定價太高、收益太少或各個項目的財務槓桿作用過高。

反之，我的目標是把道瓊指數或其他指數當作柏忌 * 般的開端，然後試著改善其中的股票。一般來說，指數中的某些股票具有投資人嚮往的理想品質。但根據葛拉漢和陶德的方法論，我會

---

* 高爾夫球運動術語，指總桿數高於標準桿數的一桿。

尋找其他適當規模的公司來滿足條件。更確切地說，我希望找到品質更高的高現金殖利率標的，由高品質的資產支撐且價格合理，甚至成長率令人期待。

在道瓊狗股理論中，我們可以找到折衷辦法。這種策略需要投資人在每一年的年初購買道瓊工業平均指數中報酬率最高的 10 支股票，並且持有這些股票 12 個月，直到下一次調整投資組合。奧海金斯大力支持這個方法，他關注這 10 支道瓊成份股中最便宜的 5 支股票（按絕對價格計算）。

由於這個價值投資方法遵循葛拉漢與陶德的研究方法實質精神，而非字面意義，因此得出的結果（見圖表 14-1）可以被視為葛拉漢與陶德的經驗指標。事實上，所謂的「5 支狗股戰勝道瓊指數」策略在整個期間的報酬為 18%，這個結果和當初葛拉漢－紐曼（Graham-Newman）公司在大蕭條時期創造的 20% 報酬結果相當一致。

這種策略通常能夠奏效的原因是 10 支（或 5 支）狗股在現金殖利率方面顯然是更優良的投資選擇。這點非同小可，因為狗股通常比指數高出大 2 個百分點的報酬優勢，更重要的是狗股比那些沒有納入道瓊成份股的股票高出 3 個百分點以上的報酬優勢。

關鍵的假設是狗股在其他重要方面和指數中的其他股票有相似之處——穩健性、收益成長、對有利經濟趨勢的敏感度等，因此無論狗股在這些方面有什麼缺點，都能夠被報酬的優勢抵消。這就好像實力有點弱的玩家，在西洋棋或其他遊戲中得到能彌補能力的「讓步」，使他能夠至少以一般平均的水準來發揮，也讓實力較弱的人有表現的機會。

根據葛拉漢和陶德在 1934 年出版的《證券分析》，他們也

許認為以清償資產價值以下出售的股票投資組合，其實比同樣公司的債券投資組合更可靠。造成這種矛盾的原因有兩方面：由於有可觀的資產支撐，每支具備這些特性的個股幾乎和同一家公司發行的債券一樣可靠。

其次，即使有這種資產保障，也有可能出現打擊一家或多家公司的意外事件，進而損害證券的價值。哪一種投資組合具備更強的保障力，能夠抵擋特殊的問題呢？答案是股票投資組合。投資組合中的其他債券在到期時只能支付利息加本金，無法補償不穩定的債券，但是其他股票可以上漲到購買價格的倍數。[4]

當許多股票以清償價值出售時，這套策略特別有用。在這種情況下，投資人可以把一大部分資本分配到 75% 以上的股票。隨著受到保障的股票數量減少，投資股票的比例也應該要減少。

掌握進出市場的時機

掌握進出市場的時機通常比登天還難，即使是專業人士也無法經常成功地把握時機。一般而言，原因是有許多不一致的跡象，以及有見識的投資人對各種跡象的重視程度不同。因此，業餘投資人不應該經常試著擇時操作。然而，建議投資人絕對不要擇時操作，其實和勸告投資人要持續擇時操作一樣都不可取。比較合適的建議應該是：不要定期擇時操作，只有在出現明確又萬無一失的跡象時才能擇時操作。我之前提過的長期趨勢就屬於這種跡象，其依據是我之後會在第 20 章提到的世代週期。

或許最著名的時機策略是「1 月效應」，對小型股票特別有

效，尤其是當小型股票在前一年裡下跌的話。原因是許多銷售都是在 12 月進行，目的是減稅。此外，許多投資組合經理人喜歡在 12 月報告期之前，賣出表現不佳的證券投資組合。這種做法叫作「粉飾櫥窗」。從歷史的角度來看，經常在 1 月反彈中獲利的投資人平均能賺取將近 5% 的報酬，然後他們可以在當年剩下的 11 個月中把賺到的錢投資到債券。

有一種簡單的擇時方法能夠在每一年增加 2 個百分點左右的績效。這個方法的基本理念是：投資人無法掌握進出市場的時機，所以他們應當在定期、預先確定的時間分次投資等量的資金。這種技巧稱作「定期定額投資法」*。我來舉個例子說明其優點。

假設一：你花了 9,000 美元買 X 公司每股 10 美元的股票，也就是買了 900 股。

假設二：你一樣花了 9,000 美元買 X 公司的股票，但分成三個時段買，也就是每次花費 3,000 美元。在第一個時段，股價是 10 美元，你買了 300 股。在第二個時段，股價跌到 5 美元，你用 3,000 美元買到 600 股。在第三個時段，股價漲到 15 美元，你用 3,000 美元買了 200 股。總成本是 9,000 美元，總股數是 1,100 股，比「假設一」多出 200 股。即使計算平均價格（5 ＋ 10 ＋ 15）÷3 ＝ 10 與「假設一」的結果相同，多出 200 股是不爭的事實。

更何況經過長除法、幾何平均數或加權平均數的加持之後，價格小於 10 美元，因為較低的 5 美元價格增加了總購買量（原本買 300 股的 10 美元股票，變成買 600 股的 5 美元股票），足

---

* 也稱為「懶人理財術」或「平均成本法」。

以抵銷偏高的 15 美元價格造成的損失（原本買 300 股的 10 美元股票，變成買 200 股的 15 美元股票）。在這個例子當中，你用同樣多的錢淨賺 200 股。

　　另一種資產配置原則是在 11 月左右的秋季買進，然後在 5 月賣股後就離場。大部分的收益會出現在前一年 11 月到當年 4 月的 6 個月內。遵守這個原則能使投資人避開通常會發生大崩盤的 10 月（1929 年、1977 年、1978 年、1987 年、1990 年、2000 年），同時還能參與「1 月效應」，讓小型股票擺脫下跌的走勢，在新的一年有美好的開端。對公司和股票而言，夏季的報酬通常不如秋季與冬季，原因是包括投資專業人士在內的不少勞工都會安排休假計畫，經濟活動也因此趨緩。

　　對於喜歡擇時操作的投資人，我想提供自己最喜歡使用的方法：觀察一下有沒有股票在奇數年的整體表現往往比偶數年出色。原因是每隔一個偶數年（可以被 4 整除）就是總統大選的年度，會伴隨著不確定性。但非選舉期的偶數年曾經出現差勁的市場狀況，包括 1974 年、1978 年、1982 年（持續到 8 月）、1990 年、1994 年、1998 年（持續到第四季）和 2002 年（持續到第四季）。

　　這幾年的中期一直到年底，帶來了在低點買進的好機會。非選舉年的原則有例外，比如 1986 年受益於第一位做滿兩屆任期的總統德懷特・艾森豪（Dwight Eisenhower）以及推動經濟發展的下跌油價。1998 年則是部分的例外。

　　石油和其他大宗商品的價格下跌，以及聯準會的三次降息，都使 1998 年受惠良多，即使是揚言彈劾當時的總統，也無法扭轉形勢。投資人運用排除法之後，可以預期奇數年有不錯的表現，這些年度包括 1983 年、1987 年（持續到 10 月）、1991 年、

1995 年、1997 年、1999 年和 2003 年。這個原則的例外是 2001 年。

除此之外,當投資人考慮葛拉漢和陶德的投資法如何在不同市場發揮效用時,可以參考以下九種主要情境:

1. **市場處在高點且持續高漲**。此時,葛拉漢和陶德的投資法效用有限。1990 年代晚期出現過這樣的例子。不過,有兩個令人欣慰的要點:第一,葛拉漢與陶德的投資法依然能產生不錯的絕對報酬,只不過低於市場報酬。第二,在下一次危機期間,市場會脫離泡沫時期的高點,通常是大幅低於這個水準。

2. **市場處於高漲且穩定的形勢**。整體股票沒什麼進展,而葛拉漢與陶德的投資法的效用可能也不大。此時,較高的現金殖利率占有優勢,但最可靠的投資工具是現金,因為通膨率很低,使現金能帶來相當不錯的實際報酬。1960 年代晚期與 1970 年代初期的情況都是如此。

3. **市場處於最高點並開始下跌**。葛拉漢與陶德的投資法能使投資人避開「只」先下跌 10% 至 20% 然後還有更多下跌空間的股票,藉此來保本。1973 年和 2000 年剛結束時出現過這種情況。

4. **市場價格適中且持續上漲**。此時,葛拉漢與陶德的投資法能派上用場,投資人也應該以高於平均水準的安全性參與市場價格回升。1980 年代中後期和 1990 年代初期的大部分時期都出現過這種情況。

5. **市場價格適中且保持穩定**。葛拉漢與陶德的投資法經常引導投資人買價格偏低的證券,並且在這些證券達到公允價

值時賣出，藉此超越市場表現。葛拉漢與陶德式投資中界定的較高現金殖利率成了重要的考量因素。1950 年代初期就是典型的例子。

6. **市場價格適中且持續下跌**。葛拉漢與陶德的投資法因注重保本而表現優異。1977 年、1978 年的部分時期以及 1981 年都出現過這種情況。

7. **市場處在低點，但持續上漲**。這種情況有許多划算的交易，而且有利於提升投資價值，或許最適合運用葛拉漢與陶德的投資法。從 1975 年到 1982 年，經常出現這種情況。

8. **市場處在低點，但很穩定**。這種情況藉著以低價買進、以公允價值賣出來創造擊敗市場的收益，同時獲得豐厚的股利，因此也很適合運用葛拉漢與陶德的投資法。但是鑒於市場本身動盪不定的特性，這樣的時期並不多見。

9. **市場低迷且持續下跌**（例如 1974 年）。在這種情況下，葛拉漢與陶德的方法在保本與實現豐厚收益方面表現卓越。

關於前述的九種情境，葛拉漢與陶德的投資法在三種注重股利收入的穩定形勢、三種注重保本的下跌形勢當中都有明顯的優勢，也能在三種上漲形勢的其中兩種形勢（股價偏低，價格適中）展現優勢。不過，他們的投資法在從高點持續高漲的形勢有明顯的缺點，如同 1990 年代晚期的情形。

資產配置的生命週期 [5]

在一般人的生活中，有六件大事象徵著人生的轉變，證實了投資務必謹慎。比起絕對年齡，這些大事表明投資人應該優先投資債券，其次才是股票：

1. 你離家後，找到第一份工作，開始經濟獨立。
2. 你結婚後，生下第一個孩子。
3. 你的兒女上大學了。
4. 你的老么也離家了，你開始出現空巢症候群[*]。
5. 你退休後，不再有收入。
6. 你的配偶過世。

一個剛畢業、展開職業生涯的單身人士，需要承擔的義務很少。不過，他們通常也是經驗不多、經濟資源不多的人。在這些人當中，比較有開拓精神的人可能會希望開始在股市投資。他們起步時應該要慢慢來，先把幾個月的存款存到銀行帳戶或短期國庫券，以備不時之需，接著再漸漸進入市場，在財力與經驗尚可的情況下，每年可以投資幾千美元。

還有一點很重要，許多年輕人在步入成年生活時就背負著沉重的就學貸款。他們在執行重要的投資計畫之前，應當先還清貸款，或者先存錢還債。最具有開拓精神的投資人往往已經擁有 5

---

[*] 面臨子女的離家，心理尚未做好準備、無法調適心情的父母產生悲傷、沮喪、焦慮等適應不良的現象。

年至 10 年的商務經驗，也沒有其他債務。

剛結婚的人通常面臨的是另一種情況。在早期，只要新婚夫妻能節儉度日（例如只住在一間住宅，共同分擔家庭開銷）他們的婚姻就有利於儲蓄和投資。如今，雙薪夫妻的保障在於無論如何至少其中一個人有工作，不太可能出現沒有收入的情況。

值得注意的是，婚姻有益於生兒育女，但有了孩子之後又會帶來新的經濟壓力。孩子不僅對家庭開銷有直接的影響，他們帶來的長期需求也需要父母事先做好資金規畫。同時，家中有一位以上需要撫養的人（再加上父母當中可能有一人為了照顧孩子而減少工作量），這代表風險承受能力會減弱。

當孩子接近上大學的階段，這種金錢上的需求變得更加迫切。在這個時期，一般人對股票市場風險的承受度相當有限，除非你的對策是不把孩子的教育當作一回事。我們不應該有這種處世態度，除非真的是經濟拮据且幾乎無法供養兒女上大學的家庭。這對孩子來說是很重大的事情，因為教育在現代的國際社會是非常重要的生產要素 *。

孩子的需求也是父母買定期壽險的原因。一般人沒有必要買終身壽險，因為這種商品是為「終究會發生的事件」提供保險，也就是與世長辭的階段。如果你堅決認為精算表 ** 不準，不妨買普通年金險吧。但是，為過早往生買保險，則另當別論，這可以預防原本精心制定的理財計畫突然之間被擾亂。

---

* 用於生產商品或提供服務的資源。

** 反映一個國家或區域各年齡層生死狀況的調查統計表，能推算出人口的平均預期壽命。

　　產生空巢症候群的階段意味著已經減輕財務壓力，而且投資人可以採取更積極的投資態度。此時的人生階段彷彿進入第二次青壯年時期。問題在於，這個階段很像當初進入獨立自主的成年期，隨著退休生活漸漸逼近，這段時間通常很短。話說回來，這個階段可以說是重新打造財富的第二次機會，畢竟一般人在人生中收入最多的精華歲月，把不少財富花費在孩子身上了。

　　退休是另一回事，這是一個充滿未知數的階段。首先，沒有人能確定平均壽命會延長多少年。再者，以前是依照大量從事經濟活動的勞工與少數退休人員的比例提供可觀的退休金。隨著一代又一代過去，老年人的數量會愈來愈多，而少子化的趨勢代表勞動人口的總數將「一代不如一代」。

考量資產配置的個別情況

　　除了整體市場，投資人在做投資決定時也必須考慮個人狀況。例如，投資人是單身嗎？有沒有一些需要撫養的對象？投資人的年紀多大？投資人必須將多少收入花費在日常生活開銷，以及剩下多少錢能用於投資或投機買賣？

　　假如投資人的收入幾乎只夠應付生活開銷，那麼就該把可用的資金用來創造收入，試著增加利潤。

　　如果在未來的特定時間有確定的支出，例如孩子的大學學費，那麼這是很簡單的取捨問題。投資人不能把這筆錢投資到股票，要投資到現金、債券或優質的投資工具，而債券的到期日必須很接近預計動用資金的日期。

　　長期投資人可以從這類型的投資工具的角度來思考這些原則，包括現金殖利率為 AAA 級債券殖利率 3 分之 2 以上的普通股。當優質股票的報酬比債券高，就代表這支股票具有債券的收益特性以及股票的升值潛力。

　　哪裡可以找到這種優質股票呢？答案顯然是公用事業：電力、天然氣和水。但你也可以從不動產投資信託找到優質股票。有一些成長緩慢的零售商在景氣好的時候享有高收益，但也面臨巨大的風險。

　　在 1993 年「希拉蕊效應」的恐慌期間，大型醫藥類股的報酬堪比公用事業類股，也有更好的成長前景。與當時的熱門股票相比，即使這些投資標的沒那麼令人興奮，卻比較穩健。你能夠安全的得到預期報酬。優質股票的成長並不是「天上掉下來的午餐」，也不是一場白日夢，但確實不太會使投資人失望。投資人偏好的股票當然是本身具有優越的「收益」與報酬特性。

　　工業公司的股本報酬率通常為 15% 至 17%，此「收益」高於債券平均 6% 左右的殖利率。如果這些公司的股票能以接近帳面價值的價格買入，使預期的總報酬率落在 11% 至 13%，那麼長期來看，這些股票的報酬會超過債券的報酬。

　　投資人也許能支付高達 2.5 倍帳面價值的價格來獲得 15% 的股本報酬率，而且還能得到與債券媲美的收益：15% ÷ 250% ＝ 6%。這就是為什麼很多收購方都能接受這個價格，以及為什麼投資人應該在這個水準達到之前趁早賣出。

　　建立股票的投資組合時，投資人能運用經典的價值收益策略，同時在投資組合中點綴一些具有收購潛力的資產標的以及具有贖回價值特性的成長股。有時候，證券可以在不只一個方面發

揮優勢，就像 1993 年的藥物股（成長和股利），以及 1999 年的重工業股，例如英國鋼鐵（資產和股利）。

　　若說到現金和債券之間的配置，也有大約九種主要的殖利率情境可供投資人考量，以及與這些情境相關的五種分配方式，包括所有債券、75% 債券與 25% 現金、50% 債券與 50% 現金、25% 債券與 75% 現金，以及所有現金。以下是九種不同的殖利率情境（現金工具包括貨幣市場基金以及期限不到一年的短期國庫券）：

1. 殖利率很高且持續上升時，長期債券的較高殖利率所產生的吸引力必須與潛在的資本損失互相抵銷。在這種情況下，固定收益的投資組合應為 50% 債券與 50% 現金。1981 年就是恰當的例子。

2. 殖利率很高且穩定時，長期債券的優勢在於較高的殖利率和潛在的資本利得。在這種情況下，固定收益的配置方式應為 75% 債券與 25% 現金。1980 年代晚期的大部分時間都是如此。

3. 殖利率很高且持續下降時，這是長期債券保持最大比例（100%）與最長存續期間的經典例子。近期的例子包括 1982 年。

4. 殖利率中等且持續上升時，投資人寧可保守一點。此時的固定收益配置方式應為 25% 債券與 75% 現金。直到 1994 年晚期才出現這種情境。

5. 殖利率中等且保持穩定時，是最適中的情況。此時的固定收益配置方式也是各占一半：50% 債券與 50% 現金。

1990 年代晚期的大部分時間都是如此。

6. 殖利率中等且持續下降時，如同在 19 世紀末、20 世紀初，我會主張勇氣與謹慎並重。此時的固定收益配置方式應為 75% 債券與 25% 短期國庫券。

7. 殖利率很低但持續上升時，這是非常危急的情況，我們可以分配最大比例（100%）到短期國庫券或其他形式的現金，甚至可以考慮將期限縮短到 1 年以下。這種情況可能在 2002 年初期之後時不時出現。

8. 殖利率很低但保持穩定時，投資人在這種情境也需要小心翼翼，但不像前一個情境那麼嚴重。此時的固定收益配置方式應為 25% 債券與 75% 現金。

9. 殖利率很低且持續下降時，我們要抱持著謹慎的樂觀態度，而且謹慎與樂觀並重。21 世紀之際就是如此，當時聯準會的主席艾倫・葛林斯潘剛大幅調降利率不久。此時的固定收益配置方式應為 50% 債券與 50% 現金。

第 15 章

比較價值投資概念、現代理論與實踐

　　我在這一章會比較葛拉漢與陶德的投資法重要概念，以及學術界與華爾街從業人員間流行的其他概念，並且說明我在這本書中提出的方法有哪些優勢。葛拉漢和陶德認為投資人應該先嘗試「滿意」的結果，接著再努力追求「一般水準之上」的成果。這兩者並非互不相容，投資人在實務上應當把「一般水準」（廣義上是指中等）的結果當作應變方案。

葛拉漢和陶德的重要投資基本前提

　　葛拉漢和陶德的首個重要投資基本前提是股價的集中趨勢，也就是迴歸平均值。例如，高個子父母的孩子長大後有可能比父母矮，而矮個子父母的孩子長大後有可能比父母高。在這兩種情況下，孩子都偏向平均值。同理，如果股票的估值依照歷史標準被嚴重低估或高估，與過去相比，股票有可能偏向中值，但前提是公司的基本特性在這段期間沒有任何改變。公司的特性確實偶爾會產生變化，但變化的頻率比公司股市估值的變化更低。

　　葛拉漢和陶德對股市風險也有一套明智的做法。這裡指的風

險並不是透過股票市場價值的每日波動來衡量，也不是透過股價的短暫下跌之後即將出現的反彈來衡量，而是指股價一次性下跌之後沒有回升。無論這代表什麼，或是對未來是否有意義，這終究是一種無法挽回的損失。按照字面意義來說，在 20 年或 30 年內收回本金的可能性不算是「有意義的」未來。

相對於大多數投資期間及投資人的壽命而言，在如此漫長的恢復期中失去的時間很長。這種性質的損失是永久性的。葛拉漢和陶德的投資法有一項重要目標是避開這類的永久性損失。這些風險最有可能在股票估值過高時發生，一旦投資人恢復理智，他們不會在短期內認可這樣的估值。他們的第二個重要理念是買提供「安全邊際」的股票，也就是相對於資產或其他價值衡量標準而言，價格非常低廉的股票，即使這些股票的價格沒有上漲，也不會下跌太多。

因此，投資目標是以低於平均的價格買到前景能達到一般水準的股票，而這些股票的現金殖利率通常高於一般水準。此舉的成功能產生優異的股價績效，因為低於一般水準的估值會向上修正為平均水準，接著股票會跟隨市場走勢。高於一般水準的殖利率也會為投資人帶來豐厚的總報酬，同時「付錢」給投資人，請他們等待公司和股票時來運轉。有時這樣的轉機不會實現，而且結果令人失望。

但是平均律（law of averages）指出，這種情況會變成例外，而非普遍現象。實際上，與網際網路等熱門新興產業的公司和股票的暴跌相比，在發展成熟的產業當中，老牌企業發生這種情況的頻率較低。當然，新興產業有旗開得勝的更大潛力，但也有可能突然出現巨額虧損。研究顯示一般投資人多半相當保守，他們

幻想著天翻地覆的變化使自己變成能夠揮金如土的人，卻沒有膽量承擔對應的風險。

這些由葛拉漢和陶德推廣的概念很容易理解，但專業投資人不一定會付諸實行，原因是許多專業投資人沒有閒工夫耗費好幾年等待順其自然的發展。反之，他們必須「活在當下」，往往是當年度或當季。另一個問題是專業人士（也包括我）經常關注和注重時事與趨勢，反而忽略了每天都會產生新變化的事實。長遠的趨勢才是關鍵，可惜投資人有時會在追逐短期報酬的過程中忽略這個事實。

或許有些投資人不自覺地以相對價值而非絕對價值的方式衡量風險。換句話說，他們覺得賺到多少錢不太重要，比較重要的是他們的表現有沒有比朋友、同事或其他參考群體更優秀。比方說，有一群人透過網路股賺大錢，此時你比較在乎的層面不是你目前過得好不好，而是你的生活型態或退休生活能不能和那群人媲美。

如此一來，與其說目標是大獲成功，不如說是為了和親朋好友互相比較。如果你採取風險投資策略之後賠了錢，至少可以安慰自己說參考群體的投資表現也一樣糟糕。在這種情況下，我建議你要為自己準備一支由標準普爾 500 指數、網路股或其他相關指數組成的基金。

本書中最重要的其中一個原則是基本投資價值，評估標準是帳面價值加上 10 倍股利。葛拉漢和陶德滔滔不絕地談到投資和投機買賣之間的區別，還舉了許多例子。他們認為在買股票方面，投資主要是為了當天的股票價值而買進，但投機是為了隔天可能產生的股票價值而買進，套用賭場的行話來說就是買進「潛

力牌」的股票，無論當天的股票值多少錢。如果資產的估值很高，「安全邊際」則有不同的含義。高於資產價值的龐大溢價一開始會使投資變得比較不可靠。

但是，如果定價合理的成長型證券使用我在前幾章提出的公式或其他不違背葛拉漢與陶德理念的公式，就可以藉著提供葛拉漢與陶德式投資法中缺乏的上漲潛力來彌補這個缺點。只要投資人能夠承受偶爾出現但不可避免的虧損，預期報酬就更可能彌補風險。即便如此，期待高於一般水準的成長率也是有風險的。

有時，證券的價格能反映出最壞的情況。如此一來，即使有暴跌的可能性，這筆投資也很合適，因為你能收回投資額，也許還有一點利息。這就相當於我在第 1 章提到的骰子遊戲，假設賭桌管理員隨機說出的數字是 1，而你擲骰子之後的數字也是 1，你一點兒損失也沒有，那如果骰子上的數字大於 1，你就贏錢了。

巴菲特收購阿卡迪亞（Arcadia）時就注意到了這一點：真正瓦解的不是公司本身，而是利潤豐厚的政府合約。他透過收購公司的套利賺取 15% 利潤，再加上司法認定公司遭到冤枉、政府欠了一大筆本金以及相當於原來本金增加 1 倍以上價值的龐大利息，他賺到了更多錢。

有一種投資方法的獲利結果，跟葛拉漢與陶德平常使用的方法不一樣，做法是投資市值低的股票（通常低於 5 億至 10 億美元）。這些股票經常被忽略，也不太受到整體股市波動、或者情況相似但市值較大的價值股波動的影響。當然，小型股票也能賺錢，但是小型股票的投資人通常都對公司或產業的專業知識瞭如指掌。小型股票的獲利方式往往不穩定也缺乏持續性，通常是在小公司受到投資人認可時，在短期內突然間獲利。

對於以價值為導向的投資人而言，相對便宜的投資確實經常有意想不到的陷阱。市場本益比 25 倍、市值 100% 的股票太昂貴了，那如果現在的股價是市值的 80%，或是本益比 20 倍，我們買進後會發現什麼問題呢？問題就是相對便宜的價格絕對會變得昂貴。在這方面，價值投資人可以從趨勢投資人*那裡得到一些建議，並且避開正在持續下跌的股票。當股票進入「泡沫經濟時期」，然後泡沫破裂時，股價就會急速下跌。不過，學者提出了不同的看法，他們認為股價只代表兩邊了解情況的商人之間的正常交易。

用股票進行收購時，有較大的自由度，而收購者的股票價格也較高。其中相關的衡量標準不是以美元計算的收購價格，而是收購者的股票與被收購者股票之間的兌換比率，這才代表實際的收購價格。如果兩家公司的股票定價都很合理，這就很像一般的權衡交換，那麼這筆交易就很有意義，即便名目價格過高，或者如巴菲特的說法——出售部分 A 公司是為了收購 B 公司。事實上，巴菲特曾提到，企業集團領導人用價格過高的股票買更多有實際收益的普通企業是理性的行為。不幸的是，這些公司多半債台高築。

網際網路狂熱就是近期的例子。即使是藝術品經銷商蘇富比（Sotheby's）這樣形象古板的公司，一宣布要在網路上進行拍賣，股價就大幅上漲了。在這種情況下，縱然以荒謬的價格收購小型網路公司，也可能使收購者有足夠的聲望來提高本益比。

---

* 研判股票與市場走勢之後，尋找市場發展趨勢並進行交易的投資人。

股票在中央趨勢線上下波動，也會沿著趨勢前進。這兩者之中，哪一點比較重要？我相信葛拉漢和陶德會強調趨勢線附近的波動。巴菲特不同意這個觀點，他更重視趨勢本身，但他知道該如何避開災難。1970 年代初期，他在市場處於高點時售出合夥公司，他也曾經在 1990 年代晚期收購通用再保險（General Re）公司，分散風險到固定收益型投資工具。

也許巴菲特的判斷比葛拉漢與陶德更精準，但也只限於完整的三十多年週期。如果我們只試著判斷過去大約半個週期，以及即將到來的半個週期，葛拉漢與陶德的方法論比較穩當。即使是週期的成長階段也能教導我們許多知識。在整個長週期的過程中，本益比會從個位數的 6 倍至 7 倍，變為雙位數的 23 倍至 24 倍。此時股票有下行風險，本益比將從雙位數的水準向原本的個位數發展。

葛拉漢曾經在國會委員會被問到為什麼股票會回到原來的價值，他回答說不知道確切原因，只不過是他的經驗法則。[1] 不過，我會在第 20 章中提到威廉‧史特勞斯和尼爾‧豪伊的答案。在美國，這個答案與幾世代美國人的興衰息息相關。

現代的效率市場假說 [2]

效率市場假說針對假定的「理性」投資人提出數學公式與證明。這套假說衍生出許多理論，但結論都是在說投資人在理論上無法有條理地「戰勝市場」，不管是藉由高超的選股方式或是擇時操作都一樣。

在這些理論當中，最實用的概念是效率前緣（efficient frontier），其假設是有兩種評估股票理想性的指標——報酬與風險（風險是由波動性或價格來衡量）。效率前緣是一條流暢的曲線，能說明風險與報酬之間的平衡關係。在風險與報酬的基礎上，只有一些股票是「有效定價」，要麼在特定的風險水準產生最大報酬，要麼在特定的報酬條件下形成最低風險。

大多數股票都不如效率前緣上的股票，因為報酬比效率前緣上風險相同的股票還少，或者風險比效率前緣上報酬相同的股票更高。因此，投資人應該建立一個只由具有優越風險與報酬特性的股票所組成的投資組合。效率的概念不是促使投資人尋找有效定價的證券，而是鼓勵投資人留意風險與報酬之間的平衡關係。

挑選證券時，實際上有兩種風險：非系統性風險和系統性風險，前者是個股特有的風險，後者是股市波動引起的風險，也稱為市場風險。非系統性風險可以經由建立證券投資組合來分散風險。系統性風險無法分散風險，但可以透過辨識個股的特性來管理。這套理論結合了這兩種風險類型的分析，奠定了選股的重要性。證券的系統性風險可以和市場投資組合的系統性風險相比較。市場投資組合是由市場中所有股票組成的假定投資組合。

由於市場投資組合有分散風險的特性，非系統性風險已經降到最低，只剩下系統性風險。藉由檢視可取得的歷史數據，證券的報酬率可以根據市場投資組合的報酬來推算，而市場投資組合的報酬也可以使用標準普爾 500 股票指數來計算近似值。

另外，適合使用標準統計技術的假設線稱作「迴歸線」，見圖表 15-1。Y 軸上的截距項稱為「α」，而斜率稱為「β」。「α」是非系統風險經過一段時間產生的證券報酬率平均值，理論上趨

近於零。「β」則代表證券相對於市場投資組合的系統性風險。[3]

　　個股的特性分為積極型或防禦型，可以用證券市場線[*]來評估，請見圖表 15-2。市場投資組合的風險（相對於市場而言）正好是 1。波動幅度比市場大的高風險股票（例如電腦股）β 大於 1，稱為積極型股票，而波動幅度比市場小的低風險股票（例如公共事業股）β 小於 1，稱為防禦型股票。

　　從簡單經濟學原理發展而來的資本資產定價模型（CAPM）建立了證券的預期報酬與系統性風險之間的關係。其基本理論是在相同的風險條件下，有相同的報酬率。因此，資本市場上的資產價格需要調整，直到相等的風險資產有同樣的預期報酬為止。雖然有一些實驗數據和資本資產定價模型產生矛盾，但是這個模型簡單易行，因此受到廣泛應用。資本資產定價模型指出，投資組合的預期報酬率應該要超過無風險利率，而且超過的部分和投資組合的 β 系數成正比。[4]這種關係可以用證券市場線表示，如圖表 15-2。

　　假設 r_f 是無風險報酬率（例如短期國庫券的報酬），r_m 是市場投資組合的預期報酬率，r_e 是證券的預期報酬率。證券的報酬與風險關係則是 $r_e = r_f + \beta \times (r_m - r_f)$。其中，$\beta \times (r_m - r_f)$ 代表風險溢價，而 r_e 代表證券的風險調整後報酬率。

　　舉例來說，目前美國短期國庫券的預期報酬率是 10%，市場投資組合的預期報酬率是 14%。如果股票的 β 系數為 1.5，報酬的風險溢價是 1.5×（14% － 10%）＝ 6%。如果股票的 β

* 能顯示整體期望報酬與系統性風險之間的關係。

圖表 15-1　確定證券的 β 系數

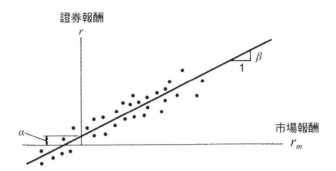

圖表 15-2　證券市場線

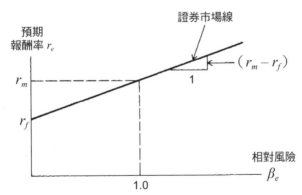

資料來源：湯瑪斯‧奧與董‧奧，《資本投資決策的工程經濟分析》，恩格爾伍德市鎮：
普林帝斯霍爾（Prentice Hall）出版，1992 年，第 423 頁至 425 頁。

系數為 0.5，報酬的風險溢價則是 0.5×（14% － 10%）＝ 2%。這兩支股票的預期風險報酬率分別是 10% ＋（1.5）×（14% － 10%）＝ 16% 以及 10% ＋（0.5）×（14% － 10%）＝ 12%。

　　分散投資風險概念的先決條件是，如果個別證券或多或少是有效定價，那麼總體來說大量持有證券肯定更能達到有效定價，而且更有機會達到效率前緣。

　　這個概念注重風險最小化，衍生出不太實用的概念——效率市場假說。這套假說分為三種性質：弱式效率、半強式效率及強式效率。根據弱式效率，目前的股價已經充分反映過去的價格資訊；根據半強式效率，目前的股價已經充分反映所有公開資訊；根據強式效率，目前的股價已經充分反映所有已公開、未公開的資訊。因此，與每個假設相對應的可用資訊，都無法為交易人帶來優勢。

　　針對價格的技術分析研究也表明，弱式效率假設投資人無法光從了解過去的價格數據來獲利也許是正確的，因此這一點在學術方面受到支持。半強式效率是效率市場假說中最有趣的假設，卻經常備受爭議。對外公開的資訊是眾所周知的情報。

　　理論上，一般大眾得知的公開資訊是一樣的，不會出現這位投資人比另一位投資人知道更多的情形，因此這種資訊不具有優勢。強式效率的假設是即使投資人得知非公開情報或內幕消息，投資績效也無法因此超越其他投資人，因為少數交易人握有情報會使交易變得競爭激烈，局外人並無法從中獲益。

　　乍看之下，這個概念很荒謬。如果強式效率很準確，那麼證管會就沒有必要存在了，利用內幕消息進行交易也不會收費，因為這些消息會充分反映在股價上。收購的報價也不會有溢價，因

為市場能夠預料到這些情報。

另一個有趣的概念是重大訊息公告，也就是能影響一般投資人的資訊。在大多數情況下，利用非公開的重大訊息是非法行為（法院有時會判定無意間聽到、或者不經意地以其他方式取得內幕消息的投資人，不會因為使用情報而受到懲罰）。但根據馬賽克理論（mosaic theory），投資人可以利用重大公開訊息與非重大公開訊息結合的資訊來做決策。

例如，投資人了解波克夏的收購標準（重大公開訊息），以及符合條件的公司董事長第一次和巴菲特會面之後，就對巴菲特產生好感（非重大公開訊息），那麼這位投資人可能會判斷波克夏即將收購那家公司，因此貿然嘗試投資。在另一個案例中，我在價值線工作時，根據財務比率分析（重大公開訊息）以及投資者關係人（通常很健談）一反常態地閃爍其詞（非重大公開訊息），我斷然不推薦這家有問題的公司。

我的主張是最主要的報酬不是來自已知資訊，而是對資訊的正確解釋，這也是本書的宗旨。大多數專業投資人都無法打敗市場，這個事實支持了這個學術論點。只有像巴菲特這樣技巧高超的投資人才能持續超越大盤指數。事實上，許多學者一直都把巴菲特視為「五標準差」或「六標準差」的特例。套用學術界的說法就是，從統計數據來看，他依靠運氣、不靠技巧的投資表現可能性約為百萬分之一。

一般投資人能光靠對外公開的資訊打敗市場嗎？這真的很難說，但我認為仔細研讀這本書或我之前寫的其他書對一般投資人有好處。最起碼我們希望本書能對未來出現像巴菲特這種創下優異紀錄的投資人有貢獻，就像葛拉漢和陶德寫過的書一樣。

　　效率市場假說的另一個理論是隨機漫步假說，這套假說主張股價會隨機變動。因此，挑選股票並沒有意義。在統計方面，每天應該都有一些顯著波動。此外，每天也會產生許多新的波動並相互抵銷。但是這個理論忽略的事實是：有一些不起眼的日常波動經過一段時間後，累積的影響可能會非常大。

　　巴菲特對提出理論的學者評論道：「他們準確觀察到市場通常很有效率，於是他們斷定市場總是有極高的效率。這兩點的區別就像『白天不懂夜的黑』。」[5]

　　投資人該如何打敗市場呢？學者的答案是承擔更多風險，因為市場才能決定報酬，挑選個別證券無法決定報酬。他們的假設是沒有任何證券本來就比其他證券優越，這與效率前緣的論點背道而馳。如果風險較高的股票價格能夠產生更高的報酬，那麼由高風險股票組成的投資組合就能比普通風險或低於一般水準的風險組合創造更高的報酬。

　　雖然學者可能會承認任何有風險的股票都可能輸給市場，但透過分散證券的特定風險後，許多有風險的資產應該能表現得比市場好。接下來你可能會問，既然風險類別中的股票績效不一樣，為什麼不試著找出低風險類別中績效突出的股票呢？如果能成功做到這一點，投資人就能擁有一個較高報酬與較低風險兼備的投資組合了。其實這很像學術界的效率前緣論點。

　　有些不錯的投資服務公司不僅對投資經理人的報酬進行評價，也對獲得這些報酬所產生的風險進行評價。換句話說，評估的指標是根據風險來調整報酬，得出風險調整後的報酬數字。此外，優秀的投資人需要有風險控管的判斷能力。雖然管理 β 系數或市場風險有一定的好處，但對於支持葛拉漢與陶德投資觀點

的投資人而言，更合適的指標是 α 或超額報酬。

華爾街的常見慣例

通常投資界所謂的華爾街是指投資業務的賣方。買方是由散戶和共同基金組成，而賣方是由向買方　股東出售股票的經紀商組成。正如近期揭露的內情，其實賣方不一定會重視買方的利益。更糟糕的是，賣方經常說服許多大型投資者做出對投資人不利的事，尤其是散戶。坦白說，有一些大型機構投資者已經淪為賣方經營「賭場」的誘餌。巴菲特指出他這樣的投資人與華爾街賣方之間的區別：他靠自己交易的股票價值賺錢，而華爾街賣方靠交易量賺錢。

理想的情況是華爾街的公司只充當中間人，負責撮合股票的買賣雙方。這是一種令人安心的交易，經銷商向交易的一方或雙方收取傭金，不必擔心持有股票的風險。

在其他情況下，紐約證券交易所或華爾街公司的「專家」會私下買賣股票，目的是盡快轉虧為盈。此舉稱為「本人交易」（principal transaction），交易的依據是對市場的了解，而不是對股票的了解。不管怎樣，華爾街的賣方都希望顧客盡量多買股票，同時收取傭金或使周轉率提高。

經紀人很少為顧客的理財計畫或策略投入心力。差勁的經紀人會為了賺取傭金而「幫倒忙」，在過程當中使顧客的大部分資金減損。比較有道德心的經紀人至少會在顧客同意的範圍內，根據顧客的偏好和證券類型來操作。認真的優秀經紀人不但有嫻熟

的交易技能，也會隨時告知顧客交易情況。但其實每次的交易本身都有利益衝突。經紀人並不是靠顧客的績效賺錢，而是靠交易量賺錢。

華爾街賣方喜歡為賭注「避險」，這與分散投資風險有關，卻不完全相同。避險的做法可能是在買證券的同時，另外出售有抵銷作用的相關證券，目的是鎖定兩者的中間價值。過去二十多年來，隨著新的證券類型陸續出現，避險的做法愈來愈普遍，不只包括股票，還有期貨（在未來的特定日期購買或售出某些貨物的權利）、買賣股票的選擇權。雖然這種手法在避險基金更常見，華爾街公司有時候也有內部避險的操作方式，稱為自營交易（proprietary trading）。

1960 年代，有一套理論主張集中投資少數股票（5 支到 10 支）的投資組合就可以賺取最大化的報酬。巴菲特在當時（以及後來）親自實踐過這套理論。1990 年代晚期，有些頂尖的基金經理人以不同的方式執行這套理論，例如駿利 20（Janus Twenty）基金有 20 支到 30 支股票，其中科技股占很大的比例（證管會規定「多元基金」至少要有 16 支股票）。不過，駿利 20 基金在 21 世紀之際就破產了，可見風險有多大啊。

風險控管的理念其實有很大的意義。舉例來說，如果很合適的投資標的具有某個特點，比如容易受到利率影響或者屬於重工業，那麼投資人不妨特地在自己的投資組合中加入一些具有相反特點的股票。然後，他不應該對這些相反特點的投資標的太過嚴謹，只需要篩選一下是否相對便宜就好了。這樣一來，投資人可以為投資組合增添平衡性。

此外，投資人可以把投資組合中的一半標的歸類在偏好的類

別，而另一半的用途是盡力降低產業的風險，同時留下公司的優勢部分以待發揮。這種做法稱為「最佳化」（optimization），過程中會運用到歷史數據。理想的情況是投資組合中的另一半專為打敗市場或趕上市場而設計。

多年來，巴菲特從幾支股票賺到不少錢，例如 1970 年代晚期到 1990 年代初期的《華盛頓郵報》、蓋可、Capital Cities/ABC，以及近期的可口可樂、吉列。另一方面，他為了降低投資組合的風險，將波克夏大約一半的資金投資到其他優質股票，例如 1980 年代初期的雷諾菸草（R.J. Reynolds）公司、通用食品；近期的房地美、富國銀行和其他銀行；1990 年代的麥當勞。他也在 1980 年代晚期將資金投資到固定收益型工具，當時的股票價值缺乏吸引力。

假如某個領域很有影響力，例如高科技或網際網路，而且我們的目標是有效的相對績效，而非絕對績效，那麼我們可以納入股票，但最多只納入股票在對應大盤指數中的權重。我的理論是估值較低、現金殖利率較高的投資標的，能夠超越中等價格以下的同類股票，但投資標的未必是我們不了解或可能忽視的領域。

在這種情況下，可以預料得到一旦整體市場損失慘重，投資人也會遭殃，但是我們可以預期葛拉漢與陶德的投資選擇能拯救我們，因為這些選擇標的之表現會超越匹配的大盤指數。如果類似波克夏的投資組合固定只有一些高價值的成長股，例如美國運通、可口可樂、迪士尼和吉列，我們就會有點不安。

葛拉漢與陶德式分析方法的不足之處在於，可能會選到一組 β 系數相似、卻與整體市場有巨大差異的股票。因此，投資人最好平衡一下部分投資組合以及與投資組合市場特性明顯不同的其

他股票。例如 1990 年代晚期，價格變動幅度最大的股票通常是缺乏葛拉漢與陶德投資特色的高科技股。但還是有一些高科技公司是以葛拉漢與陶德的估值或與估值相當接近的價格出售。

　　普信集團（T. Rowe Price）基金公司的經理人在 1958 年左右觀察到最有潛力的股票是近期表現最佳的股票，他們把觀察的結果當作應對這些弱點的辦法。這是新興成長階段剛開始的情況。當股價持續下跌好幾年，以至於估值過高，所有的優勢都集中在這家收益前景良好的公司。這是基本的情況，也是有用的方法，適用於大約一半的漫長股市週期（30 年至 40 年）。根據預期的收益前景差異大於實際差異，只有在估值相差懸殊的時候，價值投資法才能發揮最大的效用。這種差距似乎是在 20 世紀與 21 世紀之際出現。

　　成長股帶來的問題，以及值得褒揚的避險期望，促成了一種不太受歡迎的策略──投資組合保險。這項策略的要點就是使投資人密切追隨市場的走勢：在市場下跌時賣出，在市場上漲時買進。這麼做的目的是避免與市場脫節。投資組合保險的問題在於需要投資人同時買進或賣出，與其他投資人保持一致（然而，葛拉漢與陶德教導投資人的觀念是：最佳利潤來自於和別人朝相反的方向進行）。

　　如果人人都想買進，那就沒有要賣出的股票了。如果人人都想賣出，那就沒有買家了。基本上，這些迥然不同的方法論之間互相影響的方式有點像兒童玩的「剪刀、石頭、布」猜拳遊戲：剪刀贏布，石頭贏剪刀，布贏石頭。

　　為了使猜拳遊戲更加複雜，華爾街發明了衍生性金融工具，亦稱衍生性金融商品，其中包括期貨（在未來某一天交割某些貨

物的合約交易，而不是現貨交割）和選擇權（在特定日期之前買賣股票的權利，但不包含義務）。這些都是我在第 4 章提過的投資工具，但一般投資人及追隨葛拉漢與陶德的投資人，都不應該貿然嘗試。衍生性金融商品的吸引力在於能夠提供其他方法，使機靈的投資人在市場上以智取勝，贏過其他投資人。但問題在於實際股權市場與衍生性金融商品市場的走勢是相輔相成的。

提醒一下：我列出的公式是以容易取得的資訊為基礎，只使用算術運算。有些專業人士的投資是以複雜難懂的公式為基礎，這些公式使用微積分或其他更高深的數學來計算。價值投資人不一定會輸給這些專業人士，除非是在非常短的期間進行比較。當投資人使用微積分來管理投資組合，計算時務必講求精確。

事實上，他們的算法需要運用到高超的技巧，不精確的數據往往無法證明這些計算的準確性。因此，他們的算法會給人一種沒來由的自信感。從長遠來看，一點常識再加上小學程度的數學應用能發揮更大的效用。長期資本管理公司的「數學奇才」應該牢記這一點。

關於分散投資風險的原則，我認為寧可擁有幾支安全邊際大的股票，也不願擁有許多支安全邊際小或負數的股票（像巴菲特這類專業投資人的看法也一樣）。對於支持分散投資風險原則的人來說，主要風險似乎不是賠錢，而是錯估市場。比起相對報酬，我們更關心的是獲得滿意的絕對報酬。為此，我們只將那些符合嚴格標準的證券納入投資組合。鑒於市場的波動，符合條件的證券數量必然會在某些時候增加、在某些時候減少。

總結

　　雖然葛拉漢與陶德提出的方法論有許多優點，我承認其中也有一些缺點（我相信葛拉漢與陶德也同意），並且盡力修改。我的解決辦法是納入現代的價值標準，以收益、現金流或股利來評估，而不僅僅是資產負債表。

　　另一個解決辦法是放寬原先的標準，以便不同品質的項目產生變化或組合，共同帶來有吸引力的價值，即便個別項目缺乏吸引人的價值，例如資產或股利。比方說，牛市中以營運資金清償價值出售的公司很少，不過在收益、現金殖利率或資產與股利組合方面具有吸引力的公司倒是不少。

　　有二大要點能決定投資人是否勝出：第一點是獲勝的頻率，第二點是獲勝的規模。這兩點不只適用於投資，也適用於撲克牌或橋牌等賭博遊戲。所有參與者都希望獲得勝利帶來的滿足感，而且大多數人都希望能夠立即獲得這種滿足感。因此，趨勢投資人會跟隨著趨勢來取得頻繁的勝利。但只有真正的贏家才能夠創造可觀的收益，即便偶而為之。這往往需要逆勢而行才能實現。贏家的另一個特點是很少遇到損失慘重的情況，也不會落到不可收拾的地步。葛拉漢與陶德的方法論宗旨是讓投資人「留得青山在，依舊有柴燒」。

　　葛拉漢與陶德的理念似乎很極端，這一點使一些投資人感到不安。根據我的經驗，在極端的情況下往往能賺到最多錢，普通的情況反而賺不多。首先，極端的情況能簡化決策過程。假設股票的估值非常低，這代表有莫大的獲利契機，或者即將暴跌。那麼，投資人只需要把精力花在研究股票暴跌的可能性。夏洛克‧

福爾摩斯（Sherlock Holmes）說過，當一個人排除了所有的不可能，無論剩下的多麼不符合邏輯，肯定是真相。

換句話說，如果我在本書最後一節概述的基本主張是正確的，即未來會出現動盪不安的時期，那麼投資人可能需要採取英勇的措施。歷史顯示葛拉漢與陶德的投資法適用於一半或更長一些的三十多年股市週期，尤其是我認為即將出現的那部分週期。如果是這樣的話，這類投資法的實踐者很快就會在 1990 年代得到證實，這段期間大概是美國歷史上價值導向策略最糟糕的 10 年。

讀者不應該誤以為我主張的投資方法，或者與這些方法類似的其他投資方法，能夠在任何時候或在特定時間戰勝市場。那些堅信不可能有系統地賺取可觀報酬的學者，也常會對此感到困惑。你應該先仔細考慮哪一組假設更接近事實，再考慮哪一組假設最符合你自己的理念。

你針對我提出的投資方法所做的決策，很可能取決於經濟學的基本定律——擁有罕見生產要素的人獲得的報酬最多。追隨華爾街的人多不勝數，呈現了一面倒的局面。其次是學者，儘管學者代表不同的陣營，如今他們也漸漸向華爾街靠攏，而不是偏向我們這一群。不過，保守型價值投資人的圈子似乎最小。正因為如此，保守型價值投資人很有機會在未來幾年嶄露頭角。

第 16 章

葛拉漢和陶德的個案研究

　　事實勝於雄辯。我在本章列出一些葛拉漢與陶德的投資法、被遺漏的投資法，我也在本章末尾附上 10 份價值線的報告，供你參考（見圖表 16-1 至圖表 16-10）。

五大成功投資案例

西班牙的恩德薩，1991 年至 1994 年

　　恩德薩（Endesa）在西班牙語中是「Empresa Nacional de Espana」的首字母縮略詞，指的是西班牙公營電力公用事業。1983 年，恩德薩由幾家小型公司合併而成，其中最重要的公司從 1949 年開始分紅。西班牙政府試著鼓勵公用事業合併，目的是實現規模經濟並提高經營效率。恩德薩是高效率供應商，儘管工廠規模只占全國的 23%，卻為國家提供了 3 分之 1 的電力。

　　恩德薩的負債權益比為 50%，這個比率算是適度保守（如果我們用心算，將一家公用事業的資產負債率扣除 20 個百分點，得出的數字就會跟另一家工業公司的資產負債率差不多，所以恩德薩的調整後負債權益比大約是 30% 至 70%）。此外，恩德薩

的資本支出計畫即將結束，因此負債權益比可能會下降。

1991 年，恩德薩剛剛克服了一大劣勢 —— 東北部地段，做法是收購塞維利亞娜（Sevillana）；這家公司原本的服務範圍是國內東部與南部最富裕的城市地區。後來，恩德薩的服務範圍占西班牙國土面積的 3 分之 1，而在人口與國內生產總值方面的比例更大。

西班牙的銷量成長率大約為 3% 至 4%，但是恩德薩位於西班牙發展較快速的地區，銷量成長率可以達到 5% 至 6%。此外，價格管制法允許實際價格上漲 3% 是非常有利的。考慮到大約 3% 的美元通貨膨脹率（以及假設正常的購買力平價關係），恩德薩以美元計算的營收和收益每年可以增加大約 10% 至 12%。利潤可能會增加到這個範圍的最大值。

現金殖利率比發展成熟的美國電力公司低幾個百分點，但是成長前景較佳。基於原始成本的「交叉」現金殖利率會在 4 年到 5 年內產生（也就是說到時候，恩德薩原先購買價格的現金殖利率會比其他公司高）。

恩德薩在拉丁美洲也有發展快速的子公司，尤其是說西班牙語的智利與阿根廷。假如政府將這些企業「私有化」並且開放外國投資，恩德薩就能夠投標巴西的電力公司了。1991 年，拉丁美洲被視為有潛力的投資地區，卻因為反覆發生經濟危機而喪失了信譽。

1991 年中期，恩德薩以每股 21 美元被收購了，剛好高於帳面價值。以 18% 股東權益報酬率計算，恩德薩的修改後資產價值是（18÷15）×2 = 1.44 倍帳面價值，約為 29 美元。再加上 1 張美國存託憑證超過 1 美元的股利（乘以 10），總投資價值接

近每股 40 美元。因此，購買價格只是比投資價值的一半多一點。1994 年，恩德薩以每股 54 美元的價格出售，達到了投資價值。

先鋒金融服務，1993 年至 1995 年

先鋒金融服務（Pioneer Financial Services）是一家壽險與健康保險領域的小型保險公司。由於週期性的擴張與緊縮開支，該公司歷經波折後，終於創造出難得的機會。這家公司的潛力一直沒有充分發揮出來，直到公司成為被收購的對象，其根本問題——規模不夠大——解決後才得以發揮優勢。

1990 年，先鋒金融服務過度擴張導致經營虧損。1991 年，公司似乎重振旗鼓，卻在接下來的 1992 年因遞延收購成本而誇大資產，需要減低資產的帳面價值。這項控訴對外宣布後，公司的股價暴跌，不過公司的獲利能力基本上沒有受到損害。

1993 年初期，有部分股票的售價是 5。投資人臨陣退縮了，接著售價來到 6，然後眼睜睜地看著價格一路漲到 14。較低的估值只比 1993 年每股收益 1.25 美元的 4 倍高一些。先鋒金融服務上一次出現重大問題的時期似乎就是在 1992 年。在這個前提下，5 美元的價格實在是太便宜了。

接下來的一年，股票以低於帳面價值的 9 美元重新上市。隨後售價來到 11 美元，而最後一批股票是在 1995 年以 14 美元售出，略高於帳面價值。先鋒金融服務的定位其實是在比較好的保險領域——壽險與健康保險，沒有財產風險和傷亡風險。最終的資產品質檢查沒出現明顯的問題，表明管理高層已學到了教訓。

董事長（及創辦人）持有 28% 股份，這個事實令人鼓舞，而其他高階經理另外持有 5% 股份。此外，先鋒金融服務積極買

回股票。經理也站在像老闆一樣的角度思考。公司生財有道，收益是實實在在的。當會計最近伴隨著其他公司的質疑時，這是重要的考量因素。

令人傷腦筋的是，價值線給該股的財務實力評等是偏低的 C級，相當於穆迪或標準普爾的 B 級。這大概是因為他們把 5,700萬美元的可轉換債券當作債務吧。這些債券可按 11.75 美元的股價進行轉換，因此如果股票以 13 美元的價格賣出，就可以被視為股權。這些債券的到期日是 5 年後，但是可以在 1997 年贖回。1995 年，先鋒金融服務在贖回日期前一年半提出交換要約，將部分債券轉換為股票。

先鋒金融服務的股東權益報酬率落在 10% 到 12% 之間，但公司的計畫是提高到至少 15%，收益成長率才能在轉型期間超過 15%，在此之後也能維持下去。

當時，這類股票可以賣到 13 倍至 14 倍的收益，即帳面價值的兩倍。因此，無論投資人使用的是本益比還是市帳率的估值，光是估值就有可能翻倍。加速成長簡直是輕而易舉。在 5 年的時間內，15% 到 18% 的收益成長會促使價格進一步上漲 1 倍或 2 倍。對整體的影響更是 4 倍到 6 倍之多。

雖然先鋒金融服務在 1996 年期間舉步維艱，但是康薩可在當年的年底以每股 28 美元的價格收購這家公司了。接著這項投資在兩年半內增值了一倍多。

戴爾電腦，1996 年

戴爾電腦（Dell Computer）很常被歸入「容易錯過」的類別。這是一種經過改良後的投資習慣，而不是原先的葛拉漢與陶德式

投資，因為公司的股東權益報酬率遠遠超過 15%。所以，公司的股價比帳面價值高出許多，但是較高的股東權益報酬率經常能彌補這一點。

戴爾電腦由一名大學生麥可・戴爾（Michael Dell）創辦，他至今依然是公司的董事長。公司最初的市場定位是以郵購的方式來直銷電腦與零件，使戴爾能夠省去中間人，因此他在保持高度獲利能力的同時，還能以極具競爭力的價格銷售產品。

1990 年代初期，即使毛利率比競爭對手低，但就淨利率而言，戴爾電腦已經成為獲利最高的電腦公司之一。這種直銷模式使戴爾電腦從 IBM 和規模更大的康柏電腦公司取得市場占有率。不過，戴爾電腦的規模在這三家公司當中最小，這意味著兩家競爭對手的現有市場占有率只要有小幅的下降，對戴爾電腦而言就是很大的漲幅。

1993 年，戴爾電腦的股票因外匯交易損失而崩跌。這不是無關緊要的問題，因為交易損失後來使橘郡瀕於破產。但對這家公司來說，這是一次性的問題：創造出重大的投資機會，卻錯過了。

1996 年初期，公司的股價大約是 2 倍的帳面價值，實際上是修改後的投資價值一半（帳面價值的 4 倍，股東權益報酬率為 30%）。這發生在電腦股價下跌的時候，起因是高科技產品的價格普遍下跌。

英特爾的其中一位創辦人高登・摩爾（Gordon Moore）提出的摩爾定律（Moore's law）指出，計算能力每 18 個月增加 1 倍，這代表特定的計算能力價格每 18 個月會下降 50%，也就是每年大約下降 30%。但是零件與晶片的價格也出現類似的跌幅。因此，雖然單價穩定下降、利潤保持穩定（由於成本的下降幅度大

致相同），但較低的價格導致單位銷售額的增幅大於價格的跌幅（用經濟學的行話來說就是需求有「彈性」）。因此，在價格下跌的時期，銷售收入和淨收入皆大幅增加。

有兩大因素對電腦業有助益。第一個因素是 1990 年代中期的科技產品普及化。在 1995 年到 1998 年的這 3 年期間，個人電腦的單價從大約 3,000 美元降至不到 1,000 美元，使個人電腦業處於「絕佳時機」。因此，一般家庭買得起個人電腦，就很像電視在二戰後變得唾手可得。特別受到年輕人歡迎的電腦遊戲與網際網路普及化，也促進了個人電腦的需求量，增加許多新顧客。

第二個因素是韓國製造商和日本製造商生產的晶片供過於求，導致成本的降低速度暫時比售價快，因此增加了利潤。

我曾經在 1996 年短暫持有戴爾電腦的股票，當時出售後的收益約為 50%，我卻錯失了日後 500% 的收益。因此，即便價值準則允許我短期參與這支股票的成長，我還是錯失了絕大部分的收益。戴爾電腦本來可以成為巴菲特式長期持股，也可能讓我早一點變得更富有。只可惜，過早出售反映了葛拉漢與陶德投資風格的弱點。當初進行投資的時候，投資人對電腦業所知不多，無法比較不同電腦公司之間的優缺點。

英國鋼鐵，1999

早在 1992 年就有錯失良機的事件，當時美國存託憑證的售價只有 7 美元，而在 1999 年以幾乎同樣的有利條件贖回。買入價格是之前價格的兩倍多，但資產的價值同時也明顯增加了。許多投資人認為鋼鐵業缺乏吸引力，因為這個產業顯然是大宗商品業務，屬於「深度週期股」。但英國鋼鐵（British Steel）實際上

壟斷了英國的鋼鐵業。

歐盟擔心的是，在英格蘭和斯堪地那維亞以外的地方，歐洲大陸西部大部分地區的貿易壁壘會瓦解。另一個隱憂是亞洲在1997年晚期與1998年初期對鋼鐵、其他金屬的需求銳減。最後，人們開始擔心一家歐洲鋼鐵公司無法與亞洲、拉丁美洲的低成本供應商競爭。

固定資產在某些情況下已經過時，並且在帳面上被高估了。因此，英國鋼鐵的市值比帳面價值所代表的每張35美元以上美國存託憑證低一些。但公司在1990年代初期花了相當多的時間以新機器、新設備翻修許多家工廠。因此，公司的部分資產基礎相當現代化，但並不包括帳面上的所有資產。

為了澄清事實，公司大可關閉大部分產能並將它們報廢。但公司的美國存託憑證中有20美元屬於營運資金，以及扣除長期債務後大約13美元的價值（長期債務約為10億美元，但是該公司的帳面股權為75億美元，市值為34億美元）。

英國鋼鐵發放的股利殖利率是二位數。在經濟不景氣的幾年裡，股利被削減了，但隨後又回升了。公司已經從關於股利支出的承諾中學到了慘痛的公關教訓，投資人也相信這家公司不會重蹈覆轍了。

我們運用股利收益、扣除債務後的淨營運資金、固定資產這三項指標的任一種指標來計算後，會發現英國鋼鐵的價值接近每股15美元。也就是說，該公司的售價是這三種項目的價值總和的30%到40%。

英國鋼鐵的財力雄厚。事實上，如果單純按比率計算，而不考慮企業的週期性質，這家公司也許符合第二高的評等，例如穆

迪或標準普爾的 AA 級、價值線的 A ＋級。

　　董事長是布萊恩・莫菲特爵士（Sir Brian Moffett）。英國鋼鐵以低於營運資金的價格出售時，他那時候是公司的財務長。只要將公司的投資價值當作淨營運資金，再加上 10 倍的股利，不考慮固定資產，就能得出每張美國存託憑證為 30 美元的數字。我們原先計算出來的成本是這個數字的一半。

　　最後，英國鋼鐵與規模較小的競爭對手——荷蘭的霍高文斯（Hoogovens）——合併為柯以斯集團（Corus Group），此後歐洲鋼鐵產業展開價值長期合理化，而且最終能幫助該產業內的所有公司。（主要競爭對手——法國的優基諾（Usinor）和西班牙的艾西利雅（Acelia）——幾年後會合併。）作為離別的禮物，每張美國存託憑證有 5 美元的特殊股利，我後來在不到一年的時間內賣出持股，總報酬率達到 60%。這就是安德魯・卡內基會做的投資。

菲利普莫里斯，1999 年

　　這是我納入私人投資組合中的 1980 年代股票，讓我在二十多歲時能夠使帳戶的每年平均百分比收益達到市場平均值。

　　菲利普莫里斯（Philip Morris）的主要業務是菸草，但也有大量的食品業務。這家公司曾經利用來自菸草的現金流，在 1980 年代收購通用食品與卡夫食品（Kraft Foods），並在 2000 年左右收購納貝斯克食品（Nabisco Foods）。此外，公司在 2002 年把美樂啤酒（Miller Beer）賣給南非釀酒公司（South African Breweries）。事實上，當股票跌到最低點時，食品業務的價值很接近整間公司的市場價值，也就是說菸草業務的價值在這種情況

下是零。

由於菲利普莫里斯面臨菸草訴訟的威脅，公司（以及其他菸草公司）的股票老是以很低的本益比賣出。因此，這是合理的價值投資，能夠提供高於一般水準的現金殖利率，並且保持穩定、低至 14% 至 16% 的成長率。然而，公司的股票在 1960 年代、1970 年代以及 1980 年代期間穩定上漲。事實證明 1990 年代是例外，因為菸草訴訟在那十年發展到危急的地步。

菸草危機在 1990 年代演變成緊急關頭，而不是在其他年代出現這樣的狀況，或許有合理的原因。1991 年出版的《世代》[1]預見提出以下警告：剛在二戰結束後出生的「新清教徒」嬰兒潮世代出生者在步入中年時，會不斷地打擊菸草產業。當時的風氣很像 1920 年代的禁酒時期—— 由美國內戰後出生的人引起，當時他們已經步入中年（我在第 20 章會詳細探討這本書）。在嬰兒潮世代出生者之前的那一代是沉默世代，他們是美國歷史上最愛打官司的一代，為這個風氣奠定了基礎。紐約市長麥克．彭博（Michael Bloomberg）就是沉默世代的一員。

1993 年初期，基於技術方面的原因，我拋售了菲利普莫里斯的股票。1992 年結束前，該股的報價是多年來第一次低於前一年結束前的水準。因此，成長趨勢似乎已經中斷了。

我在 1999 年的假設：最壞的情況是公司規模只剩目前的一半，導致收益、股利和資產只有目前水準的 50%（這是假設原告在達成協議時奪走公司的一半規模，而不是殺雞取卵）。在這個前提下，按 24 美元的買入價格計算，7.5 倍的本益比其實應該是 15 倍，而 8% 的現金殖利率應該更接近 4%。

此外，儘管基數較低，我們認為成長會持續。事實上，股價

回升到四十多美元出頭時，我把股票賣掉了，然後股價繼續來到五十多美元出頭，這正好是我考慮到持續訴訟風險之後的估值。

公司又遭受到二次打擊，一次是某位羅德島州婦女在 2002 年獲得 280 億美元的裁定賠償金，另一次是紐約市長麥克·彭博發起反菸草運動，他針對香菸徵收過高的市政稅，也禁止在餐廳等公共場所吸菸。

我推測隨著嬰兒潮世代出生者開始退休，菸草的需求會在 2000 年代晚期恢復，奧馳亞的股票也因此回升。中年的管理職位（以及檢察官職位）也被更加務實的 X 世代接手，他們現在占全國吸菸者的一大部分。此外，如果經濟形勢真的如我推測的那麼艱困，那麼吸菸的風氣就會大行其道（1990 年代的「繁榮」時期很可能鼓勵人們關心更高層次的需求，因此抑制吸菸潮）。

五個遭到忽略的投資案例

我曾經考慮過這些公司，卻錯過了投資時機，因為在機會出現的時候，我對他們一知半解。

瑞典的愛立信，1987 年

愛立信（Ericsson）是一家電信設備製造商。這家企業在現今很吸引人，但是在當時黯淡無光。雖然已開發市場的舊式有線電話業務很成熟，但這是相當穩定的業務。愛立信是瑞典首屈一指的公司，猶如奇異（General Electric）公司在美國的地位。雖然外界認為愛立信所處的領域有點落伍，但這家公司也因技術成

熟而聞名。

　　當時股價低於公司的營運資金與帳面價值的一小部分。與1986 年的強勁表現相比，公司出現收益方面的問題，但仍有獲利能力。股利只有區區 5%。但愛立信的主要缺點是規模在產業當中太大，即使瑞典政府允許進行收購，也不適合做為收購對象。

　　1980 年代晚期，公司的股價好幾次飆升到帳面價值的倍數。第二次投資機會出現在 1992 年，當時愛立信的股價是帳面價值的兩倍，也就是修改後投資價值的 1 倍，並影響這家公司產生較高的股東權益報酬率，可惜我又錯過了良機。

　　這家公司和其他某些公司都從幾項重要的改變中起死回生。首先，手機、資料傳輸網路等重要的新應用問世，促成了第二次通訊革命，使愛立信、芬蘭的諾基亞、美國的摩托羅拉（Motorola）都處於理想的獲利地位。其次，拉丁美洲和東亞的新興市場都成為手機產品的重要客戶。

　　事實上，某些國家對手機的需求超過了對有線電話產品的需求，因為這些國家試著升級到互相聯繫的現代水準，不必再為更多標準產品安裝電話線和其他基礎設施。這種影響在芬蘭和南韓特別明顯，因為芬蘭是接近北極緯度區域的龐大國家，人口卻相對較少，而南韓的人口相對較多促使需求激增。到了 1990 年代晚期，愛立信大約有 3 分之 1 的銷售額都來自前述市場。

　　價值股可以變為成長股，但如果你在成長之前按價值買進，你就可以得到最佳價格。換句話說，如果你按照葛拉漢與陶德的觀點做對了，你有時會因為一些意料之外的事走運和得到報償。在整個 1990 年代期間，愛立信也許是歷久不衰的持股，不過你為了保存資本利得，不得不在新世紀來臨之際售出。

最後，芬蘭的諾基亞在手機市場擊敗了愛立信。三家無線通訊公司都在科技繁榮消逝的期間蒙受損失，但是諾基亞的損失比另外兩家公司少一些。許多適用於愛立信的狀況也適用於諾基亞。對美國投資人而言，不幸的是諾基亞的股票脫離了葛拉漢與陶德界定的投資範疇之後，直到 1994 年才以美國存託憑證的形式上市。

富國銀行，1990 年

這個例子起初風行一時，最後卻只是個失誤。1990 年秋天，我開始以 50 美元的價格買進富國銀行（Wells Fargo）的股票。當時的股價低於帳面價值，大約是 1990 年收益的 5 倍，並依此價格支付豐厚的股利。幾週之後，我得知買進的股票是在波克夏旗下進行時，令我興奮不已。不過，股票不久之後就上漲到 55 美元，我把所有持股賣掉了，賺到區區 10% 的收益就出場，畢竟有獲利就不算是空手而歸嘛。

富國銀行的董事長是卡爾‧萊斯特（Carl Reichart），他在揮霍無度的產業當中以削減成本的能力而聞名。光是這個事實就確保了富國銀行的長期獲利能力勝過大多數銀行。不過，加州的據點令人大惑不解，因為當時美國的經濟進入衰退期，而加州一直以來都是前述繁榮期的最大受益者之一，卻可能比美國其他大部分地區遭受更大的損失。

在 1990 年的波克夏年報中，巴菲特顯然也考慮過我遇到的一些問題。他提到的第一個風險就是加州的地震。他表示更迫切的隱憂是「可能出現嚴重的經濟萎縮或金融恐慌，幾乎會危及所有高度槓桿化的機構，無論這些機構的經營方式多麼高明都無法

倖免。」

　　他提到的最後一個隱憂很貼近現實，那就是不動產價值與貸款的崩盤，尤其是在加州，他說：「許多人認為富國銀行非常容易受到影響。」接著，他指出這類貸款的損失可能會使 1991 年的收益化為烏有，不是沒有可能，但他認為可能性很低。即使這種情況真的發生了，他也不會焦慮不安，因為當時很少有其他公司可望從持續增加的股權賺取 20% 的收益。[2]

　　我不太看好 1991 年，事實證明還蠻準確的。我們確實可以發現到保本的局面是一種機率問題，不單單是一種可能性，因為大多數銀行都在同時「提早認列」所有呆帳。富國銀行也做了同樣的事情，結果收益消失了，更令人沮喪的是股利也下降了。出人意外地，在波斯灣戰爭帶來的狂喜之後，股價在 1991 年初期回升到超過 100 美元，但後來在 1992 年中期降到 57 美元。

　　那一年的股東權益報酬率只有 14%，不是 20%。即便如此，富國銀行顯然處於復甦狀態，股利很快就恢復了，但低於以往的水準。因此，我有機會在 1992 年買回股票，比我一年半前賣出的價格稍微高一些（實際上低於 55 美元的售價，且利息收入更高），這比我以前買進的情況更有利，但是我沒有下手。

　　這個故事的寓意是：我對短期前景的看法正確，但是巴菲特對長期前景的看法更準確，而且長期前景更加重要。1994 年後，富國銀行的股東權益報酬率確實回到了 15% 至 20%。1990 年代初期，加州的據點一直處於劣勢，但在 1990 年代晚期具有很大的優勢，原因是競爭對手變少了，至少沒什麼當地的競爭對手（美國銀行經營不善）。我錯過了一個參考巴菲特績效並自我改進的機會，最終結果是錯失良機。

　　萊斯特退休之後，富國銀行在 1996 年好高騖遠，收購加州的第一州際銀行（First Interstate）時花費過多。1998 年，明尼亞波利斯市的西北銀行（Norwest Corporation）收購了富國銀行，合併後的公司更名為富國銀行集團。

花旗公司，1995 年

　　花旗公司（Citicorp）的總部設在紐約市，為美國規模最大的商業銀行，並且擁有廣泛的特許經銷權，包括美國最大的消費性貸款（信用卡）投資組合、大型國內企業銀行業務，以及具有世界級規模的國際銀行。

　　花旗公司一直受到開發中國家的呆帳困擾，尤其是拉丁美洲。1980 年代中期，即將卸任的董事長沃爾特・魏里斯頓（Walter Wriston）以「國家不會破產」的論斷來代替信用分析。結果，主攻消費者銀行和主攻國內商業銀行的優勢變得模糊不清。

　　即將上任的董事長約翰・里德（John Reed）實際上已經為未來打造了花旗公司。里德畢業於麻省理工學院，他從後勤部門做起，利用科技來建立自動櫃員機的信用卡操作方式，並為 1990 年代和 21 世紀進行整體的銀行定位。

　　主要的敗筆是他最初處理魏里斯頓和以前同事在企業貸款方面遺留下來的問題時遇到了困難。考慮到企業信貸文化的控制權，他能夠晉升為控股公司的董事長，可以說是驚人的成就。（他的導師建議魏里斯頓讓新一代的前三名頂尖成員相互競爭，里德最終獲勝）。

　　花旗公司在 1990 年代初期瀕臨破產，當時股價跌到每股 10 美元以下，只比帳面價值高出 4 分之 1。幸虧阿拉伯投資人瓦利

德王子（Al-Waleed bin Talal）及時注入資金，才挽救了這家公司。
1992 年下半年及 1993 年期間，公司股票反映了這個事實。與巴菲特的蓋可相似的地方是，兩者皆經歷過葛拉漢與陶德界定的典型大逆轉情境，但對一般投資人而言太複雜、風險太大了。

由於聯準會在 1994 年至 1995 年七次提高利率，花旗公司的股票連同大多數其他貨幣中心銀行的股票，都回到了葛拉漢與陶德界定的投資範疇。1995 年初期，花旗公司的股價是 39 美元，差不多是一年前的帳面價值。加上股利後，股價也低於投資價值。1995 年，花旗公司的收益成長有限，因為 1994 年的收益能夠減稅。計算了當年的稅後收益後，花旗公司在 1994 年的每股收益只有 5.25 美元。與 1995 年每股 6 美元的收益相比，這是比較實際的基數。

因此，花旗公司具有不錯的收益成長和低廉價格的雙重優勢。考慮到這些因素和這家企業在世界經濟中的聲望，我們都應該效仿瓦利德王子的做法，並在 1990 年代初期至中期建立基金會控股（不過事實證明，他後來在高科技公司的投資沒那麼精明）。

1998 年，花旗公司與桑福德・魏爾（Sandy Weill）領導的旅行家集團（Travelers Group）合併，成立了花旗集團（Citigroup），從此列入道瓊指數的 30 支股票，凸顯了花旗公司的特許經銷權價值。美國國會為了批准合併，不得不廢除 1930 年代的格拉斯－斯蒂格爾法案（Glass-Steagall Act），該法案禁止銀行與投資公司同屬一家企業。花旗集團後來將一家全面的商業銀行和一家大型投資銀行（美邦）合併在一起。

股價飆升的原因是合併後的公司售價超過帳面價值的 2 倍，

而收益在 1995 年和 1998 年之間也大幅增加。由於權力分享的協議（直到約翰·里德離職後，他與桑福德·魏爾才擔任共同執行長）及企業文化的差異，「對等合併」將邁向有趣又難以預料的未來。

國際鋁業，2000 年

國際鋁業（International Aluminum）符合葛拉漢與陶德的眾多投資標準。這家公司從事單調的商品業務，銷售鋁板和住宅建築的零件，而持續下降的獲利能力壓低了股價，使帳面價值大打折扣。經過一番考慮後，我決定不在這個時候投資。有部分的原因是公司規模太小，不符合葛拉漢與陶德的投資條件。但更重要的原因是，我對管理高層是否能夠成功地扭轉局面心存疑慮。這是我當下錯過的投資機會，儘管事後看來，該股確實從我提議的進場點出現了有意義的反彈。

銷售減緩和利潤縮水都使收益降低了。國際鋁業努力控管地理與經營方面的業務，這些是考慮不周的收購計畫遺留下來的問題。主要問題是產品線和銷售管道太多，導致很難管理。但國際鋁業無法透過銷售或停止周邊業務來獲得大量現金，其實他們就像是資金的使用者，因為公司試圖轉虧為盈，而不是縮減規模。

較低且不斷下降的股東權益報酬率是評估國際鋁業缺乏獲利能力的好指標，較低的淨利率在評估方面略遜一籌。1990 年代中期是國際鋁業的鼎盛時期，股東權益報酬率落在 14% 至 16%。後來，每 1 美元的股東權益都能賺 3 分之 1，也就是 5%。當然，利潤和報酬不會永遠維持這麼低。我推測「平均」獲利能力相當於大約 8% 的股東權益報酬率。

國際鋁業的吸引力在於資產負債表。這家公司沒有債務，每股的帳面價值為 29 美元，其中一半以營運資金的形式存在。如果每股是 14 美元，或者不到帳面價值的一半，我就會心癢難耐。在這樣的價格條件下，即使是 8% 的「正常」股東權益報酬率也是誘人的賣點。如果股利發放率是 50%，股利分配率則是 4%。但是根據一半帳面價值的買入價格，這種 4% 的帳面價值分配方式會產生 8% 殖利率。

理論上，4% 的留存收益率可以帶來 4% 成長率。因此，按「現狀」計算，公司的總報酬率理論上是 12%。我認為國際鋁業的商品業務和管理高層都很平庸，仍有很大的上漲空間。此外，總有以帳面價值或接近帳面價值的價格收購或管理高層收購[*]的機會，使報酬率增加到 12% 的水準。

某位持有 7% 股份的私人投資者想要以 18.25 美元收購國際鋁業的其餘部分，這比公司的股價低點高一些。但管理高層拒絕了這個報價。公司意識到內部出現了問題後，在最後關頭進行幾次高階層的人事變動，以便保持公司本身的控制權。

即使在人事變動之後，管理成效還是不如一般水準。國際鋁業無法從 2001 年和 2002 年的不動產繁榮光景中獲利，反而遭遇各種不幸事件，包括勞工罷工和重要顧客流失。股東權益報酬率持續惡化，令人質疑獲利能力和股利的可持續性。在經營基礎如此糟糕的情況下，即使是強健的資產負債表和低廉的買入價格，也無法使公司成為具有吸引力的投資對象。但比較樂觀的投資人

---

[*] 公司的高階管理高層從金融機構或創業投資中得到資金支持，再從公開市場買下公司很大比例的股權，以達到控股的程度。

確實能夠接受股價落在二十多美元出頭。

沃洛漢木材，2001 年

沃洛漢木材（Wolohan Lumber）是國際鋁業的反例，本來是我該入手的小型公司。當然，這有點像是事後諸葛的言論。確實有許多微妙的跡象表明當時的投資機會值得追求，只不過我錯失良機，為時已晚。

沃洛漢木材也在相對成熟的不動產市場經營。與國際鋁業相同的是，商品（木材）價格的因素使沃洛漢木材在銷售成長方面遇到了瓶頸，利潤也受到競爭壓力的影響。但是與國際鋁業不同的是，沃洛漢木材的管理高層做出恰當的反應，為公司和其他股東創造價值。公司更加專注於核心業務，賣掉不符合重點的業務。同時，公司推出新的增值產品與服務，創造現金流，並縮小資產基礎。因此，股東權益報酬率維持相對較低的 6% 至 7%。

每股的帳面價值超過 20 美元，流動資產幾乎占了這個數字的一半，但是股價只有 11% 至 13% 美元。2000 年和 2001 年時，管理高層在公開市場以低於每股 15 美元的價格大量購買，使股票基數降低了將近 25%。儘管如此，公司的資產負債表依然強健，因為債務與股權同時減少。這表示公司有強勁的現金流。看一下現金流量表就會發現情況確實如此，即便損益表看起來乏善可陳。

當時，公司加強控管營運資金，並藉著出售資產來創造大量的資金。鑑於這個事實，廉價的收購價格代表了對逐漸增加的流動性資產基礎的實際折扣。管理高層此時持有公司近一半的股票，尤其是詹姆士・沃洛漢（James Wolohan）。他們採取了適

合股東的行動方案之後，準備完成重大的重整計畫，例如管理高層收購。不過，公司的股價卻跌到每股 10 美元，售價不到帳面價值的一半。使投資人的利息受限的因素是低股利。但是我們計算股利分配率時，應當考慮買回股票。

管理高層很可能會進行槓桿收購。事實上，沃洛漢木材以每股 15 美元出價收購了所有公開發行的股票，目的是為股東「提供流動性」。這項收購有一部分由內部產生的資金支付，另一部分由長期債務支付。絕大多數的外部股東都接受了這個報價，公司的股票也持續進行小額交易。股價升到每股 20 美元左右，很接近帳面價值。

管理高層最後在 2003 年 8 月以每股 25.75 美元的價格將公司私有化。沃洛漢木材現在其實是詹姆士·沃洛漢的私人控股公司，他擁有大部分的股份。國家稅務局對私人控股公司的清償價值營運資金有嚴格限制——徵收懲罰性的高額稅款，以迫使業主發放股利。這種限制不適用以長期債務抵消的營運資金。公司必須借錢來完成收購，但隨著公司繼續產生現金並償還債務，公司很可能會在公開市場重新發行股票，以便將業主權益降低到 50% 之下。

總之，沃洛漢木材與國際鋁業都有吸引人的資產負債表、平庸的損益表這兩項特徵。這兩家公司的不同之處在於前者的財務狀況變動表有較好的現金增值效果。這個跡象表明實際的經濟獲利能力大於會計獲利能力，並導致外部股東的債權貨幣化。

圖表 16-1　恩德薩於 1988 年至 1991 年的統計摘要

年度	1988	1989	1990	1991E
美國存託憑證每股銷售額	15.87	19.13	22.82	**24.00**
美國存託憑證每股「現金流」	4.97	5.61	6.96	**7.65**
美國存託憑證每股盈餘	2.27	2.60	3.38	**3.85**
美國存託憑證每股股利	0.80	0.70	0.90	**1.18**
美國存託憑證每股帳面價值	13.95	13.82	17.92	**20.75**
美國存託憑證（百萬）	260.01	260.01	260.01	**260.01**
美國存託憑證價格（年度最低點）	12.0	14.1	18.1	**20.0**
市值（百萬）	3,120.1	3,666.1	4,706.2	**5,200.2**
本益比	5.3	5.4	5.4	**5.2**
市帳率	0.9	1.0	1.0	**1.0**
現金殖利率	6.7%	5.0%	5.0%	**5.9%**
銷售額（百萬）	4,127.1	4,974.4	5,933.9	**6,700**
淨利（百萬）	591.4	677.7	887.4	**1,040**
長期債務	54.8%	55.2%	50.2%	**46.0%**
股東權益	45.2%	44.8%	49.8%	**54.0%**
資本報酬率	7.8%	12.6%	12.8%	**13.5%**
股東權益報酬率	16.3%	18.9%	19.0%	**19.1%**
再投資率	8.3%	13.0%	12.9%	**13.4%**
股利分配率	8.0%	5.9%	6.1%	**5.7%**
留存收益率	51%	69%	68%	**70%**
股利發放率	49%	31%	32%	**30%**

加粗的數字是價值線投資研究公司的估算值或從中得出的數字。

資料來源：價值線出版公司；作者提供計算結果。

圖表 16-2　先鋒金融服務於 1993 年至 1996 年的統計摘要

年度	1993	1994	1995	1996E
每股盈餘	1.26	1.58	1.85	**2.00**
每股股利	0.00	0.15	0.18	**0.21**
每股帳面價值	10.24	14.35	14.35	**16.65**
股票（百萬）	6.72	5.92	10.08	**10.50**
股價（年度最低點）	4.6	8.5	8.8	**15.0**
市值（百萬）	30.9	50.3	88.7	**157.5**
本益比	3.7	5.4	4.8	**7.5**
市帳率	0.4	0.6	0.6	**0.9**
現金殖利率	0.0%	1.8%	2.0%	**1.4%**
總收入（百萬）	703.7	774.2	800.1	**930**
淨利（百萬）	12.2	17.1	21	**29**
總資產（百萬）	1,108	1,076	1,559	**1,700**
股東權益（百萬）	92.5	90	165.8	**175**
股東權益報酬率	13.1%	19.1%	12.8%	**16.5%**
再投資率	10.9%	15.9%	10.9%	**15.2%**
股利分配率	2.2%	3.2%	1.9%	**1.3%**
留存收益率	83%	83%	85%	**92%**
股利發放率	17%	17%	15%	**8%**

加粗的數字是價值線投資研究公司的估算值或從中得出的數字。

資料來源：價值線出版公司；作者提供計算結果。

圖表 16-3 戴爾電腦於 1993 年至 1996 年的統計摘要

年度	1993	1994	1995	1996E
每股銷售額	37.88	43.79	56.67	**77.35**
每股「現金流」	-0.09	2.19	3.30	**4.20**
每股盈餘	-0.53	1.58	2.74	**3.60**
每股股利	0.00	0.00	0.00	**0.00**
每股帳面價值	4.54	6.61	10.35	**14.10**
股票（百萬）	75.86	79.36	93.45	**95.00**
股價（年度最低點）	6.9	9.6	19.8	**23.0**
市值（百萬）	523.4	761.9	1,850.3	**2,185.0**
本益比	NMF	6.1	7.2	**6.4**
市帳率	1.5	1.5	1.9	**1.6**
現金殖利率	0.0%	0.0%	0.0%	**0.0%**
銷售額（百萬）	2,873.2	3,475.3	5,296.0	**7,350.0**
折舊（百萬）	30.7	33.1	38.0	**42.0**
淨利（百萬）	-35.8	149.2	272.0	**360.0**
營運資金（百萬）	510.4	719.0	1,018.0	**1,150.0**
長期債務（百萬）	100.0	113.4	113.0	**0.0**
股東權益（百萬）	471.1	651.7	973.0	**1,340.0**
資本報酬率	NMF	20.30%	25.70%	**27%**
股東權益報酬率	NMF	22.90%	28.00%	**27%**
再投資率	NMF	21.5%	27.7%	**27%**
股利分配率	NMF	1.4%	0.3%	**0%**
留存收益率	NMF	94%	99%	**100%**
股利發放率	NMF	6%	1%	**0%**

加粗的數字是價值線投資研究公司的估算值或從中得出的數字。

資料來源：價值線出版公司；作者提供計算結果。

圖表 16-4　英國鋼鐵於 1996 年至 1999 年的統計摘要

年度	1996	1997	1998E	1999E
美國存託憑證每股銷售額	57.79	57.85	**58.60**	**60.60**
美國存託憑證每股「現金流」	4.86	4.34	**3.60**	**4.10**
美國存託憑證每股盈餘	3.33	1.89	**1.00**	**1.50**
美國存託憑證每股股利	1.55	1.77	**1.77**	**1.77**
美國存託憑證每股帳面價值	38.05	38.49	**39.15**	**39.90**
美國存託憑證（百萬）	203.58	203.76	**198.14**	**198.00**
美國存託憑證價格（年度最低點）	24.9	20.8	**16.4**	
市值（百萬）	5,069.1	4,238.2	**3,249.5**	
本益比	7.5	11.0	**16.4**	
市帳率	0.7	0.5	**0.4**	
現金殖利率	6.2%	8.5%	**10.8%**	
銷售額（百萬）	11,775	11,463	**11,600**	**12,000**
折舊（百萬）	485.7	486.8	**510**	**520**
淨利（百萬）	505.3	372.9	**200**	**295**
營運資金（百萬）	5,58.1	3,858.4	**4,250**	**4,500**
長期債務（百萬）	1,038.3	1,193	**1,000**	**975**
股東權益（百萬）	7,753.9	7,626.3	**7,750**	**7,900**
資本報酬率	6.2%	4.7%	**2.5%**	**3.5%**
股東權益報酬率	6.5%	4.9%	**2.5%**	**3.5%**
再投資率	2.2%	0.5%	**NMF**	**NMF**
股利分配率	4.3%	4.4%	**NMF**	**NMF**
留存收益率	34%	11%	**NMF**	**NMF**
股利發放率	66%	89%	**NMF**	**NMF**

加粗的數字是價值線投資研究公司的估算值或從中得出的數字。

資料來源：價值線出版公司；作者提供計算結果。

圖表 16-5　菲利普莫里斯（奧馳亞）於 1997 年至 2002 年的統計摘要

年度	1997	1998	1999	2000	2001	2002
每股銷售額	29.71	30.61	33.61	36.38	41.78	39.43
每股「現金流」	3.3	2.91	4.01	4.63	5.06	5.26
每股盈餘	2.58	2.20	3.19	3.75	3.87	4.49
每股股利	1.6	1.68	1.84	2.02	2.22	2.44
每股帳面價值	6.15	6.66	6.54	6.79	9.12	9.55
股票（百萬）	2,425.5	2,430.5	2,338.5	2,208.9	2,152.5	2,039.3
股價（年度最低點）	36	34.8	21.3	18.7	38.8	35.4
市值（百萬）	87,318	84,581.4	49,810.05	41,306.43	83,517	72,191.22
本益比	14.0	15.8	6.7	5.0	10.0	7.9
市帳率	5.9	5.2	3.3	2.8	4.3	3.7
現金殖利率	4.4%	4.8%	8.6%	10.8%	5.7%	6.9%
銷售額（百萬）	72,055	74,391	78,596	80,356	89,924	80,408
折舊（百萬）	1,700	1,690	1,702	1,717	2,337	1,331
淨利（百萬）	6,310	5,372	7,675	8,510	8,560	9,402
營運資金（百萬）	2,369	3,851	2,878	-8,711	-2,866	-1,641
長期債務（百萬）	11,585	11,906	11,280	18,255	17,159	19,189
股東權益（百萬）	14,920	16,197	15,305	15,005	19,620	19,478
資本報酬率	25.8%	20.9%	30.8%	27.2%	25.4%	26.0%
股東權益報酬率	42.3%	33.2%	50.1%	56.7%	43.6%	48.3%
再投資率	16.1%	8.6%	21.5%	26.6%	19.2%	22.2%
股利分配率	26.2%	24.6%	28.6%	30.1%	24.4%	26.1%
留存收益率	38%	26%	43%	47%	44%	46%
股利發放率	62%	74%	57%	53%	56%	54%

資料來源：價值線出版公司；作者提供計算結果。

圖表 16-6　愛立信於 1987 年至 1992 年的統計摘要

年度	1987	1988	1989	1990	1991E	1992E
美國存託憑證每股銷售額	29.08	26.66	31.01	39.03	**37.60**	**38.35**
美國存託憑證每股「現金流」	1.65	1.83	2.65	4.29	**2.50**	**2.45**
美國存託憑證每股盈餘	0.59	1.05	1.69	2.89	**0.95**	**0.90**
美國存託憑證每股股利	0.31	0.34	0.45	0.62	**0.63**	**0.65**
美國存託憑證每股帳面價值	7.79	8.26	9.69	12.85	**13.00**	**13.20**
美國存託憑證（百萬）	190.81	191.07	204.87	205.73	**207.50**	**208.50**
美國存託憑證價格（年度最低點）	5.1	5.3	11.7	25.5	**15.4**	
市值（百萬）	973.1	1,012.7	2,397.0	5,246.1	**3,195.5**	
本益比	8.6	5.0	6.9	8.8	**16.2**	
市帳率	0.7	0.6	1.2	2.0	**1.2**	
現金殖利率	6.1%	6.4%	3.8%	2.4%	**4.1%**	
銷售額（百萬）	5,548.0	5,093.1	6,353.3	8,029.2	**7,800.0**	**8,000.0**
折舊（百萬）	201.9	150.4	204.0	276.2	**325.0**	**325.0**
淨利（百萬）	112.5	199.8	339.0	606.1	**195.0**	**190.0**
營運資金（百萬）	2,061.6	1,895.7	2,121.1	2,566.9	**2,400.0**	**2,500.0**
長期債務（百萬）	557.7	496.7	341.0	188.5	**150.0**	**150.0**
股東權益（百萬）	1,487.0	1,577.5	1,985.4	2,643.9	**2,700.0**	**2,750.0**
資本報酬率	6.4%	10.8%	15.5%	23.1%	**8.0%**	**8.2%**
股東權益報酬率	7.6%	12.7%	17.1%	22.9%	**7.4%**	**7.7%**
再投資率	3.3%	8.5%	12.8%	18.3%	**2.4%**	**2.2%**
股利分配率	4.3%	4.2%	4.3%	4.6%	**5.0%**	**5.5%**
留存收益率	43%	67%	75%	80%	**33%**	**29%**
股利發放率	57%	33%	25%	20%	**67%**	**71%**

加粗的數字是價值線投資研究公司的估算值或從中得出的數字。

資料來源：價值線出版公司；作者提供計算結果。

圖表 16-7　富國銀行於 1989 年至 1994 年的統計摘要

年度	1989	1990	1991	1992	1993	1994
每股盈餘	11.02	12.05	0.04	4.44	10.10	14.78
每股股利	3.30	3.90	3.50	1.50	2.25	4.00
每股帳面價值	48.08	57.44	54.00	57.44	65.86	66.77
股票（百萬）	51.08	51.44	52.00	55.19	55.81	51.25
股價（年度最低點）	59	41.3	48	56.5	74.8	127.1
市值（百萬）	3,013.7	2,124.5	2,496.0	3,118.2	4,174.6	6,513.9
本益比	5.4	3.4	NMF	12.7	7.4	8.6
市帳率	1.2	0.7	0.9	1.0	1.1	1.9
現金殖利率	5.6%	9.4%	7.3%	2.7%	3.0%	3.1%
淨利（百萬）	601.1	642.8	21.0	283.0	612.0	841
長期債務（百萬）	2,541	2,417.2	4,220	4,040	4,221	2,853
股東權益（百萬）	2,860.9	3,359.8	3,271	3,809	4,315	3,911
股東權益報酬率	21.00%	19.10%	0.60%	7.40%	14.20%	21.50%
再投資率	14.1%	12.4%	NMF	4.1%	10.1%	14.8%
股利分配率	6.9%	6.7%	NMF	3.3%	4.1%	6.7%
留存收益率	67%	65%	NMF	55%	71%	69%
股利發放率	33%	35%	NMF	45%	29%	31%

資料來源：價值線出版公司；作者提供計算結果。

圖表 16-8　花旗公司於 1990 年至 1995 年的統計摘要

年度	1990	1991	1992	1993	1994	1995E
每股盈餘	0.57	-3.22	1.35	3.53	6.4	6.35
每股股利	1.74	0.75	0	0	0.45	1.2
每股帳面價值	24.34	21.22	21.74	26.04	34.38	40.4
股票（百萬）	336.51	346.25	366.49	366.49	395.08	425
股價（年度最低點）	10.8	8.5	10.4	20.5	28.3	38.5
市值（百萬）	3,634	2,943	3,811	7,513	11,181	16,363
本益比	18.9	-2.6	7.7	5.8	4.4	6.1
市帳率	0.4	0.4	0.5	0.8	0.8	1
現金殖利率	16.10%	8.80%	0.00%	0.00%	1.60%	3.10%
淨利（百萬）	318	-914	722	1,919	3,422	3,450
長期債務（百萬）	23,187	23,345	20,136	18,133	17,894	21,000
股東權益（百萬）	9679	9526	11217	13980	17769	20175
股東權益報酬率	3.30%	NMF	6.40%	13.70%	17.70%	17.00%
再投資率	NMF	NMF	4.50%	11.50%	14.90%	17.00%
股利分配率	NMF	NMF	1.90%	2.20%	2.80%	0.00%
留存收益率	NMF	NMF	71%	84%	84%	100%
股利發放率	NMF	NMF	29%	16%	16%	0%

加粗的數字是價值線投資研究公司的估算值或從中得出的數字。

資料來源：價值線出版公司；作者提供計算結果。

圖表 16-9　國際鋁業於 1999 年至 2002 年的統計摘要

年度	1999	2000	2001	2002
每股銷售額	56.99	50.78	50.16	45.64
每股「現金流」	3.92	1.98	2.86	1.88
每股盈餘	2.41	0.29	1.09	0.24
每股股利	1.20	1.20	1.20	1.20
每股帳面價值	29.99	29.29	29.16	26.11
股票（百萬）	4.29	4.24	4.24	4.24
股價（年度最低點）	23.4	14	17.8	15.5
市值（百萬）	100.4	59.4	75.5	65.7
本益比	970.00%	1,280.00%	1,630.00%	6,460.00%
市帳率	0.8	0.5	0.6	0.6
現金殖利率	5.1%	8.6%	6.7%	7.7%
銷售額（百萬）	244.6	215.5	212.9	193.7
折舊（百萬）	650.00%	7.2	750.00%	700.00%
淨利（百萬）	10.3	1.3	460.00%	100.00%
營運資金（百萬）	69	63.6	6,610.00%	5,800.00%
長期債務（百萬）	0	0	0	0
股東權益（百萬）	128.7	124.3	12,380%	11,080%
資本報酬率	8.0%	1.0%	3.7%	0.9%
股東權益報酬率	8.0%	1.0%	3.7%	0.9%
再投資率	4.0%	NMF	NMF	NMF
股利分配率	4.0%	NMF	NMF	NMF
留存收益率	50%	NMF	NMF	NMF
股利發放率	50%	NMF	NMF	NMF

資料來源：價值線出版公司；作者提供計算結果。

圖表 16-10 沃洛漢木材於 1998 年至 2001 年的統計摘要

年度	1998	1999	2000E	2001E
每股銷售額	81.09	80.31	**72.20**	**77.65**
每股「現金流」	2.73	2.70	**2.20**	**2.80**
每股盈餘	1.05	1.19	**0.50**	**0.90**
每股股利	0.28	0.28	**0.28**	**0.28**
每股帳面價值	17.78	19.27	**21.10**	**22.35**
股票（百萬）	5.55	5.03	**4.50**	**4.25**
股價（年度最低點）	8.4	10.8	**8.1**	
市值（百萬）	46.6	54.3	**36.5**	
本益比	800.00%	910.00%	**1,620.00%**	
市帳率	0.5	0.6	**0.4**	
現金殖利率	3.3%	2.6%	**3.5%**	
銷售額（百萬）	449.9	404.0	**325.0**	**330.0**
淨利（百萬）	680.00%	6.3	**250.00%**	**400.00%**
營運資金（百萬）	53.2	52.3	**4,500.00%**	**5,000.00%**
長期債務（百萬）	17.1	12.6	**900.00%**	**1,100.00%**
股東權益（百萬）	98.7	96.9	**9,300.00%**	**9,400.00%**
資本報酬率	6.8%	6.4%	**3%**	**5%**
股東權益報酬率	6.9%	6.5%	**2.5%**	**4.0%**
再投資率	5.0%	5.0%	**1.1%**	**2.8%**
股利分配率	1.5%	1.5%	**1.4%**	**1.2%**
留存收益率	73%	77%	**44%**	**69%**
股利發放率	27%	23%	**56%**	**31%**

加粗的數字是價值線投資研究公司的估算值或從中得出的數字。

資料來源：價值線出版公司；作者提供計算結果。

第 17 章

現學現賣

　　喬治・索羅斯（George Soros）曾經以他所謂的「即時實驗」來說明他的投資技巧。我在這一章運用個人退休帳戶中的交易進行為期一年的即時實驗，年度是 1999 年。會計核算很簡單，因為沒有資金流入或流出，而且報表由嘉信理財（Charles Schwab）處理。

　　此外，我使用延後課稅帳戶（稅賦中立），因此所有交易都可以在不需要擔心稅收問題的情況下進行。這並不完全是人為因素的情況，因為美國約有 4 分之 3 的投資基金屬於延後課稅的實體，例如退休基金、個人退休帳戶、401(k) 退休福利計畫、年金險，或者節稅工具，如地方政府債券。

　　帳戶的交易規模是六位數，一小筆資金並不會產生「市場波動」成本（大型基金透過大量的股票交易行為，使市場產生的波動），也不會產生其他與買進小型股相關的流動性問題，但是足以象徵著管理「市場上的真正資金」。

1999 年的前奏

在 1999 年的前幾年，我的投資組合主要是波克夏（A 類）股票。從 1993 年開始，我每年都以略高於投資價值的價格買進並持有這個股份，但長年來的結果證明了我付出的溢價很合理。到目前為止，最主要的例外是 1996 年，當時波克夏股票的表現不佳。巴菲特針對該股在年初的售價評論道：「我和查理都不會買。」

1997 年和 1998 年時，波克夏股票的表現相當出色，從 1996 年初期開始就翻倍了，基本價值卻沒有完全相稱的增加。因此，波克夏股票很可能在 1999 年再度表現不佳。但至少該股讓我有機會擺脫對特定持股的過度依賴。

1998 年秋季，我把當時占投資組合 60% 以上的波克夏股票賣掉了，然後將收益再投資到價值股。這個權重已經加上大量資金額度，通常占投資組合的 30% 至 40%。不過，這個投資組合在 1998 年以 5 個百分點的優勢擊敗了標準普爾 500 指數。其實這個結果代表逃過一劫，因為價值投人的績效比成長投資人和標準普爾 500 指數略遜一籌（然而，1997 年的結果不怎麼引人注目，因為波克夏的良好績效不足以抵消大量現金額度帶來的麻煩）。

1998 年晚期，我把投資組合重新調整成適合 1999 年的狀態，原因是當年的第四季需要初步了解隔年的潛在股市績效，也可以善用機會預先重新配置投資組合。我一直都是價值投資人，不過現在正全力宣揚這個核心理念。1999 年的新投資如下：

■ **法林百貨**（Filene's Basement）以前的股價是 6 美元，如

今不到 2 美元。摩根產品（Morgan Products）是生產門窗等居家室內產品的製造商，股價為 2 美元。這兩者的股票都低於帳面價值，也都在價值線廉價類別中的最下層。

■ **英國鋼鐵**的殖利率高達 12%，是不可多得的好股票。鋼鐵股目前處於下跌狀態，但是在亞洲經濟復甦時可能會反彈。收益微薄到幾乎不存在，但是公司在景氣好的時候，一張美國存託憑證可以賺取 5 美元至 6 美元，平均每張美國存託憑證能賺取二美元多，足以支付大約 1.75 美元的股利。此外，公司在每張美國存託憑證中有 20 美元的營運資金，扣除債務後的淨營運資金為 13 美元，而投資額為 15 美元。這些硬資產的帳面價值在每張美國存託憑證中占 25 美元，實際價值可能只有這個數字的一半。但公司以每張美國存託憑證 2 美元的價格收購一家大型鋼鐵企業，這個價格扣除了營運資金，按市值計算約為 4 億美元。

■ **卡拉威高爾夫**（Callaway Golf）是陷落的成長之星，售價低至十幾美元。公司創辦人伊利・卡拉威（Ely Callaway）對近期的績效很不滿意，他決心改變現狀（假設公司能夠成功扭轉局面，潛在的投資價值約為每股 20 美元）。

■ **斯圖爾特與史蒂文森**（Stewart & Stevenson）的售價是帳面價值的 3 分之 2，殖利率接近 4%。因此，將近 17 美元的投資價值大約是現行價格 9 美元價格的 2 倍，圈內人紛紛買進。

■ **凱斯公司**（Case Corporation）是約翰・多夫曼（John Dorfman）推薦的投資標的。多夫曼以前是德雷曼價值管理（Dreman Value Management）公司的創辦人，他因欠了

一大筆債而卻步。不過，價值線將該公司的債務記為略高於 5 億美元以上（不是彭博顯示的 13 億美元），其餘的債務都是歸因於公司的金融子公司。

■ **層雲電腦**（Stratus Computer）。一般人不喜歡科技股，並不是因為科技產業本身的性質，而是因為一般人不喜歡為基本上屬於日用品產業支付偏高的價格。不過，層雲電腦按帳面價值出售，是一般投資人願意支付的價格。恆升通訊（Ascend Communications）在 1998 年晚期收購這家公司，接著在 1999 年初期被朗訊（Lucent）收購。考慮到收購的溢價，這兩筆交易使當初的投資額增加了 2 倍。

我的投資可分為三大類別：資產型投資標的、紅利型高收益、衰落型成長股。英國鋼鐵、斯圖爾特與史蒂文森既屬於資產型，也屬於紅利型，而凱斯公司基本上屬於資產型，因為這家公司的股利很少。卡拉威高爾夫屬於衰落型成長股。未來會有更多紅利型高收益的企業。

1999 年的實驗

1999 年 1 月

■ **蘭德里海鮮餐廳**（Landry's Seafood Restaurants）和露比自助餐廳（Luby's Cafeteria）之間二擇一。我不太了解餐飲業，但我選了蘭德里海鮮餐廳。《商業週刊》（*BusinessWeek*）發表了一篇對我有利的文章，證實我沒有選錯。總之，這

兩家餐廳都是價值投資標的。

■ **羅旺公司**（Rowan Companies）是油田服務商，財務槓桿相對較低。根據我以前在價值線分析石油業的經驗，油價只會一直上漲而已。其他槓桿率非常高的油田服務供應商，包括我很久以前欣賞的全球海事系統（Global Marine）和帕克鑽井（Parker Drilling）。可是，傳統的石油股都太貴了。

■ **鈦金屬**（Titanium Metals）是戰略金屬供應商，售價只有帳面價值的一半，比較適合 2000 年之後的投資主題。

■ **西雅圖底片**（Seattle Filmworks）有不當編造損益表來誤導投資人的問題，但是公司的資產負債表很強健，銷售額也持續快速成長。從業主收益來看，情況與最近公布的虧損情況有所不同。資本支出的需求不大，因此大部分的現金流都是「實際收益」。值得嘗試投資。

我把健寶園（Gymboree）拿掉了。1998 年晚期，這家公司從每股 4 美元飆升到 9 美元，目前的售價高於每股 7 美元的帳面價值，不再符合資產型投資標的，反而比較像衰落型成長股。

1999 年 2 月

這個月沒有投資。

1999 年 3 月

我以 11 美元的價格買了安博科匹　堡（Ampco-Pittsburgh）鋼鐵公司的一些股票，現金殖利率為 4%，售價約為投資價值

的一半。我也以 1 倍的帳面價值投資了另一家鑽井商恩斯克
（Ensco）。

1999 年 4 月

■ **聯合領土不動產**（United Dominion Realty）：有一些投資
人不喜歡這家公司，原因是股票選擇權政策過於寬鬆。但
總報酬的主要來源是 10% 收益，即使考慮到管理高層採
取的一些措施，資本成長的預期總報酬部分大概只有一半
以下。

巴菲特喜歡投資不動產投資信託，這是當然的。他一開始有
大約 10% 的股利。成長率也落在 8% 至 10% 之間，稍微超過企
業平均水準。美國許多地區對過度建設的擔憂，對不動產股有不
利的影響。因此，以前不動產投資信託比資產淨值高出 30% 左
右的溢價基本上已經消失了。不動產投資信託的售價通常是重組
收益的 10 倍左右，為營運資金的 6 倍至 8 倍，這也是非常接近
現金流的指標。顯示的總報酬差不多是一年 20%。

斯圖爾特與史蒂文森找到了新的執行長。他曾經擔任奇異公
司的高階主管，但也許是因為競爭太激烈的緣故而不太受人矚目
〔除了傑克‧威爾許（Jack Welsh），幾乎每個人都有過這樣的
經歷〕。

儘管公司採取持有 35% 至 40% 現金的謹慎政策，但公司的
帳戶在 4 月底賺了 13.5%，領先標準普爾 500 指數將近 9%。基
本上，這對於牛市中的防禦策略而言是不錯的結果。中國古代的
齊國大將田忌（Tian Ji）請教軍事家孫臏（Sun Bin）的賽馬故事

可以說明這一點，他詢問是否有辦法以三局兩勝的賽馬賭注贏過對手齊威王（King Wei of Qi）。田忌提到他的上等馬和對手的上等馬實力差不多，他的中等馬在速度方面也和對手的中等馬不相上下，而他的下等馬和對手的下等馬不分軒輊。

孫臏回答：「我認為有辦法贏。您在第一局派下等馬和對手的上等馬比賽，輸一次。您在第二局派上等馬和對手的中等馬比賽，贏一次。最後，您在第三局派中等馬和對手的下等馬比賽，又贏了一次。這就是三局兩勝的取勝之道。」

孫臏預計上等馬和中等馬會贏，而下等馬會輸。但是，我在1980 年代派「上等馬」和市場上的「中等馬」較量之後，展現令人信服的領先優勢，即使在 1999 年，我的「下等馬」也沒有落敗（我預計 2000 年之後，我的「中等馬」會和市場上的「下等馬」較量）。

我以接近 70% 的毛利率賣掉摩根產品，並虧本出售康薩可（前幾年留下來的問題）。我應該早一點這麼做。康薩可在收購先鋒金融服務的過程中又被收購了，某家公司在 1990 年代中期以帳面價值收購了康薩可（見第 16 章）。

我以 30 美元出頭賣掉凱斯公司，藉此調整了一下投資組合。這個價格很接近投資價值，足以吸引理性的投資人，卻不再符合葛拉漢與陶德的嚴格標準。事實證明，我太早賣掉凱斯公司了，因為新荷蘭（New Holland N.V.）這家荷蘭公司的美國子公司進行收購談判的過程中，凱斯公司的股價持續上漲。收購價格為每股 55 美元，幾乎是投資價值的兩倍，而隱含的收購價值為 65 美元以下。不過，這家農業設備製造商還需要 1 年或 2 年的時間才會復甦。在這個基礎上，相對於理論上的 65 美元，55 美元似乎

是很合理的折現值。

給投資人的借鑒是，他們 1 年前為凱斯公司支付每股 70 美元的價格，如今基於生產與分配的規模經濟，策略型買家只願意支付每股 55 美元的價格。投資人投資三季後可能就破產了。不過，思樂寶（Snapple）可以說是絕妙的經典例子。

經過股票分割調整後，每股 10 美元，隨後一路漲到 30 美元，再跌到 5 美元（大概相當於公司的價值），接著被桂格燕麥（Quaker Oats）這個策略型投資者以 14 美元的價格收購，可以說是用一般買家支付的 30 美元一半以下的價格所收購。值得注意的是，精心策畫每股 14 美元交易的桂格燕麥高階主管在大約 1 年後被炒魷魚了，這表明即使是消息靈通的策略型投資者，每股 14 美元的出價還是太高了。

聯合產品（Allied Products）是農業暨工業設備製造商，我用這家公司取代凱斯，帳面價值是每股 5 美元，股價是每股 3 美元，缺點是公司有沉重的債務負擔。

目前的不動產投資信託處於低迷時期，所以我該做的事就是大量購買，包括為醫院提供資金的歐美嘉醫療保健（Omega Healthcare）、購物中心不動產投資信託——聯合領土不動產，以及一週或兩週前登上《富比士》雜誌特寫的太陽石飯店（Sunstone Hotels）。我試過買檀格工廠（Tanger Factory Outlet；巴菲特的私人控股公司），但是價格不像之前那麼好。

我賣了一半英國鋼鐵部位，減少鋼鐵股，再以第三大道價值基金推薦的 LaSalle Re 取而代之。LaSalle Re 的總部在百慕達，可能會產生企業治理問題。但是其他大公司也以低本益比售出，例如 ACE Limited 和 Excel Limited。儘管 LaSalle Re 在 2000 年

表明打算調整、削減或取消股利，目前卻每年支付 1.50 美元的股利，即 10% 的年利率。因此我將這家公司的投資額度從 40% 降到 35%。

價值線的某張圖表啟發我將投資價值模型應用到道瓊指數。結果相當驚人。從 1950 年到 1990 年，道瓊指數多多少少都能導引出投資價值，但是在 1970 年代中期出現了低估價值的情況。1929 年 10 月，市場價值幾乎被高估了 100%。道瓊指數的投資價值約為 200，而市場報價為 381。

1999 年春季，道瓊指數的交易價格與修改後的投資價值有差異，原因是股東權益報酬率很高。因此，艾倫·葛林斯潘和巴菲特都膽怯地認為，如果企業保持較高的股東權益報酬率，高估值的狀況有可能長期維持下去。如果原因只是第 20 章中概述的世代模型，這個假設也許就站不住腳了。所謂沉默世代中最傑出的兩名成員，或許不太願意針對這個問題表態。

不過，現今的經濟與企業界基本上是由嬰兒潮世代以適合股票的快速方式推動，當中有些人擔任中階管理職位，而有些人是領導者，例如比爾·蓋茲（Bill Gates）、史蒂芬·賈伯斯（Steve Jobs）、史考特·麥克里尼（Scott McNealy）、總統柯林頓。X 世代在 5 年到 10 年內開始接任中階管理職位時，這種風氣對投資人就沒那麼適宜了。想像一下，《艾莉的異想世界》（Ally McBeal）中的人物（與社會疏遠、神經質的 28 歲電視情境喜劇角色）來擔任國內的輪班主管，這會對經濟產生什麼樣的影響？

1999 年 6 月

坦白說，我以超過每股 6 美元的價格買貼樂產品（Tab

Products），這件事讓我對自己很不滿。股價落在 5 美元左右的時候，我就在觀望了，但我遲遲不下手。兩則新聞接連出現，推高了股價。一則是知名的價值投資人約瑟夫・哈羅許（Joseph Harrosh）持有 5% 的股份，另一則在一、兩天後報導該公司賣掉主要業務，即將帶來資金並充實本來已經很強健的資產負債表。

是時候買另一家公司威盛（Viasoft）的股票了。我已經觀察這家公司兩個月。在 4 的價格，從超過每股 60 美元的最高值下滑。有些人明智地提早以更高的價格出售，然後忘記保留一部分的股票。威盛目前的帳面價值為每股 5.50 美元，沒有債務，營運資金約為每股 4 美元。威盛的主要應用軟體似乎是 Y2K[*] 軟體，所以員工的飯碗不保。不過，威盛有技巧嫺熟的開發人員、商業特許經銷權、無債務，更重要的是資產超過了股票市場價值。雖然我沒有在這本書中特別鼓吹投資科技股，但令人反感的不是科技本身，而是以高價投資科技股的前景。

根據我投資鋼鐵股、鋁股和化工股的經驗，過去的「科技股」猶如現今的「週期股」。威盛充分證明了這一點。如果我能按一般金屬彎曲器的批發價買進一家軟體公司的股票，該有多好啊。

布萊爾企業（Blair Corporation）暴漲了。一、兩天後，謎底揭曉。那位知名的價值投資人約瑟夫・哈羅許持有 6% 的股份。我晚一步了。另一方面，屬於紡織業的漢考克布料（Hancock Fabrics）基本上是紅利型投資標的，這家公司正經歷艱困時期，因此符合蕭條時期的估值理論。

---

[*]　由於電腦程式設計出問題，使電腦處理 2000 年 1 月 1 日以後的日期時出現不正確的操作，導致某些重要部門的工作停頓，甚至發生嚴重後果。

1999 年 7 月

這個月有許多投資組合標的被買家全部或部分爭相搶購。

聯合產品已經宣布進行重大的談判。他們要以 1 億 2,000 萬美元的價格出售農業業務 80% 的股份，非常接近短期債務的金額，象徵著「縮減資本」。公司沒有兩個高度槓桿化的部門，而是擁有一個沒有債務的部門，並在另一個部門持有 20% 的股權。農業部門的剩餘 20% 在正常交易中價值 3,000 萬美元。4,000 萬至 5,000 萬美元的市值意味著工業部門的價值落在 1,000 萬至 2,000 萬美元之間，但實際上在公司的債務問題解決之後，工業部門的價值可以達到 1 億美元以上。

從一方面來看，每 1 美元面值中有 10 美分到 20 美分投資工業部門。另一方面，每 1 美元面值中有 30 美分投資剩餘的農業部門。這就是葛拉漢與陶德最純粹的投資方式。令人驚訝的是，公司的股票原本快要回升到五美元，消息傳出後卻跌到四美元多的低點。因此，在原來 1,500 股的基礎上，我以 4 的價格增加了 1,000 股，我的投資額幾乎增加了 1 倍。

我以 3 美元的價格適度追加西雅圖底片公司的股票。一旦公司克服了攤銷問題，基本獲利能力為每股 25 美分至 30 美分，本益比為 10 倍至 12 倍的收益。但是公司的網路業務沒有用處，即便有朝一日可能價值不菲。

太陽石飯店表示，打算透過槓桿收購以每股 10.35 美元的價格來私有化。管理高層正以低價買回公司的股票，但是投資組合卻以高於購買價格的溢價售出。

我還納入了露比自助餐廳。雖然這家餐飲店不是屬於很受歡迎的產業，但是收益超過 5%。最後，羅旺和恩斯克的股價看起

來都是帳面價值的兩倍，而泛洋鑽探（Transocean）的股價比較便宜，只有帳面價值的 1.5 倍。泛洋鑽探的價格是 30 美元，大約是羅旺與恩斯克價格總和的 4 分之 3。因此，我用同樣數量的泛洋鑽探股票來取代羅旺與恩斯克各 500 股的部位，也需要大約 5,000 美元的資金。

朗訊崩跌了，從 80 美元的高點退回到 60 美元的低點。有一部分的原因是一般投資人對科技股抱持謹慎的態度。另一個原因是公司最重要部門的總裁卡莉・費奧莉娜（Carleton "Carly" Fiorina）離職了，改到惠普（Hewlett-Packard）擔任執行長。《財星》雜誌在去年適時地提名她為 1998 年美國業界最有影響力的女性。奇怪的是，她沒有被列在朗訊前五名執行長的名單，這對公司或對她都是某種聲明。

1999 年 8 月

吉布森賀卡（Gibson's Greetings）目前的市值為 8,000 萬美元，低於一年前的 5 億美元左右。公司的債務很少，但是資產品質的問題層出不窮。換句話說，這家公司撐過了困境，卻經常使投資人抓狂，這就是為什麼公司的股價忽上忽下。投資這家公司的訣竅是：比那些不太懂得評估股價上漲或下跌的驚慌失措投資人更加沉穩。

購買價格低於 5 美元、每股 15 美元的（減記）帳面價值、每股 7 美元至 8 美元的淨營運資金，其中有超過 6 美元的部分為現金。（假設流動負債由其他流動資產來償還）。這家公司的正常獲利能力大約是每股 1.50 美元，一段時間過後會毫無成長。因此，股價應該要回到 15 美元至 20 美元的範圍，而之前的價格

下跌與回升表明「重整」的時間大約是兩年，為葛拉漢願意等候的期間。潛在收益比葛拉漢的 50% 至 100% 更佳，但是安全性與資產支撐方面與葛拉漢風格類似。

吉布森賀卡有一段有趣的歷史。1980 年代初期，前財政部長威廉・賽蒙（William Simon）與合夥人在槓桿收購中以 8,000 萬美元買下吉布森賀卡，再以 2 億美元出售。令人吃驚的是，賽蒙和合夥人各自只拿出 100 萬美元，其餘都是借來的，所以他們大賺了 1 億 2,000 萬美元。當這家基本狀況健全的公司陷入困境時，他們買下了公司。這算是一種借鑒，8,000 萬美元的股票可能會回到 2 億甚或 4 億美元。不幸的是，公司無法利用賽蒙的高度槓桿得到任何好處，但至少我們能參與週期性的好轉。

健寶園在銷售兒童玩具方面表現得很不錯，這些兒童就是現今的千禧世代。健寶園最近的業績堪比週期性企業，但是公司擁有良好的資產負債表，因此這些週期性波動可能會持續下去，不會終止。我的購買價格大約是帳面價值，能避開下行風險，但願持續的週期性會引領公司股票重新上漲。

另一項投資是電信設備製造商 Salient 3 Communications。這家公司沒有成長的跡象，但股價大幅低於帳面價值，債務也很少。

我買股幾週後，有其他公司打算收購威盛，報價是每股 9 美元，看起來應該足夠，但不算是可觀。即便如此，我在意的是在數週內幾近翻倍的其他投資。我以 8 美元的價格出售，然後改變投資標的，就是為了增加手中的資金部位。

我以 61 美元的價格拋售朗訊，因為朗訊在我持股的短期內只帶來了一些麻煩，我也搞不懂朗訊的股票。會發生這種事是因為我本來就沒有想過要買朗訊的股票，而且是透過接二連三的股

票互換取得（請參考我之前在本章提過的層雲電腦部分）。

我以 11 美元的價格賣掉鈦金屬，並以大約 13.05 美元的價格售出一半的斯圖爾特與史蒂文森股票。令我感到興奮的是，安博科匹　堡上漲了將近 20%，但是兩個月以來，該股一直卡在這個價格範圍。我的帳戶目前在名義上的現金比例約為 37%，但如果考慮到太陽石飯店的現金交易部位，實際的現金比例比較接近 45%。

根據彭博的分析，過去 1 個月（7 月）只有 4% 的共同基金有收益。在這種情況下，這段期間的投資組合有 1.8% 收益（主因是威盛），可以說是相當出色。從年初至今的比較可以說明究竟有多麼出色。如果投資組合是共同基金，考慮到 23.9% 的收益，從今年以來，該基金在彭博對 388 支平衡型基金的排名當中會位列第一名，輕易地擊敗顯示 19% 收益的「對外宣稱」第一名。也許這是真正的基準，因為該投資組合持有 30% 至 40% 的現金資產。

但即使與其他主要持有股票的同類基金相比，該基金也會在 416 支股票收益型基金當中排名第三，而在 199 支小型股基金當中排名第十，以及在 534 支中型股基金當中排名第二十。在同類基金當中，該基金的表現僅次於天然資源型基金。這是有道理的，因為天然資源（以及資本財*供應商）基本上是今年目前為止最熱門的領域，而該投資不是專攻天然資源的組合。話雖如此，其他統計數據顯示出理解正確概念的重要性，就像英國鋼鐵、油

---

* 在生產過程中，用來生產商品或服務的耐久財。

田服務商和其他公司所做的一樣。

財產保險公司 Safeco 的收益率為 4%，看起來很有意思，可惜售價與投資價值相比沒有足夠的折讓。

1999 年 9 月

我以 27 美元買進一些 Safeco 股票，收益率超過 5%，也買了費利蒙通用（Fremont General）的股票，其股價已經從 20 美元的低點跌到 8 美元。我將這兩家公司歸入衰落型成長股，不過他們也可以被視為資產型投資標的。由於收益率超過 5%，Safeco 也可以做為紅利型投資標的。我賣掉了剛剛取消股利的 LaSalle Re。

然而，LaSalle Re 在我持有的期間比另外兩家公司的保值性更高，並且很適合作為資金的停泊處。當然，不要持有 LaSalle Re，持有現金（相對於垃圾等級的投資）會更好，但這正是投資組合管理的要點。同時，整體股市績效（標準普爾 500 指數）回吐第三季的大部分收益，9 個月以來累計的漲幅不到 4%。我的投資在同樣的期間上漲了將近 20%，比市場領先 15 個百分點以上。目前為止，這項投資實驗非常成功。

1999 年 10 月

這個月的投資組合沒有大型投資。我主要專注於指數，其中科技股暴漲，帶動標準普爾 500 指數回升。真是個大逆轉啊。我今年仍然領先大盤指數，但領先的利潤幅度只有 9 月底的一半。

1999 年 11 月

我繼續改善投資組合，以 20% 的損失賣掉露比自助餐廳，改用禮品供應商埃內斯（Enesco）取而代之。埃內斯從 25 美元左右的高點變成目前的 13 美元，損失更多，而且目前的收益率更高，資產負債表也更佳，沒有債務。埃內斯多年來一直在回購股票。我以沒有盈虧的價格賣掉了聯合領土不動產，改用新計畫不動產（New Plan Realty）取而代之。

新計畫不動產目前的收益率與聯合領土不動產相等，之前的收益率反而較低。我以稍微虧損的價格賣掉成長速度緩慢的貼樂產品，改用 OfficeMax 取而代之。OfficeMax 是售價低於帳面價值的衰落型成長股。

我開始投資西部資源（Western Resources），這是一家收益率超過 9% 的公用事業公司。管理高層因收購的方式而受到質疑，股利的發放也承受極大的壓力。不過，24 美元以下的收購價格低於 28 美元的帳面價值，而這個帳面價值代表投資價值的下限，前提是完全取消股利。假設股利降低 50%，價值大約是每股 40 美元，如果股利能夠維持發放，也許價值是每股 50 美元。

鈦金屬的股價落在 6 美元左右，而我的脫手價格比 11 美元稍低。這有助於說明葛拉漢與陶德式投資組合的交易價值，甚至是高周轉率。這個投資組合明顯缺少應當長期持有的「歷久不衰」投資標的，並且取決於 50% 至 100% 的一次性收益（或者避免的損失）。

我象徵性地買了略低於 24 美元的菲利普莫里斯股票，主要是為了介紹給其他價值投資人，但基於道德因素，我的帳戶不再大量放菸草股，而且仍然有訴訟風險。如果不考慮訴訟因素，該

股的價值約為 60 美元。我採用的簡化投資假設是，原告律師會在訴訟之後把公司的價值與股東平分，留下大約 30 美元的價值。如此一來，24 美元以下的股價看起來很便宜。

另一個收購案是吉布森賀卡。我以比 10.25 美元低 10% 左右的出售價格，增加了 25% 部位，使之成為風險套利的交易。

1999 年 12 月

這是一個驗收成果的月分。我先說一個概念：我偏好用投資價值的一半來買股，這代表了一種高水準的自律。但是，這個必要條件不足以在今年取得相對的成效，因為經過精挑細選的投資應該要有預期的總報酬，即成長率與現金殖利率的總和，約為 12%，大致相當於股票的整體報酬，並且以投資價值的一半出售。這種報酬不必完全也不必主要來自成長所得。例如，收益率為 11%、預期成長率為 2% 的英國鋼鐵就符合了條件，其售價只有投資價值的一半以下。

Safeco 也一樣（目前股價跌到 24 美元），成長率為 9%，收益率為 6%。成長率為 6%（比一般水準稍低）、收益率為 3% 的股票以投資價值出售，並不符合納入投資組合的條件。但如果價格減半，原本 3% 的收益率就會變成 6%，使股票符合我的報酬與價值標準。

沒那麼有前途的投資預期總報酬會大幅低於我剛才提到的 12%。布萊爾企業的預期成長率為 4%、收益率為 4%、價格為 14 美元，即使以投資價值的一半出售，也不太划算（以投資價值的 3 分之 1 來看，布萊爾企業會更有吸引力，因為收益率為 6%，潛在報酬率為 10%，公司作為收購對象的額外吸引力能彌補 12%

的不足之處）。

　　漢考克布料將股利削減了 75%。公司打算利用儲蓄來買回目前售價低於帳面價值的股票，不考慮減少的投資價值，這無疑是明智的做法。但不太明智的做法是在沒有充分考慮可能削減股利的情況下，以略高於帳面價值、超過投資價值一半的價格買進。該股的進場價格比目前每股約 5 美元的投資價值低一些，這對於在艱困產業中苦苦掙扎的公司來說太貴了。

　　雖然西雅圖底片公司的股價在 3 美元左右徘徊，帳面價值已經降低一半。許多投資人的興趣仍然集中在網路行銷，這就是為什麼該股適合「持有」，不適合「賣出」。只可惜，公司的資產品質問題比我當初以為的更糟，基本上這一點就不符合葛拉漢與陶德的投資條件了，我不會再加碼買進。

　　去年 11 月底，我的帳戶失去了領先標準普爾 500 指數的優勢，而且之後的績效下滑得更嚴重。其中一個原因是我的投資組合在 12 月份的絕對績效相對較差。但更重要的因素是那斯達克指數暴漲了。該指數以高科技股為主，1999 年第四季上漲約 48%，全年漲幅達 84%。該指數也對標準普爾 500 指數產生外溢效果 *，使其在年底時有 3 分之 1 以上的權重在科技股。

　　結果，標準普爾 500 指數整年的總報酬率從第三季末不到 4%上升到超過 20%。為了穩定相對績效（能夠取回一開始的領先優勢），投資組合可以在第四季進行指數化。但是主要指數出現 4 分之 1 的暴漲，也許是千載難逢的事件。

---

*　事物的某方面發展帶動了其它方面的發展。

　　然而，將近 16% 的全年報酬率比一般價值投資人的全年報酬率高出大約 10 個百分點，也比標準普爾的中型股指數高出大約 5 個百分點。這些結果是在平均資金額度只有 40% 的情況下達成，不適用於今年，但在未來幾年會很有用。

　　如果我把帳戶的資金全部用於投資，績效就能超越標準普爾 500 指數了。事實上，與眾多平衡型基金相比，我的帳戶表現得相當好，但沒有比投資於科技股的成長型基金出色。我將每個月的投資結果概括於圖表 17-1。

圖表 17-1　1999 年，比較個人退休帳戶績效與標準普爾 500 指數

月分	個人退休帳戶	標準普爾 *	差距
1	3.30%	2.00%	1.30%
2	-0.40%	0.70%	-1.10%
3	0.50%	4.70%	-4.20%
4	13.60%	8.60%	5.00%
5	13.50%	5.90%	7.60%
6	21.70%	11.70%	10.00%
7	23.90%	16.10%	7.80%
8	20.00%	7.40%	12.60%
9	20.30%	3.80%	16.50%
10	18.40%	10.90%	7.50%
11	18.10%	13.00%	5.10%
12	15.90%	19.50%	-3.60%

* 價格升值。標準普爾全年總報酬率為 21.0%。

資料來源：嘉信理財集團。

總結

　　這個投資組合中有些部位是在 1999 年之後收購的。
CompUSA 以每股 10.10 美元的價格被收購，超出成本 50%。收
購方是墨西哥的企業集團 —— 卡索集團（Grupo Carso），公司名
稱是以有「墨西哥巴菲特」之稱的卡洛斯‧史林（Carlos Slim）
及其妻子索拉雅（Soraya）的名字來命名。我粗略地計算一下，
每股 15 元到 20 美元，似乎是卡索集團買到便宜貨了。當然，與
巴菲特相似的地方是，史林之所以成為墨西哥最富有的人，就是
因為他能夠以 50 美分到 60 美分買到面值 1 美元的投資標的。

　　即便如此，我還是要感謝這麼精明的投資人，讓我的投資快
速獲利。但事實證明，CompUSA 讓史林相當失望。我也跟著史
林買了美國辦公設備公司 OfficeMax 的股票，但我在 2002 年太
早賣股，只賺了一點小錢，也沒有從波夕木材（Boise Cascade）
在 2003 年 7 月公開收購中獲益，要不然我的投資本來可以翻倍。

　　我把不想留著的漢考克布料賣掉，股價卻在接下來的兩年飆
升到將近 20%。葛拉漢曾經在《證券分析》[1] 中指出，棉織品股
在 1920 年代表現不佳，但在 1930 年代大蕭條時期之後表現相對
較好。這個聲明值得投資人注意。我們可以這麼說，從 2000 年
開始，股市崩盤緊接著棉織品股的優異表現，比 2003 年的目標
早了 3 年。

　　2000 年 1 月，健寶園的部位翻倍了，達到 2 的價格，我在
2000 年 12 月以每股 10 美元以上賣掉該股。這是我今年的投資
組合主力之一。儘管健寶園經歷了一些重要的起伏階段，但是這
家公司在 21 世紀初期成功地扳回一城。

我的投資組合在 2000 年 3 月 10 日再度納入原本波克夏（A
類）持股的一半，那天正值該股兩年來的最低點，處於不被看好
的情況，那斯達克指數也達到 5,000 點以上的巔峰。波克夏的表
現持續和那斯達克指數背道而馳，直到那斯達克指數大跌時，波
克夏才在當年結束之前復甦。我在 2001 年初期以略低於 70,000
美元的價格賣出該股，因為該股超越了略低於 60,000 美元的投
資價值評估。在接下來的 2 年，該股持續以較低的價格交易。

由於凱斯公司的收購案，新荷蘭公司陷入財務困境，這一點
證明每股 55 美元的收購價太貴了，也驗證了以投資價值出售這
家週期性公司的準則。

事實證明，Safeco 是令人失望的投資。公司本身的問題以及
產業帶來的麻煩都是長期的，不是暫時的，而且公司削減了兩次
股利。自然地，Safeco 的成長率不如預期，唯一的可取之處是相
對於資產價值的低價限制了出售時的損失。

Salient 3 Communications 決定拋售資產並進行清算，這是明
智之舉。公司在 2000 年初期的第一次配股時，報酬是每股 12 美
元，而成本是 8 美元，甚至在 3 年後仍然分配清算股利。

聯合產品是「萬年不勝」的投資。由於高資本支出的需求，
即使公司拋售資產也無法解決本身的問題，另外還申請破產，使
股東空手而歸。大部分的部位都是虧本賣出，不過我還是將一些
象徵性的股份留作「尚待觀察」的部位。

斯圖爾特與史蒂文森的股票沒有辜負我的期望。在新上任的
執行長領導下，股價從低點上漲了 2 倍。但我對公司的前景分析
缺乏信心，我很快就賣掉該股了。

2000 年初期，我以翻了一倍多的 7 美元價格賣出西雅圖底

片公司的股票，因為科技股蔚為風潮，尤其是網路股在短期內使許多人大喜過望。但西雅圖底片公司的商業模式基本缺陷依然存在，該股在出售後不久就暴跌了。這是我根據過往的失敗來試著改變，並產生好結果的例子。

隨著埃內斯的股價跌到個位數，我持續買進該公司的股票。公司取消股利之後，最低價只比 4 美元高一些，為帳面價值的一半。我在 2002 年以接近 9 美元的價格賣出該股，從「綜合平均」的進場價格賺取了一點利潤。

我在 7 月賣掉蘭德里海鮮餐廳，為的是騰出空位給露比自助餐廳。蘭德里海鮮餐廳快速發展多元的面向後，股價在接下來的幾年一路飆升。公司也在 2000 年開始支付股利。其績效與取消分紅的露比自助餐廳形成鮮明對比，這說明了分紅往往是公司與股票績效優良的結果，而不是原因。

我在 2000 年初期以每股不到 20 美元的價格賣掉西部資源（現為西部能源），隨後由於電力產業以外的收購失敗，股價一度跌到每股 10 美元，幾年後又回升到將近 20 元美元。股利也被大幅削減。還需要注意的是，有一些前任的高階主管被指出在進行與該公司的交易中，出現銀行詐騙與利益衝突的情形。

2000 年時，我的投資報酬率為 19%，比標準普爾 500 指數高出 29 個百分點。主要原因是我很排斥科技股，而指數當中非科技股的強勢表現（上漲 13%）是一大優勢，而我的帳戶也成功地超越本身過往的紀錄將近 6 個百分點。

PART 6

當代議題

第 18 章

道瓊指數與「市場」的歷史觀

　　由於道瓊指數經常作為整體市場的成績指標，我們有必要仔細研究各個成分股。我們需要知道要超越哪些公司。道瓊指數是由《華爾街日報》的資深金融記者構思而成。《華爾街日報》的母公司就是道瓊公司。道瓊指數中的 30 支股票加權值是人為的結果，依據各種股票的價格，而不是依據市值。因此，股票分割會降低道瓊指數中的公司加權值。

道瓊成份股

　　整體而言，道瓊指數包括的上市公司都在重要產業中經營，也都是占主導地位的公司，通常在業界排名第一或第二。萬一當中有公司長期下來無法符合特定標準，通常都會從道瓊指數的名單撤除。目前構成道瓊指數的公司如下：

- **美國鋁業公司**（Aluminum Corporation of America, Alcoa）簡稱美鋁。1940 年代時，公司因為在戰爭中對同盟國的貢獻而聲譽鵲起。在戰後成長的推動下，美鋁如今是世界

上最大型的鋁供應商，並保持著業界的主導地位。在這方面，以前的道瓊指數成分股在各個領域都無法比擬，包括美國製罐商（American Can）、美國鋼鐵公司、美國冶煉商（American Smelting；現為銅供應商 Asarco）。美鋁是鋁半成品與鋁產品的供應商。

■ **奧馳亞（前身是菲利普莫里斯）**。儘管不少人鄙視菸草生意，菸草確實能帶來豐厚的利潤，最近也發展迅速。20 年前，菲利普莫里斯收購了以前的道瓊指數成分股——通用食品，也收購了 Dart & Kraft 及美樂釀造商（Miller Brewing）。後面這兩家企業最近已經被售出。雖然奧馳亞最近遭受到反菸草訴訟的打擊，但在長久的未來仍然勢不可擋。

■ **美國運通**。19 世紀末，富國銀行旗下的分支機構推出了創新的產品——旅行支票，並於 1958 年推出信用卡，一舉成名。自此之後，公司的業績便逐漸下滑。某一次公司嘗試倉單融資極為失敗（沙拉油醜聞涉及以虛假抵押品向破產的借款者發放一大筆貸款），結果在保險、國際銀行和經紀商管理方面的試驗幾近失敗。其他公司的合併使這家公司顯得遜色多了。該公司漸漸成為金融服務業的利基者，很可能轉變為被收購的候選企業，也屬於巴菲特過去與現在的投資標的。

■ **美國電話電報公司**（AT&T），亦稱貝爾老媽（Ma Bell），隨著電話時代而發展起來。AT&T 以前在美國長途電話市場的虛擬壟斷地位受到攻擊，被迫在 1984 年以小貝爾的形式分拆當地的電話公司。從 AT&T 中分離出的

其他公司包括從事設備製造的朗訊，以及 NCR 公司（前
身是國家收銀機公司）。整體來看，母、子公司加起來才
是股市的主力，而母公司的名號只是過去的影子。

■ **波音**（Boeing）是世界上最大型的航空航太公司。與美國
鋁業公司相似的地方是，波音在世界二戰期間有突飛猛進
的發展，當時空軍戰力在同盟國的勝利中發揮關鍵作用。
戰後，無論是對人還是貨運而言，商業航空的興起使航空
旅行變得司空見慣，波音獲益良多。

■ **開拓拖拉機**（Caterpillar Tractor）仍然是規模最大的農業
設備企業，遙遙領先強鹿（John Deere）和國際收割機
（International Harvester；以前是道瓊指數成分股）。該
公司提供的終端市場在本質上與商品類似，但是有基本的
潛在需求（民以食為天），另外也成為世界各地的主要建
築設備供應商。

■ **花旗集團**由花旗公司和前美國製罐商（以前的道瓊指數成
分股）的繼承公司合併而成。我之前在書中提過花旗公
司，所以美國製罐商與花旗公司有關連這件事很有趣。
在前華爾街投資巨擘──曼哈頓基金公司創辦人蔡至勇
（Gerald Tsai）的領導下，美國製罐商往金融服務領域多
元化發展，並更名為普瑞瑪瑞卡（Primerica），開始出售
工業業務。普瑞瑪瑞卡與桑福德・魏爾領導的商業信貸公
司（Commercial Credit）合併時（後者收購前者），這個
發展過程就完成了，不過合併後的公司採用被收購者的名
稱。普瑞瑪瑞卡收購了旅行家集團，再更名為花旗集團，
這基本上是在「對等合併」中對花旗公司進行的微調。在

這個過程中，旅行家集團將所羅門兄弟公司與美邦子公司合併到所羅門美邦（Salomon Smith Barney）的旗下，藉此收購所羅門兄弟公司。花旗集團隨後售出了旅行家集團（保險公司）。

■ **可口可樂**成立於 19 世紀末，其生產的含糖飲料已經成為世界上的知名汽水。與規模較小的競爭對手百事可樂（Pepsi-Cola）不同的地方是，可口可樂在 1970 年代經歷了一些多元化嘗試卻失敗之後，基本上還是堅持專注在飲料業務，也因此興旺發達了。

■ **迪士尼**。把一組卡通人物和好萊塢匯總起來，就有了迪士尼公司。雖然卡通仍然是主要產品，但迪士尼現在已經是一家多元化的娛樂公司，發展的規模已經足以收購美國廣播公司聯播網的所有者 Cap Cities，為內容提供廣播管道。巴菲特在最初 Cap Cities 收購美國廣播公司的交易中扮演重要的融資角色，也可能在 Cap Cities 賣給迪士尼的交易中扮演幕後角色。無論如何，迪士尼、Cap Cities 以及美國廣播公司都是巴菲特以前在 1960 年代和 1970 年代投資過的公司。迪士尼在國外或許是美國的第三大標誌，僅次於可口可樂和麥當勞。

■ **杜邦**是炸藥供應商，由杜邦兄弟（DuPont Brothers）於本世紀初期成立。1940 年，鎖定大眾市場的絲織品替代物──尼龍問世後，杜邦找到了「第二春」，如今是一家多元化經營的化工公司。

■ **伊士曼柯達**以創辦人喬治‧伊士曼（George Eastman）的姓氏加上柯達的公司名稱來命名，為底片領域的先鋒。公

司試著將成像技術的優勢運用到醫療保健領域，但只取得短暫的成功。1990 年代初期，公司陷入財務困境時，新上任的財務長克里斯多福・史蒂芬（Christopher Steffen）有了「20 億大俠」的綽號，因為他使公司的市值增加 20 億，而他的離職也使公司損失 20 億。整體而言，這家公司最近的問題使之成為目前最有可能退出道瓊指數的公司。

■ **埃克森美孚**（ExxonMobil）。埃克森的根基包括洛克斐勒家族規模最大又最強大的新澤西標準石油（Standard Oil of New Jersey）。1998 年，埃克森與美孚石油（Mobil；前身為紐約標準石油）合併。埃克森美孚的業務遍及世界各地，尤其是在美國東部與南部，如今依然是石油業這個重要領域的「泰斗」。

■ **奇異公司**的歷史可以追溯到 19 世紀，也是道瓊指數最初 12 支成分股中目前還包括在內的唯一公司。奇異公司依然只是一家電氣設備製造商，但是也逐漸將業務擴展到其他有利可圖的領域，包括廣播業（國家廣播公司）和金融業（奇異資融）。如此一來，奇異公司就把實力最接近的競爭對手 CBS（前身是西屋）遠遠甩在後頭。我相信奇異公司在短期內還是會留在道瓊指數。

■ **通用汽車**以前是美國工業的領導品牌（自詡「對通用汽車有好處，就代表對美國也有好處」），如今只是美國汽車業的龍頭。通用汽車比固特異輪胎（Goodyear Tire）公司的歷史還要悠久，這家久負盛名的公司至今依然是美國傳統製造工業的代表。

■ **惠普**由威廉・惠利特（William Hewlett）和大衛・普克德

（David Packard）在 1930 年代晚期創立，當時正值電子時代的初期。惠普最初的根基是計算機等電子產品，如今主要是電腦與成像公司。在電腦業，除了 IBM，惠普的歷史比大多數同時代的企業更悠久，並且在於 2002 年與較晚成立的康柏（Compaq）合併。

■ **家得寶**（Home Depot）專攻「自助」居家修理的市場，以經營形式與行銷模式而聞名，也像其他特定產品一樣是所屬業界中的「精品專賣店」。家得寶在 1979 年成立，和微軟一樣都是平步青雲的公司。

■ **霍尼韋爾**（Honeywell）。公司的核心業務是由以前兩家道瓊指數成分股——聯合化學（Allied Chemical）和通用訊號（General Signal）在 1980 年代中期合併而成。公司保留了汽車零件、防務和特製化學品等業務，同時賣掉了其他業務。1999 年，公司收購了霍尼韋爾，在規模方面有重大進展，象徵著傾向防務與零件業務，並且以被收購者的名稱來命名。同時，公司停止經營尼龍等化學品的諸多業務。

■ **英特爾**（Intel）證明了摩爾定律（由高登‧摩爾提出），即改善後的晶片能使計算能力每 18 個月增加 1 倍。若套用在科技領域，英特爾的運作方式很像李維‧史特勞斯（Levi Strauss）提出把衣服和工具賣給淘金者的想法，從電腦業的成長受益，不在意其他公司的狀況，使之在市值方面僅次於微軟和奇異公司。

■ IBM 依然是硬體的龍頭製造商，不過在微軟還是一家小公司的時候，IBM 錯過了與微軟在操作系統與其他軟體方

面合作的機會。1995 年晚期，IBM 努力追趕微軟，收購了比微軟遜色的 Lotus 公司。此舉只帶來部分成效，但是 IBM 成功扭轉了核心業務的局面，並且在電腦業的硬體部分、軟體開發以及諮詢方面保持著領先的地位。

■ **國際紙業**（International Paper）是傳統製造工業時期留下來的企業。儘管國際紙業在業界占主導地位，有朝一日可能會步上國際收割機公司和國際鎳業（International Nickel）公司的後塵，，這兩家公司都已經退出了道瓊指數。

■ **摩根大通集團**。自從其中一家旗下公司以創辦人的名字命名，這個機構長期以來與銀行業密不可分。企業的合併涉及許多過去的主要競爭對手（由華友銀行、漢華實業銀行和大通銀行相繼合併而成；由普瑞瑪瑞卡、旅行家保險、所羅門兄弟以及花旗公司相繼合併而成）以及迫使許多同名子公司放棄獨立並併入本身的集團。儘管如此，摩根依然是高淨值市場的主要銀行服務供應商，不計成敗地利用形勢進入新興市場（財富集中在少數人手中）。

■ **嬌生**由同姓氏「嬌生」的兩兄弟在 20 世紀初期創立。這是一家頂尖的醫療產品公司，擁有藥品子公司愛惜康（Ethicon），但主要業務是醫院用品。隨著一般人的壽命延長以及老年護理的問題，嬌生在 21 世紀會有重要的特許經銷權。

■ **麥當勞**的金黃「M」標誌象徵著在美國的美好生活，對兒童來說尤其如此，在國外則是美國的代表物。20 世紀中期，麥克勞兄弟成立了麥當勞（第一屆董事長雷·克洛克

（Ray Kroc）使之商業化），根據偉大的美國製造業美德
── 大量生產，建立了服務性組織。麥當勞有潛力成為另
一家可口可樂。事實上，麥當勞是這種汽水的大型服務商
之一。

■ **默克**。從 20 世紀中期以來，默克一直是頂尖的製藥公司，
因為默克在研發方面的投入比其他公司更多。雖然默克偶
爾輸給一些擁有熱門新藥（例如輝瑞的威而鋼）的公司，
或者在銷售方面輸給擁有重要非藥物業務的企業，但是默
克是經得起考驗的長期投資標的。

■ **微軟**有時候是世界上市值最高的公司，並使公司的代表人
物成為世界上最富有的三個人，因為微軟這家公司創造了
一個新時代。微軟專攻軟體，將軟體轉變為現代發明──
電腦──背後的驅動力。

■ **明尼蘇達礦業暨製造公司**（Minnesota Mining and
Manufacturing, 3M）是一家具有創新精神的公司，其最初
的業務──黏性化學製品的鼎盛時期是一股重要力量。3M
後來往資訊科技、生命科學等更有吸引力的領域多元發
展，成效不大。但整體而言，3M 仍然是規模龐大的公司。

■ **寶僑**（Procter & Gamble, P&G）成立於 19 世紀中期，公
司名稱幾乎已經成為肥皂、牙膏等居家用品的代名詞。寶
僑出名的另一個原因是擁有強大的行銷組織。

■ **SBC 企業**由西南貝爾（Southwest Bell）與太平洋電訊
（Pacific Telesis）這兩家最西端的「小貝爾」合併而成，
是該國成長最快速的當地電話市場代表。後來，SBC 企業
收購了中西部的 Ameritech 公司。與其他美國電話公司相

比，例如美國電話電報公司，SBC 企業的海外業務更加多
樣化，並且在墨西哥電信公司持有大量股份。

■ **聯合技術**（United Technologies）的前身是聯合飛機（United
Aircraft），現今已經超越了原先的航空航太根基，囊括暖
氣、通風設備、冷氣、電梯等居家與建築設備。

■ **沃爾瑪**。這家零售商由已故的山姆·沃爾頓（Sam Walton）
創立，他奉行的策略是「天天低價」與優質服務。當資訊
科技在零售業引起龐大的規模經濟時，沃爾瑪逐漸發展起
來。這種學習曲線效應促使沃爾瑪為了成長而發展，進而
超越當時的兩家頂尖零售商 —— 沃爾沃斯（Woolworths）
和西爾斯。沃爾瑪的快速成長時光已經過去了，但是其龐
大規模簡直是零售業的代表，尤其是低端零售業。

道瓊指數的多變樣貌

眾所周知，股市通常能反映未來的預期成長程度。同理，股
市也能反映不久之前的狀況。不幸的是，通常主導大多數投資人
思維的是剛剛過去的狀況，而不是對未來的審慎評估。

值得注意的是，現今的道瓊指數和葛拉漢在前一本書中分析
的道瓊指數大不相同，這本書是 1973 年出版的《智慧型股票投
資人》（*The Intelligent Investor*），見圖表 18-1。奇異公司在 20
世紀期間一直都是道瓊指數的成分股。道瓊指數早期的候補名單
還包括美國鋁業、美國電話電報公司、杜邦、伊士曼柯達、通用
汽車、國際紙業和寶僑。

圖表 18-1　比較道瓊指數成份股的價格與投資價值，1971 年

股票	價格	帳面價值	股利	投資價值	價格／投資價值
美國鋁業	45.5	55.01	1.80	73.01	62.3%
美國品牌	43.5	13.46	2.10	34.46	126.2%
美國製罐商	33.25	49.01	2.20	71.01	46.8%
美國電話電報公司	43	45.47	2.60	71.47	60.2%
水蟒銅	15	54.28	0.00	54.28	27.6%
伯利恆鋼鐵	25.5	44.62	1.20	56.62	45.0%
CBS[a]	96.5	33.67	1.80	51.67	186.8%
雪佛龍[b]	56	54.79	2.80	82.79	67.6%
戴姆勒克萊斯勒[a]	28.5	42.4	0.6	48.4	58.9%
杜邦	154	55.22	5.00	105.22	146.4%
伊士曼柯達	87	13.7	1.32	26.90	323.4%
埃克森美孚[a]	72	48.95	3.90	87.95	81.9%
奇異	61.5	14.92	1.4	28.92	212.7%
通用食品	34	14.13	1.4	28.13	120.9%
通用汽車	83	33.39	3.4	67.39	123.2%
固特異	33.5	18.49	0.85	26.99	124.1%
霍尼韋爾[a]	32.5	26.02	1.2	38.02	85.5%
國際鎳業	31	14.53	1.00	24.53	126.4%
國際紙業	33	23.68	1.50	38.68	85.3%
約翰曼菲爾	39	24.51	1.20	36.51	106.8%
納威司達[a]	52	42.06	1.40	56.06	92.8%
歐文斯伊利諾	52	43.75	1.35	57.25	90.8%
寶僑	71	15.41	1.50	30.41	233.5%
西爾斯百貨	68.5	23.97	1.55	39.47	173.5%
環球銀行金融電信協會	42	26.74	0.70	33.74	124.5%
德士古[b]	32	23.06	1.60	39.06	81.9%
美國聯合碳化物	43.5	29.64	2.00	49.64	87.6%
美國鋼鐵	29.5	65.54	1.60	81.54	36.2%
聯合技術[a]	30.5	47	1.80	65.00	46.9%
沃爾沃斯	49	25.47	1.20	37.47	130.8%

[a] 除了 CBS 之外，目前的公司名稱屬於維亞康姆（Viacom）的一部分。

[b] 雪佛龍與德士古合併之前，公司的名稱本來是加利福尼亞標準石油。這兩家公司分開上市，因為他們在 1971 年時都是道瓊指數的成份股。

資料來源：班傑明‧葛拉漢，《智慧型股票投資人》（紐約：Harper & Row 出版社，1973 年）：第 187 頁。作者提供計算結果。

　　埃克森美孚是新澤西標準石油公司的新名稱；霍尼韋爾是聯合化學的繼承公司，就像聯合技術公司相對於聯合飛機公司一般。但沃爾瑪已經取代了沃爾沃斯，成為頂尖的零售商，而美國品牌（American Brands）也被更大型、更多元化的奧馳亞（前身是菲利普莫里斯）取代了，奧馳亞收購了通用食品公司。美國製罐商經歷了前述的幾次轉變後，已非昔日的「吳下阿蒙」，成為了花旗集團的一部分。

　　美國鋼鐵和伯利恆鋼鐵（Bethlehem Steel）都退出了道瓊指數，水蟒銅公司（Anaconda Copper）和國際鎳業公司也不例外。取而代之的是可口可樂、迪士尼、麥當勞等消費性品牌；美國運通、摩根大通集團等金融企業；嬌生、默克等醫療保健公司。

　　其他以前的道瓊指數成份股在艱困時期紛紛下跌。克萊斯勒離鄉背井，被德國的戴姆勒（Daimler）收購了。約翰曼菲爾（Johns Manville）公司因石棉債務而申請破產。國際收割機公司改名為納威司達（Navistar），幾年後不得不調整資本結構。

　　在某種程度上，由於鈾合約及財務部門的貸款所造成的財務問題，西屋電氣公司（Westinghouse Electric）縮減了業務規模，賣掉了同名的電氣業務，並收購 CBS 廣播公司，以便為廣播業務尋找合作夥伴，並在合併時以合夥公司的名字來命名。即使在資本財領域，波音、開拓拖拉機、惠普、IBM、3M 也都被視為更「符合現代」的企業。

　　在美國工業部門空洞化 [*] 的過程中，美國鋼鐵、水蟒銅等其他週期性公司遭受重創。原因是一些無法預料的事件所致，我們

---

[*] 國家的工業部門多半移往國外，並在國外完成全部的生產流程，造成國內工業部門減少的現象。

不應該指責投資人沒有考慮到相關因素。依照葛拉漢與陶德的觀點，投資人是根據股票相對於資產、收益和股利的假定價值來購買股票，而投機者是根據股票可能「上漲」的理論來購買股票，不考慮價格。這一點可以從 1990 年代晚期的事實求證，根據帳面價值加上 10 倍股利的帳面投資價值公式（見圖表 18-2 和圖表 18-3），道瓊指數遠遠超過應該賣出的價格。

我們會發現問題在於投資人在價格明顯過高的情況下買股票，卻期待隨後發生的事件能夠幫助他們脫離困境。如果投資至少滿足可接受度的定量測試，如同許多「舊經濟」股票在 1973 年的情形，那麼投資人應該接受合理的投資，並且把舉證責任交由後續的事件來證明錯誤。但如果投資不符合定量測試，投資人應當讓倡導者承擔舉證責任。圖表 18-4 顯示了道瓊平均指數與道瓊指數的投資價值在 1926 年至 2000 年之間的關係。

羅伯特・哈斯特羅（Robert Hagstrom）在他的最新著作《巴菲特核心投資法》（*The Warren Buffett Portfolio*）中也提出類似的觀點。[1] 在標準普爾 500 指數的分析文章〈指數大觀園〉（Not Your Father's Index）中，哈斯特羅指出 1964 年和 1996 年之間的結構差異。

成長最快速的領域是金融業，在指數中所占的比例從前一年的 2% 上升到 32 年後的將近 15%。這個成長跡象說明了巴菲特高度關注金融領域的原因，包括蓋可、房地美、富國銀行、美國運通及花旗集團。排名第二的成長快速領域是醫療保健業，成長了將近 5 倍，從 2% 以上攀升到超過 10%。這是巴菲特一直漠不關心的領域，因為他很難理解醫學的「技術」。他和查理・孟格（Charlie Munger）表示，如果定價合適，他們會大量買頂

圖表 18-2　比較道瓊指數成份股的價格與投資價值，1999 年

股票	價格	帳面價值	股利	投資價值	價格／投資價值
奧馳亞	23	6.54	1.84	24.94	92.2%
美國鋁業	41.5	8.50	1.41	22.60	183.6%
美國運通	54.2	7.53	0.30	10.53	514.7%
美國電話電報公司	39.46	24.69	0.88	33.49	117.8%
波音	41.44	12.80	0.56	18.40	225.2%
開拓重工	47.06	15.38	1.25	27.88	168.8%
花旗集團	38.95	10.64	0.41	14.74	264.2%
可口可樂	58.25	3.85	0.64	10.25	568.3%
迪士尼	29.25	10.16	0.20	12.16	240.5%
杜邦	65.88	12.39	1.40	26.39	249.6%
伊士曼柯達	66.25	12.60	1.76	30.20	219.4%
埃克森美孚	40.28	18.25	1.67	34.95	115.3%
奇異	51.58	4.32	0.49	9.22	559.4%
通用汽車	72.69	33.33	2.00	53.33	136.3%
惠普	44.38	18.21	0.64	24.61	180.3%
家得寶	68.75	5.36	0.11	6.46	1,064.2%
霍尼韋爾	57.69	10.81	0.68	17.61	327.6%
英特爾	41.16	4.88	0.05	5.38	765.1%
IBM	107.88	11.23	0.47	15.93	677.2%
國際紙業	56.44	24.85	1.00	34.85	162.0%
嬌生	46.63	11.67	1.09	22.57	206.6%
摩根大通集團	51.79	65.20	3.97	104.90	49.4%
麥當勞	40.31	7.14	0.20	9.14	441.0%
默克	67.19	5.69	1.10	16.69	402.6%
微軟	116.75	5.37	0.00	5.37	2,174.1%
3M	98.88	15.77	2.24	38.17	259.1%
寶僑	108.72	7.79	1.14	19.19	566.5%
西南貝爾通訊	48.75	7.87	0.97	17.57	277.5%
聯合技術	65	14.24	0.76	21.84	297.6%
沃爾瑪	69.13	5.80	0.19	7.70	897.8%

資料來源：價值線；作者提供計算結果。

圖表 18-3　比較道瓊指數與投資價值的溢價和折價

年度	道瓊指數	投資價值	溢價／折價	年度	道瓊指數	投資價值	溢價／折價
1926	157	130	20.8%	1964	874	729	19.9%
1927	241	138	74.6%	1965	969	740	30.9%
1928	300	182	64.8%	1966	786	796	-1.3%
1929	248	219	13.2%	1967	905	779	16.2%
1930	165	202	-18.3%	1968	944	814	16.0%
1931	78	171	-54.4%	1969	800	881	-9.2%
1932	60	82	-26.8%	1970	839	988	-15.1%
1933	100	114	-12.3%	1971	890	916	-2.8%
1934	104	112	-7.1%	1972	1,020	966	5.6%
1935	144	129	11.6%	1973	851	1,043	-18.4%
1936	180	156	15.4%	1974	616	1,118	-44.9%
1937	121	176	-31.3%	1975	869	1,159	-25.0%
1938	155	137	13.1%	1976	1,005	1,212	-17.1%
1939	150	157	-4.5%	1977	831	1,299	-36.0%
1940	131	170	-22.9%	1978	805	1,376	-41.5%
1941	111	179	-38.0%	1979	839	1,369	-38.7%
1942	119	171	-30.4%	1980	965	1,472	-34.4%
1943	136	176	-22.7%	1981	875	1,538	-43.1%
1944	152	184	-17.4%	1982	1,047	1,423	-26.4%
1945	193	190	1.6%	1983	1,259	1,451	-13.2%
1946	177	206	-14.1%	1984	1,212	1,522	-20.4%
1947	181	241	-24.9%	1985	1,547	1,565	-1.2%
1948	177	275	-35.6%	1986	1,896	1,657	14.4%
1949	200	298	-32.9%	1987	1,939	1,729	12.1%
1950	235	355	-33.8%	1988	2,167	1,880	15.3%
1951	246	365	-32.6%	1989	2,753	2,306	19.4%
1952	292	367	-20.4%	1990	2,633	2,363	11.4%
1953	280	405	-30.9%	1991	3,168	2,229	42.1%
1954	404	424	-4.7%	1992	3,301	2,206	49.6%
1955	488	488	0.0%	1993	3,754	2,127	76.5%
1956	499	515	-3.1%	1994	3,834	2,406	59.4%
1957	436	515	-15.3%	1995	5,117	2,533	102.0%
1958	584	511	14.3%	1996	6,448	2,725	136.6%
1959	679	546	24.4%	1997	7,908	2,970	166.3%
1960	616	584	5.5%	1998	9,181	3,283	179.7%
1961	731	612	19.4%	1999	11,497	3,413	236.9%
1962	652	634	2.8%	2000	10,787	3,036	255.3%
1963	763	660	15.6%				

資料來源：價值線；作者提供計算結果。

圖表 18-4　比較道瓊平均指數與道瓊指數的投資價值

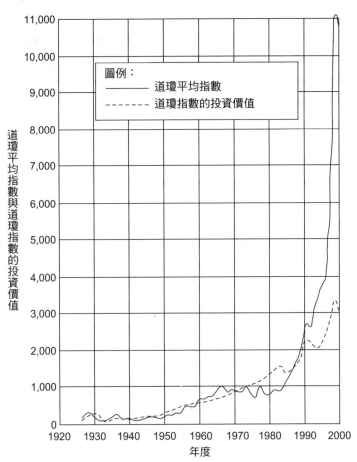

尖的醫療公司股。科技股的比例增加了一倍多，從 5.5% 上升到
12%。

不過值得注意的是，IBM 在過去幾十年成長得相對緩慢，而

且 IBM 在 1960 年代科技業中的比重甚至超過 1990 年代。因此，除了 IBM 之外的科技領域展現出驚人的成長，從不到 2% 上升到大約 10%。消費品與服務的股票成長不大，但他們的穩定性，尤其是品牌公司的穩定性，對巴菲特來說是一大吸引力。跌幅最大的領域是能源業、公用事業以及基本原料業。這些成長緩慢的企業通常會支付高額股利予以補償，總比進行再投資來得好。

葛拉漢在 1970 年中期合理地表達他對估值的擔憂時，他在《智慧型股票投資人》中提到道瓊指數。若將我的投資價值計算加在他的圖表上，就會發現在 1973 年，道瓊指數中的大多數股票售價實際上低於預估的投資價值（見圖表 18-1）。當然也有例外，比如美國品牌、杜邦、伊士曼柯達、奇異、通用食品、通用汽車、固特異、寶僑、西爾斯、環球銀行金融電信協會、西屋電氣、沃爾沃斯。

美國品牌的股東權益報酬率高達 33%，售價大幅低於調整後的投資價值。後續發生的事件表明，其它多數公司的股票顯然被高估了。然而，到了 1999 年，道瓊指數的各個成分股售價遠遠超過投資價值（見圖表 18-2）。我們可以從圖表 18-3 得知，道瓊指數在 2000 年代初期的漲幅期間比上一個高峰期更長（1960 年代晚期至 1970 年代初期），甚至超越 1920 年代晚期。

1999 年，道瓊指數接近 10,000 點時，《巴倫週刊》（Barron's）刊登一篇分析師的文章。這位分析師指出，道瓊指數增加一位數將會是一個痛苦的過程。[2] 與艾倫‧葛林斯潘的聲明相反，這 10,000 點不是「另一個數字」，反而是大眾有意識地決定市場水準的新里程碑。投資人需要謹記，由於市場演進的過程已經失控而且被高估，因此這些具有標誌性意義的歷史不失為一種借鑑。

道瓊指數的歷史觀 [3]

道瓊指數在 1906 年第一次達到 100 點，接著在這個水準徘徊了 18 年，大概是一個世代的時間，直到 1924 年底才明確地超過這個水準。從那時起，道瓊指數以驚人的方式發展，5 年內漲了 3.5 倍，在 1929 年達到 381 點，然後在 3 年後狂跌到 41 點，跌幅接近 90%。按名目價值計算，道瓊指數直到 1954 年才恢復到戰前的高點，而按實際價值計算，道瓊指數直到 1958 年底才維持在這個水準，也就是 1929 年之後大約過了 29 年。

直到 1966 年，也就是 1929 年之後大約過了兩個世代，道瓊指數才接近下一個數字：1,000 點，按實際價值計算幾乎是 1929 年最高點的 2 倍。1966 年初期，道瓊指數收盤時達到 995 點，直到 6 年後的 1972 年才突破 1,000 點（收盤價）。此後，1973 年和 1974 年的股市崩盤使道瓊指數跌到 600 點以下。按名目價值計算，道瓊指數直到 1982 年才長期超越 1966 年的最高點，而按實際價值計算，道瓊指數直到大概 29 年之後的 1995 年（約 4,700 點）才恢復到這個水準。最近一次的泡沫經濟宛如在現代將 1929 年或 1966 年競相飆漲的歷史重演。

葛拉漢在 1973 年出版的《智慧型股票投資人》中回想起，他以前認為股市在 1958 年的 575 點是「高得危險」，而 1964 年的 892 點「太貴了」。在 1958 年分水嶺之後的 8 年，即 1966 年，道瓊指數達到 995 點的巔峰，接著在 1966 年的 8 年之後，即 1974 年 6 月，暴跌到 577.60 點。

後來的記錄表明，葛拉漢對 1964 年的判斷顯然正確，更重要的是他也對 1958 年的 575 點判斷正確！因此，在 1958 年賣出

道瓊指數並把資金投資到債券的投資人，會在 16 年後得到證實，那時道瓊指數低於 600 點，而股票的股利低於債券的利息。同理，如果投資人在 1921 年賣掉股票，並且有耐心地等待債券市場度過「狂飆的 20 年代」[*]，那麼他就能在 1930 年占上風。假如投資人在 1990 年代中期賣掉所有股票，把資金投資到國庫債券，那麼他就能在 12 年後的 2002 年得到證實。

道瓊工業平均指數相對於其基礎投資價值（按帳面價值加上 10 倍股利來計算）的歷史顯示，兩者之間長期下來有驚人的高度關聯，如圖表 18-3（根據價值線提供的資料來計算）。直到 1926 年，道瓊指數的交易價格才相當接近投資價值。

在 1927 年和 1928 年，道瓊指數的漲幅大大超過投資價值，到了 1928 年底其溢價高達 75%。股市達到 381 點的巔峰，幾乎是投資價值的 2 倍，並在 1929 年開始重新盤整，並在 1931 年底左右盤整完畢。但是股市在 1932 年跌到谷底，這一年的失業率高達 25%，股利減少，投資價值也下降一半以上，道瓊指數跌至 82 點。道瓊指數進一步下跌，不僅僅反映了投資價值的下降。

直到道瓊指數降到最低的 41 點，證明了這本書中的金科玉律：投資價值一半的價格才划算。1935 年期間，隨著《全國振興法》（*National Recovery Act*）推出，營業狀況有所改善，促使股市大漲。不過，1937 年又出現經濟衰退，導致 1938 年又發生股市暴跌。從 1939 年到 1958 年的 19 年期間，道瓊指數的交易價格低於投資價值。直到投資人重拾信心，溢價的狀況才在 1959

---

[*] 1920 年代的持續經濟繁榮時期，在美國和西歐具有獨特的文化優勢，尤其是在主要城市，例如芝加哥、倫敦、巴黎、柏林等。

年重現，然後一直持續到 1968 年。

　　1970 年代初期，道瓊指數的交易價格實際上很接近投資價值，直到 1973 年發生石油危機，導致道瓊指數跌到低於投資價值，這種情況一直持續到 1985 年底（就連價值投資人也在 1974 年掉入陷阱）。1980 年代晚期，槓桿收購和企業重組有望使收益成長提升到歷史趨勢線之上，道瓊指數以相對於投資價值的適度溢價進行交易。1991 年，波斯灣戰爭和蘇聯解體之後，道瓊指數的溢價擴大。1995 年，這個溢價成為顯著的差距，並在 21 世紀之後的幾年保持這種狀況。

　　從 1982 年分水嶺以來的二十多年，不只是現金殖利率，甚至連股票的收益率都比債券的殖利率還低。直到 1999 年，這個差距一直都低於公司自主成長因素的估值所代表的 2 個百分點。2000 年初期，就在自主成長因素受到質疑之際，股票估值填補了這 2% 的大部分「缺口」。值得注意的是，幾乎在股票進入「危險」範圍的同時，股利的里程碑也將被破壞。

　　1958 年，股票的現金殖利率第一次低於長期債券的現金殖利率。1992 年，市場的現金殖利率在很長一段時間內低於 3%。公司發放的股利占收益的比例更小（多半用現金買回股票，藉此排除最不忠誠的持有人）。

　　原因似乎是道瓊指數的整體股東權益報酬率在 1990 年代期間持續上升，

　　然後在 1994 年之後加速上升，使得投資人可以根據修正後的投資價值來為道瓊指數定價。巴菲特和艾倫・葛林斯潘都坦白表示，如果股東權益報酬率也居高不下，市場的高點也許會維持下去。

　　但有趣的是，整體數字的上升是美國運通和 IBM 出現轉機的結果，再加上開拓拖拉機公司、杜邦等週期性企業的財務狀況好轉（另一個原因是：道瓊指數是價格加權指數，當中某些股票對道瓊指數產生很大的影響，程度比相等權重或市值加權更大）。

　　在某種程度上，市場似乎反映出景氣循環已經消失了。引以為鑒，投資人應當注意通用汽車和摩根大通集團的股東權益報酬率，在這 10 年期間其實大幅下降了。

　　或許 2000 年開始的崩盤，最有力的預示是人們普遍認知的「新時代」，即這一次的情況會有所不同。畢竟，耶魯大學教授爾文‧費雪（Irving Fisher）在 1929 年提出了「持續繁榮的穩定階段」。

　　1990 年代晚期的，市場的其中一個弱點是績效集中在道瓊指數（實際上是 30 支股票當中的 20 支左右），以及處於標準普爾 500 指數最高水準的幾支股票。這些股票包括那斯達克指數的一些大型股票，例如微軟、思科系統（Cisco Systems）、英特爾。微軟和思科系統曾經都是世界上市值最大的股票！

　　在 1998 年的繁榮時期，標準普爾 500 指數中的 300 支股票等「普通」股票都沒有受到這波回升的影響。這些「普通」股票以及標準普爾 500 指數以外的較小型股票，共同點是價格與投資價值之間的關係往往更接近。

　　早在 1996 年，道瓊指數達到 6,400 點時，聯準會的主席艾倫‧葛林斯潘就提出了「非理性繁榮」的警告，他是從長遠考慮，而非短視近利。他的評論可能需要 10 年以上的時間才能映證，但最後道瓊指數跌回 6,400 點以下時，應該能證實他是對的，就像

葛拉漢在 1958 年和 1960 年代初期提出「危險」市場的警告一樣。

同樣地，葛林斯潘表示美國不可能永遠保持「繁榮綠洲」的言論應該會得到證實，但這只是從長遠來看。他的這些言論都是經過深思熟慮； 50 年來，他一直負責國家的貨幣政策，承擔著層次愈來愈高的責任。道瓊指數達到高峰的另一個跡象是既危險又普遍的信念：「任何人」都可以不必特別努力就在股市發財。

在「正常」的時期，所謂的成功都是超凡智慧與刻苦付出的結果。但此時並不是所謂的正常時期。當一切的變化像 1990 年代那麼快速時（或者顧名思義的狂飆 20 年代），「狗屎運」有時候能帶來奇妙的結果。

另一個跡象是人們普遍對科技入迷。技術沒有被視為促進現有流程的能力，而是被視為解決當前經濟中可能缺少任何東西的萬能藥。1990 年代晚期，名稱以「.com」結尾的企業都能獲得最高倍數的報酬。這令人聯想到 1960 年代的電子業繁榮光景，其中最受歡迎的股票名稱結尾都是「onics」。1920 年代，新奇的小配件、汽車、收音機、飛機都享有聲譽。人們幾乎忘了，數十家汽車公司要麼倒閉，要麼被更大型的企業吞併（最近是克萊斯勒），當中撐過困境的主要企業是通用汽車和福特汽車。

如我在第 9 章提到的，巴菲特和葛拉漢的仔細計算表明了股市可以像近期以及過去一樣支撐 25 倍左右的本益比。例如，根據葛拉漢的計算，如果成長率為 7%，基數 8.5 加上 2 倍的收益成長率，能得出 22.5 倍的本益比。如果成長率為 8%，本益比則是 24.5 倍。如果成長率為 10%，本益比則是 28.5 倍。

然而，投資人必須注意的是，這些數字只出現在看似理想的經濟環境時期，比如一般人認知的 19 世紀末、20 世紀初，即

2001 年 9 月 11 日之前。1920 年代、1960 年代也曾經出現過類似的比率，而 1987 年的前三季也短暫出現過這種情況，處於著名的股市崩盤爆發之前。但是歷史與分析都告訴我們，這種理想的經濟情況以及衍生的偏高股價都不可能永遠存在。

原因是投資人開始把眼光放遠，也許是 30 年。在這個基礎上，經典的成長股在 1999 年的定價很「恰當」，正如《道瓊指數：36,000 點》（*Dow 36,000*；於 1999 年出版）的作者所持的觀點。但這種長遠觀點能堅持多久呢？這個觀點在牛市持續了大約 20 年之後才確立下來，評估期間取決於投資人是從 1974 年或是從 1982 年一直到 19 世紀末、20 世紀初初期，並且只在這個世紀初期持續了幾年。

以歷史為鑑，比 2001 年更嚴重的經濟衰退會使這種長遠眼光瓦解。投資人會擔心 3 年至 5 年的投資期限，更不用說 30 年以上了。結果就是股價大幅下跌（比方說，股價下降 50%，實體經濟下降 5%）。

舉個例子，有人說要把社會保障福利金投資到股市，甚至鼓勵新手投資人也把用於退休的薪資稅投資到股市。如果要解決如何供養許多預期活到高齡者的現實問題，這是多麼簡單的方法啊。但投資人需要注意，這個觀點是 1990 年代牛市產生的結果，不是致因。

不過，當總統候選人隆納·雷根（Ronald Reagan）在 1975 年發生嚴重的熊市時提出類似的建議，許多人不當地嘲笑他有嚴重的妄想症。事後來看，股市在 1970 年代中期接近谷底時，正是採取這種策略的理想時機，但歷史可能會證明 1990 年代晚期很不適合採取這個策略（然而，在經濟蓬勃發展的 1960 年代晚

期，許多學院和基金會紛紛將資金投資到股票）。

1990 年代股市上漲的另一個隱憂是有很大一部分致因是獲利能力的結構變化，而非淨利。如果埃克森美孚的獲利能力下降了 10 億美元，而微軟的獲利能力以同樣的幅度增加，那麼國民生產總值就不會增加。然而，股市價值可能會增加，原因是「新時代」企業——微軟的本益比約為 60 倍，大概是埃克森美孚本益比 20 倍的 3 倍。因此，光是將財富轉移到高本益比的企業，就會使投資人抱持更多的期望，進而導致較高的市場估值。

規模較小的公司能夠合理地以高達 2 倍投資價值的價格出售，因為有機會被收購。但是，道瓊指數的成分股基本上不太可能是合併的對象，其實這些有相當規模的公司不太可能有改善收益成長的前景，畢竟過去已經有所進展了。例如，如果 IBM 再保持 20% 的成長率 20 年，其總銷售額會相當於美國的國內生產總值。類似的情形也適用於當今的微軟。

當然，個別的公司也可以獲得一些好處。美國最大的石油公司埃克森收購第三大石油公司美孚後，可以有意義地擴大本身的規模，實現更加真實的成長。在另一個時代，這麼做也許會成為反壟斷行動的理由。但人們並不擔心，主因是埃克森和其他產業的美國公司都被當作在全球化的競爭當中巧遇外國公司。例如，埃克森美孚即將面臨英國石油、Amoco 及 Arco 的合併（現為英國石油公司）。

如果埃克森進一步收購英國石油或荷蘭皇家石油／荷蘭皇家殼牌，反壟斷很可能不只會在一個國家演變成問題。即使埃克森採取了進階措施，最終也會耗盡有利的收購。當然，埃克森可以盡量收購小型獨立供應商，但這麼做對淨收入並沒有多大影響。

事實上，正是「中產階級」的空洞化（中等到稍大的公司，但不包括規模非常大的公司）導致許多產業轉型，也干擾了大型公司的估值成長。IBM 目前面臨來自戴爾電腦、惠普等新一代競爭對手的重大挑戰，但是很多人都忘了 IBM 曾經擊敗上一代的競爭對手。像柏洛茲（Burroughs）、控制資料（Control Data）、DEC、王安電腦（Wang Laboratories）等公司漸漸被世人遺忘，更不用說像康懋達（Commodore）這樣的小公司了。這樣的成功事蹟並沒有使 IBM 的股價飆升。

1990 年代晚期，我建立了一個研究市場趨勢的模型，並提出美國股市即將發生重大崩盤的看法。這個模型會在 2003 年到達一個高點，但是這個高點也可能在幾年前就先出現了，例如 2000 年。我根據以前在 1892 年、1929 年及 1966 年的市場高點時間序列，得出高點之間相隔 37 年。我們可以從前幾年的情況得知，從最高點到最低點的下跌幅度，遠遠大於 2000 年至 2002 年之間的下跌幅度，後者比較像是回落，而非崩盤。雖然我最初預估的最高點年度是錯誤的，但這件事啟發我在 1999 年的即時試驗中採用防禦策略（見第 17 章）。

道瓊指數能下跌到多低？諷刺的是，如果疑問改成「道瓊指數上次漲到多高？」，答案就不言自明了。20 世紀的歷史經驗顯示出，股票價值的實際成長率接近 7%（假設股利和通貨膨脹相互抵消）。如此一來，股票價值每 10 年增加 1 倍，每 20 年成長 4 倍，每 30 年成長 8 倍。投資人知道了這個事實後，並假設在將近 30 年內都不會回到之前的最高點，他們就可以將上一次的最高點除以 8，得出道瓊指數的短期折現值，這和零息票債券的做法大致相同。

1929 年的最高點 381 除以 8，就會得到 48，相當接近 1932 年的低點 41。事後看來，1995 年隨通貨膨脹調整後的數值，相當於 1966 年的最高點——接近 4,700 點。這個數字除以 8，就會得到 588，很接近道瓊指數在 1974 年達到的低點 578。將 2000 年的最高點 12,000 除以 8，四捨五入後就會得到 1,500，顯示出道瓊指數在 2000 年之後會跌到多低。這個數字大約是圖表 18-3 中計算的投資價值 3,000 的一半，這種關係很像之前在 1932 年和 1974 年的市場最低點。道瓊指數可能在稍高的數字陷入低谷，但主因是通貨膨脹的調整。

我在第 20 章中討論的世代模型也許就是起因。儘管具體日期只能經由推測得出，世界金融體系似乎有可能開始下滑，宜早不宜遲。回顧一下過去的股市崩盤，也許能給我們一些線索，使我們了解當前的股市崩盤會如何演變。以道瓊指數或標準普爾 500 指數評估，整體股市在名義上可能從最高點下跌超過 50%，如同那斯達克指數已經發生過的狀況。國內大部分地區的不動產價格是由股市和目前銀行體系的人為流動性創造的大量財富所支撐，價格也許會下降一半。

1920 年代的頂尖股票——美國無線電公司（Radio Corporation of America）在 1929 年和 1932 年之間從最高點下跌了超過 90%，同樣的情況也發生在美國線上公司和其他頂尖的網路股，但這些公司都熬過來了。失業率會回到 1970 年代或 1980 年代的二位數，但考慮到現有的安全保障，失業率應該不會達到大蕭條時期的 25%。同樣地，國內生產總值會出現 7% 至 13% 的萎縮情形，但不太可能達到 25%。

PIMCO 債券基金的經理人威廉‧格羅斯（William Gross）

更強調這一點，他預估道瓊指數的公允價值為 5,000 點，支持道瓊指數從 11,722 點下跌超過 50% 的論點。他指出美國績優股的每年實際收益成長在 20 世紀只比 0.5% 高一些（根據他的說法，這個數字和平均每年 2% 的實際資本利得之間的差距是基於本益比的增加）。

換句話說，這類股票的報酬模式應該和財政部的抗通膨債券相似，因為具有對抗通貨膨脹的特性與現金殖利率，僅此而已。因此，在三十多年期間，績優股的實際總收益成長只有 20% 至 25%。期間的股票巨大波動（按實際價值計算）主要是因為市場波動，而非實際成長。這是價值投資（以低於歷史價值趨勢線的價格買股票）勝過成長投資（為了趨勢線的穩健性而買股票）的最有力論點。

股票可以被分析為由固定收益型工具和買權組成。當格羅斯估計道瓊指數的「債券價值」為 5,000 點時，他的意思是道瓊指數的報價中出現了接近 5,000 點的「買權」（根據略低於一萬點的道瓊指數）。我的「投資價值」算法比格羅斯更加保守，因為一般都會假定公司債比國庫債券的風險溢價還高。此外，圖表 18-3 顯示出道瓊指數股票曾經以低於「投資價值」的價格進行交易，這代表「買權價值」為負數。

「但現在的道瓊指數已經不一樣了，」有些人會抗議說，「現在的成分股包括微軟、家得寶、英特爾之類的成長型公司。」事實是，這些公司都是以前的成長股，他們是在經歷了一段驚人的成長期之後才納入道瓊指數，而不是在成長期間納入道瓊指數，就像前一年 IBM 或 3M 的情況一般。那三家較新加入的公司現在都是各自產業的龍頭。微軟和久負盛名的奇異、輝瑞、埃克森

美孚並駕齊驅，成為全球市值最高的企業，家得寶和英特爾也不遑多讓。

　　基本上，以前的成長型公司都是績優股，他們無法共同擊敗「市場」，因為他們是美國經濟本身的代表（不過，這些公司在 10 年、20 年前是小型股，如果有人在那時候買了這些股票，然後一直持有到這些公司列入道瓊指數，他肯定發大財了）。

　　除了一些次要的細節之外，支持葛拉漢與陶德的投資人很難相信世界處於一個新時代。反之，世界可能遵循著一種以前展現很多次的模式。這表明寧願以「進步」的名義來忽視久經考驗的原則。這種模式在過去總是導致莫大的苦難，這一次也很難避免重蹈覆轍。有句法國諺語描述得很貼切：「變化愈大，本質愈相同。」若用葛拉漢的話來說，則是：「變來變去都差不多。」[4]

第 19 章

信用創造過度的隱憂

　　我們這個時代的根本問題是世界「信用創造」，更確切地說就是可能伴隨著國內外信貸金字塔瓦解所產生的問題。有人說過去 30、40 年來，致富的關鍵不是豐富的資源，而是取得信貸。但如果要鞏固持久的繁榮昌盛，這個論點站不住腳。

　　我打個比方，比較有可能的結果是世界上大多數國家（美國也不例外）服用了經濟類固醇後，就會感受到後遺症。這種情況反映在 1990 年代和 2000 年代初期的美國與西歐估價過高的股市。這更有可能代表一個舊時代的衰退期，而不是一個新時代的開端。

　　雖然這個問題始於海外，但最終會蔓延到美國。首先需要考慮國際問題，因為國際問題和國內問題密不可分。但美國經濟有不少缺點，足以引發重大的多米諾骨牌效應。歷史經驗顯示出經濟現象在上漲和下跌的幅度方面會不斷超越過去的紀錄，但是支持效率市場假說的學者可能會否認這一點。

海外的過度「信用創造」

　　事後來看，歷史也許會顯示一段顯著的長期世界經濟危機最早出現在 1997 年和 1998 年的亞洲。先是泰國，然後是印尼、馬來西亞、菲律賓，最後是南韓，這些國家都被迫使當地的貨幣貶值。這是驚人的事，因為這些國家多半是出口大國，貿易順差通常很大。

　　問題在於為了支撐出口，他們必須大量借貸，以便準備資本設備的採購資金。但在大宗商品和半成品價格大幅下跌的情況下，這些舉措對大多數參與其中的東南亞企業而言都是無利可圖的。也就是說，相對於生產成本，出口商品的價值被高估了，導致供應商賠錢。

　　這場危機也凸顯了亞洲國家資助企業模式的缺點。最糟糕的是，這個模式由裙帶資本主義[*]構成，例如政府的合約和補助授予友人甚或統治者的子女，印尼就是典型的例子。但一般來說，實際運作的形式有隱患。鋼鐵、機械、電子等策略型產業被列為國家資助的融資對象。這種慣例始於二戰後的日本，接著被大多數亞洲國家採用。

　　實際上，這些政府鼓勵策略型產業的企業將資產負債表的槓桿率大幅提高到超出慎重的水準，然後說服銀行暗中對衍生的債務提供擔保，以便支撐這樣的槓桿率。而各國政府不得不從海外的私人銀行（通常是西方或日本）或多邊機構（例如國際貨幣基

---

[*] 經濟體中的商業是否成功，取決於企業、商界人士和政府官員之間的關係是否密切，可能表現在法律許可的分配、政府補助或特殊的稅收優惠等。

金組織或世界銀行）借錢來資助這些貸款。因此，一個又一個國家建立了不穩固的信貸結構，只有像政府這樣的最終擔保者才夠強大。

因此，亞洲的經濟奇蹟基礎比大家以往認為的基礎更加薄弱，而虛假的繁榮感導致令人難以置信的浪費，例如馬來西亞試著建造世界上最高的建築物。平心而論，帝國大廈（Empire State Building）的建造或許反映了 1920 年代的美式傲慢，也象徵著隨後的衰落（1960 年代建造的芝加哥西爾斯大樓也是類似的情形）。然而，美國的例子具有重要的不同之處，那就是世界上最高的建築物也代表該國在那些時代的實際經濟成就。但馬來西亞的例子是只有傲慢，沒有成就。

拉丁美洲的問題有些不同。與東亞的開發中國家一樣，拉丁美洲的經常收支有赤字。但與其他國家不同的是，拉丁美洲國家的貿易項目也有赤字。原因可能是美式富裕的「示範效果」，使得拉丁美洲人特別依賴從美國進口的商品（包括到美國旅行）。但是這樣的貿易逆差會與美國共同承擔。北美洲與南美洲的核心問題是虧欠歐洲、亞洲等離岸大陸的龐大貿易逆差。截至 2003 年中期，美國的國際收支逆差每個月超過 400 億美元，接近每年 5,000 億美元。

一個多世紀以前，墨西哥總統這麼評價他的國家：「可憐的墨西哥，離天主如此遙遠，離美國卻近在咫尺。」在拉丁美洲，幾乎每個國家都面臨這樣的情形。直到 1994 年和 1995 年，這種局面發展成緊急的墨西哥貨幣危機，當地貨幣披索在 12 個月內貶值了一半以上。

巴西的問題導致了 1999 年初期的貨幣貶值，這在某種程度

上是拉丁美洲經濟萎靡不振的極端形式。經過了 1960 年代早期
的惡性通貨膨脹之後，巴西在 1990 年代中期結合緊縮貨幣政策
和估價過高的貨幣，控制住了通膨。最後的關鍵要素也是最難
實現的要素——責任重大的財政政策。巴西需要將公營企業私有
化、降低支出、提高稅收，才能消除龐大的預算赤字，以提振國
際貸方的信心。

　　由聯邦行政部門管理的資產私有化進行得相當順利，即便受
到其他新興市場的問題引起價格下跌的阻礙。但事實證明，在支
離破碎的多黨制國會中，其他改革很難獲准。最後一擊是州長群
起反抗，他們威脅要拖欠該給聯邦政府的州政府款項。結果，巴
西的貨幣雷亞爾在 1999 年 1 月貶值了。

　　新興市場的經濟狀況不只有這些問題，伴隨的問題還有全
球主要市場之一：日本。日本的經濟衰退長達將近 10 年，直到
1990 年代晚期才演變成實際的衰退，但日本遲遲沒有完成必要的
改革：整治銀行體系。儘管一些很糟糕的公司已經破產，但許多
其他在經濟面很死腦筋的公司卻依靠財政的支持苟延殘喘。其他
企業則受到日本黑手黨的黑幫控制，這與俄羅斯的情況差不多。
結果，日本從 1930 年代開始就陷入水深火熱的困境。

　　其實，日本可以說是亞洲金融風暴的罪魁禍首。日本不動產
與日用品產業的過度建設，是日本銀行發放貸款的後果，而日本
在這些領域的成就又鼓勵了銀行發放貸款。問題實在是太多了，
因為在 1980 年代期間，日本前十大銀行的總資產已經發展到一
定的程度，市值比美國的同業更高，例如大通銀行、花旗銀行、
JP 摩根銀行、美國銀行。在更大的規模方面，日本的活動很像美
國在 1970 年代和 1980 年代初期不明智地發放貸款給拉丁美洲國

家，這就是美國的銀行暫時被日本追上的主因。

中國的情況則不一樣。值得 揚的是，中國躲過了 1997 年的亞洲金融風暴（我在本節討論這部分，而不討論新興市場，因為中國有可能成為未來的大國）。中國幅員遼闊，潛力巨大，但由於公營企業的重組，中國面臨重要的發展陣痛期。地方行政單位由中國共產黨管理，而中國共產黨正試著以盡量不犧牲國家政權的方式來展現資本主義的標誌。但這些組織不得不縮減規模，因此導致失業問題以及暴露出基本的過度槓桿化問題。結果，通貨緊縮阻礙了經濟成長，形成貨幣貶值的徵兆。

蘇聯和中國的基本問題相同，只不過呈現的樣貌不同。他們都試著使人民脫離由國家支持的共產主義體制。俄羅斯展現出脫離封建制度後的嶄新樣貌。也許有成千上萬個小規模的管理機構，對小型經濟單位和政治單位實行地方控管。結果，先前存在的經濟關係有部分破裂了，生活水準隨之下降。而中國在這方面的付出顯然更為成功。一、兩億人多半居住在城市裡，現在過著類似資本主義的生活方式，很接近香港、台灣等更先進的亞洲國家享有的生活。

中國的基本問題是人口太多。要讓 12 億人過著美式生活，國內生產總值就需要達到美國的四倍。縱使中國的國內生產總值很接近美國的水準，要擴大到符合 4 倍的人口意味著平均每人的收入相當於 20 世紀初期的美國狀況。龐大的人口迫使中國實行「一胎化政策」，因此衍生了兩個問題。

第一，造成相對高齡化的人口，因為目前這批年輕人孕育的下一代理論上只有一半。重男輕女的觀念也助長殺女嬰、產前性別檢查、選擇性人工流產的行為，使得年輕男性比年輕女性多

15% 至 20%。當下一批孩子逐漸長大，這種情況可能會造成社會動盪甚至更糟的局面。投資家吉米·羅傑斯（Jimmy Rogers）著有《全球投資漫談》（*Investment Biker*）和《資本家的冒險》（*Adventure Capitalist*），他認為這種情況是當今最重要的人口統計實況。[1]

歐洲也有本身的問題。幾個世紀以來，歐洲大陸各個國家之間的共存關係猶如一盤散沙，甚至充滿爭議。如今，他們試著整合迥然不同的文化和經濟體制。但是歐洲貨幣聯盟使這些問題惡化了，這個貨幣聯盟的組成很棘手，因為一開始包含了 11 種不同的經濟體制，其中某些經濟體制的優先事項大相逕庭。但至少有兩大陣營，一個主要在北部，由德國主導，另一個則是在南部的地中海陣營，包括義大利、西班牙、希臘，也許還有土耳其。

平心而論，任何國家多少都會面臨一些問題，沒有十全十美的國家。金融家傾向於支持穩健的貨幣與財政收支，只要付出一點代價就能穩定地成長。結果令人不安的結果是，美國接收到的國際商品比本身生產並流向世界的商品更多。但美國不可能在不造成本身經濟嚴重失衡的情況下，成為世界上的最終消費者。

最令人擔憂的情況是，世界上沒有任何大國的財政收支和貿易項目取得適當的平衡。許多亞洲國家擁有充足的貿易餘額和可觀的外匯存底，卻同時背負著沉重的財政赤字。然而，美國經過了幾十年的揮霍之後，終於在 1990 年代暫時恢復了財政支出平衡。但如前文所述，美國的貿易收支出現嚴重的虧損，在 21 世紀依然有財政赤字。

根本的問題是，在美國發生的信貸擴張是在其他國家喪失信心之後，而這也是美國信貸擴張的原因。最終結果是借據的數量

超過了資助借據的資源。這種情況已經出現在俄羅斯、東南亞國家等貨幣貶值的國家。一旦有證據顯示國家的經常收支是虛構的，而且國家虧欠國外的錢超出本身的支付能力時，除非剝削一般人民的生活水準，不然國家的整體生活水準會急劇降低。目前為止，美國避開了這種命運。

　　國際貨幣基金組織等機構對新興市場國家的經濟緩助，就像幫助一位收入無法支付每月帳單、拖欠利息、本金攤還的債務人。然後信用卡公司表示：「沒問題，你的信用額度調升囉。」這與 30 年期的抵押貸款不同，所謂的最低應繳金額其實和攤還債務相去甚遠，即使在 30 年後也無法付清（請注意，如果貸方 30 年來收取的年利率是 18%，而且不需要償還本金，那麼他的收益就是最初貸款的 143 倍，不是 144 倍）。

　　事實上，美國的鋼鐵股和機械股逐漸出現不景氣的跡象。基礎產業（當時主要是農業領域）的這種缺陷出現在 1920 年代，也是在更現代的領域中更嚴重的不景氣前奏，因此支持葛拉漢與陶德的投資人偏好的投資通常已經反映出蕭條狀況，並且以實際的投資價值為基礎。如果真的發生經濟蕭條，這些股票的售價就會很合理，只有一般的下行風險，而其他目前售價遠遠超出投資價值、甚至超出修正後投資價值的股票，就會跌得很慘。

　　舉例來說，農業領域的缺陷會產生什麼樣的影響呢？過去 30 年、40 年來，世界上人口最稠密的地區之一──東亞，生活水準一直都有顯著的提升。這一點在營養標準方面最明顯。截至 2000 年，東亞父母的孩子在身高、體重、健康、性慾及其他眾多方面都和美國孩子相似，他們的父母則不同。

　　在 1997 年金融風暴之前，除了非常貧窮的人口，大多數東

亞國家的人都擁有充足的糧食、肉類和蔬菜。這場危機改變了一切，使得肉類和蔬菜的消費量大幅減少，許多人的糧食是否充足也備受質疑。坦率說，美國農業危機的發生原因就是亞洲部分地區的人吃得比幾年前還要少。

1998 年，美國的個人儲蓄率下降到趨近 0%。美國人覺得沒有必要把收益存起來，因為投資會升值。即使沒有額外的新資金，個人的資產淨值也會增加。但唯有國內或國外的其他人在美國儲蓄並投資的時候，這些資本利得才會持續增加。

亞洲國家的人民藉著努力工作和克制自己，累積了可觀的儲蓄。但是目前為止，以公司的股東權益報酬率來評估，他們還無法有效地利用這些資金。美國人對資本的累積沒那麼勤勉，但他們更善於運用資本來獲得最大報酬。

這方面很像魔鬼交易。美國被允許，甚至被鼓勵恣意揮霍，因為這麼做對世界經濟很有利。美國股市的繁榮促進了美國的大規模消費，因而助長大量的進口，使其他出口導向的國家經濟持續成長，形成了良性循環。但是其中的關係太過複雜，只要有一個環節出錯，就會招致無法收拾的局面。

美國的相關問題

目前為止，美國避開了無法收拾的局面，因為外國投資者很樂意將美國股票和債券的投資不斷展期，因此能彌補前述的赤字。拉丁美洲國家的困境具有啟發意義，因為無論是實際情況或表象，都比處於發展初期的歐洲或亞洲問題更發人深省。一方

面，經濟崩潰可能會引發難民移民潮，尤其是墨西哥。

更重要的是，拉丁美洲國家的人已經習慣沒那麼道地的美國經濟與社會風俗、生活方式，卻沒有支撐自己國家的方法。這個過程不但削弱了拉丁美洲國家的實力，也反映了我們自己的弱點。直到最近，美國依然只有對南美洲地區有貿易順差，這個事實印證了主要問題 —— 外債是美洲的根本問題。

然而，追求公開透明有一些不可輕忽的副作用。1990 年代，由於缺乏透明度以及導致的信心喪失，資金流出遠東地區，其次是流出歐洲（包含西歐），反而流向了美國。美國的財務報告和公司治理顯然比其他國家更勝一籌，即便安隆和其他企業醜聞大大削弱了這項優勢。問題是，雖然美國的商業環境變得更好了，卻還無法在 19 世紀末、20 世紀初證明美國股票的高估值是合理的。不過，公開透明的實際好處並不是為了外部投資者，而是為了管理高層自己。

1990 年代，雖然美國的成長率高於本身的歷史趨勢，但以開發中國家的標準來看，並不稀奇（不過，與歐洲和日本相比，美國的成長率較佳）。大家認為美國成長的卓越之處是可靠度和確定性。「可靠度以及假定的確定性」—— 簡單來說就是信心，這種信心將投資價值建立在不穩定的基礎上。畢竟，亞洲在 1980 年代晚期也有類似的信心，除了 1990 年代初期的日本，這種信心導致市場的估價過高。難道我們會不一樣嗎？

過去 20 年左右以來，致富的關鍵不是取得生產能力，而是取得貨幣流動性。近期的經濟擴張是由趨於成熟的金融長期趨勢推動，因而促進流動性的大規模擴張。這些變化包括自動櫃員機和網路銀行。信用分析已經變得更加複雜，卻沒有變得更加準確

（大型信貸機構對安隆、世界通訊和其他公司的問題遲遲不表態），廣告業也是如此。現在也可以精確地識別消費者的身分，並透過聯合行銷、電話推銷等有目標對象的訴求，堅持不懈地糾纏消費者。

優先核准的信用卡就是這種趨勢的例子。在過去，除非放貸者與借款者初次見面，否則不可能發放貸款。信貸決策中最重要的要素是放貸者如何評價借款者的性格。這種性格評估只能在面對面的會晤進行。但優先核准的信用卡跳過了面對面的程序，忽視了信用分析的最重要部分。例如，有一個人為4個月大的兒子、狗和電腦（在網路上使用非正式綽號）申辦了優先核准的信用卡，他在6個月內收到了信用卡。雖然這些對象完全沒有負面的信用記錄，但是他們的貸款是依據不完整的資訊基礎獲准。如果有面對面的評估程序，就不會有這種差錯。

為了應對不斷飆升的破產率，信用卡公司努力爭取限制破產程序的新法律。有人說破產太容易了，應該增加破產的難度。但是信用卡公司是最不應該提出這種觀點的實體，因為他們是這個問題的重要部分。他們對人們謹慎避債根本沒有興趣，反而運用錯綜複雜的市場區隔形式和廣告來鼓勵揮金如土的作風，然後利用法律的力量迫使經驗不足的借款者為當初傻傻地接受的貸款支付全價。

基本上，他們的運作方式很像毒販。他們希望自己的「討債」活動得到法律支持，但實際上，他們自願甚至是迫切地承擔風險的自然後果。話說回來，這種放蕩的風氣一直是世界經濟成長的關鍵因素，首先在美國形成，接著是歐洲，近期則出現在東南亞。

許多公司都在二戰後的幾十年保持著穩健的資產負債表，卻

在 1990 年代負債累累。在繁榮時期，一家又一家公司減少或取消股利，其中包括美國電話電報公司，這家公司在整個經濟大蕭條期間都維持著發放的股利。同時，高本益比幾乎抵銷了那些將大部分收益用作發放股利的公司盈餘。

約翰・保羅・蓋蒂在《如何變成有錢人》（*How to Be Rich*）一書中提到有關本益比為 100 倍的公司。他說：「即使每一分錢的收益都以股利的形式發放，股東也只能從投資中獲得 1% 的報酬。如果是這樣的話，公司沒有剩餘的資金可以用於擴張，當然就會消除資本成長的可能性。」[2]

典型的通膨在過去十年告一段落了，但是金融資產價格的通膨仍然持續著。實際上，聯準會最擔心的可能是這種通膨的形式，而不是實體經濟的通貨膨脹形式。如果目前的趨勢持續下去，就會徹底改變實體經濟和金融領域之間的歷史關係。金融領域不再只是發揮傳統的作用 —— 實體經濟的寫照，而是成為經濟活動的仲裁者。中央銀行家以及世界各地金融中心的「街頭」交易人的念頭和顧慮，會影響各種商品能不能賣出，以及以什麼樣的價格賣出。

美國只是運氣比較好，不是特別精明，這一點超乎一般人的想像。美國一直都處在通常會引發嚴重通膨的階段，只不過被劇烈的全球性通貨緊縮抵消了，而這種通貨緊縮在 1990 年代晚期意外地創造了所謂的「金髮姑娘」經濟原則，當時的「粥」不燙也不冰，恰到好處。*經濟學家在 1960 年代初次嘗試「微調」經濟時，顯然很支持這個論點。隨著資訊科技的發展，他們終於在

---

* 典故取自英國作家羅伯特・沙塞（Robert Southey）的童話故事《金髮女孩與三隻熊》（Goldilocks and the Three Bears），在此處被比喻為景氣溫和復甦、通膨又不過熱的投資良機。

1990 年代得到了證實。

確實有許多人認為世界經濟的主要風險是通貨緊縮，但也有人認為通貨緊縮正好與通膨相反，這只是價格降低的問題。從理性的觀點來看，如「理性預期」學派提出的假說，根本沒有所謂的貨幣幻覺。*

一般人根據當前的價格水準來調整計算，這沒什麼問題。但通貨緊縮的真正風險不是價格水準下降，而是非中介化（disintermediation）現象。這是一種流動性全面枯竭的過程，結果是實體經濟出現了從高速前進到倒車後退的大逆轉。與其說是沒有過多的流動性來資助模稜兩可或不明智的項目，不如說是缺乏流動性來資助真正可證實的經濟價值項目。

恐怕這個世界真的是產能過剩了。但真的有需求不足的情況嗎？非洲、亞洲和拉丁美洲有那麼多窮人，很難讓人相信有需求不足的情況。開發中國家很缺乏以購買力衡量的有效需求。傳統市場已經飽和了，而開拓新市場又力有未逮。換句話說，有數十億人想要參與充足的世界市場卻無能為力，因為他們無法取得能在世界經濟中「分他們一杯羹」的貸款和其他資源。

幾十年來，世界上所有國家的生產總值以每年大約 3% 的速度成長，比石油、金屬或其他基本原料的需求成長率高出兩倍。反之，收益主要出現在醫療保健、科技和服務業等領域，對已經滿足衣食住行等基本需求的富人最有利。在這個世紀之際，按 2000 年的水準計算，美國家庭的平均年收入接近 40,000 美元。

---

* 一般人傾向於認定貨幣的名目，而非實際價值，因此金錢的面額數字（名目價值）常被誤認為購買力（實際價值）。

　　與之相比，1900 年的數字大概是每年 10,000 美元，兩者之間有 4 倍的差距（18 世紀和 19 世紀交替之際，每年大約是 2,000 美元至 3,000 美元，1900 年與這個水準相比又增加了 4 倍左右）。雖然現代美國人居住的房子比一個世紀之前還大，但不是比原本的房子大 4 倍。他們當然也不是改吃 4 倍份量的食物、改穿 4 倍件數的衣服。

　　儘管經歷了一個世紀的技術進展，但也發生了一個世紀之長的惡政和戰爭，2000 年的一般俄羅斯人生活並沒有比 1900 年好多少。若以「平均」擁有物品的部分所有權來表示，也許他們有更多機會取得汽車和電視機，但是他們實際上沒有吃得比祖父母好。預期壽命在 20 世紀初期延長了，但是沒有比二戰前不久長，甚至在 1990 年代期間變短了。在世界上的其他地區，尤其是非洲的大部分地區，現今的生活水準反而不如一百年前。

靜觀未來 10 年、20 年的金融市場

　　21 世紀初期的痛苦經歷，將會是大家在爭論世界的發展模式是否依然透過增加更多服務，而不是生產更多商品的方式來討好富裕國家和富人，或者這個議題是否會被擱置一旁，使世界上更多人走上美國一個多世紀前走過的路，需要生產更多商品？從長遠來看，後者對世界比較有利，卻會推翻 1990 年代創造的「金髮姑娘」經濟原則與上漲股市的條件，會為美國帶來短期問題。

　　怎麼會這樣呢？已開發國家的中央銀行會關注通貨膨脹，尤其是資產價格，並採取控制通膨的措施。這些國家當中，美國是

典型的例子。當地的貸款機構會減少貸款，尤其是發放給消費者的貸款。消費性支出將出現逆轉，導致實體經濟萎縮。在這樣的背景下，國際市場的風險被視為更大，尤其是新興市場，而資金也停止流向這些市場。當各國奉行「損鄰政策」[*]，貿易的問題也會隨之惡化。

　　以下是現代世界中許多人的經歷：一個大國在 20 年、30 年內享有一段重大經濟成功時期，因而推動股市暴漲。這種金融繁榮光景在最近 10 年特別明顯，期間的資金流入共同「基金」，推動股市飆升到天價，並導致大肆消費與投資。同時，經濟環境也逐漸悄悄地往較不利的方向轉變，因此股市的估價過高無法再持續下去，股市崩盤了。這暴露出早期投資不慎，大大抑制了消費。國家長期陷入成長乏力，再加上通貨緊縮。聽起來難以置信嗎？這就是美國在 20 世紀頭 40 年的故事。

　　更重要的是，這也是日本過去 30 年的故事。21 世紀初期，美國經歷了類似週期的前 20 年，比日本晚了 10 年左右。最後的階段對美國而言幾乎不可避免。再加上日本最近經歷的蕭條時期，世界經濟將面臨非常嚴重的後果。

　　至少在現代，葛林斯潘和他的大多數成員已經成為知名又能幹的經濟經理人。但也許是他們成功地管理大規模的問題，才使許多人誤以為他們有能力阻止重大問題的發生。更重要的是，他們解決瑣碎問題的能力最後有可能引起更嚴重的問題。每位將軍都必須清楚如何贏得最後一場戰爭。一旦每個人都了解這些知

---

[*]　國家為了促進經濟成長而採取損人利己的措施，例如提高進口關稅、使貨幣貶值等。

識，所有的準備工作都應該是為了下一場戰爭，但是大家通常都會忽略這些事。

醫學界也有類似的情況。藥物大幅減少了提前致死的疾病，尤其是抗生素。但經過天擇的過程，細菌也變得更頑強、更能抗病。到頭來，沒有人清楚是細菌比較強，還是抗體比較強。雖然目前的經濟管理水準似乎足以應對 1920 年代的過高估值，但是到了 20 世紀與 21 世紀交替之際，估值過高的程度更加嚴重。因此，經濟政策愈佳，估值過高的程度就愈嚴重。

為什麼會有景氣循環？為什麼會出現崩盤呢？現代醫學治癒了許多疾病，例如小兒麻痺症、天花，並且在防治癌症方面有重要的進展。一般人的預期壽命比一個世紀以前延長了將近 30 年。但藥物依然無法讓人長生不死。同理，總體經濟政策可以延長景氣循環或減緩景氣循環的影響，卻無法阻止景氣循環結束。

答案並不是貨幣政策太嚴謹，也不是貿易壁壘太多，諸如此類。反之，問題在於週期導致的實體經濟。社會保障的議題就是這種現象的貼切例子。真正的問題不在於能不能有社會保障，而在於目前的稅收水準所支持的福利水準，或者透過提高薪資稅來支持的福利水準。社會保障本來應該是個量力而為的問題，卻成了非黑即白的美國政治「第三軌道」＊。社會保障的後續結果不應該受到質疑，福利的水準才是一大問題。

社會保障被誤認為「世代間的契約」，這個術語毫無意義。一份合約的先決條件是有兩個見識相等、意願一致的當事人同

＊　政治上極具爭議的議題，有時候會使政治人物付出慘痛的代價。

意。事實上，社會保障比較像是「恰巧在特定時間繞著地球行走的專制統治」。這是年輕一代的負擔，包括那些根本還沒出生的人，而施加這些負擔的人就是正值壯年期、擔心晚年生活的人。這是一種尚未出生的後代沒有發言權的安排，而已故的祖先可能也不贊成這種安排。

但或許最大的龐氏騙局（Ponzi scheme）*是 19 世紀末、20 世紀初的股票市場。新的運作模式大致如下：週期性風險和政治風險在 1990 年代初期降低，促成了股市暴漲，因而刺激消費成長。由此產生的經濟擴張推動了股市進一步上漲。股價水準遠遠高過投資價值，因此市場將一整個世代而非當時的收益資本化了。如此一來，當今市場的幸運參與者就有機會挪用子女與子孫的資本，藉此增加自己的消費量。

技術革命有利也有弊。2000 年初期，科技股在標準普爾 500 指數中所占的比例接近 3 分之 1，而在那斯達克等小型股指數中所占的比例更大。這是一場豪賭，賭的是有一點風險的主張。即使這些指數在 1999 年秋季末創下新高，創新低的股票數量（大多是非科技類股）超過了創新高，通常是 3 比 1 或 4 比 1。這是因為成長快速的科技股從其他經濟領域和股市吸取資本。

換句話說，假如科技領域的投資是根據收益（以及股票價值）在短期內能成長 15% 到 20% 的前提，非科技類股的價格就必須下降，才能讓上升的現金殖利率和潛在的價格升值互相抗衡。這也是 1970 年代「漂亮 50」現象及其現代對應現象的原因。

---

* 一種金融詐騙手法，目的是吸引愈來愈多容易上當的投資人購買前期投資人持有的資產，最後資金逐漸入不敷出，後期的投資人便慘賠離場。

即便如此，目前某些非科技類股的預期報酬和過去二十年的時候一樣具有吸引力。

網路業高階主管的高薪（形式是高價股票的廉價選擇權，不是現金）以及其他服務機構（例如華爾街的金融服務）都是值得一提的例子。如果科技股實現了承諾並達到歷史上少見的可觀報酬，那麼這些投資組合便相當令人滿意，否則就乏人問津了。但風險在於，可觀的資金會被花費在取得更可觀但最終依然不足的報酬，在這個過程中破壞了價值，而不是創造價值。由於這種風險的重要性，使得這樣的結果不會只局限在科技業，而是會在整個經濟產生連鎖反應。

另一個例子是 1970 年代的石油危機，一共有兩次危機，一次發生於 1973 年，另一次發生於 1979 年。理論上，這兩次危機都對美國股市不利，尤其是 1973 年的危機，當時股市在 1973 年和 1974 年下跌了將近 50%。不過，股票在 1979 年卻上漲了。顯然，市場已經同時抵銷了這兩個事件（以及將近 10 年的商品高價）。類似的情況可能也出現在網際網路和技術革命當中。這個現象本身應該會在 21 世紀的頭十年呈現出來，但似乎在 19 世紀末、20 世紀初就一下子反映在股票市場的價格上了。

技術革命之所以受到歡迎，是因為能提高生產力，支撐沒有通貨膨脹的高水準成長。例如，原料的使用方式很浪費，那麼改進的技術可以節省資源，延長原料的使用期限並降低成本。但如果快要供應不足了，報酬遞減法則就會發揮作用，解決辦法是擴大供應，而不是提高效率。同樣地，在需求暴增的期間，提高生產率十分可取。但如果需求下降，此時提高生產率反而會導致失業率上升。在一定程度上，假設低通貨膨脹率與高失業率相匹配

的菲利普斯曲線 * 模型可能還沒有被廢除，只是暫時擱置。

有些人認為技術革命相當於徹底改變整個生產流程和社會的工業革命。如果是這樣的話，那麼這本書的基本前提有可能是錯誤的。顯然，典範轉移 ** 正在進行中，但技術革命似乎更像是1970 年代的石油危機或 1920 年代的廣播熱潮。換句話說，技術革命如同在平凡人生中只出現過一兩次的事件，但不是千載難逢的事件。技術革命就像是正常成長模式暫時加速，不是導致經濟成長停滯的歐洲黑暗時代和封建制度來臨，也不是使經濟復甦的工業革命。

美中不足的是，許多人相信世界經濟會一直順利發展。亞洲經濟不可思議的崩潰對美國而言可能是一種障礙，也是警告。債務加劇的情況為全球信貸的崩潰提供預備機制並影響經濟成長；長期資本管理公司因諾貝爾獎得主瀕臨破產而引起恐慌。全球經濟成長參差不齊是必須解決的問題，但願是用和平的方式解決，但事實未必如此。在經濟史上，一直以來都是競相增加產量，為的是及時滿足日益增加的消費需求，但是 1990 年代的繁榮進一步使消費需求的標準提高了。

勞倫斯・史隆（Lawrence Sloan）在 1931 年出版的《人人都有普通股》（*Every Man and His Common Stocks*）中針對當時影響美國（以及世界其他地區）的經濟狀況提出三個反問句：美國陷入了嚴重的長期經濟低迷時期嗎？可以這麼說吧。事發之前有

---

* 由紐西蘭經濟學家威廉・菲利普斯（William Phillips）提出，表明通貨膨脹率高時，失業率低；通貨膨脹率低時，失業率高。

** 在各種學科的範疇內，基本理論中產生根本假設的巨大改變。

明顯的跡象嗎？那當然。最後一個問題是：可以事先預料這種狀況嗎？史隆針對這個問題提出矛盾的例子，他認為困境的跡象確實存在，但只適用於事先尋找這些跡象的人。

不過，還有許多其他令人困惑的正面跡象表明：對世界抱持樂觀或者中立觀點的人很可能被誤導。[3] 基於前述原因，我偏向揭露危險並發現有許多令人擔心的事情。但是在真相大白之前，很難說服其他人相信世界瀕臨有史以來最嚴重的經濟危機。

美國金融市場顯然一直是世界的領先者，但是在 21 世紀初卻無法保持 1990 年代晚期的表現。在最佳的情況下，美國和全球股市在 19 世紀末、20 世紀初經歷了一段不合理的擴張之後，會另闢蹊徑 10 年、20 年，讓經濟成長與收益迎頭趕上。但是歷史告訴我們，市場沒那麼有耐心。經過了最近的「高點」之後，長期的退潮會是一段難受的過程。

此外，有太多外來的衝擊、經濟「事故」以及純粹的人類情感都可能會使更差的情況發生。2001 年 9 月的世界貿易中心恐怖襲擊事件就是一個很不幸的例子。比較可能出現的前景是，世界邁向的局面很像上一次葛拉漢與陶德的方法論最為有效的局面這個時期的特色是股市崩盤和全球經濟蕭條，隨後可能還會爆發一場世界大戰。

第 20 章

美國股市的世代循環

　　整體股市週期似乎會持續 35 年至 40 年，大概是兩個世代之長。也許這會讓那些以 10 年以下的時間範圍評估投資的投資人感到驚訝。反之，美國股市在 20 世紀至少出現過兩次高峰，分別是 1929 年和 1966 年，時隔 37 年（1966 年的那次高峰經過通膨因素調整，因為股票在後來的幾年是名義上走高，不是實際上漲）。

　　1929 年的前 37 年──1892 年的市場高峰證實了這項發現。按照直線法計算，19 世紀末、20 世紀初之後不久（1966 年之後的 37 年，即 2003 年），市場會迎來另一個高峰，但是有可能在幾年前的 2000 年就達到了高峰。會出現這種差異是因為 2003 年是「單點」估值，其實「範圍」估值比較適當。*

　　在過去，1892 年、1929 年及 1966 年都代表美國經濟的重要轉折點，富有幾種不同的意義。第一個轉折點是 1892 年，經過了 1893 年的大蕭條和股市崩盤之後，迎來了一段「良好通貨緊

---

* 嚴格來說，1892 年並沒有達到市場最高點，當時經過市場修正和回升之後就被記載成最高點，因為這是 1893 年股市大崩盤之前的「終點站」。作者相信 2003 年會在現代發揮類似的作用。

縮」與適度經濟成長的時期。

第二個轉折點最著名，因為 1929 年的最大特色是通貨緊縮與經濟蕭條。

第三個轉折點是 1966 年，緊接而來的是「停滯性通膨」——不景氣再加上通膨。鑒於這些先例以及 2003 年成為另一個轉折點的可能性，有可能會發生什麼事呢？1892 年和 1966 年的轉折點特色是管理權力向下方描述的「沉默」世代轉移。

然而，1929 年的特點是「迷失」世代占優勢。目前的轉折點比較像 1929 年，而不像另外兩個轉折點，原因是即將到來的中年世代是「新一代的迷失者」：X 世代。第一個表現形式是 37 歲的 X 世代者莎莉・克勞雀克（Sallie Krawcheck）被雇用到花旗集團擔任資深職位，負責整頓公司的「敗壞」股票研究。反過來說，這是前兩個世代帶來社會與股市「繁榮」的不幸卻必要的結果。

世代一覽

本節的關鍵詞是「世代」，也許有社會學解釋這個現象。根據威廉・史特勞斯和尼爾・豪伊合著的《世代》，[1] 他們在這本具有開創性的書籍指出美國生活中有強弱世代交替的現象（用他們的話來說則是顯性世代和隱性世代）。強勢世代使美國經濟超速運作，例如在嬰兒潮世代出生的人。弱勢世代則約束強勢世代的放肆行為，例如上一個沉默世代以及隨後的 X 世代。

每個世代都在美國的經濟與文化留下印記，尤其是在擔任管

理職位的中年期間，大約是 40 到 60 歲之間。四種世代類型分別是理想主義型（嬰兒潮世代與美國內戰後世代）、被動反應型（X世代與更早的迷失世代）、公民型（二戰世代，史特勞斯與豪伊稱之為最偉大世代，大概是指時下的年輕人）以及適應型（沉默世代以及大多數將於 2000 年後不久出生的人）。一個三十多年的股市週期包含一個強勢世代和一個弱勢世代。

最近幾代人的出生年分如下：

- **最偉大世代，亦稱二戰世代**：1902 年至 1925 年。我的年分制定方式和史特勞斯與豪伊定義的最偉大世代有一點不同，他們制定的年分是從 1901 年開始，在 1924 年結束。
- **沉默世代**：1926 年至 1942 年。史特勞斯與豪伊制定的年分是從 1925 年開始。
- **嬰兒潮世代**：1943 年至 1961 年。我制定的開始年分和史特勞斯與豪伊相同，但他們的結束年分晚了一年，因為他們考量到在 2001 年 9 月 11 日世界貿易中心發生悲劇之前達到 40 歲的人。他們認為人口激增是二戰結束左右發生文化變遷的結果，而不是致因，這與傳統觀點不一樣（嬰兒潮世代從 1946 年開始，在 1964 年結束）。我基本上認同他們的看法。
- **X 世代**：1962 年至 1979 年。我制定的期間比史特勞斯與豪伊的還短。相對於顯性世代，隱性世代的期間較短，成員也較少，這只是因為位於交界處的人認定自己屬於更強大的世代。

■ **千禧世代**：1980 年至 1999 年。結束的年分是我的推測，但也有可能是另一個公民世代的誕生，或者是另一個最偉大世代的誕生。

回到最偉大世代，往前追溯的世代如下：

■ **迷失世代**：1883 年至 1901 年（**歷時 18 年**）。在文學領域，這是費茲傑羅（Fitzgerald）和海明威（Hemingway）的世代，而在金融領域是葛拉漢和陶德的世代。

■ **傳教士世代**：1861 年至 1882 年（**歷時 21 年**）。這個美國內戰之後的世代在富蘭克林（Franklin）和愛蓮娜・羅斯福（Eleanor Roosevelt）等領導者的帶領下背負著「世代相傳的命運」。

■ **進步世代**：美國內戰的「公民型」與「沉默」相結合的結果，1843 年至 1860 年（**歷時 17 年**）。代表成員包括美國前總統狄奧多・羅斯福（Theodore Roosevelt）和伍德羅・威爾遜（Woodrow Wilson）。

■ **鍍金世代**：「迷失前」世代，1821 年至 1842 年（**歷時 21 年**）。代表成員包括約翰・戴維森・洛克斐勒、約翰・皮爾龐特・摩根（J.P. Morgan）、安德魯・卡內基等「強盜男爵」*。

■ **超驗主義世代**：1792 年至 1820 年（**歷時 28 年**）。代表成

---

* 為了致富而不擇手段的商人。

員包括美國前總統亞伯拉罕‧林肯（Abraham Lincoln）和美國小說家納撒尼爾‧霍桑（Nathaniel Hawthorne），這是漫長世代中的最後一代。

從鍍金世代開始，有一些歷時 21 年世代與歷時 16 年至 18 年世代交替出現的情況，平均期間為接近 20 年。較長的世代屬於顯性世代（除了鍍金世代之外），而較短的世代屬於隱性世代。但是從屬於顯性世代的嬰兒潮世代開始，過去長達二十多年的世代後來只有 18 年了。

因此，世代週期本身可能已經從殖民時期的八十多年縮短到現代的 75 年以下。雖然史特勞斯與豪伊描述的兩場危機之間相隔大約 80 年，但實際上從 1776 年到 1861 年相隔了 85 年，而從 1861 年到 1941 年正好相隔 80 年。

以 80 年為週期的話，預計 2021 年左右會發生一場危機，甚至是一場戰爭。這個年分很接近準確的時間範圍，但是依照事件進展的速度，高潮也許會提早到來，大約是 2015 年至 2019 年。

最近兩個世代週期的相似之處

經濟大蕭條和二戰的前一段時期，剛好也是現在那一群意志堅定、理想主義的老年人當初步入中年的階段，他們很像 1990 年代的嬰兒潮世代。1920 年代初期，傳教士世代把美國推向禁酒時期，後來還通過斯姆特－霍利（Smoot-Hawley）關稅法案，引發了一場經濟危機。

　　1920 年代，下一個更年輕的迷失世代花錢如流水，使這個問題惡化了。這兩個群體共同創造一種很像 1990 年代的「內驅力」風氣，從 1980 年代開始出現這種風氣（1910 年代沒有發揮類似的作用，因為這個年代是在美國崛起變成大國之前，也受到第一次世界大戰介入）。

　　1920 年代，如同不需要靠馬匹拉動的汽車終結了馬車時代一樣，一項奇蹟般的發明使全國各地的家庭都安裝了用電設備，這些用電設備可以接收來自全國任何地方的電台傳輸或廣播。這項發明就是廣播。就像現今的網際網路一般，廣播是當時的「神器」。主要設備供應商是美國無線電公司，這家公司的高估值會令人想起網路股，例如美國線上公司。美國無線電公司在 1929 年到 1932 年的股災當中損失了超過 90% 的價值，虧損程度很像大多數的網路股。

　　我對 1990 年代的看法可以用一句話來總結：網路熱潮是 1920 年代廣播熱潮的現代版本。廣播在 1900 年之後不久就發明出來了，過程中花了二十多年，直到 1920 年代才令人神往。過了 25 年後，直到 1950 年代，廣播才在商業上變得有利可圖。

　　網際網路是 1970 年代中期的發明物，過程中花了二十多年，直到 1990 年代中期才流行起來。大概還需要 25 年，直到 2020 年左右，網路公司才會開始賺大錢吧（到那時，網際網路入口網站也許是不錯的投資）。新發明的大規模應用很少是由發明者的同輩實現，通常是由成長過程伴隨著這項發明問世的新世代實現。

　　我在 1999 年晚期粗略地計算過，所有科技股似乎都是針對 2010 年的可能收益進行折價銷售，而非 2000 年的可能數據。也就是說，市場反映出：通常需要 10 年或 20 年才能實現的經濟與

社會進步，將在 1 年到 2 年內實現。這 10 年到 20 年的進展都會在 2000 年內進行，導致市場退縮，並使人們意識到自己原先期望的時間表不會如願。

有一件社會事件是 2000 年左右的風氣範例，那就是福斯（Fox）電視台在當年 2 月播出有關大富豪婚禮的節目[*]。屬於嬰兒潮世代的男人和屬於 X 世代的女人快速結婚（也快速離婚）本身就反映出這個時代的「狂飆」本質。[2]不久後就流傳了一個笑話：「你知道網路新創企業和大富豪的婚禮之間有什麼共同點嗎？答案就是：『不要臉的推銷商都把立即能得到滿足的商品，賣給了貪婪的投資人。』」

關於 1920 年代，科爾・波特（Cole Porter）描述得真貼切：「白天變成了夜晚，黑的變成了白的，那些女人爭相追逐的男人都是……」。刪節號的部分原本是「愚蠢的小白臉」，但投資人可以改成「大富豪」。其中最有趣的一句是「天下之大，無奇不有」。這就像 1970 年左右的情況，多虧了嬰兒潮世代，整個國家喪失了集體思維。

2000 年 2 月，《華爾街日報》有一篇社論提出關鍵的論點。瑞克・洛克威爾（Rick Rockwell）的資產淨值差不多是 200 萬美元，他是「最後一個」未婚富豪。這意味著比爾・蓋茲、麥可・戴爾、馬克・安德森（Mark Andreeson），以及其他眾多更知名的大亨（大多是科技業）最近都剛成婚、成家，而且準備退出現階段的職場了[3]（事實上，比爾・蓋茲不久後就卸下執行長的職

---

[*] 《誰想嫁給大富豪》（*Who Wants to Marry a Multi-Millionaire?*），內容類似選美大賽，眾多婦女競相成為大富豪的新娘，並且當場在節目中結婚。

位，為的是把心力投入其他職位和自己的家庭）。

反過來說，這也代表強勁的科技股成長速度減緩，美國的整體國內生產總值成長速度也減緩了，因此削弱了過熱股市的其中一個支撐要素。從更廣的社會立場來看，這種對家庭更有利的風氣不一定是壞事。但需要更多「探親假」的壓力可能會降低生產力，也許要等到千禧世代找到能夠結合工作與家庭責任的更好辦法，例如在有網路的居家環境上班。如果是這樣的話，他們孕育的下一代可能在人口與文化方面屬於另一個嬰兒潮世代。

1920 年代的另一個特點是生產線的廣泛應用使機械化程度不斷提高。早在 10 年前，弗蘭克‧邦克‧吉爾布雷斯（Frank Bunker Gilbreth）、亨利‧福特（Henry Ford）等傳教士世代的先驅提出了效率的概念。同樣地，現代的理想主義者，也就是在嬰兒潮世代出生的人，透過電腦與區域網路的應用使計算過程機械化，因此開創了技術革命。然而，這種不斷提高的效率只有在需求量暴增時才是一件好事。發生需求逆轉（demand reversal）的情況時，很可能造成失業率攀升。

此外，技術創新促進企業興旺，特點是在價格與銷售量幾乎都沒有攀升跡象的時期，成本下降了。因此，大部分的經濟利益都流向降低成本的技術所有者和管理者，而不是流向所有人。

另一篇在近期提到 1920 年代的文章，是《巴倫週刊》在1996 年刊登文章，內文有一句標語是「70 年的反菸草週期？」（A Seventy-Year Anti-Tobacco Cycle?）[4] 這正是《世代》的論點，但是史特勞斯與豪伊也許會認為這個週期是八十多年，而不是七十多年。或許這個週期已經稍作調整，70 年才是有效的（其實 75年比較正確）。

經濟大蕭條在 1930 年代來襲，造成了史特勞斯與豪伊所說的「危機」時代，整頓 1920 年代放肆行為的重任就落在被動反應的迷失世代身上。其中一位傑出成員是英國的約翰・梅納德・凱恩斯（John Maynard Keynes）。他之前就警告過第一次世界大戰結束時，《凡爾賽條約》（Treaty of Versailles）對堪稱經濟推動力的德國施加的戰爭賠款，會對歐洲（及世界）造成損害。1936 年，他闡述政府支出在對抗經濟大蕭條中的作用。[5] 同時在美國，像葛拉漢與陶德這樣的股市導師也提醒投資人如何避開麻煩，可惜很少人真的聽進去。

二戰後的時期，即「外驅力」時期，特徵是核科學和太空探索的創新、電腦和電子等新興產業的發展，以及大規模生產流程的改善（例如自由輪*）。美國內戰後，冶金與鋼鐵的進展以及鐵路、電信等相關產業的發展時期可和「外驅力」時期媲美。這兩個時期都帶來了戰後的繁榮，使產業可以導向消費者的需求，其他特色還包括二戰後的大型組織、大企業（和組織人**）以及美國內戰後的信託。

由此產生二戰後時期的財富推動了股市繁榮。到了這個時期末，道德的限制變鬆了。隨著傳教士世代往生或瀕死，穩定的經濟成長需要靠迷失世代來掌控（例如總統德懷特・艾森豪），而現在已經處於中年階段的勞工或經理的最偉大世代，則發揮了推動經濟成長的作用。

1960 年代，迷失世代逝去以及最偉大世代步入老年，引發

---

* 美國在二戰期間大量製造的貨輪，用來代替被德國潛艇擊沉的商船。
** 對公司忠心耿耿、沒有個性的溫馴成員。

了另一場危機，導致股市的漲勢停滯。首先，最偉大世代孕育了另一個理想主義世代，也就是嬰兒潮世代，他們很像最偉大世代的父母——傳教士世代。更年輕的一代在富足但欠缺智育的環境中成長，他們成年後展開了一場「意識革命」，創造全新的「覺醒」。

和平大遊行、示威活動及校園暴亂都干擾了國家的社會結構。越南戰爭使這個問題更加嚴重，經驗豐富的最偉大世代長者試著靠財富作戰（例如地毯式轟炸），而不是靠孩子（嬰兒潮世代）的性命來作戰（最偉大世代的理想主義父母把他們送到戰場上，不會覺得內疚）。這場戰爭不但沒有成功，還導致了通貨膨脹，使整個國家動蕩不安，並威脅到最偉大世代的退休生活，也許這就是最偉大世代長者停止戰爭的原因。

最偉大世代也試著在不增加稅收的情況下取得社會安寧。這也使預算失衡，並造成通膨。但這些年輕人無法平靜下來。當時的風氣寫照就是「除非你在斯卡斯代爾（Scarsdale）長大，不然你沒資格說你去過地獄」。期間，許多年輕的嬰兒潮世代還沒有準備好進入職場，導致勞動力不足。同時，步入中年的管理者屬於在 1926 年和 1942 年之間出生的沉默世代，他們管理企業與經濟的方式比最偉大世代更寬鬆。當沉默世代年滿 40 歲時，股市在 1966 年至 1982 年暴跌應該不是偶然。

1960 年代的特色是共同基金的週期性高利息，這一點與 1920 年代、1990 年代晚期很像。只要把錢交給專業人士，而且這些專業人士很有可能分散特定公司的風險，那麼大眾就願意承擔市場風險。一般來說，投資人最願意承擔市場風險時，市場風險最大。在這段期間，越南戰爭宛如難以癒合的潰瘍，不僅造成

大規模的通膨，也以人為的方式刺激原本已談不上穩健的美國經濟。例如，越南戰爭阻止了 1966 年的信貸緊縮導致經濟衰退。[6]

另一個問題更糟糕：1970 年代的 10 年停滯性通貨膨脹。特色是企業集團蓬勃發展。由於股市水準的直線上升，公司以股票的形式收購其他公司，而不是以現金的形式。巴菲特表示這樣的收購可能會使收購方的財產不斷增值（對賣方股東而言，這是一筆糟糕的交易）。這種現象在 1990 年代再度出現。

與此同時，經濟危機正在海外醞釀。由於越南戰爭的高成本（及美國的進口商品），大量美元流向國外。當時的黃金固定價格為每盎司 35 美元，外國人可以兌換的美國貨幣遠遠超過美國黃金儲備（在諾克斯堡）所能贖回的美國貨幣。在最偉大世代的總統理查·尼克森（Richard Nixon）帶領下，美國不再採用金本位制，並且讓美元自由浮動，這其實意味著貨幣貶值。接著引發了一連串麻煩：石油價格上漲，美元下跌，美國的淨出口和國際收支急遽惡化。

在最偉大世代的總統隆納·雷根帶領下，美國在 1980 年代擺脫了 1970 年代的困境，回到了類似 1920 年代的「內驅力」環境。股市出現了繁榮景象，或者說是從 1970 年代的蕭條期復甦。但是這樣的大轉變是直到 1990 年代才開始大放異彩。這 10 年的關鍵性事件是 1991 年的雙「贏」，在最偉大世代的最後一位總統老布希（George Bush, Sr.）掌管期間經歷了波斯灣戰爭勝利和蘇聯崩潰。這兩件事暫時恢復了美國地位 —— 無可匹敵的世界超級大國。

越南戰爭在 1960 年代和 1970 年代發生大逆轉後，美國恢復了世界警察的信譽，使美國在波士尼亞危機中發揮領導的作用。

結果，美國的資本和外資都回到了這個政治避風港。這一點再加上企業重組（及新公司暴增），使美國股市在國際指數中處於領先地位。這種情況一直持續到下一個困境，簡直是 21 世紀初的越南戰爭與石油危機翻版，只不過發生時間是 2001 年 9 月 11 日之後。

　　隨著最偉大世代退休，經濟領導權轉交給了冷靜沉著、不惹是生非的沉默世代，例如艾倫·葛林斯潘和羅伯特·魯賓（Robert Rubin）。但是在政治領域，尤其是行政部門，沉默世代顯然缺乏代表人物。在這些行政部門中，長期由最偉大世代主導的總統職位，如今似乎受到嬰兒潮世代嚴密控管。因此，在近期主宰美國政治與經濟舞台的是嬰兒潮世代，不是沉默世代。

　　我在 1960 年代成長時，汽車、房子、電視機每年都變得更大。這種「巨大」是我父母那個年代的風氣，他們當時是最偉大世代的中年成員。那時深受追捧的成功企業名稱幾乎都有「General」的字眼，例如奇異、通用食品、通用磨坊、通用汽車公司，或者有「American」的字眼，例如美國品牌、美國家庭用品（現為惠氏）、美國醫院用品（American Hospital Supply）、快速美國（Rapid American）。

　　然而，我在 2000 年左右處於中年階段，電腦、傳真機、電話的「智慧化」程度逐年提高。許多成功又備受尊崇的企業都取了新穎的名稱，例如微軟、英特爾、思科系統。

　　大約在 1983 年至 2001 年，當嬰兒潮世代步入中年、擔任中階或高階管理的職位，迎來了另一個相對沉穩的世代。他們執行的企業重整計畫彷彿股市再度繁榮的催化劑。技術革命也是如此，最初是由蘋果（Apple）公司史蒂芬·賈伯斯帶領，後來由

微軟的比爾‧蓋茲、甲骨文（Oracle）的勞倫斯‧艾利森（Larry Ellison）等人物領導。1980 年代象徵著低迷 1970 年代之後的反彈。但事實證明，1990 年代的經濟也出奇地蓬勃發展，這樣的繁榮光景延續了整整一世代，但沒有超出一世代之長。

巴菲特也發表了類似的看法，但他不是從世代的角度來探討。1999 年底，他在《財星》雜誌指出股市在 1964 年底和 1981 年之間幾乎沒有任何變化（道瓊指數在 1964 年達到 874 點，而在 1981 年達到 875 點），此時大概是他這個沉默世代的中年時期。然後，股市在 1982 年至 1999 年暴漲了，此時是嬰兒潮世代的中年時期。

巴菲特觀察了 17 個豐年和 17 個歉收年的週期（套用《聖經》中的用語，意指古埃及的 7 年農業週期），他預測從 2000 年到 2017 年之間的 17 年可能是歉收年，期間的名目平均總報酬率只有 6%，如果通膨率為 2%，實際報酬率則為 4%。他也表示，萬一他估錯了，報酬率更高或更低的幅度可能相同。[7]

這本書指出，未來十年半的結果可能比巴菲特預測的更糟（他在 2001 年秋季的《財星》雜誌發表一篇更新的文章，表明他將原本對 2002 年到 2017 年這段時間的總報酬估值提高到了 7%，以便局部反映市場在這兩年期間遭受到的衝擊）。但基本面因素似乎在世界各地惡化。因此，美國在 2002 至 2003 年的經濟復甦似乎是建立在錯誤的基礎上，無法令人放心。如果是這樣的話，市場的回落（比 2000 年和 2002 年的情況好）會成了 2004 年和 2006 年更糟糕情況的彩排。

在 1930 年和 1931 年期間，後來的經濟大蕭條看起來只不過是一場嚴重的衰退期。1931 年秋季，總統赫伯特‧胡佛（Herbert

Hoover）預測「繁榮時期即將來臨」，也許他有充分的理由。但是使回落轉變成全球經濟崩潰的重大事件是奧地利的安斯塔信貸銀行倒閉，這件事不但影響到美國，也導致歐洲陷入長達 10 年的經濟大蕭條（並且使希特勒在德國掌權）。

假如這次又有危機來臨，那就會在亞洲發生。「代罪羔羊」可能是台灣信託銀行或韓國儲蓄銀行（這些是我虛構的名稱，只是用來說明可能出現麻煩的地方）。整個地區都會招來嚴重的後果，尤其是中國。

同樣地，1920 年代的繁榮主因是協約國在第一次世界大戰獲勝，以及主要經濟競爭對手德國衰落，正如 1990 年代從前述 1991 年的類似事件中受益一樣。在這樣的時期，理想主義的中年人往往孕育出類似最偉大世代的愛國孩子（早兩代或晚兩代也一樣）。

史特勞斯與豪伊稱這最近的一代孩子為千禧世代，這些孩子象徵著突發性的人口增加。他們已經促成了重視兒童的新企業，例如健寶園、Motherworks（皆為發展迅速的公司，但只是偶爾符合葛拉漢與陶德的投資條件）。展望未來，年鑑、畢業紀念戒指等商品的供應商也許會在 21 世紀重現繁榮光景。

關於嬰兒潮世代孕育出另一個最偉大世代，如果有任何疑慮，早該在 1996 年 4 月釋疑了，當時有一位 7 歲女孩叫潔西卡．杜布羅夫（Jessica Dubroff），她的父母努力教導她不要表現出自己的恐懼。她為了遵從新時代父母的要求，試著創下歷史紀錄，結果飛機在中途墜毀。她的父親也在那場飛機失事中喪命了（公民世代的成員與父親的關係特別親近，換言之，他們的父親非常關心他們）。

值得注意的部分並不是潔西卡無法開飛機飛越全國，而是其他 11 歲、10 歲、8 歲的幾位孩子已經辦到了。這件事的重點在於她一個月後就滿八歲了，但是她相信自己如果能夠在 7 歲的時候創下紀錄，這個紀錄就會一直保持下去，因為沒有人在 6 歲的時候獲准嘗試開飛機。這些兒童的英勇和年紀稍長的查爾斯·林白（Charles Lindbergh）的無畏精神相呼應。這位年輕人成功實現了第一次橫跨大西洋的飛行。

潔西卡是女性，也許不是偶然。傳統上，公民世代的佼佼者一直都是男性。但最近 70 年週期的主要目標是推動性別平等，十之八九會在理想主義的嬰兒潮世代的有生之年實現。1 年後，另一位外國的 X 世代成員也是女性，名叫露易絲·伍德沃德（Louise Woodward），她被判二級謀殺罪，因為她在麻薩諸塞州殺死了自己負責照顧的孩童〔這個州在 1920 年代曾經是審判薩科（Sacco）、萬澤蒂（Venzetti）這兩位外籍「無政府主義」迷失世代的地方，也曾經是在三個世紀前審判女巫塞勒姆（Salem）的地點〕。

那位兒童顯然是在幾週前受了傷，而真正的死因可能是這些傷，而不是伍德沃德女士的粗暴對待。但實際控訴是被動反應的隱性世代成員（她自己也算是個孩子）沒有盡心照顧占主導地位的公民世代寶貴成員。

雖然最偉大世代通常被稱為二戰世代，但考慮到在 1940 年代保衛美國自由並使美國在 20 世紀下半葉享有繁榮期的士兵，史特勞斯與豪伊取的「最偉大世代」名稱比較貼切。同樣地，史特勞斯與豪伊把參戰並贏得美國獨立戰爭的「大陸」士兵稱為「共和黨世代」，其實就是我們現在說的最偉大世代，只是當時

還沒有這個名稱。由於美國內戰造成的破壞，19世紀中期並沒有公民世代。

雖然在1980年代和1990年代出生的年輕公民世代並非二戰世代，卻很可能蛻變為最偉大世代，上等兵潔西卡‧林奇（Jessica Lynch）就是當中的早期成員之一。他們也可能遵從嬰兒潮世代宣揚的基本原則（不常實踐）——女性的平等權利。因此，這個世代的另一個代表人物是潔西卡‧杜布羅夫，她在很小的時候就已經成為那個時代的「查爾斯‧林白」翻版了。假設她能在青壯年時期親眼目睹一場戰爭的話，應該能夠成為最偉大世代。

新公民世代首次公開亮相的時間是在1994年的冬季奧運會。在1980年出生的關穎珊（Michelle Kwan）與對手譚雅‧哈丁（Tonya Harding）、南茜‧克里根（Nancy Kerrigan）形成鮮明的對比。關穎珊是盡孝道的女兒，她的父母都是華裔美國人，而她的對手都是年紀較大、乖張易怒的X世代。

世代交替衍生的經濟後果

我們來用經濟術語解釋這種世代交替的現象吧。身為理想主義者，嬰兒潮世代可以被稱為創始人世代。在史蒂芬‧賈伯斯、比爾‧蓋茲等有遠見的人帶領之下，他們創造了資訊科技的革命，如同亨利‧福特、李‧德富雷斯特（Lee de Forest）等傳教士世代分別推出大規模生產的汽車和廣播。理想主義者的公民型子女是繼承者世代，他們是最守本分的群體，因為他們遵循繼承「家族事業」的慣例。

　　夾在中間的被動反應型世代，很可能是被剝奪繼承權的世代，他們會在理想主義型與公民型之間的傳承當中被超越。他們對自己的窘境感到痛苦，但最後會默默接受，這一點是可以理解的。最後的沉默世代可以被形容成未成年人世代，因為他們就像兩代之間的「嬰兒」，通常由三位較年長的哥哥或姊姊照顧。

　　如前所述，股市的績效似乎取決於哪一個群體占據中年管理職位。因此，也許你的投資策略應該參照自己的年齡定位與在你前面、後面世代之間的關係。這種世代間分析也因此和生命週期投資的傳統觀點背道而馳（包括我在第 14 章中提出的普遍觀點）。強勢世代中較早出生的成員確實需要在青壯年時期謹慎投資，因為他們缺乏經驗。他們在早期的中年階段應該積極投資，因為他們此時有可觀收入和豐富經驗。最後，他們在老年時則應該保守地投資。不過，他們基本上不太可能遵循這個投資模式，尤其是老年階段的部分。

　　反之，這個投資模式最適合弱勢世代中較晚出生的成員，他們的經濟命運取決於他們是不是比緊隨在後的強勢世代領先一步。然而，強勢世代中較晚出生的成員以及弱勢世代中較早出生的成員應該能扭轉這個循環。因此，他們應該在青壯年時期保持積極，才能在中年的時候利用跑在他們前面的強勢世代；在中年時期保持謹慎，因為後頭有弱勢世代想趕上他們；在老年階段保持積極，因為隨後有強勢世代步入中年。

　　2000 年初，當最偉大世代的成員不顧一切地買進科技股時，科技熱潮的風險變高了。這個世代一直都是活躍的參與者，先是參與軍隊，後來待在大企業工作，最後加入彷彿專門為他們規畫的「資深」社群。更重要的是，他們的生命週期總是有圓滿的結

果。他們在年輕時就贏得了二戰的勝利，在中年時遇到人類登陸月球的大事，在年老時從雷根經濟繁榮時期受益良多。在過去的幾個世紀，正常的死亡率使得一般人最不希望發生的事變成人生的最終結局。不過，生活水準的提高為他們的人生增添了新的精采篇章。

　　基本上，最偉大世代的人生一直都是美國抵禦危險的最後一道防線。他們上了年紀後，就成了國內最富有的年齡層。他們掌管國家最後的金融儲備，就像他們在年輕時曾經是國家的儲備人才一般，這在前面幾代人身上從來沒有發生過。在他們尊敬的英明內戰後世代的指引下，他們在年輕的時候就明智地利用了這些資金。上了年紀後，這個精力充沛的世代多半缺乏遠見，反而遵循「追求時尚」的年輕人，走上冒險之路。一旦他們投入這些資金，美國的金融安全就有危險了。

　　也許有些人不願考慮一場大規模戰爭，但戰爭可能是另一波牛市的先決條件。請注意時空背景：1920 年代的牛市是在第一次世界大戰之後出現，1950 年代的牛市是在二戰之後出現，1970年代的熊市是在越南戰爭之後出現，而 1990 年代的牛市是在波斯灣戰爭和冷戰的雙重勝利之後出現（不過，支持葛拉漢與陶德的投資人在戰爭爆發前的績效，會比戰後的績效更佳）。

　　人不殺牛就無法吃到牛排，同理，也許美國不打贏一場大戰爭就沒有牛市。其實 2001 年和 2003 年的小牛市就證實了這個論點，因為發生時間是在美國打贏了相對較小的反恐戰爭之後（阿富汗和伊拉克的恐怖分子）。此外，我之前在第 19 章概述了諸多可能導致與中國開戰的經濟原因，史特勞斯與豪伊在《世代》中說明的 2020 年危機理論支持了我的結論。[8]

　　因此，在波斯灣戰爭和冷戰取得的雙重勝利是 1990 年代經濟繁榮的主要原因。同樣地，美國在 2000 年不應該對股市抱持樂觀態度，因為美國在最近過去的一段時間內沒有打贏任何一場戰爭。事實上，如許多新聞記者觀察到的，美利堅和平（Pax Americana）*面臨嚴峻的挑戰。

　　恐怖分子的炸彈攻擊以及美國軍艦柯爾號（USS Cole）瀕臨沉沒的事件，闡明了牛市的主要先決條件之一。這顯示出美國失去對巴爾幹半島、中東、東亞等關鍵動亂地區的控管，就像美國在 1930 年代無法掌控中歐、北非、東亞的事件一般。然後，納粹德國和其他憤憤不平的國家組成了鬆散的聯盟，對美國的經濟、股市以及世界強國的名譽構成了威脅，因此對美國主導地位的挑戰隨即升溫。

　　史特勞斯與豪伊合著的《世代》預測了 2020 年的危機，我寫的這本書也贊同這一點。幾乎可以肯定的是，這場危機有經濟根源，卻會帶來嚴重的社會與政治後果，不只是在美國，而是遍及全世界。這場危機會如何展開呢？也許我們能這麼解釋 20 世紀上半葉的世界歷史：世界在美國的幫助下，花費大約 30 年的時間解決歐洲的經濟問題，期間經歷了從第一次世界大戰到馬歇爾計畫的過程。

　　同理，在不久的將來，世界問題的起因最有可能是亞洲金融風暴。經濟大蕭條實際上是 1923 年、1924 年在歐洲開始，比 1929 年的美國經濟崩潰提早了 5 年、6 年。一場 20 年的亞洲經

---

* 從二戰延續至今，由美國主導的世界相對和平，使美國享有全球權力優勢的時期。

濟蕭條可能在 1997 年或 1998 年就醞釀了，然後在幾年後的 2000 年代中期蔓延到美國。

同時，東亞可能也有類似的週期，比西方國家早或晚兩個世代。例如，東亞的嬰兒潮世代在成年時期見證了資本主義大行其道，他們也許相當於東方的最偉大世代翻版（二戰對東亞國家的影響是逐步削弱，而不是增強自主自立的能力，也許延誤了他們的社會進步）。

我推測是中國的沉默世代承受了 1989 年的六四天安門事件，他們是最關心公民權利的一代，就像美國的沉默世代承受著為非裔美國人爭取權利的後果。中國獨生子女家庭中寵壞的「小皇帝」，相當於美國的嬰兒潮世代，證明了理想主義世代的崛起是一種文化現象，不是人口現象。

東南亞其他地區的學生示威活動已經展開了，令人想起美國在 1960 年代發生的校園暴亂。這似乎證明了經濟與社會週期在世界事件中占優勢，不是「美國」或「亞洲」，也不是以歐洲為中心的價值觀。

這為美國帶來了希望。如果看似會在 21 世紀上半葉爆發的中美衝突是在 2020 年左右發生，那麼這場衝突可能會按照美國的方式解決。這不只是因為發生時間比較早，也因為世代的陣容關係。

那一年，我們會有理想主義型長者、有公德心的青壯年，如同我們在二戰中的成員，而中國的情況可能和我們相反，他們的成員比較像是越南戰爭時期的花名冊。然而，如果這場衝突發生在 21 世紀中葉，中國就會有「小皇帝」及其孩子的二戰陣容，而美國的陣容則像參加另一場越南戰爭。

這不是毫無根據的猜測，而是我相信 2000 年之後某個時間
點會發生嚴重商品短缺的主因。儘管這個主因不會是股市的唯一
影響因素，但迫在眉睫的中美競爭會製造許多暗流，如同美國與
蘇聯之間的對抗在 1945 年至 1991 年對股市的大部分活動有重大
影響。雖然預測是否會有世界大戰，或者外交官和政客是否能夠
預防世界大戰，超出了這本書的探討範疇，但是預測世界各地的
經濟壓力足以在 2010 年以前引發世界大戰，如同 1930 年代的情
況，則是在經濟的範疇之內。

這個問題在 1998 年瀕臨危急關頭，當時台灣裔美國科學家
李文和（Wen Ho Li）被指控竊取美國的核武機密後賣給中國。
在此之前，還有其他可疑的情報「洩露」給中國。這些間諜行
反映出中國破釜沉舟的決心，以及中國在我們這個時代宛如暴發
戶國家，非常像多年前的納粹德國。為台灣而戰 —— 中國所謂的
「一中」政策就像納粹德國與奧地利「德奧合併」（Anschluss）
的現代翻版。中國大概會採取投機的外交政策，如果遭到反對，
或許會引發戰爭。

其次，亞洲國家的實力不斷增強，再加上愈來愈高的期望、
衍生的不滿足感，會對美國的世界強權地位構成威脅，就像之前
在痛苦中復甦的德國質疑美國能崛起成為世界強國。在 1990 年
代晚期，我們已經見證了西方和中國在人權問題方面的分歧。這
是在相對繁榮的時期，當時美國和中國的經濟都以空前的最高速
度成長。在經濟動盪的時期，政治鬥爭只會更加激烈，不管是在
香港、台灣、北韓或亞洲其他地方都有導火線。

大國發生衝突的原因確實有可能是經濟問題。由於揮霍無
度，美國再度變成世界上最大的債務國，緊隨其後的債務國是位

於格蘭河以南的拉丁美洲國家。同時，世界上最大的債權國在亞洲，包括大中華地區，例如中國、香港、台灣。這會造成大規模的經濟緊張局勢，再加上國與國之間的現有政治與文化恩怨，有可能會引發一場大戰。

　　二戰是由經濟大蕭條引起，而經濟大蕭條又源自德國積欠同盟國的賠款負擔。奴隸制度的經濟衰退、南方欠北方的債務，以及這種欠款對南方社會制度構成的威脅，都是導致美國內戰的原因。美國獨立戰爭的起因是「無代表，不納稅」，因為美國不願意支持英國與印第安人結盟對上法國的戰爭而償還債務。

　　身為年長的理想主義者，嬰兒潮世代會是在監管期間最不能容忍美國權力受到質疑的一代。而他們的孩子，也就是潔西卡・杜布羅夫、潔西卡・林奇的同輩，將是從自 20 世紀初期的最偉大世代以來最好戰的一代。這些年輕的戰士會由 X 世代的艾森豪後代、巴頓後代帶領，而這些領導者已經見證了波斯灣、索馬利亞、南斯拉夫、阿富汗和伊拉克的小規模「模擬戰」。

　　對當今的年長成員而言，最後形成的世界環境會變得非常熟悉（聯準會主席艾倫・葛林斯潘不應該列入這些成員，因為他在 1929 年時才 3 歲）。葛拉漢與陶德都屬於迷失世代（這個世代的大多數人已經辭世），但他們在 1934 年提醒的「新時代」心態至今仍然適用。

　　一名屬於嬰兒潮世代晚期的成員拾起了他們的指揮棒，他與「新一代的迷失者」──X 世代相隔如此之近。因此，他在年輕時積極投資，在接近中年時變得小心翼翼，在年老時預見了投資契機，一反常態地保持積極。

附注

第 1 章

1. The "Graham and Dodd" criteria are scattered throughout Benjamin Graham and David Dodd, *Security Analysis* (New York: McGraw Hill, 1934), but the best summary is in John Train's *The Midas Touch* (New York: Harper & Row, 1987), p. 13.

2. There are plenty of books on Warren Buffett. Two of the best are Andrew Kirkpatrick, *Of Permanent Value: The Story of Warren Buffett* (New York: McGraw Hill, 1998), and Roger Lowenstein, *Buffett, The Making of An American Capitalist* (New York: Doubleday, 1995).

第 2 章

1. Much of the technical material in this and the next section is drawn from Tung Au and Thomas Au, *Engineering Economics For Capital Investment Analysis* (Englewood Cliffs, NJ: Prentice-Hall, 1992), now out of print, Chapter 3, Sections 4–6, and Chapter 5, Sections 5–11.

第 3 章

1. The bond math can be found in any number of texts, but the "classic" is Frank Fabozzi, *Fixed Income Analysis* (New Hope, PA: Fabozzi Publishing, 2000).

2. The algebraic formulas were adapted from Au and Au, *op. cit.*, Chapter 10, Section 3.

3. Cited in Lowenstein, *op. cit.*, p. 119.

第 4 章

1. The financial statement analysis is drawn from Au and Au, *op. cit.*, Chapter 14, Sections 2–3.
2. Scattered discussions of discount bonds and preferred stock can be found throughout Ben Graham's *The Intelligent Investor* (New York: Harper & Row, 1973).

第 5 章

1. Buffett's bond investments are best recounted in Kirkpatrick, *op. cit.*, various chapters.
2. Bryan Burroughs, and John Helyar, *Barbarians at the Gate* (New York: Harper & Row, 1990), second half.
3. The statement of changes in financial position analysis is drawn from Au and Au, *op. cit.*, Chapter 14, Section 4.

第 6 章

1. Much of the technical material on costs and depreciation is drawn from Au and Au, *op. cit.*, Chapter 11, Sections 4–7, and Chapter 13, Sections 2–3.
2. Much of the technical material in this section is drawn from Au and Au, *op. cit.*, Chapter 15, Section 12.
3. Yuji Ijiri, "Recovery Rate and Cash Flow Accounting," *Financial Executive*, March 1980, pp. 54–60.
4. Thomas Wolfe, *Bonfire of the Vanities* (New York: Farrar, Straus, and Giroux, 1987), pp. 69–72.

第 7 章

1. John Maynard Keynes, *The General Theory of Employment, Interest, and Money* (New York: Harcourt, Brace, 1936), Chapter

11.

2. The best account of Buffett's purchase of Berkshire Hathaway is found in Lowenstein, *op. cit.*, Chapter 7.

第 8 章

1. Geraldine Weiss, *Dividends Don't Lie* (Chicago: Longman Financial Services, Publ., 1987), Chapter 1.
2. *Ibid.*, Chapter 4.
3. The last part of the chapter summarizes Michael O'Higgins and John Downes, *Beating the Dow* (New York: HarperCollins Publishers, 1991).
4. Warren Buffett, *Chairman's Letter*, Berkshire Hathaway 1991 Annual Report. The discussion is found under the section "Twenty Years in a Candy Store."

第 9 章

1. Value Line's *Subscriber's Guide* (New York: Value Line Publishing, 2000) has a discussion about how the company uses earnings to evaluate stocks.
2. Dreman, David N., *The New Contrarian Investment Strategy* (New York: Random House, 1982), Chapters 7–8.

第 10 章

1. Warren Buffett, *Chairman's Letter*, Berkshire Hathaway Annual Report, 2002. The discussion is found under the section, "Derivatives."
2. Ken Fisher, *Super Stocks* (Homewood, IL., Dow Irwin), 1984.
3. John Kenneth Galbraith, *The New Industrial State* (Boston: Houghton Mifflin and Company, 1967), pp. 59–71.

第 11 章

1. Warren Buffett, *Chairman's Letter*, Berkshire Hathaway 1993 Annual Report. The quote is taken from the section "Common Stock Investments."
2. Warren Buffett, *Chairman's Letter*, Berkshire Hathaway 1988 Annual Report. The quote is taken from the section "Borsheim's."
3. John Train, *The New Money Masters* (New York: Harper & Row, 1989), pp. 152–153.

第 13 章

1. Donald Trump, *The Art of the Deal* (New York: Warner Books, 1987), Chapter 6. Jerome Tucille, Trump (New York: Jove Books, 1987).
2. Much of the discussion in this paragraph was drawn from Suzanne Brangham, Housewise, *The Smart Woman's Guide to Buying and Renovating Real Estate For Profit* (New York: Perennial Library, 1988), Chapter 9.
3. John Paul Getty, *How to Be Rich* (Chicago: Playboy Press,1965), p. 173.
4. Wolfe, *op.cit.*, p. 142.
5. Graham and Dodd, *op. cit.*, p. 115.

第 14 章

1. Graham, *op. cit.*, p. 8.
2. This section is a brief summary of Michael O'Higgins, *Beating the Dow with Bonds* (New York: HarperBusiness, 1999).
3. *Fortune*, August 16, 1999, p. 94.
4. Graham and Dodd, *op. cit.*, pp. 504–507.
5. The last part of the chapter is excerpted from Donald Nichols, *Life Cycle Investing* (New York: Dow Irwin Press, 1987), Chapter 2.

第 15 章

1. Lowenstein, *op. cit.*, pp. 57–58.
2. There are many sources for the discussion of academic theory, but the "classic" is Richard Brealey and Stewart Myers, *Principles of Corporate Finance* (New York: McGraw Hill, 1984).
3. Au & Au, *op. cit.*, p. 423. 4. Ibid., pp. 424–425.
4. Warren Buffett, *Chairman's Letter*, Berkshire Hathaway 1988 Annual Report. The quote is taken from the section "Efficient Markets Theory."

第 16 章

1. This quote is drawn from William Strauss and Neil Howe, *Generations* (New York: Harper & Row, 1991), p. 399. A further exposition of Strauss and Howe's generational theory takes place in Chapter 20. Strauss and Howe mention the stock market only in passing, so the economic interpretation of the generational cycle, as opposed to the cycle itself, belongs solely to the current author.
2. Warren Buffett, *Chairman's Letter*, Berkshire Hathaway Annual Report, 1990. The discussion on Wells Fargo is found under the section "Marketable Securities."

第 17 章

1. Graham and Dodd, *op. cit.*, pp. 35–36.

第 18 章

1. Robert Hagstrom, *The Warren Buffett Portfolio*, (New York: John Wiley & Sons, 1999), p. 181.
2. Barron's, March 22, 1999, p. 23.
3. A history of the Dow from 1900 to the mid-1970s, and Ben

Graham's opinions on it, can be found in Graham, *op. cit.*, Chapter 3.

4. Glassman, James K, and Hassett, Keven, A., *Dow 36,000*, (New York: Random House, 2000), Chapter 8.

第 19 章

1. *Barron's*, May 6, 2002, p. 22.
2. Getty, *op. cit.*, p. 164. The whole chapter, "The Wall Street Investor," contains an excellent exposition on Graham and Dodd Investing.
3. Lawrence Sloan, *Every Man and His Common Stocks* (New York: McGraw Hill, 1931), Part IV.

第 20 章

1. Strauss and Howe, *op. cit.*, Chapter 4.
2. Rick Rockwell, *What Was I Thinking?* (Commercial Communications, Inc. 2002). The author knows Mr. Rockwell.
3. "Advice to the Lovelorn: Sell," *Wall Street Journal*, February 24, 2000, p. A18.
4. *Fortune*, November 22, 1999, pp. 212–218.
5. Keynes, *op. cit.*
6. *Barron's*, October 14, 1996, pp. 37–42.
7. *Fortune*, December 10, 2001, pp. 80–94.
8. Strauss and Howe, *op. cit.*, Chapter 13.

參考書目

- Au, Tung and Au, Thomas P., *Engineering Economics for Capital Investment Analysis*, Englewood Cliffs, NJ: Prentice-Hall, 1992.

- Brangham, Suzanne, *Housewise, The Smart Woman's Guide to Buying and Renovating Real Estate For Profit*, New York: Perennial Library, 1988.

- Brealey, Richard, and Myers, Stewart, *Principles of Corporate Finance*, New York: McGraw Hill, 1984.

- Buffett, Warren, *Chairman's Letter*, Berkshire Hathaway's 1988, 1990, 1991, and 2002 Annual Reports.

- Burroughs, Bryan, and Helyar, John, *Barbarians at the Gate*, New York: Harper & Row, 1990.

- Dreman, David N., *The New Contrarian Investment Strategy*, New York: Random House, 1982.

- Fabozzi, Frank, and Fabozzi, T. Dessa, *The Fixed Income Handbook*, Chicago: Irwin Press, 1995.

- Fabozzi, Frank, *Fixed Income Analysis*, New Hope, PA: Fabozzi Publishing, 2000.

- Fisher, Kenneth, *Super Stocks*, Homewood, IL., Dow Irwin, 1984.

- *Fortune Magazine*, November 22, 1999.

- Galbraith, John Kenneth, *The New Industrial State*, Boston: Houghton Mifflin and Company, 1967.

- Getty, John Paul, *How to Be Rich*, Chicago: Playboy Press, 1965. Glassman, James K, and Hassett, Kevin A., *Dow 36,000*, New York: Random House, 2000.

- Hagstrom, Robert, *The Warren Buffett Portfolio*, New York: John Wiley & Sons, 1999.

- Keynes, John Maynard, *The General Theory of Employment, Interest, and Money*, New York: Harcourt, Brace, 1936.

- Ijiri, Yuji, "Recovery Rate and Cash Flow Accounting," *Financial Executive*, March 1980.

- Kirkpatrick, Andrew, *Of Permanent Value: The Story of Warren Buffett*, New York: McGraw Hill, 1998.

- Lowenstein, Roger, Buffett, *The Making of an American Capitalist*, Doubleday, 1995.

- Nichols, Donald, *Life Cycle Investing*, New York: Dow Irwin Press, 1987.

- O'Higgins, Michael, *Beating the Dow with Bonds*, New York: HarperBusiness, 1999.

- O'Higgins, Michael, and Downes, John, *Beating the Dow*, New York: HarperCollins Publishers, 2000.

- Sloan, Lawrence, *Every Man and His Common Stocks*, New York: McGraw Hill, 1931.

- Strauss, William, and Howe, Neil, *Generations*, New York: Harper & Row, 1991.

- Train John, *The Midas Touch*, New York: Harper & Row, 1987.

- Train, John, *The New Money Masters*, New York: Harper & Row, 1989. Trump, Donald, The Art of the Deal, New York: Warner Books, 1987.

- Tucille, Jerome, *Trump*, New York: Jove Books, 1987.
- Weiss, Geraldine, *Dividends Don't Lie*, Chicago: Longman Financial Services, 1987.
- Wolfe, Thomas, *Bonfire of the Vanities*, New York: Farrar, Straus, and Giroux, 1987.

翻轉學 翻轉學系列 043

價值投資操作金律

葛拉漢與陶德預測景氣循環、評估企業價值、選對獲利股票的不敗法則
A Modern Approach to Graham and Dodd Investing

作　　者　湯姆斯‧奧（Thomas P. Au）
譯　　者　辛亞蓓
總 編 輯　何玉美
主　　編　林俊安
封面設計　FE 工作室
內文排版　黃雅芬

出版發行　采實文化事業股份有限公司
行銷企劃　陳佩宜‧黃于庭‧馮羿勳‧蔡雨庭‧曾睦桓
業務發行　張世明‧林踏欣‧林坤蓉‧王貞玉‧張惠屏
國際版權　王俐雯‧林冠妤
印務採購　曾玉霞
會計行政　王雅蕙‧李韶婉‧簡佩鈺
法律顧問　第一國際法律事務所　余淑杏律師
電子信箱　acme@acmebook.com.tw
采實官網　www.acmebook.com.tw
采實臉書　www.facebook.com/acmebook01

I S B N　978-986-507-197-4
定　　價　480 元
初版一刷　2020 年 10 月
劃撥帳號　50148859
劃撥戶名　采實文化事業股份有限公司
　　　　　104 台北市中山區南京東路二段 95 號 9 樓
　　　　　電話：(02)2511-9798　傳真：(02)2571-3298

國家圖書館出版品預行編目

價值投資操作金律：葛拉漢與陶德預測景氣循環、評估企業價值、
選對獲利股票的不敗法則 / 湯姆斯‧奧（Thomas P. Au）著；辛亞蓓
譯 . - 台北市：采實文化，2020.10
480 面 ; 14.8×21 公分 . -- (翻轉學系列；43)
譯自：A Modern Approach to Graham and Dodd Investing
ISBN 978-986-507-167-7（平裝）

1. 投資技術　2. 投資分析　3. 投資學

563.5　　　　　　　　　　　　　　　　　　　　109013262

 采實文化 **采實文化事業股份有限公司**

104台北市中山區南京東路二段95號9樓

采實文化讀者服務部　收

讀者服務專線：02-2511-9798

A Modern Approach to Graham and Dodd Investing

價值投資
操作金律

葛拉漢與陶德預測景氣循環、評估企業價值、
選對獲利股票的不敗法則

湯姆斯·奧 著　辛亞蓓 譯

THOMAS P. AU

系列：翻轉學系列043

書名：**價值投資操作金律**

讀者資料（本資料只供出版社內部建檔及寄送必要書訊使用）：

1. 姓名：

2. 性別：□男　□女

3. 出生年月日：民國　　　年　　　月　　　日（年齡：　　　歲）

4. 教育程度：□大學以上　□大學　□專科　□高中（職）　□國中　□國小以下（含國小）

5. 聯絡地址：

6. 聯絡電話：

7. 電子郵件信箱：

8. 是否願意收到出版物相關資料：□願意　□不願意

購書資訊：

1. 您在哪裡購買本書？□金石堂　□誠品　□何嘉仁　□博客來
   □墊腳石　□其他：＿＿＿＿＿＿＿＿＿＿＿（請寫書店名稱）

2. 購買本書日期是？＿＿＿＿年＿＿＿＿月＿＿＿＿日

3. 您從哪裡得到這本書的相關訊息？□報紙廣告　□雜誌　□電視　□廣播　□親朋好友告知
   □逛書店看到　□別人送的　□網路上看到

4. 什麼原因讓你購買本書？□喜歡理財類書籍　□被書名吸引才買的　□封面吸引人
   □內容好　□其他：＿＿＿＿＿＿＿＿＿＿＿＿＿＿＿＿＿（請寫原因）

5. 看過書以後，您覺得本書的內容：□很好　□普通　□差強人意　□應再加強　□不夠充實
   □很差　□令人失望

6. 對這本書的整體包裝設計，您覺得：□都很好　□封面吸引人，但內頁編排有待加強
   □封面不夠吸引人，內頁編排很棒　□封面和內頁編排都有待加強　□封面和內頁編排都很差

寫下您對本書及出版社的建議：

1. 您最喜歡本書的特點：□實用簡單　□包裝設計　□內容充實

2. 關於商業管理領域的訊息，您還想知道的有哪些？

3. 您對書中所傳達的內容，有沒有不清楚的地方？

4. 未來，您還希望我們出版哪一方面的書籍？

翻轉學

翻轉學

翻轉學

翻轉學